U0453239

本书系国家社会科学基金艺术学一般项目"日本文化艺术振兴基本法研究"(批准号18BH154)的结题成果之一

重大法学文库

日本文化艺术法研究

周　超◎著

中国社会科学出版社

图书在版编目(CIP)数据

日本文化艺术法研究/周超著.—北京：中国社会科学出版社，2023.1

（重大法学文库）

ISBN 978-7-5227-1116-4

Ⅰ.①日… Ⅱ.①周… Ⅲ.①文化事业—建设—法规—研究—日本 ②艺术事业—建设—法规—研究—日本 Ⅳ.①D931.321.6

中国版本图书馆 CIP 数据核字（2022）第 231393 号

出 版 人	赵剑英
责任编辑	梁剑琴　郭如玥
责任校对	冯英爽
责任印制	郝美娜
出　　版	中国社会科学出版社
社　　址	北京鼓楼西大街甲 158 号
邮　　编	100720
网　　址	http://www.csspw.cn
发 行 部	010-84083685
门 市 部	010-84029450
经　　销	新华书店及其他书店
印刷装订	北京市十月印刷有限公司
版　　次	2023 年 1 月第 1 版
印　　次	2023 年 1 月第 1 次印刷
开　　本	710×1000　1/16
印　　张	27.25
插　　页	2
字　　数	461 千字
定　　价	158.00 元

凡购买中国社会科学出版社图书，如有质量问题请与本社营销中心联系调换
电话：010-84083683
版权所有　侵权必究

《重大法学文库》编委会

顾　问：陈德敏　陈忠林
主　任：黄锡生
副主任：靳文辉
成　员：陈伯礼　陈　锐　胡光志　黄锡生
　　　　靳文辉　刘西蓉　李晓秋　秦　鹏
　　　　王本存　吴如巧　宋宗宇　曾文革
　　　　张　舫　张晓蓓

出版寄语

《重大法学文库》是在重庆大学法学院恢复成立十周年之际隆重面世的，首批于2012年6月推出了10部著作，约请重庆大学出版社编辑发行。2015年6月在追思纪念重庆大学法学院创建七十年时推出了第二批12部著作，约请法律出版社编辑发行。本次为第三批，推出了20本著作，约请中国社会科学出版社编辑发行。作为改革开放以来重庆大学法学教学及学科建设的亲历者，我应邀结合本丛书一、二批的作序感言，在此寄语表达对第三批丛书出版的祝贺和期许之意。

随着本套丛书的逐本翻开，蕴于文字中的法学研究思想花蕾徐徐展现在我们面前。它是近年来重庆大学法学学者治学的心血与奉献的累累成果之一。或许学界的评价会智者见智，但对我们而言，仍是辛勤劳作、潜心探求的学术结晶，依然值得珍视。

掩卷回眸，再次审视重大法学学科发展与水平提升的历程，油然而生的依然是"映日荷花别样红"的浓浓感怀。

1945年抗日战争刚胜利之际，当时的国立重庆大学即成立了法学院。新中国成立之后的1952年院系调整期间，重庆大学法学院教师服从调配，成为创建西南政法学院的骨干师资力量。其后的40余年时间内，重庆大学法学专业和师资几乎为空白。

在1976年结束"文化大革命"并经过拨乱反正，国家进入了以经济建设为中心的改革开放新时期，我校于1983年在经济管理学科中首先开设了"经济法"课程，这成为我校法学学科的新发端。

1995年，经学校筹备申请并获得教育部批准，重庆大学正式开设了经济法学本科专业并开始招生；1998年教育部新颁布的专业目录将多个部门法学专业统一为"法学"本科专业名称至今。

1999年我校即申报"环境与资源保护法学"硕士点，并于2001年获准设立并招生，这是我校历史上第一个可以培养硕士的法学学科。

值得特别强调的是，在校领导班子正确决策和法学界同人大力支持下，经过校内法学专业教师们近三年的筹备，重庆大学于2002年6月16日恢复成立了法学院，并提出了立足校情求实开拓的近中期办院目标和发展规划。这为重庆大学法学学科奠定了坚实根基和发展土壤，具有我校法学学科建设的里程碑意义。

2005年，我校适应国家经济社会发展与生态文明建设的需求，积极申报"环境与资源保护法学"博士学位授权点，成功获得国务院学位委员会批准。为此成就了如下第一：西部十二个省区市中当批次唯一申报成功的法学博士点；西部十二个省区市中第一个环境资源法博士学科；重庆大学博士学科中首次有了法学门类。

正是有以上的学术积淀和基础，随着重庆大学"985工程"建设的推进，2010年我校获准设立法学一级学科博士点，除已设立的环境与资源保护法学二级学科外，随即逐步开始在法学理论、宪法与行政法学、刑法学、民商法学、经济法学、国际法学、刑事诉讼法学、知识产权法学、法律史学等二级学科领域持续培养博士研究生。

抚今追昔，近二十年来，重庆大学法学学者心无旁骛地潜心教书育人，脚踏实地地钻研探索、团结互助、艰辛创业的桩桩场景和教学科研的累累硕果，仍然历历在目。它正孕育形成重大法学人的治学精神与求学风气，鼓舞和感召着一代又一代莘莘学子坚定地向前跋涉，去创造更多的闪光业绩。

眺望未来，重庆大学法学学者正在中国全面推进依法治国的时代使命召唤下，投身其中，锐意改革，持续创新，用智慧和汗水谱写努力创建一流法学学科、一流法学院的辉煌乐章，为培养高素质法律法学人才，建设社会主义法治国家继续踏实奋斗和奉献。

随着岁月流逝，本套丛书的幽幽书香会逐渐淡去，但是它承载的重庆大学法学学者的思想结晶会持续发光、完善和拓展开去，化作中国法学前进路上又一轮坚固的铺路石。

陈德敏
2017年4月

目　录

导言 ……………………………………………………………………（1）
  一　选题理由与研究意义 …………………………………………（2）
  二　国内外研究现状 ………………………………………………（2）
  三　研究范围与基本框架 …………………………………………（11）

总论编　日本文化艺术法制史与《文化艺术基本法》研究

第一章　战前的文化艺术管制与文化遗产保护法制 ……………（19）
第一节　"禁教令"的实施与"兰学"的引入 ……………………（20）
  一　"禁教令"与"锁国令" ……………………………………（20）
  二　"兰学"的形成及其影响 ……………………………………（22）
  三　信教自由与《宗教团体法》 …………………………………（23）
第二节　从"音乐调查处"到"帝国艺术院" ……………………（25）
  一　"音乐调查处"与"雅乐局" ………………………………（26）
  二　东京美术学校与"帝国艺术院" ……………………………（27）
第三节　脚本检阅制度与"检阅制度改正期成同盟" ……………（28）
  一　《出版条例》与剧场、脚本及表演的取缔规则 ……………（29）
  二　"检阅制度改正期成同盟"的成立及其要求 ………………（30）
第四节　从《古器旧物保存法》到《国宝保存法》 ………………（31）
  一　《古器旧物保存法》的制定与实施 …………………………（32）
  二　《古社寺保存法》与《国宝保存法》 ………………………（33）
第五节　《重要美术品保存法》与《史迹名胜天然纪念物
    保存法》 ……………………………………………………（36）

一　美术作品与《重要美术品保存法》……………………（36）
　　二　《史迹名胜天然纪念物保存法》的出台及其内容………（36）
　第六节　《图书馆令》与《帝室博物馆官制》………………（38）
　　一　历史上的"图书寮""芸亭"及"文库"等………………（38）
　　二　从"书籍馆"到图书馆………………………………（39）
　　三　"正仓院""集古馆"与博物馆………………………（40）
　　四　博物馆官制……………………………………………（42）
第二章　战后日本在文化艺术领域的立法………………………（44）
　第一节　宗教自由与《宗教法人法》…………………………（45）
　　一　《宗教法人令》与宗教法人设立原则…………………（45）
　　二　《宗教法人法》的出台及其重大修改…………………（46）
　第二节　作为文化法艺术法的《著作权法》…………………（50）
　　一　从《出版条例》到旧《著作权法》……………………（51）
　　二　1970年《著作权法》及其他相关法律…………………（52）
　第三节　艺术家组织与文化艺术活动…………………………（54）
　　一　《日本艺术院令》与文化艺术荣誉制度………………（54）
　　二　对文化艺术活动的资助与奖励制度……………………（55）
　　三　生活文化与国民娱乐……………………………………（56）
　第四节　公共文化设施与公共文化设施法……………………（58）
　　一　《国立国会图书馆法》《图书馆法》与《学校图书馆法》……（58）
　　二　新《博物馆法》与美术馆………………………………（60）
　　三　乡土资料馆与历史民俗资料馆…………………………（62）
　　四　《国立剧场法》《剧场法》与文化会馆…………………（63）
　第五节　《文化遗产保护法》的制定与重大修订………………（66）
　　一　《文化遗产保护法》的出台背景………………………（66）
　　二　《文化遗产保护法》的基本内容………………………（67）
　　三　《文化遗产保护法》的重大修订………………………（68）
　第六节　《古都保护法》与《地域历史风貌维护法》…………（69）
　　一　《古都保护法》的出台背景及主要内容………………（69）
　　二　《文化遗产保护法》中的"传统建造物群保护区"……（71）
　　三　《地域历史风貌维护法》的制定及其核心内容…………（73）
　第七节　讲述国家故事的"日本遗产"…………………………（76）

一　"日本遗产"项目的出台背景……………………………（76）
　　　二　"日本遗产"的界定及其方向性……………………（77）
　　　三　"日本遗产"的认定程序与认定标准…………………（78）
　第八节　文化艺术领域的其他相关立法…………………………（80）
　　　一　《文字、活字文化振兴法》与《日本语教育促进法》……（80）
　　　二　古代文学艺术经典与《古典日法》……………………（83）
　　　三　"赤羽刀"与《收缴刀剑的返还处置法》……………（85）
　　　四　与国际化相关的文化艺术立法…………………………（88）
第三章　日本文化艺术行政的中枢：文化厅……………………………（90）
　第一节　文化厅的设立及职责……………………………………（91）
　　　一　从"文化局"到"文化厅"……………………………（91）
　　　二　文化厅的内部机构设置及其职责………………………（92）
　第二节　"文化政策推进会议"…………………………………（93）
　　　一　"文化政策"的中立性…………………………………（93）
　　　二　"文化政策推进会议"的设立…………………………（94）
　第三节　文化行政机构改革与"文化首都"构想………………（96）
　　　一　审议会的一元化：文化审议会…………………………（96）
　　　二　"文化首都"构想与文化厅迁址………………………（98）
　　　三　文化厅的内部机构调整…………………………………（101）
第四章　文化艺术领域的部门宪法：《文化艺术基本法》……………（103）
　第一节　《文化艺术基本法》的立法背景与过程………………（103）
　　　一　国民的"文化性最低限度生活权利"…………………（104）
　　　二　制定"文化振兴法"的提议……………………………（105）
　　　三　"音乐议员联盟"与《艺术文化基本法（草案）》………（106）
　　　四　"软实力"背景下的各党议案…………………………（107）
　第二节　《文化艺术振兴基本法》的重大修订…………………（109）
　　　一　从《文化艺术振兴基本法》到《文化艺术基本法》……（110）
　　　二　从"文化艺术振兴基本方针"到"文化艺术推进基本
　　　　　计划"………………………………………………………（110）
　　　三　建立中央和地方两级"文化艺术推进会议"…………（111）
　第三节　现行《文化艺术基本法》的基本内容…………………（112）
　　　一　"序言"与立法目的……………………………………（112）

二　基本原则与国家责任……………………………………（113）
　　三　"文化艺术推进基本计划"与"地方文化艺术推进基本
　　　　计划"……………………………………………………（117）
　　四　文化艺术推进基本措施………………………………（119）
　　五　"文化艺术推进会议"…………………………………（131）
第四节　《文化艺术基本法》的"基本法"属性……………（131）
　　一　日本的"基本法"与宪法……………………………（132）
　　二　"基本法"的效力之争………………………………（133）
　　三　"基本法"立法的缺陷………………………………（134）
第五节　《文化艺术基本法》对中国的参考…………………（135）

分论篇　日本文化艺术领域部门法律研究

第五章　《文化遗产保护法》的最新修订……………………（143）
第一节　《文化遗产保护法》2018年修订……………………（144）
　　一　《文化遗产保护法》修订的背景与理由………………（144）
　　二　"文化遗产保护利用计划"及其认定…………………（146）
　　三　地域文化遗产的综合性"保护"与"利用"…………（149）
　　四　指导建议、规制缓和及罚则强化………………………（151）
第二节　2021年对《文化遗产保护法》的修订………………（153）
　　一　法律修改的背景与理由…………………………………（153）
　　二　无形文化遗产与无形民俗文化遗产登录制度…………（154）
　　三　登录内容的保存、记录与经费补贴……………………（156）
　　四　登录文化遗产之保护利用计划的制订与认定…………（156）
第三节　对《文化遗产保护法》最新修订的评析……………（157）

第六章　传统工艺品与《传统工艺品产业振兴法》…………（161）
第一节　《传统工艺品产业振兴法》出台的背景与契机……（162）
　　一　"日本主义"与"帝室技艺员"………………………（162）
　　二　立法契机与法律草案……………………………………（163）
第二节　《传统工艺品产业振兴法》的基本内容……………（165）
　　一　立法目的与"传统工艺品"的法律界定………………（165）
　　二　振兴传统工艺品产业基本方针…………………………（168）

三　振兴计划、激活计划、支援计划及其认定…………(171)
　　　四　"传统工艺品产业振兴协会"与国家财政金融措施………(173)
　　　五　法律责任制度…………………………………………(174)
　第三节　《传统工艺品产业振兴法》的实施现状与存在问题……(175)
　　　一　"传统工艺品"与"传统工艺士"……………………(175)
　　　二　各类计划的申请程序…………………………………(177)
　　　三　法律的实施效果………………………………………(178)
　第四节　《传统工艺品产业振兴法》对中国的启示………………(179)

第七章　节日、纪念日与《国民祝日法》……………………………(183)
　第一节　从"祝日"到"祭日"：日本节日法的历程……………(184)
　　　一　"祝日"与"祭日"……………………………………(184)
　　　二　历法改革与《年中祭日祝日休假之规定》………………(185)
　第二节　从"祭日"到"国民祝日"：节日法的现代转变………(187)
　　　一　"祭日"废除与新选"祝日"…………………………(187)
　　　二　《国民祝日法》中的"祭日"…………………………(188)
　　　三　灵活的节日安排与"快乐星期一"……………………(189)
　　　四　"祝日"与"休息日"协调……………………………(190)
　第三节　日本"节日法"对我国的参考……………………………(192)

第八章　《阿伊努文化振兴法》与《阿伊努民族支援法》…………(198)
　第一节　阿伊努人与《北海道旧土人保护法》……………………(198)
　　　一　历史上阿伊努人与和人的关系………………………(199)
　　　二　北海道开发与《北海道旧土人保护法》………………(201)
　　　三　阿伊努人的文化自觉与《阿伊努文化振兴法》………(205)
　第二节　"民族共生象征性空间"与《阿伊努民族支援法》……(210)
　　　一　阿伊努人原住民法律地位的确立……………………(210)
　　　二　《阿伊努民族支援法》的基本内容……………………(213)
　第三节　对《阿伊努民族支援法》的评析…………………………(222)

结语………………………………………………………………………(228)

附录………………………………………………………………………(236)
　1. 文化艺术基本法……………………………………………(236)
　2. 文化遗产保护法……………………………………………(248)
　3. 传统工艺品产业振兴法……………………………………(367)

4. 国民祝日法……………………………………………（384）
5. 阿伊努民族支援法……………………………………（388）
参考文献……………………………………………………（406）
后记…………………………………………………………（424）

导　言

作为中国的近邻，日本长期以来以追求建设文化大国和文化强国为目标，其在文化艺术领域的各种举措，引起了中国学术界的关注和重视。由于不同时期日本官方、半官方以及民间组织等相继提出的文化立国或文化艺术立国的"战略""计划"等多种多样、令人眼花缭乱，使得我们很难从整体上把握日本文化艺术政策的全貌及其发展趋势。① 因此，本书以相对具有稳定性的日本文化艺术领域的立法实践及相关法律为研究对象，试图由此全面而深入地揭示日本国家文化政策的全貌。日本现行的文化艺术法体系，是以《文化艺术基本法》（2001）② 为基础，由"文化遗产保护利用法群""著作权法群""艺术文化法群""公共文化设施及独立行政法人法群""民族及宗教事务法群"以及"与文化艺术相关的其他法律"等构成，共计40余部法律。对这些法律进行较为系统的梳理，有助于我们全面了解日本整个国家的文化艺术政策的框架和脉络，进而理解其花样繁多各种文化艺术领域的"战略""计划"彼此之间的内在关系。相信这样的研究，对于我国文化艺术领域法治化的努力将能够提供一些可能的参考。

---

① 崔世广：《21世纪初期日本的文化战略探析》，《日本文论》2019年第1辑。
② 《文化艺术基本法》（平成13年法律第148号）在2001年12月7日颁布时的名称为《文化艺术振兴基本法》，2017年6月23日修订（平成29年法律第73号）时删除了"振兴"二字，其原因在于该法经过16年实施，日本文化艺术政策从"振兴"向常态化转变（参见国会衆議院『第193回衆議院文部科学委員会議録（第15号）』平成29年5月26日第15頁）。

一　选题理由与研究意义

自从党的十七大提出文化强国战略、党的十八大将"文化法律制度"纳入依法治国的重要内容以来，我国加快了文化艺术领域的立法，已相继出台了《公共文化服务保障法》（2016）、《电影产业促进法》（2016）、《公共图书馆法》（2017）等。习近平总书记在党的十九大报告中，强调要完善"文化管理体制"和国家"公共文化服务体系"，进一步为我国文化艺术领域的立法工作指明了方向。

与其他领域的立法相比较，我国目前在文化艺术领域的立法，存在着覆盖面较小、数量较少、立法质量不高、立法技术存在局限以及缺乏系统性等问题。这些问题的存在，不仅影响到国家在文化艺术领域的依法行政，也不利于我国文化艺术事业的持续繁荣与发展。我国现行的法律、法规及政策，虽然已初步为在文化艺术领域依法行政提供了基本的法律依据和制度框架，但目前尚缺少一部能够全面涵盖国家文化艺术行政，既能统领现行法律法规又可为未来制定新法提供根据的"部门宪法"，亦即"文化艺术基本法"。

本书对邻国日本在文化艺术领域的部门宪法——《文化艺术基本法》以及由与之配套的相关法律所构成的文化艺术领域法律体系的立法经验展开深入研究，能够为我国文化艺术领域的立法实践提供比较直接的借鉴。对于我国在不久的未来制定自己的"文化艺术基本法"，以及基于基本法而构建国家文化艺术法体系、全面实现文化艺术领域的依法行政、促进国家文化艺术事业的持续繁荣与发展、实现从文化艺术大国向文化艺术强国的转变、提升国家文化艺术软实力等诸多方面而言，无疑都具有重要的学术性价值和应用性价值。

二　国内外研究现状

由于文化艺术法律制度与行政政策的范围比较宽泛，学术界关于日本文化艺术法律制度或文化艺术政策及其中日比较研究的成果，多散见于文化艺术的不同法律领域。根据已经掌握的资料，国内的代表性研究成果（除过本书作者的成果之外），主要集中在日本《文化遗产保护法》（1950）、《文化艺术基本法》、"图书馆（1950）与博物馆（1951）等公共文化设施法"、《宗教法人法》（1951）以及《阿伊努文化振兴法》

(1997) 等领域。

第一，自 1980 年 7 月 14 日《人民日报》第七版刊登王礼明、郭莉莉的文章《日本重视保护"文化财"》以来，国内学者逐渐关注并开始研究日本的《文化遗产保护法》，比较有代表性的研究成果有：王军的《日本的文化财保护》（1997）①，胡秀梅的《日本〈文化财保护法〉与我国相关法律法规比较研究》（2005）②，康保成的《中日韩非物质文化遗产的比较与研究》《日本的文化遗产保护体制、保护意识及文化遗产学学科化问题》（2011）③、孙洁的《日本文化遗产体系》（2013）④、赵姗姗的《文化遗产的法律保护：中日比较与本土选择》（2018）⑤、卓民的《他山之石：日本的文化财保护制度》（2018）⑥ 等。总结和梳理日本文化遗产保护制度的历史变迁，以及对具体制度进行比较研究的代表作，主要有于小川的《从法令规制的角度看日本文化遗产的保护及利用：二战前日本文化财保护制度的成立》（2005）⑦，邓超的《日本文化财保护制度的历史审视》（2011）⑧，张松的《非物质文化遗产的保护机制初探：基于中日比较视角的考察》（2010）⑨，路方芳、齐一聪的《基于日本文化财登录制度对中国文化遗产保护制度的思考》（2011）⑩，汪民、金曼的《日本"文化

---

① 王军：《日本的文化财保护》，文物出版社 1997 年版。
② 胡秀梅：《日本〈文化财保护法〉与我国相关法律法规比较研究》，硕士学位论文，浙江大学，2005 年。
③ 康保成：《日本的文化遗产保护体制、保护意识及文化遗产学学科化问题》，康保成主编：《中日韩非物质文化遗产比较研究》，中山大学出版社 2013 年版，第 3—16 页；《文化遗产》2011 年第 2 期。
④ 孙洁：《日本文化遗产体系》（上、下），《西北民族研究》2013 年第 2 期、第 4 期。
⑤ 赵姗姗：《文化遗产的法律保护：中日比较与本土选择》，《外国社会科学》2018 年第 6 期。
⑥ 卓民：《他山之石——日本的文化财保护制度》，《美术观察》2018 年第 10 期。
⑦ 于小川：《从法令规制的角度看日本文化遗产的保护及利用：二战前日本文化财保护制度的成立》，《北京理工大学学报》（社会科学版）2005 年第 3 期。
⑧ 邓超：《日本文化财保护制度的历史审视》，硕士学位论文，华中师范大学，2011 年。
⑨ 张松：《非物质文化遗产的保护机制初探——基于中日比较视角的考察》，《同济大学学报》（社会科学版）2010 年第 3 期。
⑩ 路方芳、齐一聪：《基于日本文化财登录制度对中国文化遗产保护制度的思考》，《现代农业科技》2011 年第 30 期。

的景观"发展及其启示》(2013)①,董丹的《日本文化财保存技术和它们的传承者培养》(2014)②,胡亮的《日本非物质文化遗产概念述评》(2020)③ 等。涉及文化遗产相关的历史环境以及历史文化名城保护的代表性研究成果有:陶信平的《日本历史文化遗产法律保护对我国的借鉴》(2009)④,张松的《日本历史环境保护的理论与实践》(2000)⑤,朱磊的《日本文化名城保护——从"官督民办"到"官民协作"》(2011)⑥ 等等。

第二,日本政府推行"文化立国"或"文化艺术立国"战略,把《文化艺术基本法》视为日本文化艺术法律制度的基本大法,其重要性在《文化遗产保护法》之上。对此,国内的研究成果主要是从解读日本文化政策的角度切入,代表性成果有:欧阳安的《日本文化政策解读》(2013)⑦,赵敬的《21 世纪初日本文化政策的重点及启示》(2013)⑧,王隆文的《"日本文化基本法"的考察及其对中国的启示》(2013)⑨,刘忱的《战后日本文化政策及成果:以文化振兴与普及为中心》(2016)⑩,赵建中的《浅析日本文化政策——从政府主管到地域自治》(2017)⑪ 以

---

① 汪民、金曼:《日本"文化的景观"发展及其启示》,《中国园林》2013 年第 11 期。
② 董丹:《日本文化财保存技术和它们的传承者培养》,《中国文化遗产》2014 年第 1 期。
③ 胡亮:《日本非物质文化遗产概念述评》,《自然与文化遗产研究》2020 年第 7 期。
④ 陶信平:《日本历史文化遗产法律保护对我国的借鉴》,《西北农林科技大学学报》(社会科学版)2009 年第 4 期。
⑤ 张松:《日本历史环境保护的理论与实践》,《清华大学学报》(自然科学版)2000 年第 1 期。
⑥ 朱磊:《日本文化名城保护——从"官督民办"到"官民协作"》,《城市观察》2011 年第 3 期。
⑦ 欧阳安:《日本文化政策解读》,《上海文化》2013 年第 6 期。
⑧ 赵敬:《21 世纪初日本文化政策的重点及启示》,《日语学习与研究》2013 年第 2 期。
⑨ 王隆文:《〈日本文化基本法〉的考察及其对中国的启示》,《日本问题研究》2013 年第 4 期。
⑩ 刘忱:《战后日本文化政策及成果:以文化振兴与普及为中心》,硕士学位论文,西北大学,2016 年。
⑪ 赵建中:《浅析日本文化政策——从政府主管到地域自治》,《上海艺术评论》2017 年第 2 期。

及袁璟的《日本文化政策确立过程中的民间力量》（2018）① 等等。

日本虽然没有名为"文化产业法"的法律，但在1974年制定的《传统工艺品产业法》，并根据《知识产权基本法》（2002）又制定了《内容产业促进法》（2004）。前者所涉及的传统工艺属于本书的研究范围，国内的代表性研究成果则有：徐艺乙的《日本的传统工艺保护策略》（2008）②、张福昌的系列文章③、陈日红的《近代以来日本传统工艺发展策略探析》（2018）④ 以及朱琴、吴又进、邹天骄的《日本传统工艺的保护与振兴策略研究》（2019）⑤ 等。后者涵盖了"影视、音乐、游戏、图书杂志出版"等以经济效益为价值目标的领域，并不属于本书的研究对象。但考虑到中国目前正在讨论的《文化产业促进法（送审稿）》所涉及范围的广泛性，在此，也需要提及一些从文化产业法角度出发的代表性研究成果，如魏晓阳的《日本文化法治》（2016）⑥ 与饶世权的《日本文化产业法律制度及其启示》与《日本文化产业的立法模式及其对我国的启示》（2016）⑦ 等。此外，文化遗产旅游也是日本文化艺术政策中的核心内容之一，这方面国内较为重要的研究成果，则有宋振春的著作《日本文化遗产旅游发展的制度因素分析》（2009）⑧、黄晓星的《日本文化旅游机制创新的经验与启示》（2019）⑨ 以及沈思涵的《文旅融合视域下日本文化遗产的保护与传承》（2020）⑩ 等。

---

① 袁璟：《日本文化政策确立过程中的民间力量》，《公共艺术》2018年第6期。
② 徐艺乙：《日本的传统工艺保护策略》，《南京艺术学院学报·美术与设计》2008年第1期。
③ 张福昌：《日本传统工艺品产业保护和振兴政策》，《南京艺术学院学报·美术与设计》1999年第2期；《日本传统工艺产业及其振兴政策研究》（一）、（二）、（三），《美与时代》2011年第5期、第6期、第7期。
④ 陈日红：《近代以来日本传统工艺发展策略探析》，《设计艺术研究》2018年第1期。
⑤ 朱琴、吴又进、邹天骄：《日本传统工艺的保护与振兴策略研究》，《自然辩证法研究》2019年第35卷第5期。
⑥ 魏晓阳：《日本文化法治》，社会科学文献出版社2016年版。
⑦ 饶世权：《日本文化产业法律制度及其启示》，《出版科学》2016年第2期；《日本文化产业的立法模式及其对我国的启示》，《新闻界》2016年第11期。
⑧ 宋振春：《日本文化遗产旅游发展的制度因素分析》，经济管理出版社2009年版。
⑨ 黄晓星：《日本文化旅游机制创新的经验与启示》，《社会科学家》2019年第8期。
⑩ 沈思涵：《文旅融合视域下日本文化遗产的保护与传承》，《歌海》2020年第1期。

第三,作为文化艺术各领域均比较发达的先进国家,日本拥有较多的公共文化设施,也形成了一套比较完整和独具特色的法律体系。国内对此的研究成果比较丰富,主要集中在博物馆工作人员的管理制度以及图书馆法的法律框架与体系建设等方面,例如,张昱的《日本学艺员制度及其对我国建立博物馆职业资格认证制度的启示》(2014)[①]、陈娅的《当代日本美术馆学艺员制度研究》(2016)[②]、李国新的《日本图书馆法律体系研究》(2000)[③]、陈奕的《日本图书馆法的发展现状及其启示》(2004)[④]、陈雅婧的《从"文化行政管理"到"文化资本运营":关于日本国立博物馆法人化改革的探究》(2019)[⑤]、黄志景的《日本图书馆法律体系发展研究及对中国图书馆立法科学发展的借鉴作用》(2009)[⑥]、何静的《日本图书馆法发展概况研究》(2006)[⑦]、冼君宜、盛小平的《日本图书馆法律制度体系及其作用分析》(2014)[⑧]、沈丽云的《日本图书馆法的修订及其启示》(2010)[⑨]、陈娟、盛小平的《日本〈图书馆法〉的演变与启示》(2014)[⑩]以及安来顺的《中日韩博物馆政策环境与博物馆发展的初步检视》(2013)[⑪]等。

第四,深受"单一民族"思想的影响,日本阿伊努人的法律地位问题一直以来都是日本文化政策中的一个特殊议题,相关法律除 1997 制定

[①] 张昱:《日本学艺员制度及其对中国建立博物馆职业资格认证制度的启示》,《博物馆研究》2014 年第 4 期。

[②] 陈娅:《当代日本美术馆学艺员制度研究》,《中国美术馆》2016 年第 2 期。

[③] 李国新:《日本图书馆法律体系研究》,北京图书馆出版社 2000 年版。

[④] 陈奕:《日本图书馆法的发展现状及其启示》,《图书馆建设》2004 年第 4 期。

[⑤] 陈雅婧:《从"文化行政管理"到"文化资本运营":关于日本国立博物馆法人化改革的探究》,《博物馆研究》2019 年第 2 期。

[⑥] 黄志景:《日本图书馆法律体系发展研究及对中国图书馆立法科学发展的借鉴作用》,载《福建省图书馆学会年会论文集》,福州,2009 年。

[⑦] 何静:《日本图书馆法发展概况研究》,《图书情报工作》2006 年第 11 期。

[⑧] 冼君宜、盛小平:《日本图书馆法律制度体系及其作用分析》,《图书情报工作》2014 年第 10 期。

[⑨] 沈丽云:《日本图书馆法的修订及其启示》,《图书馆杂志》2010 年第 4 期。

[⑩] 陈娟、盛小平:《日本〈图书馆法〉的演变与启示》,《图书情报工作》2014 年第 10 期。

[⑪] 安来顺:《中日韩博物馆政策环境与博物馆发展的初步检视》,《东南文化》2013 年第 6 期。

的《阿伊努文化振兴法》（1997）外，还在2019年制定了取代《阿伊努文化振兴法》的《阿伊努民族支援法》。目前国内相关的代表性研究成果有：李玲的《日本阿伊努民族文化保护研究：以〈阿伊努文化法〉为中心》（2003）①，黄英兰的博士论文《阿伊努民族文化保护与传承研究》（2013）②，陈永亮的《法理权利抑或行政施惠：基于日本阿伊努政策的反思》（2017）③，包乌力吉仓的《论日本阿伊努原住民的文化权》（2018）④，高小岩、祁进玉的《原住民意识唤醒、单一民族假设与政策框架重构："虾夷"阿伊努的前世今生》（2020）⑤；赵菲、刘晓巍合著的《日本阿伊努人教育政策的历史变迁》（2021）⑥ 以及林圣爱的《日本阿伊努民族政策的嬗变：从"他者化"走向"多元化"》（2021）⑦；等等。

第五，在根据"和平宪法"所确立的政教分离、宗教信仰自由的前提下，日本的宗教事务相关法律，主要就是1951年制定的《宗教法人法》，国内关于该法的研究成果主要体现在宗教组织的民事法律地位以及法人认证制度等方面，代表性成果有：华热·多杰的《日本国关于宗教组织民事法律地位的立法》（2007）⑧，仲崇玉的《日本的宗教法人认证制度》（2017）⑨，徐玉成的《日本〈宗教法人法〉管窥》（2001）⑩ 以及张

---

① 李玲：《日本阿伊努民族文化保护研究：以〈阿伊努文化法〉为中心》，载张庆善主编《中国少数民族艺术遗产保护及当代艺术发展国际学术研讨会论文集》，中国艺术研究院2003年，第560—570页。

② 黄英兰：《阿伊努民族文化保护与传承研究》，博士学位论文，中央民族大学，2013年。

③ 陈永亮：《法理权利抑或行政施惠：基于日本阿伊努政策的反思》，《世界民族》2017年第4期。

④ 包乌力吉仓：《论日本阿伊努原住民的文化权》，《内蒙古民族大学学报》（社会科学版）2018年第5期。

⑤ 高小岩、祁进玉：《原住民意识唤醒、单一民族假设与政策框架重构："虾夷"阿伊努的前世今生》，《青海民族大学学报》（社会科学版）2020年第2期。

⑥ 赵菲、刘晓巍：《日本阿伊努人教育政策的历史变迁》，《教育与教学研究》2021第1期。

⑦ 林圣爱：《日本阿伊努民族政策的嬗变：从"他者化"走向"多元化"》，《云南民族大学学报》（哲学社会科学版）2021年第6期。

⑧ 华热·多杰：《日本国关于宗教组织民事法律地位的立法》，《青海社会科学》2007年第2期。

⑨ 仲崇玉：《日本的宗教法人认证制度》，《华东政法大学学报》2017年第2期。

⑩ 徐玉成：《日本〈宗教法人法管窥〉》（上）（下），《法音》2001年第10期、第12期。

文良的《关于日本当代政教关系的若干思考》(2018)①，另外还有黄晓林②、罗敏③的文章和著作等。

最后，在此，还需要提及文书作者及本书课题组成员的相关研究成果，基本上是以日本《文化遗产保护法》为中心，并分别涉及《文化艺术基本法》《阿伊努文化振兴法》《传统工艺品产业振兴法》以及《国民祝日法》等方面。④

仔细研读上述成果，不难发现其内容大多是以介绍及梳理日本相关法律制度为主，并在此基础上，结合中国各领域的实际情况，展开了较有意义的法律制度比较研究；但研究的深度参差不齐，有些地方流于粗疏。究其原因，还是与中国缺少对应的实定法有关。由于中国现行的文化艺术领域相关法律、法规较多原则性规定，且主要是依赖文化艺术主管行政机关

---

① 张文良：《关于日本当代政教关系的若干思考》，《中央社会主义学院学报》2018 年第 6 期。

② 黄晓林：《日本近现代宗教团体立法沿革及理念的变迁》，《日本问题研究》2017 年第 1 期；《日本宗教团体财产法律制度考察与启发》，《日本研究》2018 年第 2 期；《日本宗教法人制度》，北京大学出版社 2019 年版。

③ 罗敏：《日本宗教法人制度与民法渊源》，《世界宗教文化》2021 年第 1 期；《日本〈宗教法人法〉公告制度的设立及其意义》，《世界宗教研究》2021 年第 1 期。

④ 廖明君、周星：《非物质文化遗产保护的日本经验》，《民族艺术》2007 年第 1 期；周星、周超：《日本文化遗产的分类体系及其保护制度》，《文化遗产》2007 年第 1 期；《日本文化遗产保护的举国体制》，《文化遗产》2008 年第 1 期。周超：《日本对非物质文化遗产的法律保护》，《广西民族大学学报》（哲学社会科学版）2008 年第 4 期；《日本法律对"文化遗产"的定义、分类与分级》，《宁夏社会科学》2009 年第 1 期；《日本法律对"民俗文化遗产"的保护》，《民俗研究》2008 年第 2 期；《日本的文化遗产指定、认定、选定与登录制度》，《学海》2008 年第 6 期；《中日非物质文化遗产传承人认定制度比较研究》，《民族艺术》2009 年第 2 期；《两部法律与阿伊努人的命运——从〈北海道旧土人保护法〉到〈阿伊努文化振兴法〉》，《世界民族》2010 年第 6 期；《中日非物质文化遗产保护法比较研究》，《思想战线》2012 年第 6 期；《日本的"庙会法"及其相关问题》，《民俗研究》2012 年第 4 期；《日本"文化景观"法律保护制度研究》，《广西民族大学学报》（哲学社会科学版）2016 年第 1 期；《节日、纪念日与法律：日本节假日法规对中国的启示》，《云南师范大学学报》（哲学社会科学版）2017 年第 4 期；《在文化遗产的"保护"与"利用"之间：关于日本〈文化遗产保护法〉2018 年修订的评析》，《文化遗产》2020 年第 1 期；《文化艺术领域的"部门宪法"：日本〈文化艺术基本法〉研究》，《南京艺术学院学报》（美术与设计）2021 年第 2 期。另外，还有日文「日中無形文化財保護法の比較研究」『文明 21』2012 年第 29 卷；『中国の「無形文化遺産法」』『中国 21』2014 年第 39 号等。

的文件和规章而形成，相对缺乏稳定性，从而使得相关法律制度的中日比较研究较难有进一步的深入。

关于外国学者的相关研究，根据现已掌握的资料，涉及本书的研究成果，主要集中在日本宪法学行政法学以及文化政策领域，应该说成果还是相当丰硕的。具代表性的有：太下义之的《〈文化艺术基本法〉与日本的文化政策》（2002）[1]、谷和明的《〈文化艺术基本法〉与现代日本的文化政策》（2003）[2] 等，其论述深入揭示了日本文化政策和《文化艺术基本法》的密切关联，探讨了政府支援和国民积极参与多样性文化艺术活动的可能性。大木裕子的《文化政策和艺术管理》（2008）[3]，则仔细归纳了日本文化政策的特点，分析了日本对各种艺术活动的管理体系。上原有纪子的《艺术文化活动的财政支援》（2009）[4]，对日本中央和各级地方政府于财税政策上对艺术文化活动的支持等进行了系统性的调查。枝川明敬的《文化艺术的支援理论和实际》（2015）[5]，对日本社会为何支援艺术活动的逻辑进行了透彻的分析。在《文化艺术基本法》2017 年修改后，日本学者的研究成果主要集中在未来日本的文化行政如何发展、如何通过该法以促进其"文化艺术立国"目标的实现以及《文化艺术基本法》的适用等问题上，代表性的成果，则有河村建夫、伊藤信太郎编著的《文化艺术基本法的成立文化政策：面向真正的文化艺术立国》（2018）[6]、今井直子的《〈文化艺术基本法〉与文化行政的核心》（2018）[7]、志贺野桂一的《文化政策概述：修法后日本文化政策变化及其未来》（2018）[8]、伊藤裕

---

[1] 太下義之「「文化芸術振興基本法」と日本の文化政策」『地方行政』（2002）第 9460 号。

[2] 谷和明「文化芸術振興基本法と現代日本の文化政策」『留学生日本語教育センター論集』（2003）第 29 卷。

[3] 大木裕子『文化政策とアートマネジメント』九州大学出版会（2008）。

[4] 上原有紀子「芸術文化活動への財政支援のあり方」『調査と情報』（2009）第 628 号。

[5] 枝川明敬『文化芸術への支援の論理と実際』東京藝術大学出版会（2015）。

[6] 河村建夫、伊藤信太郎『文化芸術基本法の成立と文化政策：真の文化芸術立国に向けて』水曜社（2018）。

[7] 今井直子「「文化芸術基本法」と文化行政のあり方をめぐって」『議会と自治体』（2018）第 243 号。

[8] 志賀野桂一「文化政策論概説：文化芸術基本法改正を受けて我が国の文化政策の変遷を辿りながら、今後の文化政策を論ずる」『東北文化学園大学総合政策学部紀要』（2018）第 17 卷第 1 号。

夫的《〈文化艺术基本法〉及其政策背景》（2019）① 以及志田阳子的《以〈文化艺术基本法〉对应"言论自由"之危机》（2020）② 等；关于文化首都、新文化厅以及文化厅迁址所带来的影响等问题，则有河野润子的论文《文化与社会：〈文化艺术基本法〉修订、"新文化厅"以及日本博览会》（2019）③ 等。另外，涉及针对特殊人群的《残疾人文化艺术活动促进法》（2018）的研究，则有石渡裕子的《推动"残疾人文化艺术活动"》（2018）④ 等。

日本学者在研究西方各国的文化艺术法律制度的同时，往往将其与日本的《文化艺术基本法》进行比较，如小林真理的《奥地利文化促进法的结构与特点》（2001）⑤、《文化权利的确立：文化振兴法国际比较与日本现实》（2004）⑥、藤野一夫的《日本的艺术文化政策与法制建设：文化权利的日德比较》（2002）⑦ 等，这些学者均把"文化权利"视为国民的基本权利，试图通过对其他西方发达国家在文化艺术领域的法制建设和具体制度设计等比较研究，以揭示日本方面的不足等。以上这些研究，大多强调"文化权"的重要性，其对若干西方发达国家在文化领域法律制度中有关责任、义务的规范，以及某些具体的制度设计所做的成果和研究方法，对于本书还是很有参考价值的。另外，针对文化艺术领域的部门法研究，日本国内有相当丰富的研究成果，

最后，围绕文化艺术法领域的中日比较研究，成果则很有限，代表性

---

① 伊藤裕夫「文化芸術基本法：その政策的背景を読む」『文化経済学』（2019）第 16 巻第 1 号。

② 志田陽子『「文化芸術基本法」を活用して「表現の自由」の危機に抗おう』『週刊金曜日』（2020）第 28 巻第 20 号。

③ 河村潤子『文化と社会：文化芸術基本法改正、「新・文化庁」、そして日本博』『人間会議』（2019）第 40 号。

④ 石渡裕子『「障害者による文化芸術活動」の推進』『レファレンス』（2018）第 68 巻第 12 号。

⑤ 小林真理「オーストリア文化振興法の構造と特徴」『文化経済学』（2001）第 2 巻第 4 号。

⑥ 小林真理『文化権の確立に向けて：文化振興法の国際比較と日本の現実』勁草書房（2004）。

⑦ 藤野一夫「日本の芸術文化政策と法整備の課題：文化権の生成をめぐる日独比較をふまえて」『国際文化学研究』（2002）第 18 号。

的成果也多局限于法制史方面，例如，浅野聪的《日本与台湾地区历史环境保全制度的变迁及比较研究》（1994）① 等。而在博物馆法、图书馆法、美术馆法等公共文化设施法的研究上，日本学者的研究成果虽然丰硕，但几乎没有涉及与中国的比较。

三　研究范围与基本框架

　　文化艺术领域的宽泛性决定了本书必须对相关的研究范围进行必要的限定。根据主管日本国家文化艺术事业发展的文部科学省、文化厅的职责范围，以及相关的现行法律，本书所确认的日本现行文化艺术法律体系，是以《文化艺术基本法》为基础，由"文化遗产保护利用法群""艺术文化法群""公共文化设施及独立行政法人法群""著作权法群""民族及宗教事务法群""其他与文化艺术相关的法律"六个法律群、40 余部法律所构成（如图 0-1 所示），由如此众多的法律所构成的日本文化艺术法体系，其核心即为《文化艺术基本法》。所有这些法律分别从不同角度和不同部门支持着日本政府，根据《文化艺术基本法》第 7 条的规定制定并实施其国家的"文化艺术推进基本计划"。该计划涉及文化遗产保护与利用、艺术、媒体艺术、传统艺能、国民的娱乐与生活文化、地域文化艺术振兴、著作权保护、艺术家培育与人才培养、文化艺术教育、国语的理解与教育，以及文化艺术的国际交流等多个方面。上述诸多法律，便是日本政府在文化艺术各个领域内依法推定文化行政的直接法律依据。

　　本书在总体上按照日本文化艺术法体系的基本框架展开论述，除"导言""结语"以及"附录"之外，主要由总论和分论两编、共计八章构成。总论编的第一章和第二章分别论述"战前文化艺术管制与文化遗产保护法制"和"战后日本在文化艺术领域的立法"，合起来就是一部日本文化艺术领域法制简史；第三章"日本文化艺术行政的中枢：文化厅"，主要是从文化艺术行政机关及其改革的角度，揭示文化艺术领域在日本国家体制中的地位；第四章"文化艺术领域的部门宪法：《文化艺术基本法》"是本书的重点，旨在全面地概括统领文化艺术领域的这部重要法律的内容和意义。分论编中的第五章"《文化遗产保护法》的最新修订"，

---

　　① 浅野聡「日本及び台湾における歴史的環境保全制度の変遷に関する比較研究——文化財保護関連法を中心にして」『日本建築学会計画系論文集』（1994）第 462 号。

```
背景：全球化·软实力·文化民族主义
              ↓
        日本文化立国战略
              ↓
中央省厅相关政令 ← ★文化艺术基本法 → 地方政府相关条例
        文化艺术推进基本计划

专业艺术  新媒体艺术  传统艺能  生活文化  国民娱乐  地域文化艺术振兴
著作权保护  艺术家培育与确保  文化遗产保护利用  文化艺术教育  国语理解与教育  文化艺术国际交流
```

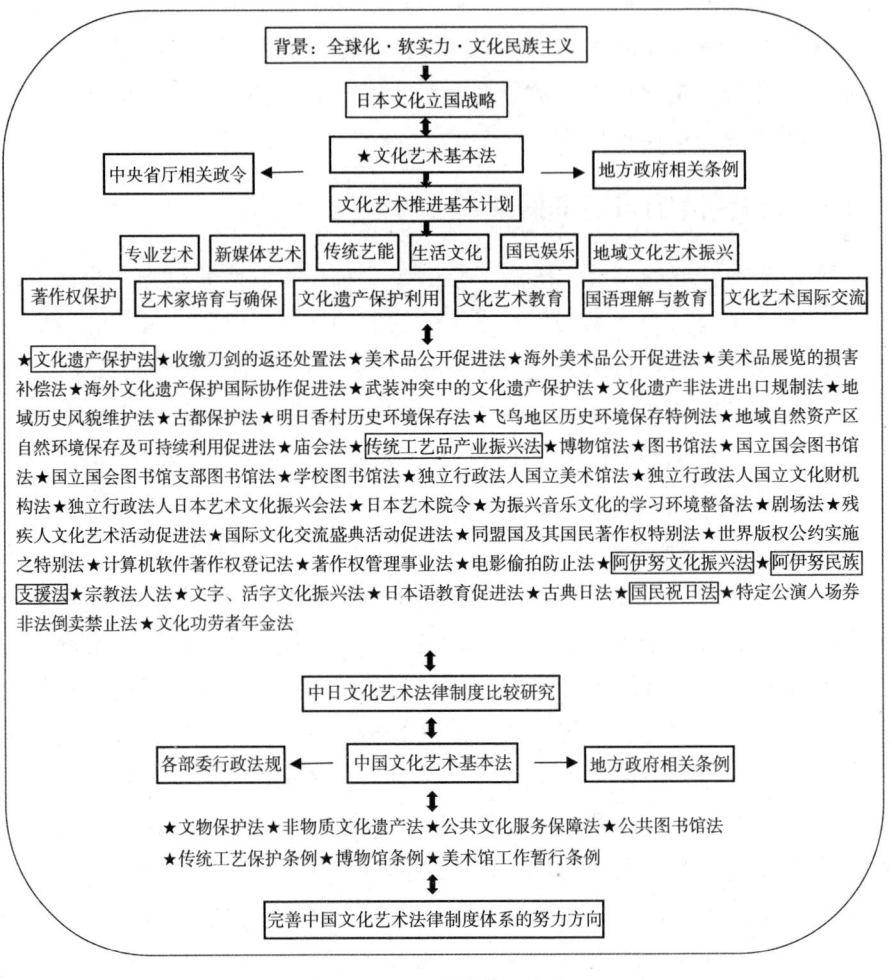

★文化遗产保护法★收缴刀剑的返还处置法★美术品公开促进法★海外美术品公开促进法★美术品展览的损害补偿法★海外文化遗产保护国际协作促进法★武装冲突中的文化遗产保护法★文化遗产非法进出口规制法★地域历史风貌维持法★古都保护法★明日香村历史环境保存法★飞鸟地区历史环境保存特例法★地域自然资产区自然环境保存及可持续利用促进法★庙会法★传统工艺品产业振兴法★博物馆法★图书馆法★国立国会图书馆法★国立国会图书馆支部图书馆法★学校图书馆法★独立行政法人国立美术馆法★独立行政法人国立文化财机构法★独立行政法人日本艺术文化振兴会法★日本艺术院令★为振兴音乐文化的学习环境整备法★剧场法★残疾人文化艺术活动促进法★国际文化交流盛典活动促进法★同盟国及其国民著作权特别法★世界版权公约实施之特别法★计算机软件著作权登记法★著作权管理事业法★电影偷拍防止法★阿伊努文化振兴法★阿伊努民族支援法★宗教法人法★文字、活字文化振兴法★日本语教育促进法★古典日法★国民祝日法★特定公演入场券非法倒卖禁止法★文化功劳者年金法

```
              ↓
    中日文化艺术法律制度比较研究
              ↓
各部委行政法规 ← 中国文化艺术基本法 → 地方政府相关条例
              ↓
★文物保护法★非物质文化遗产法★公共文化服务保障法★公共图书馆法
★传统工艺保护条例★博物馆条例★美术馆工作暂行条例
              ↓
    完善中国文化艺术法律制度体系的努力方向
```

图 0-1 本书的概念结构

对该法在 2018 年和 2021 年两次重大修订的具体内容和意义进行了评析；第六章"传统工艺品与《传统工艺品产业振兴法》"和第七章"节日、纪念日与《国民祝日法》"，分别对涉及有形文化遗产和无形文化遗产的两部法律展开了详细的探讨，第八章"《阿伊努文化振兴法》与《阿伊努民族支援法》"，集中论述了日本阿伊努人相关法律的演变，以及阿伊努民族政策的最新趋向。

对于其文化艺术法体系的形成过程与发展进程的追溯和梳理，乃是理解日本现行文化艺术法体系及文化政策的重要切入点。从江户幕府末期到明治时代，日本社会发生巨变，其最为重要的标志，便是"禁教令"的实施与"兰学"的传入。虽然逐渐"开国"为日本文化艺术的发展带来了新的气象，但由于坚持脚本检阅制度，使得日本官方在文化艺术政策上长期趋于保守。在这一历史时期，比较重要的文化艺术立法主要集中于"公共文化设施法"和"文化遗产保护法"（第一章）。第二次世界大战以后，经过一系列社会改造，日本在文化艺术领域既有部分沿用明治时期的法律的情形，例如，《著作权法》等；也有整合战前的同类法律，进而制定新法的情形，例如，《文化遗产保护法》等；更有废除旧法、制定新法的情形，例如，《宗教法人法》等。但战后在文化艺术领域的立法，绝大多数都是顺应时代的变化而制定的新法，例如，历史环境保存系列法律、《文字、活字文化振兴法》《日本语教育促进法》《古典日法》以及与文化艺术国际交流相关的法律等。这些法律表面上显得比较零散，但促使文化艺术的资源化这一倾向却非常明显。随后，日本在文化艺术领域的立法进一步朝着综合性的方向发展，特别是在 21 世纪之初，制定了《文化艺术基本法》。可以说《文化艺术基本法》与其他相关法律相配套，共同为日本国家的文化艺术政策提供了坚实的法律保障（第二章）。

在日本，负责实施国家文化艺术诸法的政府文化艺术行政机构，即为文化厅。文化厅作为在文部科学省之外设立的独立行政机构，乃是日本文化艺术行政的中枢机构。梳理文化厅成立的背景，明确其法律职责，了解文化厅的机构改革、"文化首都"的建立，以及作为文化厅长官的咨询机构"文化政策推进会议"等机制，则是我们把握日本文化艺术政策及其发展趋势的重要线索（第三章）。

2001 年制定的《文化艺术基本法》是日本文化艺术领域的"部门宪法"，它不仅是日本文化艺术政策的核心，事实上也发挥着统领日本文化艺术诸法的作用，堪称是日本文化艺术法律体系的基础。因此，我们需要深入探究《文化艺术基本法》的立法目的、立法意义和立法过程，在结合日本政府根据基本法所制定的"文化艺术振兴基本方针"（2002、2007、2011、2016）、"文化艺术立国中期计划"（2015）、"文化经济战略"（2017）、"文化艺术振兴基本计划"（2018）以及"文化艺术立国战略"（2018）的基础上，细致地梳理日本在发展各主要门类艺术、传统艺能振兴、国民娱乐生活、文化遗产的保护利用、公共文化设施机构建设、艺术家培育和语言教育、文化艺术的国际交流，以及地方文化艺术振兴等多方面的制度建构；进而在与我国相关法律、法规进行比较研究的基础之上,探讨中国进一步完善自己文化艺术领域法律制度建设的方向与课题(第四章)。

日本在1950年颁布的《文化遗产保护法》,始终在其国家文化艺术政策和文化艺术法体系之中占据着非常重要的位置,且该法的每次重大修订,都意味着日本文化艺术政策的重大调整。因此,针对2018年、2021年《文化遗产保护法》的两次重大修改而新增设的"文化遗产保护利用计划"制度,以及新增加的"无形文化遗产与无形民俗文化遗产的登录制度"进行深入的分析研究,将有助于我们理解日本文化艺术政策在这一面向的重点诉求(第五章)。

对于既传统又现代的日本国家形象而言,传统工艺品在普通国民的日常生活中发挥着颇为重要的作用。但是,自从日本融入全球化经济开始,传统工艺品产业受到了较为严重的冲击,因此,《传统工艺品产业法》就成为日本政府应对传统手工业日趋衰退的重要举措。鉴于中国当下也面临着类似的问题,所以,对日本《传统工艺品产业法》的探讨,将为我们采取何种举措提供重要的参考(第六章)。

惠及全体国民的节假日体系,是任何一个现代国家的基本文化制度。日本通过法律的方式,持续地形塑其国民节假日体系,从而有效地影响和管理普通国民的社会文化生活。在日本的国民节假日体系中,既有大和民族传统的节令岁时,也有颇为西化的现代节日,更有经由节假日而对天皇制国家予以正当化的制度构想。此外,日本节假日体系的制度安排以合理化为导向,这也算是一个很值得重视的特点(第七章)。

长期以来,阿伊努人的地位问题,始终是日本国家在民族政策方面的焦点所在。1997年颁布的《阿伊努文化振兴法》,虽然显示了日本政府对重视阿伊努人文化的重视,却未能真正承认阿伊努人的原住民地位。2007年在联合国通过《原住民权利宣言》时,日本代表投了赞成票;次年,日本国会公开承认阿伊努人原住民地位,并于2019年颁布了《阿伊努民族支援法》,这一系列新动态,表明日本政府在阿伊努人地位问题上的态度发生了重大转变。对于《阿伊努民族支援法》所确立的"民族共生象征性空间"设施、旨在落实阿伊努政策诸措施的"地域推进计划"制度等的研究,将可以构成与中国少数民族文化振兴的相关政策措施进行中日比较研究的初步基础(第八章)。

通过对以上内容的框架性安排,本书将对包括《文化艺术基本法》

在内的日本五部重要法律分别展开详细和深入的研究。除此之外，本书第二章"战后日本在文化艺术领域的立法"，也会对其他部分法律进行比较详细的介绍，例如，《宗教法人法》《博物馆法》，《图书馆法》及其系列法律、《国立剧场法》① 与《剧场法》，《文化遗产保护法》《古都保护法》与《地域历史风貌维护法》，《文字、活字文化振兴法》与《日本语教育促进法》，《古典日法》以及《收缴刀剑的返还处置法》等等。总之，本书的研究基本上涵盖了日本文化艺术法体系的主要内容。

---

① 1966 年制定《国立剧场法》（昭和 41 年法律第 88 号）的目的是通过确保日本传统艺能（歌舞伎、能言、狂言以及文乐等）的舞台表演场所，以实现传统艺能的保存与振兴。1989 年第一次修法时将现代舞台艺术也纳入调整范围，1990 年第二次修法设立了"日本艺术文化振兴基金"资助文化艺术活动、改法律名称为《日本艺术文化振兴会法》（平成 2 年法律第 6 号）。2002 年，因特殊法人制度的改革，《日本艺术文化振兴会法》被《独立行政法人日本艺术文化振兴会法》（平成 14 年法律第 163 号）取代。

总论编
日本文化艺术法制史与《文化艺术基本法》研究

第一章

战前的文化艺术管制与文化遗产保护法制

日本在文化艺术领域的立法实践有颇为漫长的历史，从其立法实践及其变迁的过程，我们可以较为清晰地窥知其国家文化艺术政策的发展轨迹。虽然文化艺术政策本身具有一定的延续性特点，但每当重大的历史事件发生，都必然会程度不等地对其产生影响，并促使其发生转变。日本近现代史上若干重要的节点，也都很自然地成为其文化艺术政策的转折点。

1945年8月15日，日本无条件投降，这成为日本现代史上最为重要的历史节点。因此"战前"和"战后"，在我们描述日本文化艺术政策的转型时，乃是颇为自然而又有效的时代区分。不过，"战前"的文化艺术政策，究竟该从何时谈起，却也难以确定。一般而言，学者们大都以明治维新为界，把古代日本和近现代日本予以区分；所以，从近现代国家主导文化艺术政策的范围、内容以及方式的意义上，大体上可将"战前"日本的文化艺术政策追溯至明治时期，但同时也需要注意到明治时期的文化艺术政策和此前江户时期的连续性问题。

从历史的发展轨迹来看，日本列岛的文化艺术始终受到周边国家以及欧美国家的影响，不同时期的天皇或执政者、统治集团对此往往持有不同的态度。285年（应神天皇16年），五经博士王仁离开百济登陆日本，献《论语》十卷、《千字文》一卷；随后，日本的贵族阶层中很多人逐渐通晓汉文典籍，并开始推崇儒学，此种风气推动了"六艺"在日本的传播。公元594年，推古天皇（592—628）下诏推行佛教，圣德太子（574—622）主导兴建斑鸠寺（今法隆寺的前身），讲授和研习佛法，撰写《三经义疏》，鼓励"诸国子弟壮士习吴鼓""伎乐"等，这被认为是日本历史上最早的有计划性的音乐教育事业。① 此后，经过"大化改新"，日本仿唐制设"大学寮"、习"汉音吴音"、建"雅乐寮"，致力于培养本邦与外来的音乐人才等。从上述这些史实可知，历史上总有一些由当时的朝廷或执政集团实施一些文化艺术政策的事例。

第一节 "禁教令"的实施与"兰学"的引入

自公元 538 年"佛教公传"② 进入，日本就开启了本土信仰与佛教思想相互融合的过程。经过奈良时代（710—794）"神佛习和"的宗教政策，逐渐使得外来佛教实现了日本化。到安土桃山时期（1573—1603），"禁教令"（1587）的颁布使得外来宗教——基督教受到全方位的压制，此后近三百年间，日本民众的信仰冲突逐渐加剧，而政府的介入也在持续加强。

一 "禁教令"与"锁国令"

明治维新是日本近现代史的开端，当然也是日本近现代国家文化艺术政策逐步迈向近代化的起点。但从历史连续性的角度出发，在此需要提及江户幕府于安土桃山时期（1573—1603）在全国推行的"禁教令"③ "锁国令"④ 以及对于西式"兰学"的积极引进。应该说，这些事件或史实在一定程度上，对于明治维新以后日本"神道教"之国教地位的确立、

---

① 日本教育音楽協会编『本邦音楽教育史』音楽教育書出版協会（1938）第 4—9 頁。
② 佛教传入日本分"私传"和"公传"两个路径，前者是指由中国民间直接传入、传入时间上，有人主张为 513 年（继体天皇 16 年）；后者是指中国北传佛教经由朝鲜半岛传入日本、学者普遍接受的传入时间为 538 年（宣化天皇 3 年），参见金寶賢「百済仏教の始原と展開：漢城・熊津期仏教の再検」『鷹陵史学』（2015）第 41 号第 43—77 頁；方献洲「日本における仏教文化の展開と受容について」『天理大学学報』（2004）第 55 卷第 2 号第 123—138 頁。
③ 关于"禁教令"，可参见渡辺修二郎『内政外教衝突史』民友社（1896）第 46—48 頁；西村真次『日本文化史概論』東京堂（1930）第 284—290 頁；德富猪一郎『近世日本国民史：德川幕府（上）鎖国編』民友社（1924）第 121 頁。
④ 关于"锁国令"，可参见德富猪一郎『近世日本国民史：德川幕府（上）鎖国編』民友社（1924）第 280—290 頁。

迈向"文明开化"以及"脱亚入欧"等政策方向,均产生了重要的影响。

16世纪中晚期,日本各地的"大名"① 对于传入日本各地的基督教的态度尚较为审慎;织田信长(1534—1582)曾试图利用教会完成自己的统一事业,故对基督教秉持同情和支持的态度,但随着信徒的人数在较短时间内快速增加,日本各地的统治者便开始感到了威胁。丰臣秀吉(1537—1598)在1587年(天正15年)6月19日,发布了著名的"禁教令",明言"日本为神国之所……基督教为邪教",不仅没收了基督教在长崎域内的所有土地;要求传教士必须在20日之内离开长崎,进而还拆毁了九州域内的教堂。随后,在1596年(庆长元年)11月15日,又对长崎的传教士和信徒进行了严厉的镇压。到德川幕府时期(1603—1867),德川家康(1542—1616)于1612年(庆长17年)3月21日下令捣毁京都域内的教堂,对于不思悔改的信徒予以镇压或驱逐等。次年,又将"禁教令"的实施范围扩大至近畿地区;1616年,家康去世时,德川幕府第二代将军——德川秀忠(1579—1632)采取了锁国政策,并将"禁教令"进一步扩展到了日本全境。②

为确保"禁教令"能得以实施,江户幕府也开始禁止国家以外的民间贸易行为,不仅限制民间贸易而且还禁止个人出境。受其影响,自丰臣秀吉1604年开始实施"朱印船贸易"的朱印船数量虽一度增加,但很快右转很快开始减少、贸易量也持续走低。③ 1632年(宽永8年)6月20日,德川幕府试图通过许可("奉书船")的方式,增加对外通航的船只数量,但由于设定了严格的许可条件,客观上并未产生明显的效果。1634年(宽永11年)5月28日,德川家光(1604—1651)发布"锁国令",完全禁止除"奉书船"以外的对外通航;1636年(宽永13年)5月19日,甚至进一步又禁止了"奉书船",至此,幕府的"锁国"政策遂得以彻底实现。"锁国令"的第四条、第五条,也非常明确地对"耶稣教蔓延

---

① "大名"是指在镰仓时代拥有领地的武士;到战国时代则为统治各地的地方诸侯;江户时代的"大名"是指直隶属将军并拥有领地的武家。

② 德富猪一郎『近世日本国民史:德川幕府(上)鎖国篇』民友社(1924)第117—130页。

③ 德富猪一郎『近世日本国民史:德川幕府(上)鎖国篇』民友社(1924)第281—282页。

之处"发出"诫谕",并褒赏"耶稣教教士"的"告发者"等,由此可知,"锁国令"是在"禁教令"的延长线上,进一步强化了日本的闭关锁国状态。为了禁教,幕府严令禁止印刷、出版、进口以及私藏有关基督教的书籍;并为此设立"书物改役"一职,对从海外输入的书籍予以严厉审查。幕府的锁国政策,直至1853年(永嘉6年)7月8日被迫接受美国的"开港"要求,才算告一段落。

二 "兰学"的形成及其影响

在幕府实施"禁教令""锁国令"期间,日本与西洋、中国、朝鲜的文化艺术交流却也并未完全中断。德川幕府虽陆续与西班牙(1624)、葡萄牙(1639)中断了贸易关系,却唯独与荷兰保持了良好的贸易往来,并于1641年将荷兰商馆迁至长崎的出岛,使其成为当时整个欧洲唯一一个获得允许与日本进行贸易的国家,也因此荷兰不仅成为日本接触西方近代科学、技术以及文化的重要窗口,也是西方了解日本的中介者。1720年(享保5年),幕府将军德川吉宗出于岁入考虑,开始奖励实学、开洋书(特别是学术翻译)之禁,并命幕府儒官青木昆阳(1698—1769)、医官野吕元丈(1694—1761)等人习荷语与西方技术。这使日本民众有了广泛接触并了解西方近代科学技术以及文化的可能。

18世纪中叶,通晓荷兰语的日本学者独立完成有关荷兰语的相关著作,翻译出版荷兰语的西方医学、建筑学、地理学、天文地理、动植物学、航海以及军事等学术出版物。例如,1742年出版的《荷兰文字略考》(青木昆阳)、1750年完成的《荷兰本草和解》(野吕元丈)以及1774年野良泽(1723—1803)与杉田玄白(1733—1817)在中川淳庵(1739—1786)与桂川甫周(1751—1809)的协助下完成西洋医书《解体新书》的翻译并出版等。自此,日本通过荷兰(或者通过荷兰语)传入日本的科学文化知识的"兰学"已经形成。[①] 此后的半个多世纪,尽管"兰学"受保守势力以及幕府多次打压,最终经"官学化"而演变为日本"富国强兵"的技术与知识。[②]

[①] 绪方富雄「二百年前蘭学誕生：解体約図のこと」『日本歯科医史学会会誌』(1973)第1卷第1号。

[②] 李宝珍:《兰学在日本的传播与影响》,《日本学刊》1991年第2期。

"兰学"在日本的发展尽管是"一波三折",却为日本自然与人文科学发展以及国家近代化奠定了基础,也为日本人文思想发展播下了"种子"、加快了日本启蒙运动以及对外文化艺术交流的进程。例如,在绘画以及铜版画领域,浮世绘画师司马江汉(号峻春波楼、西洋道人,1747—1818)通过学习荷兰语,利用荷兰百科全书习得油画的绘画技法,创作了日本最早的油画和铜版风景画。① 几乎在同一时期,日本的艺术及艺术作品也传至西方,并对西洋艺术产生了重要影响。其中,较为有名的例子,便是荷兰后印象派画家文森特·威廉·梵高(1853—1890)受浮世绘画师——葛饰北斋(1760—1849)《富岳三十六景》之"神奈川冲浪里"的影响,于1889年完成了他最著名的作品《星夜》。应该说,"兰学"的引入为幕府时期文化艺术的发展与对外交流提供了一定的条件,也产生了颇为重大的影响。

三 信教自由与《宗教团体法》

明治维新时期,日本政府颁布的"神佛分离令"结束了长期以来的佛教特权,以及鼓励或容忍"神佛习合"的政策,但发布的"五榜告示"却延续了针对基督教的"禁教令"。由于随后发生的"浦上教案",使得明治政府受到当时国际社会的谴责,再加上国内的反对声音,明治政府遂于1873年(明治6年)2月24日,撤销了"禁教令",最终使得基督教在日本的传播合法化。自此,日本便逐渐进入法律上所谓宗教信仰自由的时代。②

受到西方人权与信仰自由思想的影响,1889年颁布的《大日本帝国宪法》(以下简称《明治宪法》),明确了"日本臣民在不妨碍安宁秩序以及不违背臣民之义务的条件下,享有信教之自由"(第28条)。③ 该条规定的存在表明,明治政府在法律上确立了"信仰自由"这一基本人权原则,完成了对信教自由从"默认"到"明示"的转变,这一举措获得

---

① 日蘭協会編輯『日本と和蘭』日蘭協会(1914)第120頁。
② 阎钢:《日本基督教概述及其状况分析》,《西南民族大学学报》(哲学社会科学版)2001年第1期。
③ 关于"信教自由"原则的立法过程,详细参见中島三千男『「大日本帝国憲法」第28条「信仰自由」規定の成立過程』『奈良大学紀要』(1977)第6号第127—140頁。

了欧美国家的好评，也为对外贸易扫清了最后一个障碍。① 然而，"信教自由"在法律上有所保留（"不妨碍安宁之秩序、不违背臣民之义务"），事实上导致立法者可通过立法，且司法者也可以通过对"安宁之秩序""臣民之义务"的解释来限制臣民的信教自由。因此，《明治宪法》这一规定对信仰自由的保护颇为软弱，② 此时的宗教自由，并非真正意义上的自由。③

尽管如此，考虑到宗教的教化功能，以及天皇制下的神道教与其他宗教之间的关系，日本政府颁布了一系列涉及宗教组织团体、宗教活动的法令，例如，太政官、文部省、内务省的布告、通告以及政令、训令等。这些法律文件在推动信教自由方面发挥了一定作用，但由于令出多门、内容分散等，而使其国家宗教政策的实施出现了诸多疑问与冲突，妨碍并影响了宗教组织及其活动的发展。④ 其间，帝国议会虽曾先后审议过三个宗教团体法案，分别为1899年和1927年"宗教法案"、1929年"宗教团体法案"，但均未获通过。此后，随着日本侵华战争的不断扩大，为了进一步巩固天皇制，强化神道教在日本国民心目中的地位，日本政府于1939年4月8日公布了《宗教团体法》（法律第77号），以便进一步加强国家对宗教组织及其宗教活动的监督与管理。《宗教团体法》的主要内容有：

（一）将宗教团体限定在神道教、佛教、基督教及其他团体的寺院、教会等宗教法人⑤（第1条、第2条）的范围之内，对于宗教团体的设立采取政府认可制，并借此将宗教团体置于国家的监督管理之下，亦即由政府（文部大臣）对宗教团体设立申请人提交的教义大纲、教团章程、宗教活动等进行认可（第3条）。

（二）宗教团体或教职人员在传教或举行宗教仪式时，若妨碍社会

---

① 麻生将「近代日本におけるキリスト教と国家神道」高橋学教授退職記念論集『立命館文学』（2020）第666号第163—181頁。

② 黄晓林：《日本宗教法人法》，北京大学出版社2019年版，第5页。

③ 悟灯：《近现代日本佛教的变革与现代化转型》，《法音》2019年第3期。

④ 帝国議会貴族院『第74回帝国議会貴族院宗教団体法案特別委員会議事速記録（第1号）』（昭和14年1月25日）第1頁。

⑤ 关于日本宗教法人与《民法》上的法人制度之间的关系，参见罗敏《日本宗教法人制度与民法渊源》，《世界宗教文化》2021年第1期。

"安宁之秩序"或违背"臣民之义务"的，文部大臣不仅可命令其停止、限制乃至禁止其活动，还可以撤销其宗教团体设立之认可（第16条）。

（三）对于宗教团体的日常宗教活动，法律采取了全方位的监督和管理。该法明确规定，文部大臣认为必要时可要求宗教团体提交报告，责任人必须如实报告，否则将被处以罚款（第27条）。对于宗教团体所有之财产，也实施国家监管，亦即报备宗教团体所有之社寺、教堂等所占土地、建筑物、宝物以及账目（第9条—第11条）。此外，《宗教团体法》还将宗教团体教职人员的行为纳入约束的范围。

以上内容，大体上可以反映战前神道教、佛教、基督教在日本国家宗教事务中的法律地位，并且，《宗教团体法》还对其他宗教团体和宗教活动的严格监督、管理，这与当时《治安维持法》①的理念基本保持一致，目的就在于压制信教自由以及规制宗教组织以及教团活动，故对当时日本的国家宗教事务影响甚大。

第二节　从"音乐调查处"到"帝国艺术院"

从明治维新开始，日本政府推行的"文明开化"政策，构成了明治、大正时期其文化艺术政策的基础。从狭义的角度来看，这一时期的文化艺术政策，主要体现在对文化艺术的管制以及文化遗产的保护等方面。② 由于文化艺术领域里不同门类的多样性，相关的政策也就具体地呈现为开放、引进和检阅、管制相互并存的形态；至于文化遗产保护，则主要集中地表现为对于"有形文化遗产""纪念物"以及"美术品"等，进行单行立法予以规制的态势，其特点之一就是明显地偏重于物质文化遗产的保护。

---

① 该法最早为1900年《治安警察法》（『治安警察法』明治33年3月10日法律第36号）、1925年改为《治安维持法》（『治安维持法』大正14年4月22日法律第46号）、后经过1941年修改（昭和16年3月10日法律第54号）后于1945年被废除（『「ポツダム」宣言ノ受諾ニ伴ヒ発スル命令ニ関スル件ニ基ク治安維持法廃止等ノ件』昭和20年勅令第542号），其核心内容以规制政治团体、禁止或限制议论国事为目的。

② 根本昭『我が国の文化政策の構造』長岡技術科学大学（1999）第10頁。

一 "音乐调查处"与"雅乐局"

明治政府特别重视军队的现代化和西洋化,为了提高军乐队的吹奏技能,文部省于1879年(明治12年)设置了一个内部的"音乐调查处"(音楽取調掛),任命日本近代音乐教育家、东京师范学校校长——伊沢修二(1851—1917)为负责人,开始正式地引进西洋音乐。"音乐调查处"主要负责西洋音乐教材的推荐与制作,大力推行"洋乐"教育;1883年(明治16年),东京师范学校及东京女子师范学校正式将音乐列为学习的课程;1885年(明治18年)年2月,文部省将"音乐调查处"改称为"音乐调查所"(音楽取調掛所),并使其成为文部省的独立机构。次年,政府颁布"学校令",文部省明确要求把"音乐"列为各类学校(高等和普通师范学校、高等和普通中学校以及小学校)的必修课程。[①]但由于音乐教职人才严重不足,遂于1887年(明治20年)将"音乐调查所"改为"东京音乐学校",以便专门培育音乐教师和音乐家。[②]至此,日本的学校音乐教育以及艺术家培育制度得以初步形成雏形。

西洋音乐的快速传入,以及以西洋音乐为主的音乐教育的逐渐普及,其实就是明治政府的既定国策"文明开化"和"脱亚入欧"在文化艺术领域的延伸。不过,受到此政策的刺激和影响,同时在日本传统音乐领域也出现了一股民族主义的思潮,所以,政府也尝试要振兴民族音乐。例如,1870年(明治3年),明治政府在太正官中设"雅乐局"(次年改称"雅乐课"),执掌雅乐舞蹈的表演、乐师的技能培训以及能力认定等,[③]并将居住在京都、奈良以及大阪的"乐人"召集起来,谋求传承和振兴"雅乐""神道乐"等日本独特的文化艺术传统。[④]由此可知,明治时期的文化艺术政策具有明显的两面性,既要直接引进欧美的文化艺术,

---

① 1886年(明治19年)颁布的"学校令"包括《师范学校令》(敕令第13号)、《小学校令》(敕令第14号)、《中学校令》(敕令第15号)以及《帝国大学令》(敕令第3号)。文部省根据"学校令"制定了"学科设置与课程",明确音乐为必修课程(参见東京府学務課編『学令全書』十一堂(1887)第1—5頁)。

② 東京音楽学校『東京音楽学校創立五十周年記念』東京音楽学校(1929)第1—4頁。

③ 司法省明法寮編『憲法類篇(国法部第二卷·官制)村上勘兵衛出版(1873)第25—28頁。

④ 根本昭『我が国の文化政策の構造』長岡技術科学大学(1999)第11頁。

又要坚持日本自身的文化艺术传统。

二 东京美术学校与"帝国艺术院"

在绘画领域，明治时期的文化艺术政策比较侧重于确保艺术家的地位，以及为艺术家作品的发表提供场所和平台。日本学者根本昭曾将明治至战前的日本美术政策细分为以下三个阶段：第一阶段从1868年明治维新至1907年文部省举办第一届美术展；第二阶段从1907年第一届美术展到1937年帝国艺术院成立；第三阶段从1937年帝国艺术院成立至1945年日本战败投降。如此细致的划分，比较准确地展现了日本近代绘画艺术的发展过程，其内容多涉及西洋美术的引入以及美学教育的普及。

由于西洋美术注重写实性与实证性，其技法被认为在军事、工学领域也可以广泛应用，所以，明治政府于1874年（明治7年）设立的陆军士官学校①、1876（明治9年）设立的工部美术学校，都将西洋绘画列为必修的教育科目。为了介绍西洋的工业技术，推动国内产业的发展，明治政府自1877年（明治10年）起，就在于东京主办的国内实业博览会（内国劝业博览会）设置了美术品展部，并组织评委对出展作品进行评价。应该说，这些举措同时也为日本的画家、艺术家以及民间手工艺者等提供了一个与世界接触的重要场所。②

伴随着明治维新的大举西化，民族主义思潮同时兴起，日本社会对本土文化艺术的关注也日益强烈。19世纪80年代，美国东洋美术史家、哲学家厄内斯特·佛朗西斯科·费诺罗萨（1835—1908）和日本美术史家、评论家冈仓天心（1863—1913）提倡尊重传统的绘画艺术，并着手对其加以改造。1884年（明治17年），二人接受文部省委托，开始对神社和寺庙收藏的古代美术品进行调查，并在1887年（明治20年）通过改组、整合文部省图画调查所（図画取調掛）与工部省大学寮附属工部美术学

---

① 因军事绘图是军官必备技能，故在陆军士官学校开设的"图书"课程中包含了"绘画"的内容。

② 此次博览会的展品分"官方出品"和"人民出品"两部分，所设"美术"部有雕像、图案、书画等展品。由于分类标准不统一以及博览会注重"器·物"，所以，后来被认为属于美术作品的手工艺品未被归入"美术"展之中［参见内国劝业博览会事务局『明治十年内国劝业博览会审查评语（1）』内国劝业博览会（1877）第55页、第88—89页；『明治十年内国劝业博览会审查评语（2）』内国劝业博览会（1877）第487页、第509—538页］。

校而成立东京美术学校。1896年（明治29年），日本外光画派——紫派的代表人物黑田清辉（1866—1924）在该校设置西洋画科，并建议政府设置类似法国的官办沙龙机构——美术奖励机关。1907年（明治40年），明治政府设置"美术审查委员会"，决定由文部省每年举办一次美术作品展，首届美术品展在这一年的4月1日至6月21日举办。作为日本唯一的官办美术展览，其对日本近代绘画艺术的发展产生了巨大的推动，但这也反映了官方高度介入文化艺术领域以实施管制的理念。1919年（大正8年）由新设的"帝国美术院"取代了"美术审查委员会"，并代替文部省主办每年一次的帝国美术展，直至昭和早年。这一期间举办的展览，主要是通过对帝国美术院会员给予优惠待遇来促进艺术的发展，其目标是推动（美术领域里）所谓纯艺术的振兴。

1937年（昭和12年），日本政府成立了将多种艺术门类包括在内的"帝国艺术院"，官方对于文化艺术领域的介入和管制进一步深化。同年，还设立了"文化勋章"制度，制定优待措施，以褒奖在文化艺术领域（包括绘画艺术，文学、舞台艺术等）有成就的艺术家。①

从"音乐调查处"的设置到"帝国艺术院"的成立，这一时期日本文化艺术政策的特征是，一方面积极引入西洋艺术，另一方面也尝试复兴日本固有的传统艺术，鼓励艺术家的音乐、美术创作；除了强化国家权力对文化艺术领域的渗透，还意图通过艺术教育（音乐教育和美术教育）影响国民的精神世界。

第三节　脚本检阅制度与"检阅制度改正期成同盟"

日本的出版业早在江户时代晚期，就已经颇为繁荣，幕府也曾经实行过针对出版物的禁止与检阅制度，例如，较早时期基于"禁教令"而禁止与基督教有关的出版物，随后还扩大至禁止批评幕府的政治出版物等方面。②

---

① 根本昭『我が国の文化政策の構造』長岡技術科学大学（1999）第11—12頁。
② 王良鹏、周振杰：《日本二十世纪初的治安立法与治安体制研究》，《刑法论丛》2014年第2期。

一 《出版条例》与剧场、脚本及表演的取缔规则

从明治初期到第二次世界大战结束之前，日本政府对著作权、出版业以及舞台表演相继出台了多种限制令，例如，1869 年 5 月 13 日颁布的《出版条例》（明治 2 年行政官布告第 18 号）对出版物的出版行为加以规制；1882 年（明治 15 年）颁布的《剧场取缔规则》，则首创了对戏剧脚本的检阅制度。随后，部分都、道、府、县也分别以警视厅令或府县命令的形式，制定了各自地方的检阅制度，例如，东京都 1922 年制定的《脚本及表演取缔规则》（大正 11 年警视厅令第 25 号、第 79 号）就较具典型性。该规则明确要求上演脚本必须获得警视厅的许可（第 66 条第 1 款）①，未获许可上演者将被拘留或科料（第 90 条）。

1925 年，日本政府颁布了《治安维持法》（大正 14 年法律第 46 号），进一步强化检阅与禁止上演等措施。昭和时期，日本的军国主义化进一步强化，权力对文化艺术领域的管制也更加趋于专断和严厉。例如，1934 年修改的《出版法》（昭和 9 年法律第 47 号）甚至将唱片也列为规制的对象。自从 1937 年 7 月 7 日"卢沟桥事变"以后，日本 NHK 西洋音乐的全国播放节目被切换为城市播放，东京都内的舞厅也被强制关闭。随后，1940 年通过修改《表演取缔规则》（興行取締規則），进一步限制艺人的演出时间，并对艺人实施思想、品行调查以及登记许可制度等。② 这些措

---

① 能否获得上演许可，该规则采取排除法，亦即在第 67 条明确了不予许可的情形，主要有以下七种：（1）有违劝善惩恶旨目之虞的；（2）有让人产生厌恶、感觉卑劣、猥琐或残酷之虞的；（3）有传授犯罪手段方法，诱惑犯罪之虞的；（4）属于肆意讥讽时事或混淆政谈的；（5）有阻碍国交亲善之虞的；（6）在教育上有恶劣影响之虞的；（7）危害公共安全或有扰乱社会风俗之虞的。上述情形中，最后一项是兜底性条款，它使警视厅通过扩大解释"公共安全""社会风俗"等核心概念，几乎对任何脚本都可不予许可。因此，被称为脚本检阅制度的基石［参见検閲制度改正期生同盟編『吾々如何なる検閲制度の下に晒されてゐるか?』検閲制度改正期生同盟（1928）第 27—28 頁］。

② 就表演者（技芸者）的行为规制而言，可上溯至 1922 年东京都《脚本及表演取缔规则》。该规则第 79 条第 2 项规定：表演者不得通过扮演角色或其他行为发表危害公安、扰乱风俗的言辞，否则，临检警察可立刻禁止演出或命令停止演出。拒不执行命令者，处以拘留或罚款（第 90 条第 2 款）。参见検閲制度改正期生同盟編『吾々如何なる検閲制度の下に晒されてゐるか?』検閲制度改正期生同盟（1928）第 29 頁。

施体现了威权对文化艺术领域的强制性支配，也意味着军国主义政权对民众思想甚至娱乐生活的全方位控制。

在军国主义意识形态的引导下，政府试图通过对文化艺术领域的全面掌控，实现对国民生活的改造，甚或对国民精神的形塑。例如，1939年制定的《电影法》（昭和14法律第66号）在对电影拍摄实施种种限制的同时，鼓励拍摄宣传日本纯美风俗，可以提高国民文化水平的电影。随着战事吃紧，国家总动员体制也不断加强，对于文化艺术领域的管制也越来越严酷。1940年（昭和15年）12月成立的"日本出版文化协会"（1943年后改称"日本出版会"），开始对出版物实施全面统制，所有出版物均必须事前申请，并经过审查和许可。随着对外侵略战争的扩大，各类物资日趋匮乏，纸张也不得已施行配给制，因此，出版发行具有批评性的图书、报刊就变得更加不可能了。①大约同时，政府还下令解散新剧剧团，尤其在"珍珠港事件"以后，全面禁止上映美国电影（1941）、禁止演奏爵士乐（1943）等，可以说战时的文化艺术管制被强化到了无以复加的地步。②

二 "检阅制度改正期成同盟"的成立及其要求

针对文化艺术领域里日趋严密的检阅制度，民间的反对意见也几乎同步产生，如影随形。由作家、文艺家、戏剧人、电影工作者、美术家、杂志社、出版社等构成的"检阅制度改正期成同盟"于1927年（昭和2年）7月12日成立，该同盟对长期以来政府压制国民思想自由和表现（言论）自由等政策进行了激烈的反抗。在其成立宣言中，对政府在文化艺术领域的规制进行了尖锐的批评：

> 最近频繁发生的禁止销售、禁止上演、禁止上映，违反出版法等的不当处分，不法美术品的撤回等，明显反映出我国《出版法》《报业法》《表演法》《表演取缔规则》等法律是极其反动的，不仅有利于政友会内阁专制政策，而且明显是对人民自由的践踏。为维护我们所获之自由，我们将为出版自由、上演上映自由并通过修改法律彻底改造检阅制度而战斗，为此，我们这些作家、文艺家、戏剧人、电影工作者、美术家、

---

① 小田切秀雄『现代文学史』集英社（1983）第523页。
② 根本昭『我が国の文化政策の构造』长冈技术科学大学（1999）第11页。

杂志社、出版社等在此宣誓：团结一致，为反对压迫而努力斗争。①

为了争取出版、上演、上映等文化艺术活动的自由，同盟提出了五项纲领性的要求：(1) 修改《出版法》《报业法》《表演法》以及《表演取缔规则》；(2) 让民间代表进入一切检阅机构；(3) 对于违法处罚，应给予明确、简易、快速救济的途径；(4) 重启内阅制度；(5) 对删除、禁止之处分，必须公开理由。② 这些要求后来还进一步扩展至拓宽不当处分的行政诉讼救济途径；设置审议机关；不依据检阅法规不得做出处分之决定等。针对不同领域的具体要求，还包括要求在出版行业废除保证金制度、简化出版程序、恢复内阅制度并允许出版自由；废除殖民地特别规定、适用日本本土法律等；在戏剧领域，已获出版许可的出版物之脚本允许上演、首次上演前不得禁止（否则，应赔偿损失）、统一脚本的检阅标准、废除脚本上演期限和地域之限制。对于电影，要求撤销电影的上映期限和地域等限制、废除手续费制度，若制片商希望提前检阅脚本的，应提前检阅。对于美术作品，要求撤展的必须明示理由，并必须交付命令状等。这些要求从一个侧面反映了当时的检阅制度的范围极广且非常严格，再加之适用时的肆意扩大解释，使其规则适用缺乏可预见性等问题，严重影响到当时的文化艺术活动。

来自民间团体的上述诉求，说明公众对检阅制度已严重不满，也从一个侧面反映出当局利用检阅制度对民众思想实行高压控制的基本立场。伴随着对外侵略战争趋于失败，战事持续吃紧也促使国内检阅制度的实施更加严格，上述要求不仅未获得满足，反而使更多艺术团体或被取缔或被迫解散。

第四节　从《古器旧物保存法》到《国宝保存法》

战前日本文化艺术政策最重要也相对较为成功的方面，便是有关其文

---

① 検閲制度改正期生同盟编『吾々如何なる検閲制度の下に晒されてゐるか?』検閲制度改正期生同盟（1928年）第1頁。

② 検閲制度改正期生同盟编『吾々如何なる検閲制度の下に晒されてゐるか?』検閲制度改正期生同盟（1928年）第2頁。

化遗产的保护。战前先后共有涉及文化遗产的五部法律：（1）1871 年 5 月 23 日公布的《古器旧物保存法》（明治 4 年太政官布告第 251 号）；（2）1897 年 6 月 10 颁布的《古社寺保存法》（明治 30 年法律第 49 号）；（3）1919 年 4 月 9 日通过的《史迹名胜天然纪念物保存法》（大正 8 年法律第 44 号）；（4）1929 年 3 月 28 日通过的《国宝保存法》（昭和 4 年法律第 17 号）以及（5）1933 年 4 月 1 日通过的《重要美术品保存法》（昭和 8 年法律第 43 号）。[①] 这些法律表明，日本在东亚各国是较早通过法律保护其文化遗产的国家，只是早期试图保护的主要是有形的、可移动的文化遗产，在不可移动的文化遗产的保护方面尚显得较为薄弱；与此同时，被列入保护对象的主要还是皇室、贵族和统治阶级所拥有或控制的文化遗产，与一般国民密切相关的生活文化和民俗文化遗产等，在当时尚未能引起任何关注。

一 《古器旧物保存法》的制定与实施

《古器旧物保存法》是最早针对有形文化遗产的保护所采取的立法措施。[②] 其立法目的在于遏止日本进入近代化的转换期，由于社会的欧美化和"废佛毁释"[③] 等运动所引发的文化遗产严重损毁、遗失或流落海外等颇为突出的问题。[④] 该法直接把传统美术工艺品及化石等 32 种[⑤] "古器旧物"（有形文化遗产）列为法律保护的对象，要求各府、县对各自辖区内的古社寺拥有或收藏的古器旧物造册登记，并将登记册抄送大藏省及文部省（现存于东京国立博物馆）；同时对它们采取"就地保护原则"，在必

---

① 周超：《日本文化遗产保护法律制度及中日比较研究》，中国社会科学出版社 2017 年版，第 26—39 页。

② 秦明夫「我が国における文化財保護行政の成立」『埼玉工業大学人間社会学部紀要』（2006）第 4 号第 79—88 页。

③ ジョン・ブリーン「明治初年の神仏判然令と近代神道の創出」『明治聖徳記念学会紀要』（2006）第 43 号第 162—181 页。

④ 枝川明敬「我が国に置ける文化財保護の史的展開——特に、戦前における考察」『文化情報学』（2002）第 9 巻第 1 号第 41—47 页。

⑤ 此处的"古器旧物"主要是指祭器、宝石、玉器、石弩雷斧、古镜古铃、铜器、古瓦、乐器、武器、古字画、古典籍经文、匾额、钟铭拓本、印章、文房诸具、农具、工匠器械、车舆、屋内诸具、布锦、服饰、皮革、货币、金银器、陶瓷器、漆器、度量衡、茶器香具花器、游戏具、人形、古佛像佛具、化石等。

要的时候可对古器旧物进行封存，以防止流失或损毁。对同一类器物有复数者，则要求在博物馆进行展览，以便民众观瞻；对于个人所有或收藏的古器旧物也应进行调查，并要求其在出售重要的古器旧物时，必须照会当地的博物馆等。此外，《古器旧物保存法》还要求对舶来的古器旧物给予保护。

《古器旧物保存法》的出台，遏制了传统的尤其是那些与佛教有关的主流工艺美术品的损毁及流失现象，其对古器旧物的分类也成为后世日本博物馆陈列展品的分类基准。该法对于日本文化遗产保护理念的确立，及时制止损坏文化遗产的风潮等多方面，均具有颇为重要的意义。[①] 不过，当时的保护对象仅限于可以移动的文化遗产，对不可移动的文化遗产保护基本没有涉及。宫内省在1888年9月成立的"全国宝物临时调查局"，共计调查到"宝物"215091件，其中古籍17709件、绘画74731件、雕刻46550件、工艺美术品57436件、字刻18665件。[②] 除对这些宝物进行造册登记之外，还对其中的精品颁发鉴定证书，注明其价值。宝物调查堪称是日本有史以来最大规模的文化遗产调查，它为此后文化遗产的分类、登记以及制定补助金制度等提供了较为扎实的基础。[③]

二 《古社寺保存法》与《国宝保存法》

当时的社会现实处于激烈变动时期，政府面临财政困难，社会转型也使一些古老的神社、寺庙陷入经济困境，遂不得不出让所藏宝物，甚或通过出售珍贵建筑物的方式来筹集古社寺的维持和修缮费用。例如，奈良兴福寺的五重塔及其他古建筑就曾出现在出售清单上，甚至镰仓大佛也曾经准备以低价出售至海外等。[④] 为解决古社寺的维持及修缮的资金困难问题，内务省于1880年（明治13年）5月14日制定了"社寺保存

---

① 王军：《日本的文化财保护》，文物出版社1997年版，第2—3页。

② 宫田繁幸「文化財保護制度の変遷と民俗芸能」東京文化財研究所無形文化遺産部第27回夏期学術講座『文化財としての民俗芸能』（2002）。

③ 周超：《日本文化遗产保护法律制度及中日比较研究》，中国社会科学出版社2017年版，第30页。

④ 西川杏太郎「福沢諭吉と文化財保護」『慶応義塾大学学術リポジトリ』（2009）第17卷第48—56頁。

内规",设立了"古社寺保存费"(1891年以后称为"古社寺保存金")制度,① 并命令各府、县将辖区内具有400年以上历史的建造物(包括古社寺)"目录化"并上报政府。从1884年起,当局开始参照此目录对古社寺拨付"保存费"②,直至1897年《古社寺保存法》正式出台时为止。

1897年颁布的《古社寺保存法》,以"古社寺"等古建筑及其收藏之宝物的保存为目的。该法设立了"保存金"申请制度,因为资金困难而无力维系、修缮的古社寺及所收藏之宝物的保管人等,可以就古社寺及宝物的维系或修缮等事宜,向内务大臣提起保存金之申请;内务大臣就其申请应在咨询"古社寺保存会"意见的基础上,决定是否给予拨款;其中所需咨询费用由政府承担;而修缮费用的使用等需要接受地方行政长官的监督。对于那些具有特别重要的历史及艺术价值的古社寺建造物、宝物等,该法还确立了"特别保护的建造物或国宝"之资格认定制度,以加强保护力度;一旦获得该项资格,任何人都无权擅自处分或扣押该"特别保护的建造物或国宝"。不仅如此,所有者或持有人还将承担使它们能够在国立、公立博物馆得以陈列展出的义务,为此可以按照政府规定获得相应的补助金。该法的特点在于明确的法律责任,在某种意义上,可以说它初步确立了后来日本文化遗产保护制度的基本雏形。

鉴于《古社寺保存法》的规制对象较为限定,无法对应那些散见于民间的宝物的流失局面,且很多旧城遗迹及老建筑的破落处境依然严峻,所以,日本政府在1929年通过了《国宝保存法》,并用它取代了《古社寺保存法》。《国宝保存法》扩大了法律保护文化遗产的对象范围,用"建造物"取代"古社寺",将"古社寺收藏之宝物"的范围扩大至"非古社寺收藏之宝物"。在将保护对象分类为(不可移动的)"建造物"和

---

① 在1880年之前,古社寺修缮维持费基本上由古社寺自己解决。据文献记载,奈良法隆寺曾在1694年(元禄7年)、1842年(天保13年)曾两次将收藏宝物在江户本所的回向院内开龛展出,以筹集荒废寺院的修缮费用。(参见沢田むつ代「正倉院所在の法隆寺献納宝物染織品:錦と綾を中心に」http://shosoin.kunaicho.go.jp/ja-JP/Bulletin/Pdf?bno=0363039095(2016年3月22日访问)。

② 清水重敦「運営事態から見た古社寺保存金制度の特質:古社寺保存金制度の研究その1」『日本建築学会計画系論文集』(2012)第681号第2665—2671頁;山崎幹泰「古社寺保存金制度の成立と終焉:古社寺保存金制度の研究その2」『日本建築学会計画系論文集』(2013)第687号第1225—1220頁。

(可移动的)"宝物"的同时,确立了"国宝指定制度",亦即由主管大臣通过征询"国宝保存会"的意见,将那些"具有历史之价值、美术之模范的建造物、宝物等"确认为"国宝",并将指定结果在《官报》公告,以及通知"国宝"所有人。凡被指定为"国宝"者均不得擅自出口,不得变更现状,若获得主管大臣许可则可例外,主管大臣"许可"或"不许可"时,应该征求"国宝保存会"的意见;被指定的"国宝"应该向国民展出,出展时国家给予资金补贴和承担部分补偿;保护"国宝"所有人的利益,明确继承人对"国宝"的继承。此外,该法还新创了国宝灭失、损毁以及所有人变更的报告登记制度;在法律责任上,《国宝保存法》进一步明确了责任并加大了处罚力度。《国宝保存法》实施之后,经由政府指定的"国宝"数量大幅攀升,使得文化遗产流失的情况得到遏止。① 截至1950年该法因《文化遗产保护法》的实施而废止之时,政府先后共计指定了"国宝"6847件,其中建造物1057件、工艺美术品5790件(包括绘画1153件、雕刻2118件、工艺品1018件、字迹1410件、考古资料91件)。②

除了上述传世的文化遗产,当局也很重视地下埋藏的文化遗产。1874年(明治7年)和1880年(明治13年),明治政府曾先后颁布《发现古坟报告法》③和《人民私有土地内发现古坟报告法》④,确立了出土文物的报告制度。随后,在1899年(明治32年)制定的《遗失物法》⑤中,明确地将无法确定所有人、具有历史考古研究价值的出土文物判归国家所有,并向发现者支付相当于文物价格的酬金。

从《古器旧物保存法》经由《古社寺保存法》到《国宝保存法》,大体上能够反映出战前日本文化遗产保护法制的变化轨迹,其所确立的指定、咨询、现状变更许可、出展义务以及针对修缮的财政补贴等制度,很多都在战后的《文化遗产保护法》中得到了吸纳和延续。

---

① 苑利:《日本文化遗产保护运动的历史与今天》,《西北民族研究》2004年第2期。
② 宮田繁幸「文化財保護制度の変遷と民俗芸能」東京文化財研究所無形文化遺産部第27回夏期学術講座『文化財としての民俗芸能』(2002)。
③ 『古墳発見ノ節届出方』(明治7年5月2日太政官達第59号)。
④ 『人民私有地内古墳等発見ノ節届出方』(明治13年11月15日宮内省達乙第3号)。
⑤ 『遺失物法』(明治32年3月24日法律第87号)。

第五节 《重要美术品保存法》与《史迹名胜天然纪念物保存法》

一 美术作品与《重要美术品保存法》

虽然《古器旧物保存法》与《国宝保存法》已经构成了相对完整的文化遗产保护的法律体系，但由于它所保护的主要还是那些被"指定"的国宝，换言之，尚未获得"指定"的文化遗产就面临保护不力的局面，例如，未被指定为国宝的"吉备大臣入唐绘卷"（吉備大臣入唐絵卷）等很多美术作品就流失到了海外。[1] 于是，日本政府于1933年又制定了《重要美术品保存法》，该法规定未经主管大臣批准，任何人不得将在日本历史上及美术方面具有重要价值的非国宝类美术品等出口或转移至境外，自制作完成之日起未满50年或进口未满一年而又出口的，则不在此限。对于需要许可才能出口或转移境外的美术品之认定，主管大臣应该在《官报》予以公告并通知所有人；对于擅自将重要美术品等出口或转移境外的，则要处以禁锢刑或罚金刑。

《重要美术品保存法》自实施之日起，除战时一度中断之外，截至1950年因《文化财保护法》的颁布而作废时为止，经政府"认定"的"重要美术品"等，共计8282件。[2] 应该说，该法基本遏止了日本的重要美术品等文化遗产不断流失海外的状况。虽然《重要美术品保存法》针对的是特殊情况下文化遗产的海外流失问题，具有临时性，但它所确定的"准国宝"，亦即"重要美术品"认定制度，实质性地扩大了文化遗产的保护范围，因此，也使文化遗产的保护呈现多层次性的特点。

二 《史迹名胜天然纪念物保存法》的出台及其内容

战前的《国宝保存法》虽提及"古建筑"的保护，但未能涵盖历史"遗迹"与"名胜"等。自明治维新以来，伴随着近代化的加速发展，原

---

[1] 根本昭『我が国の文化政策の構造』長岡技術科学大学（1999）第13頁。
[2] 中村賢二郎『わかりやすい文化財保護制度の解説』ぎょうせい（2007）第20頁。

始森林遭到破坏，一些天然纪念物出现灭绝现象。有鉴于此，植物学权威三好学博士（1862—1939）与历史学者三上参次博士（1865—1939）参照外国特别是德国的自然、天然纪念物保护制度，于 1911 年 3 月，向帝国议会贵族院提出了《保护史迹和天然纪念物建议案》。① 随后，经由民间力量的推动，大正政府于 1919 年 4 月 9 日通过了《史迹名胜天然纪念物保存法》。该法确立了史迹、名胜和天然纪念物的"指定"制度，以及紧急情况下的"临时"指定制度。内务大臣（1928 年以后则改由文部省）可以指定地方政府（地方公共团体）为史迹、名胜、天然纪念物的管理人，其管理费用由地方政府承担，国家给予适当财政补助；还可以根据史迹、名胜、天然纪念物的现状划定一定区域，有权禁止或限制在该区域内建设某些设施；各相关的利害关系人若因上述禁令造成损失的，由国家给予相应补偿。对于那些试图改变史迹、名胜、天然纪念物之现状或实施某种对现状的保存产生影响之行为的，必须得到地方行政长官的许可，否则，将被处以有期徒刑或罚款。

自 1920 年 7 月依据《史迹名胜天然纪念物保存法》指定了 10 件天然纪念物（植物）开始，到 1950 年该法被《文化遗产保护法》所替代时为止，政府先后指定了太宰府遗迹和兼六园等各类史迹、名胜、天然纪念物共计 1580 件，其中史迹 603 件、名胜 205 件、天然纪念物 772 件。② 值得指出的是，"史迹""名胜""天然纪念物"这一组文化遗产的法定概念，在 1950 年颁行的《文化遗产保护法》中得到了全面的继承。

综上所述，战前日本的文化艺术政策与文化遗产立法，基本上是各自独立、不具有关联性，形成了各自相对独立的政策与法律体系。在文化艺术政策领域，主要是通过主办艺术作品展览（作品的公开），通过褒赏、优遇等手段以实现艺术事业的振兴；同时通过学校艺术教育等手段，增加艺术教师和艺术家的基数。在文化遗产保护的法律制度建设方面，主要表现在国家针对急速的"脱亚入欧"以及"废佛毁释"运动等造成的寺院衰退、有形文化遗产损毁与流失等危机情形而采取应急性

---

① 根本昭「自然的名勝及び天然記念物の『文化財』としての適否に関する考察」『長岡技術科学大学研究報告』（1995）第 17 号第 109—117 頁。

② 大島知子「国指定文化財庭園に関する基礎資料および統計」『ランドスケープ研究』（2001）第 64 巻第 5 号第 397—402 頁。

措施。这当中，当然也混杂了对现实的反省以及民族主义兴起等因素的影响。

1937年（昭和12年）日本发动全面侵华战争后，昭和政府对包括艺术在内的所有文化活动均进行严格的管制和残酷的镇压。在文化遗产保护领域，随着第二次世界大战后期日本本土遭到攻击，政府不得已曾先后颁布《国宝、重要美术品的防空设施整备纲要》①和《国宝、重要美术品的防空设施实施纲要》②等，划定京都、奈良为防空设施整备及实施地区，相关防空设施的建设由文部省在实地调查基础上，根据国宝的形态采取不同的应对措施；对收藏库以及疏散宝物的管理，由地方行政首长负责，并接受文部省官员的实地调查和监督等。建造相关防空设施所需费用，由政府承担八成，其余由建筑物所有人承担或民间筹集等。③根据战后统计，战时被完全摧毁的国宝有293件、史迹名胜天然纪念物44件、重要美术品134件。④

第六节 《图书馆令》与《帝室博物馆官制》

近现代国家的文化建设常常以图书馆、博物馆、美术馆等公共文化设施的存在为象征。这些公共文化设施的设置、运行和管理，很自然地就成为国家文化艺术政策的重要组成部分。现代图书馆制度在日本大体上也是明治维新以后的舶来品，但在历史上，历代皇室和统治者们往往也热衷于搜罗书籍，故在日本古代很早就形成了典藏图书的文化传统。

一 历史上的"图书寮""芸亭"及"文库"等

公元701年（大宝元年），文武天皇制定的"大宝律令"，明确在学习唐朝行政制度而设立的八省之一"中务省"下设"图书寮"，以收集文

---

① 『国宝、重要美術品ノ防空施設整備要綱』昭和18年12月14日閣議決定。
② 『国宝及重要美術品ノ防空施設実施要綱』昭和19年1月24日閣議決定。
③ 玉井綾「太平洋戦争時前後の文化財保護対策～京都府下の文化財疎開と戦後対策～」http：//kirara.cyber.kyoto-art.ac.jp/digital_kirara/graduation_works/detail.php？act=dtl&year=2009&cid=552&ctl_id=68&cate_id=3、2016年4月1日访问。
④ 根本昭『我が国の文化政策の構造』長岡技術科学大学（1999）第15页注⑮。

书，编纂国史为职责。图书寮大概就是日本最早的国家图书馆，它不仅拥有"文库"，还拥有专属的造纸作坊——"纸屋院"。图书寮或寺庙的"写经所"，在当时承担着宫中文库或公共文库的作用。奈良时代末期的朝臣石上宅嗣（729—781），曾将自家旧宅改建为阿閦寺，内辟"芸亭"以收藏其毕生搜集的中国典籍，供好学者任意阅读，所以，"芸亭"可被认为是日本最早向公众开放的公共图书馆。①

江户时期的历代幕府将军与诸大名，也大多建设有各自的"文库"，并颇为重视文库的管理和运营。例如，德川家康在江户城、骏府城曾分设"富士见亭文库"和"骏河文库"，并任命儒官林罗山（1583—1657）管理骏河文库。家康死后，骏河文库的藏书被遗赠给德川直系尾张、纪伊与水户三家，后来分别被命名为"蓬左文库""南葵文库"和"彰孝馆文库"。1633年（宽永10年），德川家光设"书物奉行"一职，专门管理富士见亭文库（后改称"红叶山文库"）。明治维新以后，这些文库藏书被宫内厅书陵部与"内阁文库"（现为"国立公文书馆"）所收藏。此外，加贺藩前田纲纪（1643—1724）的"尊经阁文库"，被称为"天下书府"，拥有与"红叶山文库"相当的藏书。在民间，则有以图书出租为生的普通庶民建设的"贷本屋"，这些文库与"贷本屋"或多或少地具备了图书馆的某些功能。

值得一提的还有江户幕府时期的著名医官——多纪元孝（1695—1766），曾出资主办医学教育机构——"跻寿馆"（后改为幕府直属的"医学馆"）；《群书类聚》的编纂者——塙保己一（1716—1821）主持的"和学讲谈所"；幕府直辖教育机构——"昌平坂学问所"以及洋学研究机构"蕃书调所"（后改名"洋学所"）等机构，也都有可供人们学习和研究之用的藏书。这些图书在明治维新以后，分别被新政府的帝国图书馆、帝国博物馆以及东京大学图书馆等单位所接收。②

二　从"书籍馆"到图书馆

明治维新时，政府负责文化教育事务的为"大学"。大学下设有"物产局"，因1871年（明治4年）文部省设立而更名为"文部省博

---

① 水谷長志『図書館文化史』勉誠出版（2003）第10—12頁。
② 水谷長志『図書館文化史』勉誠出版（2003）第14—16頁。

局",该局在接受出访欧美的官员以及学者"成立博物馆、书籍馆"的建议后,分别于次年3月10日、4月28日设立"博物馆""书籍馆"。6月,博物局就书籍馆的管理和运营,制定了《书籍馆书册借览规则》,确定了借阅收费标准,与此同时也明确认定公立图书馆的利用,在一定条件下可以免费。此后,书籍馆一度移交给内部省,但很快又回到文部省。1875年(明治8年)之后,则先后更名为东京书籍馆、东京府书籍馆,1880年正式使用"图书馆"的名称,后更名为东京图书馆。

与此同时,在太政官发布的《教育令》(1879)中,明确规定全国教育机构(无论公立还是私立)所设书籍馆,均受文部大臣监督。随后,便出台了《东京图书馆官制》(1889)。1897年改称"帝国图书馆"后,则制定《帝国图书馆官制》,并颁布《图书馆令》(1899)和各种与之配套的相应举措,例如《图书馆规则》(1906)、《图书馆令施行规则》(1910)等。《图书馆令》明确规定,全国各道、府、县、郡、市、町、村,可设立图书馆收集图书,提供给公众阅读;私人可根据《图书馆令》设立图书馆;公立私立学校也可附设图书馆;图书馆的设立与废止,涉及公立关系的须获经文部省许可;公立图书馆馆长由地方行政长官任免;公共图书馆可征收图书资料等。实际上,战前的日本图书馆法,还包括针对海外殖民地的立法,例如,《台湾总督府图书馆官制》(1914)、《朝鲜总督府图书馆官制》(1923)以及《有关朝鲜总督府图书馆馆长以及台湾总督府图书馆馆长的特别之任用》(1916)等。

之所以会形成以上复杂的图书馆立法,除了与明治、大正以及昭和初期日本社会文化急速巨变的形势密不可分,也与设立图书馆的主体多元化有关。日本政府曾倾向于按照公立、私立图书馆的区分来规制图书馆相关事宜,但由于很多图书馆是由学校设置的,其运营又与不同性质的学校教育密切相关,于是,就逐渐形成了较为复杂的图书馆法体系。

三 "正仓院""集古馆"与博物馆

比较而言,日本博物馆法的历史演变轨迹,要比图书馆法清晰很多。日本博物馆的历史,可追溯至奈良时期的756年(天宝八年)。在圣武天皇的七七忌日,皇室向东大寺的卢舍那大佛奉献了600件天皇遗物和60种药物,此后又陆续奉献了一些其他物品,东大寺将这些物品收藏在寺庙的正仓院。之后长达1000年间,正仓院的藏品是在朝廷的监督下由东大寺管理的。因此，正仓院被认为是日本历史上第一个博物馆。现代意义上的日本博物馆，始于1870年（明治3年）大学（文部省前身）设置的"物产局"，次年更名为文部省"博物局"。为准备参加1873年维也纳万国博览会，1872年1月8日内务省也设置了"博览会事务局"，同年3月10日，文部省博物局在汤岛圣堂大成殿举办了日本历史上第一次"博览会"，将准备参加万国博览会的展品①进行了为期20日的展览，由于展览大获成功，于是延期至4月末。最终，这次展览会的入场人数超过了15万人，每天平均有3000人进入大成殿参观。②

1873年6月19日，文部省博物局与内务省"博览会事务局"合并、统称为"博物馆"③。1875年2月8日，将博物馆事务划归文部省主管；3月30日明治政府又在内务省设博物馆、负责主管正仓院。此后，机构名称虽有诸多变化，但在性质上却形成了各自不同的博物馆。前者经过东京博物馆、教育博物馆、东京教育博物馆、东京科学博物馆等，直至战后成为"国立科学博物馆"并延续至今；后者则经过农商务省博物馆、宫内省博物馆、图书寮附属博物馆、帝国博物馆、东京帝室博物馆、国立博物馆等连续更名，战后改为东京国立博物馆，一致延续至今。④

此外，为应对因"神佛分离令"而引起的"废佛毁释"以及大量古旧器物的流失，太政官接受外务省和大学（文部省前身）的建议，于1871年4月25日设立"集古馆"，专门收集保护流失的古旧器物，并颁布《古旧器物保存法》，要求各府县对其辖区内古社寺所有或收藏的古旧器物造册登记，并报送大藏省和文部省；同一古旧器物若有复数，则应向民众展出；对于个人所有或收藏的古旧器物也进行调查，若出售则必须事先照会博物局。⑤

---

① 展品多来自民间征集。浮世绘画师一曜斋国辉（1830—1874）1872年创作的《古今珍物集》三幅锦绘，描绘了参加博览会的所有展品，包括名古屋城的金鯱、绘画书法、珊瑚制品以及古旧器物、动物标本、织物、漆器、瓷器以及乐器等共计600余件。

② 宫内厅官方网站「正倉院の由来」、「湯島聖堂博覧会」https://shosoin.kunaicho.go.jp/about/history（2021年10月2日访问）。

③ "博物馆"（museum）一词最早出现在福泽谕吉1866年出版的《西洋事情》里。

④ 椎名仙卓・青柳邦忠『博物館学年表』雄山閣（2014）第39頁。

⑤ 周超：《日本文化遗产保护法律制度及中日比较研究》，中国社会科学出版社2017年版，第27—28页。

明治初年博物馆名称的上述多种变化，一方面反映出当时政府在文化政策上的多变性，另一方面也体现出近现代意义上的博物馆事业明显地受到了西洋博物馆的影响。

四　博物馆官制

1900年（明治33年），明治政府颁布的《帝室博物馆官制》[①]成为日本最早规范博物馆设置及其组织机构的法律，它将当时已经存在并主要是根据地域设立的"帝国博物馆"（东京）、"帝国京都博物馆"和"帝国奈良博物馆"，分别改名为"东京帝室博物馆""京都帝室博物馆"和"奈良帝室博物馆"。该法明确规定，东京帝室博物馆设"总长"一名，由天皇敕令任命，除管理本馆日常事务之外，还总理其他帝室博物馆事务，并兼管东京上野公园与动物园；其权力行使由宫内大臣监督。总长之下设"主事"一人，由总理大臣推荐任命，辅助总长处理日常事务。京都帝室博物馆和奈良帝室博物馆，各设馆长一名，由天皇敕令任命，管理本馆日常事务。博物馆的职员有"部长""次部长""书记""学艺员"（拔手）等，同时还设立了"评议员"制度。[②]

1907年（明治40年），明治政府颁布了新的《帝室博物馆官制》[③]，以取代1900年旧的《帝室博物馆官制》。两者在法律内容上基本保持一致，基本上维持了此前博物馆的组织形态，但新法增加了一些对专业用语的解释以及明确了不同职位者的职责。例如，"帝室博物馆为宫内大臣管理、收集保存技艺品、供民众观览参考之场所"（第1条）；"馆员（也称'属'，明治时期为四等官）定额18人，从事博物馆事务性工作"（第9条）；"学艺员定员40人，从事博物馆技术性工作"（第10条）等。大正时期，又于1921年有所修改，[④]将所谓"技艺品"重新定义为"古今技艺品"，并在职员类型中增加了"鉴定官"（鑑查官）一职等。

为了完善帝室博物馆的运用机制，宫内省还陆续制定了很多配套规

[①] 『帝室博物館官制』（明治33年6月26日宫内省達甲第3号）。
[②] 『帝室博物館官制』第1—4条。
[③] 『帝室博物館官制』（明治40年10月31日皇室令第11号）。
[④] 『帝室博物館官制』（大正10年10月6日皇室令第14号）。

则，例如，为解决博物馆运营的资金困难问题，通过颁布法律的方式从国家财政中拨付"辅助金"①"特别资金"②等。此外，还在设置顾问③，借展④以及扩大馆舍建设⑤等方面均有明确具体的规范。除了上述皇室或官方设立的博物馆，日本民间也相继出现了一些设立博物馆的动向，其中较有代表性的是明治时期的实业家、收藏家大仓喜八郎（1873—1928，号鹤彦）于 1915 年建立的"财团法人大仓集古馆"。但对于民间博物馆而言，这一时期的法律并无任何支持，其发展纯粹处于自发状态。

从明治后期的博物馆相关立法用语及具体内容可知，日本博物馆在这一时期开始出现从皇家独享至民众利用的转变。例如，从法律名称以及条文中名称的微妙变化，就可有所窥知。从条文内容看，博物馆的组织机构与人员设置等，也逐渐趋于完善，例如，1921 年的《帝室博物馆官制》，增加了此前没有的"鉴定官"和"鉴定官辅"等职位，这意味着对博物馆业务的重视得到了增强。总之，战前的博物馆法及其所形成的组织形态和运营模式，对于战后博物馆事业的发展而言，可以说提供了一个初步的制度框架。

---

① 『大礼記念帝国博物館復興翼賛会事業費ノ補助ニ関スル件』（昭和 4 年 4 月 2 日法律第 42 号）。

② 『帝室博物館特別資金令』（昭和 12 年 12 月 20 日皇室令第 2 号）。

③ 『帝室博物館顧問ヲ置クノ件』（昭和 13 年 11 月 7 日宮内省令第 8 号）。

④ 『帝室博物館社寺宝物受託規程』（昭和 11 年 11 月 30 日宮内省令第 12 号）。

⑤ 『宮内省ニ於テ委嘱ニ依リ財団法人帝室博物館復興翼賛会事務ヲ施行スルノ件』（昭和 6 年 10 月 1 日皇室令第 2 号）。

第二章

战后日本在文化艺术领域的立法

1945年8月15日日本战败投降后,在盟军驻日最高司令部(GHQ)的指导下,实施了一系列社会改革,包括国家的非军事化、经济的民主化(解体财阀)、学校教育的去军国主义意识形态化、改革农地制度、确立劳动权等。[①] 1945年10月4日,盟军最高司令部发布"自由指令",明确要求"罢免内务大臣等、废除限制思想以及言论自由法规制度、废除特高警察[②]并释放政治犯等"。次日,时任内阁总理东久迩稔彦(1887—1990,昭和天皇的叔父)以"(指令)不可能实施"为由提出辞职。10月9日,币原喜重郎(1872—1951)重新组阁,开始陆续实施"自由指令",并陆续推进"五大改革",即"妇人解放、废除各项压迫措施、教育自由化、劳动者结社自由以及经济民主化"。随后,受朝鲜战争、越南战争的影响,日本经济从快速恢复转而进入高速增长,迅速实现了社会的全面现代化,随之而来的便是文化艺术的繁荣发展和文化艺术政策及法律的陆续出台。20世纪90年代,泡沫经济崩溃后,国家发展陷入停滞,于是,政府开始尝试通过"文化立国战略"使国家走出低迷,特别是进入21世纪以后,日本对文化艺术的重视程度远超以往任何时期,与文化艺术相关的立法速度也明显加快。

---

① 日鉄ヒューマンデベロプメント『日本——その姿と心——』学生社(1992)第78页。
② 全称为"特别高等警察",日本政府针对国内共产主义、社会主义运动等所有反政府之言论、思想以及运动等设置的秘密警察,简称"特高警察"或"特高"。

第一节 宗教自由与《宗教法人法》

一 《宗教法人令》与宗教法人设立原则

在宗教领域,盟军最高司令部(GHQ)1945 年 12 月 15 日发布《关于废除国家神道以及政府保证、支持、保全以及监督神社神道之通告》,即"神道指令",将神社从国家中分离出来,实现了较为严格意义上的政教分离,亦即废除了神道教所享受的一切特权,例如,国家不得为神道提供财政援助、废止神官等神职人员的国家公务员待遇等。为避免因《宗教团体法》的废除而造成混乱、妥善保护宗教团体的财产,1945 年 12 月 28 日,政府通过了《宗教法人令》(敕令第 719 号)作为临时善后和应急性措施。

在宗教团体的设立方面,《宗教法人令》一改战前《宗教团体法》的"认可"主义原则,而采取"准则+登记"主义原则,亦即宗教团体只需制定团体章程(第 2 条)并进行设立登记,即可成立(第 4 条第 1 款)。这种广泛承认宗教法人的自治权、设立完全自由、只需按规定在所在地政府机关进行登记即成为合法团体的宗教法人制度,几乎没有任何监督规则,因此,造成了宗教团体的法人人格被恶用或滥用等情形。[①] 战后的 4 年间,新增了 1 万多家宗教法人,其中绝大部分并未开展实质性宗教活动,多数只是想利用宗教法人制度享受政府在财税上的优惠政策。采取"准则+登记"主义原则另一个意想不到的后果,则是佛教中的不同派别利用登记制度纷纷独立,4 年间就有 103 家由此获得独立的宗教法人人格。[②] 对此,日本社会各界、特别是宗教界要求修改《宗教法人令》的呼声很高,提出修改的具体理由集中在怀疑其效力以及合法性上。如"因盟军占领的结束,《宗教法人令》存在失去效力的可能性";"未经国会审议的《宗教法人令》所确立的宗教法人设立原则与民法上的'法人必须依

---

① 渡部蓊『最新逐条解说宗教法人法』ぎょうせい(2001)第 29 页。
② 张文良:《日本的宗教法与宗教管理》,杭州师范大学法治中国化研究中心官方网站(http://fzzgh.hznu.edu.cn/c/2012-06-03/266319.shtml)(2021 年 9 月 30 日访问)。

法成立'之原则相冲突";"日本被占领后,日本的法律制定基本上由官僚所主导,这一过程会形成统治(独裁)性法律"等。[①]

另外,在盟军最高司令部的授意和指令下,1946年11月3日颁布、1947年5月3日起实施的《宪法》确立了"信教自由"与"政教分离"原则,即第20条规定:国家保障国民的"信教自由",一切宗教团体不得获得国家特权或者政治上的权利;不得强制任何人从事或参加宗教活动;国家及其相关机构不得进行宗教活动与宗教教育;第89条明确:宗教或其他组织不得适用(政府的)公共资金和公共财产。新宪法上的"信教自由"以及"政教分离"原则,不仅是对日本战前国家神道教思想的抛弃,也是对宗教压制历史的反省,更是日本战后宗教组织和宗教活动发展与规制的宪法根据。

二 《宗教法人法》的出台及其重大修改

在新宪法确立的"信教自由"与"政教分离"原则之下,日本政府于1951年4月3日,通过了取代《宗教法人令》的《宗教法人法》(昭和26年法律第126号)。[②]《宗教法人法》的最大特点是在宗教法人的设立上放弃"准则+登记"原则、采取"申请+认证+登记"原则,即政府对申请人提交的宗教法人的法人章程是否符合法定条件进行审查,符合条件的给予认证,获得认证后再给予宗教法人登记。新原则不仅避免了因准则主义带来的宗教法人人格滥用情形的发生,也有助于实现《日本国宪法》确立的信教自由与政教分离之宗旨。[③]除此之外,《宗教法人法》还明确了对宗教法人合法权益的保护,详细规定了宗教法人章程及其认证、宗教法人的设立、解散时的公告,宗教法人代表及决议机构、宗教法人合并和变更等事项。

从1951年《宗教法人法》实施开始,截至2022年8月,日本已对该法进行了30次修改,其中绝大多数为一般性修改,唯独1995年12月15

[①] 小島和夫「宗教法人法の一部改正法をめぐる論議」『中央学院大学法学論叢』(1996)第9卷第2号第1—58頁。

[②] 有关日本《宗教法人法》的主要内容,参见黄晓林《日本宗教法人制度》,北京大学出版社2019年版,第102—197页。

[③] 飯野賢一「宗教法人法改正とその後の法状況」『愛知学院大学宗教法制研究所紀要』(2012)第52号第1—43頁。

日修改（法律第134号）是一次重大修改。此次修法的直接原因是1995年3月20日"奥姆真理教"（オウム真理教）制造了震惊世界的"东京地铁沙林事件"。该事件发生后，日本社会各界开始检讨《宗教法人法》是否存在缺陷，存在哪些缺陷，如何完善以加强国家对宗教组织的管理等。为此，日本内阁于4月25日委托文部大臣（现为文部科学大臣）咨询机构——"宗教法人审议会"、研讨《宗教法人法》的修改问题。[①] 与此同时，国会参、众两院也在其各自负责审议宗教相关法案的"文教委员会"之外设立"宗教法人特别审议会"、讨论如何修改《宗教法人法》才能防止类似"东京地铁沙林事件"的再次发生。在广泛听取了社会各方意见的基础上，经过十余次审议，文部大臣最终于9月29日完成审议并向内阁提交了《〈宗教法人法〉修改审议报告》。该报告主要有五个方面内容：

第一，宗教法人制度改革的基本思路。应在确保"信教自由"和"政教分离"原则的前提下，明确《宗教法人法》的立法目的，赋予宗教团体法人资格、确保宗教法人能自主地开展宗教活动；应以明确的宗教法人责任制度为核心，让其公共性贯穿《宗教法人法》的始终。日本现行《宗教法人法》符合前述原则，因此基本上应该予以维持，但在行政认证、审查以及监督管理上应该更严格。另外，1951年《宗教法人法》出台后，绝大多数宗教法人都能在适当的自我管理基础上开展宗教活动，但随着经济的持续高速发展、城镇化与信息化的快速普及、交通更加便捷等，使得日本社会结构发生重大变化，宗教组织的数量与信教人数持续增加、宗教活动也变得多样化和复杂化。因此为强化宗教法人的自治能力、明确其法律责任以彰显其公共性等，应在一定的制度框架下保障宗教法人的管理运营自由。

第二，宗教法人地域管辖的合理形态。当宗教法人跨境都、道、府、县开展宗教活动时，其主管机关应为文部省。受地域管辖权范围的限制，都、道、府、县很难对宗教法人跨境宗教活动实施管理，因此都、道、府、县宗教事务主管机关也就自然无法履行《宗教法人法》所确定的法定监督与管理责任。例如，当奥姆真理教在东京都获得宗教法人认定并进

[①] 篠原義雄『宗教法人法の解説』中央法規（1951）第2頁、洗建「宗教法人法の沿革」『宗教法』（1997）第16号第1—10頁。

行登记后，其又陆续跨境在山梨县、长野县以及静冈县等建设新宗教设施，对此尽管进行了不动产登记，但设施所在地宗教主管机关却无法确切掌握、更无法监督这些宗教设施内的"宗教活动"，宗教法人登记机关——东京都亦无权跨境监督。针对此种情形，要求宗教法人提交财产清单就不失为宗教管理机构把握宗教法人是否跨境的一个重要途径。另外，判断主管机关为都、道、府、县知事还是文部大臣的标准尽管十分明显（即宗教设施以及宗教活动是否跨境），但现行制度却对宗教法人设立后再跨境情形的处理缺少必要手段，因此需要增设相关制度。当然，将宗教法人跨境宗教活动的管辖权从都、道、府、县知事提升为文部大臣，并不会干涉和影响到宗教活动本身，亦不违反《宪法》所保障的信教自由与政教分离原则。

第三，宗教法人信息公开的理想形态。应当允许有正当理由的信众以及其他利害关系人有权阅览宗教法人的法人章程、理事名单、财产登记清单、财务会计报表、理事会会议记录等文件资料。这是为对应宗教法人之宗教活动的自治而允许外部因素介入，以提高宗教法人的民主运营和透明度、确保宗教法人正常运营，体现宗教法人的公共性。引入财务会计账簿制度，不仅能提高宗教法人的自治能力，也能促进宗教法人公共性的实现，财务会计账簿所载内容呈现的是宗教活动的具体内容，因此信众以及利害关系人请求阅览财务会计账簿并不会妨害到宗教法人的宗教活动以及宗教法人的自治。当然，当信众以及其他利害关系人的阅览请求存在不正当之目的的，宗教法人可以拒绝。另外，上述文件材料中的财务会计报表，与一般企业法人的存在一定差异，所以需要国家制定宗教法人的财务会计标准。宗教法人的财务会计事务可委托会计事务所来处理，以确保其规范性与合法性。

第四，主管机关对设立后宗教法人的宗教活动的管理与监督。前述宗教法人信息公开主要面对的是信众与普通民众，而作为宗教主管机关的管理监督责任则主要是通过要求宗教法人定期提交财务会计报表（如第25条规定的收支计算书、负债表、财产登记表等），随时掌握宗教法人的客观运行状况、监督宗教活动内容与被认定的宗教法人章程所载事项是否保持一致，以实现宗教法人制度的合理、适当运行。主管机关利用宗教法人的财务会计报表等把握、管理宗教法人运营，不仅对宗教法人的限制与影响最低，而且还能提高宗教法人的自治能力以及管理运营的透明度。当主管机关通过财务报表等资料发现宗教法人的运营管理以及宗教活动等出现不当情况时，可在确保宗教法人正当的程序性权利、听取宗教法人审议会意见的基础上，作出停止宗教法人收益性事业、撤销宗教法人的认证或解散宗教法人之命令等。

最后，在宗教法人审议会的机构改革问题上，提议审议会委员人数由十五人增至二十人；建议设立"宗教情报信息服务中心"以提高民众对宗教的关心、为民众提供必要的宗教情报信息、受理民众有关宗教问题的投诉和维权等。情报信息服务中心由相关领域的律师、学者、心里学者以及其他有识之士协作。[①]

根据上述报告，由联合执政的自民党、社会党、新先驱党三党组建的内阁，于1995年10月17日向国会特别会议提交了对宗教团体加强监管的法律修正案。具体修改的条文如下：

（1）在其他都、道、府、县有宗教设施的宗教法人等，其主管机关为文部大臣（第5条第2款）；（2）有正当理由的信众及利害关系人可阅览宗教法人财务账簿等文件资料（第25条第3款）；（3）将之前仅需"添付财务账簿等"，修改为"提交财务账簿等"（第25条第4款）；（4）宗教管理机关在作出宗教法人解散之命令前，有权就宗教法人的管理运营及宗教活动等实际情况进行调查、要求宗教法人提交书面报告、并可质询宗教法人（第78条之2）；（5）将宗教法人审议会的法定人数由十五人增加至二十人（第72条第1款）。

从内容来看，修改法律的目的在于强化宗教团体的透明化，尽力回避宗教团体因信众的自治而导致宗教法人制度被滥用；与其他强调加强刑罚力度的观点相比，法案更期待于宗教法人的自治和自净能力。对此，在野的新进党认为"修改《宗教法人法》是加强了对宗教法人的权力统治"；而针对以上具体措施，学界及宗教界也有一些担忧，担心它会不会威胁到信教自由这一基本原则。[②]

[①] 小島和夫「宗教法人法の一部改正法をめぐる論議」『中央学院大学法学論叢』（1996）第9卷第2号第1—58頁。

[②] 飯野賢一「宗教法人法改正とその後の法状況」『愛知学院大学宗教法制研究所紀要』（2012）第52号第1—43頁。

实际上，《宗教法人法》在制定之初就较好地协调了国家宗教管理与国民信教自由之间的关系，"奥姆真理教事件"的发生在一定意义上是一个特殊案例，因此，随后的法律修改只是在原有制度框架下，实行全国一元化管理，强化宗教团体以及宗教活动的政府监管，增加宗教组织以及宗教活动的透明度，使之接受外部监督。同时，也建立活动报告制度，要求宗教法人公开信息等。

截至 2020 年 12 月 31 日，日本有宗教合法人 180544 个、其中包括性宗教合法人 397 个（由文化科学省主管的有 371 个，由都、道、府、县知事主管的仅为 26 个）、单位宗教法人 180147 个（由文化科学省主管的有 776 个，由都、道、府、县知事主管的为 179371 个）。寺庙神社主持、教堂牧师等神职人员 648553 人、信众总计 181146092 人。① 受高龄少子、人口下降因素影响，近十年来日本宗教法人、神职以及信众人数等都在持续缓慢减少，却也保持在一个相对稳定的水平之上。

第二节　作为文化法艺术法的《著作权法》

由于调整对象的众多特殊性，著作权法通常被称为半部文化艺术法，因此，日本是将其置于文化厅所辖法律的范畴之中。著作权制度的目的在于消解因为科学技术进步特别是复制技术的发达而对作者、出版者的利益造成的冲击，从而对文学、艺术作品的产出发挥积极影响。就著作权法的立法目的看，1869 年的《出版条例》、1899 年旧《著作权法》和 1970 年新《著作权法》，在保护作者、出版者人格权利与财产权利方面，并未发生根本变化，仅是随着科学技术的进步，民众对著作权制度的认识、理解和接受程度的变化，而在权利保护的范围、方法与手段上有所调整而已。若严格按照战前、战后的划分标准讨论著作权法，则在技术和逻辑上较难处理旧《著作权法》一直沿用至 1970 年的现实。故在第一章第三节的检阅制度论述中，仅提及《出版条例》与旧《著作权法》，对其详细论述则安排在本节。

---

① 以上数据来自文化厅『宗教年鑑・令和 3 年版』文化厅（2021）第 33—102 頁。

一 从《出版条例》到旧《著作权法》

著作权法的源头虽与江户时期的禁教令、检阅制度密切相关，但若以出版权、著作权为视角，则直接起源于明治政府1869年5月13日公布的《出版条例》（明治2年太政官布告81号）。该条例在对出版权做出法律界定之外，还就盗版作品（"伪作"）的形态以及对盗版行为的处罚等做出规定；规定作品必须载明作者、出版社以及承销人的住所及姓名，否则，将承担相应的刑事责任；同时要求作者出版作品必须事先获得政府许可，明确出版许可的申请形式、方法与程序以及作品内容的限制等；此外，承认"舶来图书之翻刻（翻译）者"的出版权，并允许出让出版权。在《条例》的附录中，还规范了对出版者出版行为的保护、确保出版权的排他性垄断等。总之，该条例主要侧重于出版商的"出版权"即"版权"，多少忽视了作者的"著作权"。①

随后，在著名思想家、教育家福泽谕吉（1835—1901）②的倡导之下，明治政府于1887年12月28日全面修订了《出版条例》（明治20年敕令第76号），明确作者和翻译者均可获得版权，并给予30年保护期。紧接着，还新制定了《版权条例》（明治20年敕令第77号）、《脚本乐谱条例》（明治20年敕令第78号）以及《写真版权条例》（明治20年敕令第79号）③，后来又于1893年4月13日将《版权条例》上升为《版权法》（明治26年法律第16号）。这些条例和法律表明，日本在脱亚入欧、法律移植的过程中，从开始学习普通法系到后来学习大陆法系的转变，究其原因，当与缺少判例法经验以及制定法更易学习相关。1896年4月27日颁布的《民法》（明治29年法律第89号），进一步促进了著作权法从注重保护出版商权利，向保护作者权利的转变。

---

① 山本信男「明治初年の出版法規について：日本著作権法のあけぼの」『早稻田大学図書館紀要』（1966）第7号第10—18頁。

② 福泽谕吉对"版权"特别关注的个人理由是其所著《西洋事情》《世界国尽》等出版后，盗版肆虐，故倡导保护作者的著作权，建议日本政府学习西洋，通过立法以实现对版权的保护。

③ 《写真版权条例》（『写真版権条例』明治20年12月29日勅令第79号）是对1876年6月17日《写真条例》（『写真条例』明治9年太政官布告第90号）的修订（参见酒井麻千子「19世紀後半における写真保護法規の検討：日本及びドイツにおける写真と著作権との関係を中心に」『マス・コミュニケーション研究』（2013）第83号第115—133頁）。

1899年3月3日，明治政府公布的《著作权法》（明治32年法律第39号）是整合前述版权法和版权条例（不包括《脚本乐谱条例》）的产物。① 1899年《著作权法》由"著作者的权利""伪作""罚则"以及"附则"4章52条构成，明确规定"文字图书出版等专有利益之权利，无须许可，仅以登记为已成立"（第15条）；出版物上需记载"版权所有"字样、著作权可通过契约方式转让（第2条）；明确著作权保护期为作者有生之年加死后30年（第3—6条）、翻译作品以及写真的保护期为10年（第7条、第23条）；与《版权法》相比，《著作权法》扩大了著作权保护的范围，如作者人格权（第18条）等；规范著作权登记、明确著作权交易过程中的登记对抗第三人原则（第15条）等。该法是日本历史上第一部比较全面、完整，并具备现代著作权法框架的《著作权法》，其制定也兼具国际视野，即为废除治外法权、消除列强强加给日本的各项不平等条约、以加入《保护文学和艺术作品伯尔尼公约》为条件制定了《著作权法》。② 此后，该法虽经过多次修改，但战后一直沿用至1970年新《著作权法》（法律第48号）③ 出台时为止。

此外，值得一提的还有，战后为保护与日本缔结和平条约的盟国及其国民的著作权，日本政府还制定了《同盟国及其国民著作权特别法》（1952年法律第302号）④；为保障1952年《世界版权公约》在日本得到实施，曾于1956年颁布了《世界版权公约实施之特别法》（法律第86号）⑤。

二 1970年《著作权法》⑥ 及其他相关法律

"二战"结束后，科学技术（特别是复制技术）的进步与普及，使得作品及表演等的利用方式变得多元化和便捷化，1961年通过的《保护表

---

① 山本信男「明治初年の出版法規について：日本著作権法のあけぼの」『早稲田大学図書館紀要』（1966）第7号第10—18頁。

② 帝国議会貴族院『貴族院議事速記録（第13号）』（明治32年1月19日）第150頁。

③ 『著作権法』（昭和45年5月6日法律第48号）。

④ 『連合国及び連合国民の著作権の特例に関する法律』（昭和27年8月8日法律第302号）。

⑤ 『万国著作権条約の実施に伴う著作権法の特例に関する法律』（昭和31年4月28日法律第86号）。

⑥ 日本《著作权法》在国内有较多汉译本，其中李扬翻译的2009年版日本《著作权法》（知识产权出版社2011年版）比较重要。

演者、音像制品制作者和广播组织罗马公约》就是应对对此类变化的重要举措，与此同时，欧洲各国也因此而相继修改了各自的著作权法。为适用这一国际形势的新变化，日本也需要修改已经实施了近80年之久的《著作权法》，增加与充分利用著作权相关的著作邻接权等内容。[①] 为此，1962年文部省设置"著作权制度审议会"，就《著作权法》修改征询意见；审议会经过四年审议，于1966年4月提出咨询意见。随后，政府根据咨询意见提出了《著作权法（修改草案）》，并向社会公开，听取各方意见。当时反馈的意见，主要集中在著作权保护期限延长（改为作者有生之年加死后50年）、为了更加有效地保护作者权利，将著作权分为人格权、著作（财产）权两类；在作品的个人利用方面，明确个人复制行为的范围，特别是在图书馆的利用行为应以社会素质教育之目的为限；对于在教科书中作品利用的行为，必须对作者给予积极、公正的补偿。设立著作邻接权制度，将表演者、演员、歌手等表演作品以及录音录像制品以及唱片的制作者、广播电视播送者的权利，也视为著作权加以保护等。

经过修改，最终于1970年5月6日颁布了新《著作权法》（昭和45年法律第48号）。新法由总则、作者权利、出版权、著作邻接权、纠纷处理、权利侵害以及罚则等七章124条构成。截至2021年10月1日，新《著作权法》经过了59次修改，其中较为重要的是新增"出租权"（1984年法律第46号）、"计算机软件著作权"制度（1987年第62号）、"数据库著作物"（1988年法律第64号）、"私人录制补偿金"制度（1992年法律106号）、"表演者专属人格权"与"同一性保持权"（2002年法律第72号）、教学科研中的复制以及使用形态的明示义务（2003年法律第85号）、视听障碍者的复制（2004年法律第92号）等。

日本政府除根据时势变化随时修改、调整《著作权法》之外，还另行制定了一些与著作权保护相关的单行法，例如，针对计算机软件著作权的登记以及著作权管理机构管理问题，分别制定了《计算机软件著作权登记法》[②]《著作权管理事业法》[③]；针对电影盗版行为，特地制定了《电影

[①] 国会参议院『第63回国会参議院文教委員会会議録（第3号）』（昭和45年3月5日）第30—31頁。

[②] 『プログラムの著作物に係る登録の特例に関する法律』（昭和61年5月23日法律第65号）。

[③] 『著作権等管理事業法』（平成12年11月29日法律第131号）。

偷拍防止法》①等。这种以《著作权法》为基础，由与之相关的一系列法律所构成的知识产权制度，从世界范围看，也属于对著作权保护颇为完备的法律体系。

第三节 艺术家组织与文化艺术活动

艺术家及艺术家组织被认为是国家文化艺术发展的原动力。战前以美国为首的盟军司令部对于占领下的日本进行了大规模的国家改造，在文化艺术领域，主要就表现为"文化国家"的构建，这一目标对随后日本的文化艺术政策产生了非常深远的影响。

一 《日本艺术院令》与文化艺术荣誉制度

"二战"结束后，文部省迅速废除了战时体制下对文化艺术高强度压抑的政策，并于1945年10月组建了"社会教育局"；同年12月，在社会教育局下设置负责艺术事务的"艺术课"，以谋求文化艺术的振兴。对战时的文化统制体制进行反思，并以此为基础，形成了应该限制或减少国家权力对文化艺术领域的介入，以便任其自由发展的立场。由此，日本的文化艺术政策开始出现重大的转换与调整，亦即基本废除政府对文化艺术领域的管制，改为主要通过奖励、荣誉等激励制度的形式，引导文化艺术事业的发展。这方面的具体举措，例如，新成立自主运营的与其他艺术团体拥有同样法律地位的"社团法人日本美术展览会"，以替代文部省主办的美术展览会，降低这一重大文化艺术活动的官办属性。1947年，将"帝国艺术院"改称"日本艺术院"，并于1949年发布《日本艺术院令》②；1951年，新设"文化功劳者"③荣誉制度，与1923年设立的"文化勋章"④制度并行，由此减弱政府对文化艺术领域的直接影响。在此，所谓"荣誉"不单纯是一种精神奖励，还包括一定的物质保障。"日本艺术院"

---

① 『映画の盗撮の防止に関する法律』（平成19年5月30日法律第65号）。
② 『日本芸術院令』（昭和24年7月23日政令第281号）。
③ 『文化功労者年金法』（昭和26年4月3日法律第125号）。
④ 『文化勲章令』（昭和12年2月11日勅令第9号）、『勲章褫奪令』（明治41年12月2日勅令第291号）。

和"文化勋章""文化功劳者"荣誉制度等,成为战后日本文化艺术政策的重要构成部分,虽然它们依然与国家有关,但与战前相比较,国家权力的影响确实是明显降低了。与之同时,政府还通过制定《文化功劳者年金法》(1951),对那些在文化发展过程中有突出贡献的功劳者以支付年金的方式,予以褒奖。

为了尽快恢复一般国民因为战争而荒废的文化生活,在文部省倡导下,从1946年秋开始,每年举办一次"艺术祭",给那些在战争期间失去活动场所的艺术家们提供发表作品的机会和场所,同时也为一般民众提供鉴赏艺术的机会。作为实现"文化国家"理念的重要一环,"艺术祭"比较重视艺术家的自主性,对参加艺术祭的优秀艺术家及其作品进行表彰,设置了"艺术祭奖""艺术祭奖励奖"或"艺能选拔奖"(后改称"艺术选拔奖")。所有这些,与战前已经存在的"文部大臣赏"、战后新设的"文部大臣新人赏",以及前述的"文化勋章""文化功劳赏"和日本艺术院制度等一起,共同构成了文化艺术领域的国家荣誉制度。随后,针对优秀的美术品,日本政府还建立了国家收购制度(1961);在电影领域,也设立了"优秀电影制作奖励金"制度(1972)。文化艺术领域的荣誉制度,主要针对的是艺术家个人,目的是试图通过促进艺术家个人的积极性,来推动文化艺术的发展,但真正推动文化艺术繁荣的动力,主要还是来自文化艺术团体的文化艺术活动。总之,战后经济恢复期文化艺术政策的主要内容,是对战时的文化艺术政策进行反省与矫正,尽力确保"艺术祭"等文化艺术活动的开展等。这一时期的文化艺术政策,主要就是拨乱反正,多少也有一些被动修补的属性。①

二 对文化艺术活动的资助与奖励制度

随着经济发展的持续向好,国家财政收入快速增加;与此同时,各个领域的民间文化艺术活动逐渐活跃起来。但不少大型表演艺术团体(如管弦乐团等)却因为缺乏资金陷入运营困境,不得已向社会公众寻求支持。为此,政府开始通过财政预算,利用公共资金去资助一些重要的文化艺术活动。例如,1959年(昭和34年)文部省首次对"大阪国际狂欢节协会"(大阪国際フェスティバル協会)举办的国际文化交流

---

① 根本昭『我が国の文化政策の構造』長岡技術科学大学(1999)第16頁。

活动，进行了财政补贴。随后，还利用补助金制度，陆续支持了群马交响乐团（1961年，原"群马爱乐乐团"）、札幌交响乐团（1963年）以及更多种类（歌剧、芭蕾舞和现代舞等）表演团体的演出活动（1965年）等。

从1964年起，针对艺术团体的补助金制度得以建立，到1968年补助金由新组建的文化厅负责。接着，该补助金制度于1978年改称为"民间艺术振兴补助金"。① 根据文化厅的统计，1988年（昭和63年）列入政府财政预算的"民间艺术振兴补助金"高达7.29亿日元。此外，针对单项独立的文化艺术活动，也有单项财政资助，例如，1986年（昭和61年）政府就日美舞台艺术国际交流单独列支8.5亿日元；1987年（昭和62年）就优秀舞台艺术公演奖励列支1.77亿日元；1988年就推动文化艺术活动事业单列事业费2.378亿日元等。② 后因泡沫经济的崩溃，政府对文化艺术事业的财政投入出现下降趋势，进入21世纪后，财政预算虽每年都有一定增幅，但增幅保持在0.05%—0.3%。2010年代以来，也基本保持相同的增长速度，但为了东日本大地震后的复兴以及对应新冠肺炎疫情等，文化领域的财政预算也是有较大幅度增加。总之，长期持续稳定的财政支持，确实有利于其国家文化艺术的繁荣与发展。

三　生活文化与国民娱乐

1966年（昭和41年），文部省在设立文化局时，通过修订《文部省组织令》③，引入了"生活文化"这一概念，将它与"国民娱乐"一起作为文化局文化科负责的基本工作事项。根据日本社会的一般见解，所谓"生活文化"，主要是指从日常生活中产生的茶道、花道、香道、礼仪、盆景等，以及与之密切相关的生活艺术、服饰文化、室内装饰等，简单地说，就是与生活（衣食住）相关的文化现象。所谓"国民娱乐"，则主要是指国民在其日常生活中有关音乐、戏曲、电影以及对各种艺术的鉴赏，其中，围棋、将棋等则被认为是积极和健康的娱乐方式。

1968年，文化厅成立时，下设以区域文化普及为目标的"文化普及

---

① 根本昭『我が国の文化政策の構造』長岡技術科学大学（1999）第20頁。
② 文化庁『我が国の文化と文化行政』ぎょうせい（1988）第42頁。
③ 『文部省組織令の一部を改正する政令』（1966年政令第136号）第31条第3項。

课"主要负责对应各地（除个别地方外）因一味追求经济发展，走向过度开发所导致的环境污染、地域性文化遗产的破坏，以及传统生活文化的消失等问题。与此同时，受到急速城镇化进程的影响而出现的乡村过疏化和城市过密化现象，一定程度上也反映了一般国民生活环境的恶化。为此，政府尝试采取各种措施，包括以振兴地域性文化艺术事业的方式，试图对一系列新的社会文化问题予以应对。对地方性文化艺术设施和地方性文化艺术活动予以资助，被认为既有利于振兴地方，也有利于整个国家的文化艺术事业发展。这方面的具体措施，包括由政府资助建设"文化会馆"（1967年）；鼓励资助表演团体巡回演出，实施"青少年艺术剧场"（1967年）、移动剧场（1971年）和儿童剧场（1974年）等计划。中央政府对各都、道、府、县（1968年）和市、町、村（1977年）的文化艺术活动予以资助；通过资助优秀艺术团体的各地巡演，为地方民众（包括儿童和青少年）提供欣赏的机会，以实现文化艺术的普及。大体上，在20世纪80年代及其以前，在普及文化艺术的努力中，文化厅以实现"文化共享"和市民生活环境"最低标准"[①]为原则，确立了振兴地方文化艺术的政策框架。不过，作为地方文化振兴的主体（除个别地方之外），大多数地方政府对此尚缺乏认识，较少采取切实的行动。

进入20世纪90年代，文化概念的内涵持续得到扩展，地方文化政策的核心也从对地方性文化遗产的保护转换为利用地域文化资源、建设文化城镇、振兴地方经济。为了利用地域传统艺能以振兴地方经济，政府制定了《关于利用地域传统艺能等资源、实施各种活动以振兴观光产业及特定地域工商业之法律》（1992）[②]。与地域振兴有关的具体措施，还包括将文化设施的完善与文化城镇建设相结合；在文化城镇建设中，文化厅支持具有独特性的区域文化创造活动和艺术家进驻等项目；援助公立文化会馆的建设，建立区域文化信息服务体系和培育地域文化人才等。在制度建设层面，为了完善音乐学习环境，国会通过了《为振兴音乐文化的学习环境整

---

① "最低标准"是指在都市社会里，市民生活所必需的最低限度的基准。一般认为社会资本投入、街区建设、社会保障等方面的标准均应以此基准为前提，通过市民和市政的协同互动来予以确定。

② 『地域伝統芸能等を活用した行事の実施による観光及び特定地域商工業の振興に関する法律』（平成4年6月26日法律第88号）。

备法》①（1994）；为了让一般国民能够有更多机会，利用公共文化设施，接触到优秀的美术作品，还制定了《美术品公开促进法》②（1998）等。此外，为了丰富国民的文化艺术生活，支持美术品展览的主办方积极主办展览，以扩大普通民众接触和欣赏艺术品的机会，减少展览过程中因美术品损伤所造成的损害，政府还在2011年4月4日颁布了《美术品展览的损害补偿法》③。

第四节　公共文化设施与公共文化设施法

从20世纪40年代后期到50年代，政府忙于战后疗伤和恢复经济，在公共文化设施的建设方面，没有任何新的投入。当时所能做的主要是依托战前的公共文化设施——图书馆和博物馆，进而制定一系列新图书馆法和新《博物馆法》，逐渐地实现公共文化设施及其相关制度的重建。

一　《国立国会图书馆法》《图书馆法》与《学校图书馆法》

1946年（昭和21年）颁布的《日本国宪法》和1947年颁布的《教育基本法》等，大体上确立了战后日本国家发展的基本方向，亦即建设和平国家与文化国家。随后，政府又相继颁布了《国立国会图书馆法》（1948）④、《国立国会图书馆支部图书馆法》（1949）⑤、《图书馆法》（1950）⑥以及《学校图书馆法》（1953），这四部法律构成了日本现代

---

① 『音楽文化の振興のための学習環境の整備等に関する法律』（平成6年11月25日法律第107号）。

② 『美術品の美術館における公開の促進に関する法律』（平成10年6月10日法律第99号）。

③ 『展覧会における美術品損害の補償に関する法律』（平成23年4月4日法律第17号）。

④ 『国立国会図書館法』（昭和23年2月9日法律第5号）。

⑤ 『国立国会図書館法の規定により行政各部門に置かれる支部図書館及びその職員に関する法律』（通称為『国立国会図書館支部図書館法』；旧称『国立国会図書館法第二十条の規定により行政各部門に置かれる支部図書館及びその職員に関する法律』）（昭和24年5月24日法律第101号）。

⑥ 『図書館法』（昭和25年4月30日法律第118号）。

"图书馆法"的体系。

当初在制定《国立国会图书馆法》时，受盟军最高司令部民间情报教育部（CIE）着力推行的民主主义和尊重基本人权的教育文化政策的影响，立法者首先在《国立国会图书馆法》中增加了一段序言："在确信真理能使人们自由的前提下，为有助于实现《宪法》确立的日本民主化与世界和平，设立国立国会图书馆。"[①] 这段文字表明，以《国立国会图书馆法》为标志的图书馆法体系，体现了新政府试图建设一个"文化国家"的愿望。国立国会图书馆是为国会建立的图书馆，它以美国议会图书馆为原型，脱胎于日本旧帝国议会贵族院和众议院的两院图书室以及旧帝国图书馆，承担着中央图书馆的重任。设立国立国会图书馆的目的，是收集图书及其他图书馆资料，帮助国会议员履行职务，同时向行政、司法机关乃至一般国民提供本法规定的图书馆服务。

此外，行政、司法机构本身的附属图书馆、资料室等，也有数量可观的图书资料，虽然其在实践中发挥着重要作用，但管理人员多为兼任、地位也不稳定，为此，需要在国立国会图书馆的框架下对其进行法律制度上的安排。[②] 于是，1950年出台了《国立国会图书馆支部图书馆法》。目前，国立国会图书馆下设关西分图书馆、国际儿童图书馆，以及分布在各行政、司法部门的27所支部图书馆。

社会教育在战后国家的重建过程中发挥了重要的作用，日本政府也一直较为重视并采取措施大力推行社会教育。在尊重普通国民自主学习的前提之下，中央及各级地方政府被认为应该尽可能地为国民提供自主学习的场所与机会，为国民自我修养的提高创造条件。图书馆作为一种社会教育机构，便是重要的使国民可以自主学习的场所，但与欧美国家相比，当时的日本图书馆制度尚不很完备，鉴于图书馆在社会教育中的重要性与特殊性，很多有识之士积极主张在《国立国会图书馆法》之外，再制定一部规范图书馆设置及管理运营的法律，于是，在1950年就有了《图书馆法》的出台。[③]

---

① 国会衆議院図書館運営委員会「国立国会図書館法案起草に関する件」『図書館運営委員会議録（第2号）』（昭和23年2月2日）第660頁。

② 国会衆議院図書館運営委員会『第5回国会衆議院図書館運営委員会議録（第4号）』（昭和24年5月12日）第1頁。

③ 国会参議院『文部委員会会議録（第9号）』（昭和25年3月7日）第14頁。

《图书馆法》的主要内容包括以下几个方面：（1）基于《社会教育法》的精神，明示图书馆的形态，确立图书馆作为公共服务机关的性质；（2）采取必要措施，培养图书馆职员。此前图书馆活动欠佳的原因之一，是职员的业务能力偏低，为此，本法确立了职员培育制度；（3）对公立图书馆的运营给予国家财政支持，使图书馆能够充分发挥其社会教育机构的作用；（4）尊重私立图书馆的自主性，承认其在社会教育中的贡献，禁止不当干涉私立图书馆的运用及管理等。

为了让作为学校教育基础设施的学校图书馆也发挥积极作用，规范其设立、管理及运营，政府又在1953制定了《学校图书馆法》。该法明确规定，学校有义务建立学校图书馆，这里所谓的学校包括小学校、中学校、高等学校以及所有层级的盲校、聋哑学校以及养护学校。文部省下设"学校图书馆审议会"，负责制定学校图书馆的设置与藏书基准以及其他重要事项，并向文部大臣提供咨询意见。在学校图书馆的完善与充实上，国家应该努力承担以下责任：（1）协调学校图书馆的整体规划，完善图书管理员的师资培训制度；（2）就学校图书馆的设置与运用、管理，提供专业的和技术性的指导与建议；（3）对未能达到学校图书馆审议会认定的图书馆设置与藏书标准的，国家可承担其达标所需费用的一半等。

以上四部法律的内容，后来也曾随着时事的变迁而有一些调整，但日本图书馆法所确立的有关图书馆的设立、管理、运营的基本制度与原则，却一直没有发生根本变化。在20世纪60—70年代的经济高速增长期，全国各地兴起了设立公共图书馆的热潮，从而使图书馆与市民生活更加密切，随之而来的便是图书馆馆员的需求人数增加，教育培训机构（例如，大学、专业学校等）的图书馆专业课程也持续增加。图书馆在国民文化生活中的地位日趋重要并变得不可或缺，图书馆的社会教育功能也在潜移默化中得到了发挥。到20世纪80—90年代，日本已发展成为世界上图书馆事业最为发达的国家之一，应该说，其图书馆法在其中发挥了重要和基础性的支撑作用。

二 新《博物馆法》与美术馆

日本的博物馆法体系也在战后发生了重大的变革。首先，从博物馆的组织机构与名称的变化上，可以明显地发现博物馆法体系从皇室专擅到国家所有的变化，这当然也是与战后天皇及皇室和国家关系的重新定义有关。1947 年制定《国立博物馆官制》① 取代了明治、大正时期的《帝室博物馆官制》，将战前由宫内省主管的"东京帝室博物馆"划归文部省主管，并改称为"国立博物馆"②；1951 年通过修法，将其改称为"东京国立博物馆"；同时，还将此前的"奈良帝室博物馆"作为国立博物馆的分馆，改称为"奈良国立博物馆"；将 1924 年（大正 13 年）由大正天皇恩赐京都市的"恩赐京都博物馆"，改称为"京都国立博物馆"。上述改名过程可被视为皇室博物馆的国家化。1947 年制定的《国立博物馆官制》，到 1951 年又被新制定的《博物馆法》③ 所取代。

《博物馆法》对全国的博物馆事业做出了新的规范，尤其重视博物馆的多样化发展，其基本内容大致有以下几个重点：（1）在确认博物馆的功能及性质的同时，明确其社会教育的作用，将其划归各级教育委员会管理；（2）确立了博物馆职员制度和组织形态，规定了博物馆业务人员的资格制度与培育方法；（3）为促进博物馆的民主运营，要求设立博物馆协议会，并明确与博物馆相关的土地利用规则；（4）确立了财政支持规制，对公立博物馆的设立以及维持、运营给予财政支持与奖励；（5）明确了博物馆的藏品收藏规则，以及私立博物馆的免税规则（例如，免除固定资产税、市町村民税、门票收入税等），以促进私立博物馆的独立运营等。这部新的《博物馆法》非常明确地规范了博物馆的应有形态，明确了中央和各地政府振兴博物馆事业的责任；同时，也凸显了博物馆在国民社会教育和提高国民教养等方面的公共性功能。④

和博物馆事业的发展颇为类似地，还有国家美术馆的设置与发展。在美术绘画领域，长期以来，一直都希望能够由国家出面建设一座收藏和展示近代绘画等美术作品的国立美术馆。在战后，主要是由一些地方政府首先开始建设地方公立的艺术馆或美术馆，例如，1951 年（昭和 26 年），

---

① 『国立博物館官制』（昭和 22 年 5 月 3 日政令第 8 号）。

② 据 1950 年《文化遗产保护法》规定，"国立博物馆"是"文化遗产保护委员会"的附属机构。如此安排是因为"国立博物馆"既是保护具有文化遗产价值的美术品的场所，也是保护历史、考古资料的机构。但将"国立博物馆"置于《博物馆法》规定的框架之外的做法，为博物馆学界所诟病［参见根本昭『我が国の文化政策の構造』長岡技術科学大学（1999）第 18 頁注㉑］。

③ 『博物館法』（昭和 26 年 12 月 1 日法律第 285 号）。

④ ［日］半田昌之：《日本博物馆的形状与课题》，邵晨卉译，《东南文化》2017 年第 3 期。

神奈川县在镰仓市设立了"县立近代美术馆",由此开启了日本公立美术馆事业的先河。1952年,中央政府在东京京桥设立了"国立近代美术馆";随后,应京都市的请求,国立近代美术馆在1963年下设了"国立近代美术馆京都分馆",到1967年,又让它独立成为"京都国立近代美术馆"。为了专门收藏法国政府在战后送还的日本收藏家松方幸次郎(1865—1950)旅欧期间收藏的部分西洋艺术品,1959年,日本政府在东京上野建立了"国立西洋美术馆"。1972年(昭和45年),又在将原近卫师团司令部厅舍指定为重要文化遗产(建筑)的基础上,确定其为(日本)"工艺馆"的馆址。1977年,利用1970年大阪万国博览会时设置的"万国博美术馆"的馆舍,又设立了"国立国际美术馆"。

综上所述,到20世纪80—90年代,日本就基本上建成了以国立博物馆、美术馆为中心,拥有为数众多的地方公立博物馆、美术馆以及大量的民办博物馆(主题博物馆)、美术馆的现代博物馆、美术馆体系。除了其组织形态具有多样化的特点,它还兼顾了历史、文化、美术、科学、动植物等颇为广泛的专业领域,并在国民的社会教育、美术教育等方面持续发挥着不可替代的作用。

三 乡土资料馆与历史民俗资料馆

除根据前述法律设立"博物馆"等文化设施之外,日本还存在一类名为"乡土资料馆""历史民俗资料馆"等的公共文化设施。尽管这些设施在名称上无"博物馆",但其实质是地方公共团体(市、町、村)根据《博物馆法》而设立的博物馆。因此,一般未设立博物馆的市、町、村,都设有"乡土资料馆"或"历史民俗资料馆",并与市、町、村的图书馆相呼应。例如,广岛县广岛市、长野县轻井泽町,就分别设立了"乡土资料馆""历史民俗资料馆",而无博物馆。当然也有既设立博物馆,也设立"历史民俗资料馆"或"乡土资料馆"的市、町、村。例如,宫城县仙台市,就既有"仙台市博物馆",也设立有"仙台市历史民俗资料馆"。前者是为保存、展示和研究仙台伊达家族[①]1961年捐赠的历史资料(也被称为"伊达家族捐赠的文化遗产"),

---

[①] 仙台藩祖——伊达政宗(1567—1636),1600年开始规划和建设仙台城,为仙台市后来的发展奠定了基础。

在 1951 年建设的仙台古城三之丸遗址保护设施的基础上设立的，1988 年进行了重建。现收藏了包括被指定为"世界记忆遗产"的"支仓常长像"（国宝）、庆长遣欧使节资料（国宝）①、伊达政宗（1567—1636）和丰臣秀吉（1537—1598）曾经使用的整套铠甲等江户时期仙台藩的历史、文化、工艺等文物近 10 万件，其中常设展展品 1200 件。后者则是利用 1874 年建设的军营，即宫城县境内现存最早的西洋风格的建筑（被仙台市指定为有形文化遗产），收集、整理、展示日本明治时代以来仙台地区的平民日常生活和民俗的资料。

现在，遍布日本各地的民俗资料馆、乡土资料馆等，不仅展出地域文物，举办讲座介绍民俗文物的制作工艺，还推出花样繁多的观众体验活动；或让观众动手制作，体验非物质文化遗产，有助于增强普通市民对乡土文化的热爱和认同，同时也很好地保护了各地特有的非物质文化遗产，使之成为地域发展的重要资源。

四 《国立剧场法》《剧场法》与文化会馆

鉴于舞台表演艺术对于一般国民之娱乐生活的重要性，同时也针对舞台表演艺术的特殊需要，文部省自 20 世纪 60 年代初，就开始对与舞台表演艺术有关的公共文化设施等问题进行了调查研究，发现亟须面对的问题，首先就是日本传统艺能的舞台表演场所如何才能得到保证。因此，专门制定并实施了《国立剧场法》（1966）②，该法明确规定：设立国立剧场的目的是保存和振兴歌舞伎、能言、狂言以及文乐等传统艺能，并使之成为保存和振兴日本传统艺能的基地。随后，国立剧场的规模持续扩大，陆续建立和设置了演艺资料馆（1979 年）、能乐馆（1983 年）、文乐剧场（大阪，1984 年）等，并发展成为日本传统文化得以继承和发扬的重镇。

1971 年，政府针对歌剧、芭蕾、现代舞蹈、现代戏剧等现代舞台艺

---

① 支仓常长（1571—1622），原名支仓左卫门常长，江户时的武将、仙台藩伊达氏的家臣。1613 年（庆长 18 年）率领使节团经墨西哥出使欧洲（史称"庆长遣欧使节"）后返回日本。他是日本史上第一个被派往欧洲的日本人。"支仓常长像"是一幅人物油画，完成于支仓常长 1615 年途经罗马期间，他身着基督教神父黑色服饰、面对十字架、双手合十做祈祷状，被认为是日本现存最早描绘日本人的油画作品。

② 『国立劇場法』（昭和 41 年 6 月 27 日法律第 88 号）。

术的公共设施问题，也开始进行了调查，并就设置场所的选定、公开设计竞标、基本设计以及设计的实施等进行了深入探讨。1989年通过修改《国立剧场法》，正式将现代舞台艺术纳入国立剧场的业务范围；次年将"国立剧场"更名为"日本艺术文化振兴会"、《国立剧场法》更名为《日本艺术文化振兴会法》（法律第6号）并设立艺术文化振兴基金、开始资助文化艺术活动。同年，日本政府正式启动第二国立剧场（新国立剧场）的建设，至1997年10月完成竣工并投入使用。新国立剧场分为大剧场（歌剧、芭蕾舞）、中剧场（现代舞、戏剧）、小剧场（实验性剧场）以及附属设施、设备等。大、中剧场有四面舞台，是当时世界最高技术水准的剧场。新国立剧场成为日本现代舞台艺术的中心场地，它与承担着振兴传统艺能的国立剧场一起，成为日本舞台表演艺术繁荣与发展的象征。此外，与新国立剧场同期开馆的还有"新国立剧场舞台美术中心"（资料馆）。受行政机构以及法人制度改革的影响，1990年设立的"日本艺术文化振兴会"，在经过更名为"特殊法人日本艺术文化振兴会"后，2002年，通过制定《独立行政法人日本艺术文化振兴会》（法律第164号）再次更名为"独立行政法人日本艺术文化振兴会"。之后，日本中央政府持续制订了公共文化设施建设计划，例如2004年计划建设冲绳国立组舞剧场、九州国立博物馆、新国立美术展示设施等。

受其影响，日本各地的地方政府或公共团体也相继设立了不少公共文化艺术设施，但主要集中在文化设施的"建设"上，对于如何充分利用这些文化设施开展或举办各类文化艺术活动，如何培育各类与文化艺术设施利用相关的人才等，一般是较为缺乏考虑。由于文化艺术表演团体多集中于大城市，地方民众很少能接触丰富多彩的文化艺术演出。[①] 2000年以来，日本演剧、文乐、歌舞伎等传统艺能的公开演出的次数急剧下降。[②] 针对前述各种现象，政府开始从注重公共文化设施的硬件建设，朝着"软件"与"人性化"方向转变，亦即更加注重剧场、音乐厅等公共

[①] 国会参議院『第180回国会参議院文教科学委員会会議録（第5号）』平成24年6月14日第14—15頁。

[②] 国会衆議院『第180回国会衆議院文教科学委員会議録（第7号）』平成24年6月20日第2頁。

文化设施在创作舞台艺术方面的作用，并利用舞台艺术向世界传播日本文化以及培育人才等，让剧场、音乐厅等公共文化设施成为促进文化艺术交流、推动民众积极参与的场所。为此，中央及地方公共团体采取相应措施，加大舞台艺术人才培育的力度，不仅强化大城市中共文化设施，使之成为文化艺术团体活动的中心，也努力改善地方民众接触丰富多彩的舞台表演艺术机会偏少的现状。

和其他地方性公共文化设施，如博物馆、美术馆以及图书馆等，都有相应的《博物馆法》和《图使馆法》相比较，地方性的剧场、音乐厅等公共文化设施，却没有相应的法律，其在建设过程中受到《建筑基准法》《消防法》等的约束，它们都不是以规范文化艺术活动为目的的法律。因此，为进一步规范剧场、音乐厅等公共文化设施的建设与运营、管理，政府于2012年6月27日颁布了《剧场法》①。

《剧场法》第一要求剧场、音乐厅等文化艺术设施的所有人、运用管理者以及表演艺术团体、艺术家、国家和地方公共团体以及教育机构等必须相互合作；国家与地方公共团体在制定相关措施时，不应以追求短期效益为原则，而应着眼于国家与地方文化艺术的长远和可持续发展为考量；第二，《剧场法》明确了剧场、音乐厅等公共文化设施在国家文化艺术繁荣与发展上所起到的作用，要求国家和地方公共团体应制定综合性措施推动剧场、音乐厅等公共文化设施充分发挥其功能，以丰富国民的精神世界、提升地域民众的经济活力，促进国家与社会的协调发展；第三，国家与地方公共团体有责任向剧场、音乐厅等公共文化设施提供必要建议、分享文化艺术活动相关信息、给予财税金融等政策上优惠措施，加强国家、地方公共团体以及与剧场、文化厅等相关主体之间的协作；第四，采取根本性措施以振兴具有国际水平的艺术表演、促进文化艺术国际交流、培训并确保一定数量的文化艺术人才，加强学校教育以及与之协作、推动国民对文化艺术事业的关心与理解；第五，文部科学大臣可设置剧场、音乐厅等公共文化设施，并制订充分利用剧场、音乐厅等公共文化设施的基本计划等。②

在上述相关法律所规定的图书馆、博物馆、美术馆以及公共剧场之

---

① 『劇場、音楽堂等の活性化に関する法律』（平成24年6月27日法律第49号）。
② 国会参議院『第180回国会参議院会議録（第16号）』平成24年6月15日第1—2頁。

外，自 1967 年起，日本全国各地的地方政府或地方公共团体，还纷纷设置各自的公立文化会馆或文化中心，将其作为地域公共文化艺术活动的场所。20 世纪 80 年代，文化会馆的功能出现了专业化的倾向，亦即单一功能的专业公立文化会馆越来越多，逐渐超过了多功能的公立文化会馆。进入 20 世纪 90 年代，由于地方政府可以利用自治省发行的支援地域综合事业发展债券来筹集资金，所以，各地的文化会馆设施建设事业发展得颇为顺利。也因此，1995 年，政府撤销了文化厅的文化设施建设补助金制度。

第五节 《文化遗产保护法》的制定与重大修订

文化遗产保护与利用始终是一个国家文化行政领域里的核心工作，世界上绝大多数国家，均非常重视文化遗产保护和利用的法律制度建设。战后日本的文化艺术行政，也首先是从整合战前相关文化遗产保护的法律制度开始的。

一 《文化遗产保护法》的出台背景

由于战后日本社会发生了巨变，再加上通胀严重，民生凋敝，国民意识迷失，遂形成了轻视传统文化的风潮。大量军人和侨民陆续回国，导致住宅严重紧缺，不得已有很多古社寺、古建筑也被非法占据，使得以古社寺、古建筑为核心的文化遗产保护工作陷入困境。几乎同时，又连续发生了五起国宝级古建筑物的火灾，造成了很大损失，这便成为促使政府全面强化其文化遗产保护体制的契机。

战后不久，文部省就迅速恢复了文化遗产行政的运作。1945 年 10 月，恢复了"重要美术品、名胜天然纪念物"的认定与指定（昭和 20 年文部省告示第 110 号）；并在各地设置调查员、拨付补助金，对战争导致宝物、重要美术品等的遗失、毁坏以及流失现状进行紧急调查，同时返还给所有者或管理人在战时曾被统一集中疏散的宝物等。1946 年 10 月，政府完成了盟军最高司令部（GHQ）《有关美术品、纪念物以及文化性、宗教性场所与设施之保护的政策与处置的备忘录》所要求的摸底调查。1950 年 5 月 30 日，国会通过了参议院文部委员会提出的《文化遗产保护法案》。《文化遗产保护法》①由此正式出台，并取代了当时仍在实施的《史迹名胜天然纪念物保存法》《史迹名胜天然纪念物保存法实施令》（1919年）②、《史迹名胜天然纪念物调查会令》（1949年）③、《国宝保存法》《国宝保存法实施令》以及《国宝保存会官制》（1929年）④、《重要美术品等保存法》（1933年）⑤、《重要美术品调查审议会令》（1949年）⑥等。换言之，《文化遗产保护法》是在上述诸多法律的基础上，重新制定的一部全面、系统和统一的综合性法律。

《文化遗产保护法》是日本现行的文化遗产保护和利用体制的主要法律依据，也是其文化遗产行政的核心。该法的出台意味着日本文化遗产法制体系的基本成形，随后，它不仅在相当程度上相继影响到周边国家和地区的文化遗产保护体制的形成，甚至还对联合国教科文组织的有关公约产生了较为深刻和长远的影响。

二 《文化遗产保护法》的基本内容

制定之初的《文化遗产保护法》由"总则""文化遗产保护委员会""有形文化遗产""无形文化遗产""史迹名胜天然纪念物""辅则""罚则"7章131条构成。随后历经多次修改，现行的《文化遗产保护法》则由"总则""有形文化遗产""无形文化遗产""民俗文化遗产""埋藏文化遗产""史迹名胜天然纪念物""传统建筑群保护区""文化遗产保存技术保护""文化审议会咨询""辅则""罚则"等13章287条构成。法律条文上的最大变化是删除了最初设置的、统一实施国家文化遗产保护行政的"文化遗产保护委员会"，将其很多职责分拆给了文部省（现为"文部科学省"）、文化厅（1968年设立）以及文化遗产审议会；其次是将文化遗产保护的对象范围进一步扩大化，包括"建筑物、绘画、雕刻、工艺

---

① 『文化財保護法』（昭和25年5月30日法律第214号）。

② 『史蹟名勝天然紀念物保存法』（大正8年4月10日法律第44号）、史蹟名勝天然紀念物保存法施行令』（大正8年12月29日勅令第499号）。

③ 『史跡名勝天然記念物調査会令』（昭和24年7月5日政令第252号）。

④ 『国宝保存法』（昭和4年3月28日法律第17号）、『国宝保存法施行令』（昭和4年6月29日勅令第210号）、『国宝保存会官制』（昭和4年6月29日勅令第211号）。

⑤ 『重要美術品等ノ保存ニ関スル法律』（昭和8年4月1日法律第43号）。

⑥ 『重要美術品等調査審議会令』（昭和24年7月5日政令第251号）。

品、字迹、史料、戏剧、音乐、工艺技术以及其他具有重要价值的作为国民财产的有形或无形的文化遗产";再就是对文化遗产进行分级保护,亦即区分"重要文化遗产"与"国宝"。该法还设置了无形文化遗产保护制度,将无形文化遗产的保护对象限定于"具有重要价值、若国家不予保护则可能消亡的无形文化遗产";规定在地方设置文化遗产保护委员会的分支机构;为使文化遗产的指定工作顺利展开,赋予文化遗产保护委员会进行实地调查的权限;增设地方政府的补助金制度等。

三 《文化遗产保护法》的重大修订

自《文化遗产保护法》1950 年 8 月 29 日实施以来,经 2001 年《文化艺术振兴基本法》颁布到现在,《文化遗产保护法》为适应现代社会的变迁而先后有过近 43 次修改,其中重大修改有 8 次。这 8 次中比较重要的是:1954 年创设"无形文化遗产指定制度"和"选择无形文化遗产记录制度"(法律第 131 号);1968 年设立文化厅,并新设"文化遗产审议会"以取代"文化遗产保护委员会"(法律第 99 号);1975 年创设"传统建筑物群保存地区制度"与"文化遗产的保存技术选定制度"(法律第 49 号)以及 1996 年创设了"文化遗产登录制度"(法律第 66 号)等。

进入 21 世纪之后,日本政府进一步加速推进文化遗产保护的国际化。2002 年,为配合日本加入联合国教科文组织 1970 年《禁止文化遗产非法进出口公约》,不仅制定了《文化遗产非法进出口规制法》(法律第 81 号),还通过修改《文化遗产保护法》(法律第 82 号)将"重要有形民俗文化遗产"纳入进出口规制的范围之内,亦即"重要有形民俗文化遗产"的出口,必须获得文化厅长官许可(第 82 条)、未经文化厅长官许可,出口重要有形民俗文化遗产的,将被处以三年以下有期徒刑、监禁或五十万日元以下罚金(第 194 条)。①

2004 年,因受《世界遗产公约》新增"世界文化景观"的影响,在《文化遗产保护法》中,增设了"文化景观"这一新文化遗产种类(法律第 61 号);此外,还在民俗文化遗产中增加了"民俗技术",并将文化遗产登录制度的登录对象扩大至未获得政府(地方)"指定"的"有形文化

---

① 『博物館法、文化財保護法の一部を改正する法』(平成 14 年 7 月 3 日法律第 82 号)。

遗产""有形民俗文化遗产""纪念物"等。①

为了扩大并加强对文化遗产的利用，2018年新增了文化遗产"保护利用计划"的认定制度（法律第42号），亦即《文化遗产保护法》所确立的各类文化遗产所有人或管理团体，根据文部省政令的规定，制订文化遗产保护利用计划，并申请文化厅长官予以认定；获得认定后，国家就保护利用计划的实施给予财税支持。2021年，又通过修改《文化遗产保护法》（法律第22号），进一步将文化遗产保护利用对象扩展至未登录的各类文化遗产，同时，还将国家层面的各项制度，通过文化遗产登录制度而下移至地方公共团体，以确保文化遗产能够得到全面、可持续性的传承。关于《文化遗产保护法》最新修改，将在本书分论编第五章详细论述。

第六节 《古都保护法》与《地域历史风貌维护法》

除了在《文化遗产保护法》中，通过划定"传统建造物群保存地区"、选定"重要传统建造物群保存地区"、指定"史迹"和"特别史迹"以及选定"文化景观"等方式对传统建筑、历史遗迹以及文化景观等进行保护，日本政府还通过《古都保护法》《地域历史风貌维护法》，而对其历史环境风貌进行保护。

一 《古都保护法》的出台背景及主要内容

伴随20世纪60年代经济的高速成长，城镇化迅猛加速、大批农村人口离开乡村进入城市，导致出现了全国范围的住宅建设的高潮，这就直接影响到京都市、奈良市、镰仓市等重要的历史古城和重要历史遗迹的保护，而频发的公害问题、自然环境的劣化等，也逐渐破坏着各地的历史环境。② 例如，当时反对京都标志——"京都塔"和镰仓御谷住宅区的建设而成立的"热爱京都协会""镰仓风景保护联盟"等民间组织十分活跃。

---

① 『文化財保護法の一部を改正する法律博物館法』（平成16年5月28日法律第61号）。
② 根本昭『我が国の文化政策の構造』長岡技術科学大学（1999）第227頁。

这些民间组织就国家经济建设中的公害、历史建筑破坏、社区崩溃以及保护地域特色自然风光、历史文化生活等问题，发起了历史环境保护的住民运动。① 为此，1966年1月13日，政府通过了旨在保护历史文化古都等的《古都历史风土保存特别措施法》②（以下简称《古都保护法》），虽然在该法颁布之初，主要仅以历史文化名城京都、奈良、镰仓等古都及其周边形成的历史风貌与区域环境为保存对象，但因该法第2条第1款对"古都"的开放性定义，使得"古都"范围并不仅限于前述三个古都，还包括"……周边形成的历史风貌与区域环境……由政令指定的其他市、町、村"。目前，受《古都保护法》保护的指定"市、町、村"，还包括奈良县的天理市、橿原市、樱井市、生驹郡斑鸠町以及高市郡明日香村、神奈川县逗子市以及滋贺县大津市等。

作为《古都保护法》的延伸，政府又分别于1971年6月26日、1980年5月26日颁布了《为保存飞鸟地区历史环境发行邮政贺年卡之特例法》③和《明日香村历史环境保护及生活环境整备特别措施法》④，其目的均在于保护律令国家体制初始时期的政治、文化中心地区（飞鸟地区）的历史遗迹与其周边浑然一体的历史环境。

《古都保护法》明确了国家和地方政府的责任与义务（第3条），亦即（国土交通大臣）应制定"历史环境保护规划"（第5条）、指定"历史环境保护区"（第4条）并在其中划定"特别保护区"（第6条），同时还规定在"特别保护区"内未经许可的限制性行为（第8条），并对相关行为的被限制者给予适当的经济补偿（第9条）或以市场价格收购特别保护区内的土地（第11条）；国家有义务确保历史环境保护规划的实施有必要经费（第13条）等。为确保该法能得以实施，《古都保护法》还

---

① 曹婷「日本の歴史的環境保全に関する研究——古都京都を事例として」『或問 WAKU-MON』（2020）第105巻第37号第105—114頁。

② 『古都における歴史的風土の保存に関する特別措置法』（昭和41年1月13日法律第1号）。

③ 『飛鳥地方における歴史的風土及び文化財の保存等に必要な資金に充てるための寄附金つき郵便葉書等の発行の特例に関する法律』（昭和47年6月26日法律第107号）。

④ 『明日香村における歴史的風土の保存及び生活環境の整備等に関する特別措置法』（昭和55年5月26日法律第60号），日本通称为『明日香保存法』、『明日香村特別措置法』、『明日香法』。

确立了刑事和行政法律责任制度（第20—24条）。

二 《文化遗产保护法》中的"传统建造物群保护区"

受《古都保护法》对"古都"明确的法律界定的影响，"古都"以外的各地历史街区或村落，依然面临着因公害、土地开发行为而破坏或消亡之危险的局面也引起了重视。因此，该法确立的"重点保护"或"选择性保护"原则，在历史环境保护住民运动中遭到了批判。1974年4月17日成立的"全国历史街区保护联盟"①，推动历史街区、文化景观等保护住民运动进一步活跃起来。与此同时，各地政府也开始关注辖区内的历史建筑、遗址等及其周边的历史环境，并尝试利用城市规划将历史街区和传统村庄也纳入法律保护之下。②

1975年7月1日，通过修订《文化遗产保护法》，新设了"传统建造物群保护区"制度。该制度的目的是保护以文化遗产为中心的历史性文化景观，其与历史环境保护虽存在重叠，却未能形成较为整合的关系。"传统建造物群保护区"制度，不仅与《城市规划法》（1919年）③、《建筑基准法》（1950年）④、《奈良国际文化旅游城市建设法》（1950年）⑤、《京都国际文化旅游城市建设法》（1950年）⑥ 等相互交叉，而且，其中的历史遗迹、名胜等，也得到《城市公园法》⑦《自然公园法》⑧ 的覆盖。此外，关于自然名胜、天然纪念物，也是分别横跨《文化遗产保护法》与

---

① 该联盟由奈良县橿原市的"今井町爱护会"、长野县南木曾町的"妻笼爱护会"以及爱知县名古屋市的"有松街区建设会"于1973年11月15日共同发起，次年成立。以保护、利用区域文化与历史街区，推进街区建设，保存"乡土街区"，创建更好生活环境为宗旨。成立之初的名称为"历史街区保存联盟"，1978年改名为"全国历史街区保护联盟"，2000年获文部大臣表彰，2003年6月获"特定非营利法人"认证。

② 浅野聡「日本及び台湾における歴史的環境保全制度の変遷に関する比較研究—文化財保護関連法を中心にして」『日本建築学会計画系論文集』（1994）第462号第137—146頁。

③ 『都市計画法』（大正8年4月5日法律第36号）。

④ 『建築基準法』（昭和25年5月24日法律第201号）。

⑤ 『奈良国際文化観光都市建設法』（昭和25年10月21日法律第250号）。

⑥ 『京都国際文化観光都市建設法』（昭和25年10月22日法律第251号）。

⑦ 『都市公園法』（昭和31年4月20日法律第79号）。

⑧ 『自然公園法』（昭和32年6月1日法律第161号）。

《自然环境保全法》①两个领域。②保护对象的微妙相异与重叠以及多层综合性保护等，使得各行政主管机关之间必须相互协调，例如，《古都保护法》第4条规定："为保护古都的历史环境，国土交通大臣可在听取相关地方公共团体及社会资本整备审议会意见的同时、与相关行政机构长官进行协商，指定一定土地区域为古都历史环境保护区"；《文化遗产保护法》第109条6款、第111条第2款、第3款也明确规定："在名胜或天然纪念物指定前，若所指定的名胜或天然纪念物具有很高环境保护价值的，文部科学大臣必须与环境大臣进行磋商"；"文部科学大臣或文化厅长官认为有必要保护和整备与名胜或天然纪念物相关的自然之环境的，可以向环境大臣陈述自己的意见"；"从自然环境保护出发，对有较高价值的名胜或天然纪念物，环境大臣认为有保护和利用之必要时，可向文部科学大臣或通过文部科学大臣向文化厅长官陈述意见"等。虽然"传统建造物群保护区"也有重点保护或选择性保护之嫌，却为历史环境保护提供了一条新的路径。

根据法律规定，为"保护传统建筑物群以及与之形成一体的、具有保存价值的区域"，市、町、村可制定传统建筑物群保护条例、划定自己辖区内传统建筑物群保护区（《文化遗产保护法》第142、143条第1款）；同时，文部科学大臣可根据申请，选定具有特别价值的传统建筑物群保护区为"重要传统建筑物群保护区"（第144条）。文化厅以及都、道、府、县教育委员会有义务对市、町、村"传统建筑物群保护区"的指定提供必要指导与谏言（第143条第3、5款）；国家应就都、道、府、县或市、町、村就"重要传统建筑物群保护区"的管理、维护、修复以及灾害防御等提供资金补贴或财税优惠措施（第146条）。

为确保"传统建筑物群保护区"制度得以切实有效地实施，1975年11月20日文部省（现为"文部科学省"）还颁布了《重要传统建筑物群保护区选定标准》（文部省告示157号），亦即以下三项标准：(1) 具有匠心设计的传统建筑物群整体；(2) 传统建筑物群与地域规划保持着良好的传统旧结构；(3) 传统建筑物群及其周边环境具有显著的地域特色。

---

① 『自然環境保全法』（昭和47年6月22日法律第85号）。
② 根本昭『我が国の文化政策の構造』長岡技術科学大学（1999）第227頁。

从"古都"保护到"传统建筑物群保护区"的指定、选定，表明日本社会对历史环境的保护范围，从对历史文化遗产、建筑物的"点"的保存，逐渐扩展到对于"面"的历史环境的保护。① 保护的对象不仅包括社寺、民居、仓库等传统建造物，也包括传统的大门、土塀、石垣、水道、石塔等建筑附件，甚至进一步还包含具备环境特性的庭院、树篱等。截至 2021 年 8 月，文部科学省共选定 126 个"重要传统建筑物群保护区"，基本覆盖日本 43 个都、道、府、县，104 个市、町、村。②

三 《地域历史风貌维护法》的制定及其核心内容

日本历史上的城市规划与建筑风格，往往是以"城""神社""寺庙"等具有历史价值的建筑及其周边商铺、武士居家等历史性建筑为主，形成了一种互补和融合的历史环境，现散存于全国不同地域。此类现存的独具特色的建筑格局与风格（硬件），与当地民众的日常生产（传统手工艺）、生活、风俗习惯等（软件）融为一体，构成城镇、街区文化历史的一部分，且往往表现为具有一定整体性、和谐性，并拥有良好感受与风情的历史风貌（歴史的風致）③，亦即除了建筑物等有形文化遗产，它还包含着各种无形文化财产。④ 为防止因人口老龄化、村镇街区的人口减少导致具有较高历史价值的建造物、建筑群的消失、避免独具特色的良好历史风貌逐渐成为过去，政府于 2008 年 5 月 23 日颁布了由文部科学省（文化厅）、农林水产省以及国土交通省共管的《地域历史风貌维护法》（法律第 40 号）。

对于历史街区而言，已制定的《古都保护法》《文化遗产保护法》《景观法》以及《城市规划法》等一系列法律，虽然均有利于"地域历史

---

① 吕茜『日本と中国における歴史的環境保全政策に関する比較研究』関西学院大学（2017）第 43 頁。

② 数据来自文化厅官方网站 https：//kunishitei. bunka. go. jp/bsys/searchlist（2021 年 6 月 2 日）。

③ 伊藤肇『歴史まちづくり法を活用したまちづくりの取組みによる成果と課題について』https：//www. hrr. mlit. go. jp/library/happyoukai/h26/f/08. pdf（2019 年 12 月 3 日）。

④ 文部科学省、農林水産省、国土交通省『地域における歴史的風致の維持及び向上に関する基本的な方針』2008 年 11 月 4 日第 3 頁。

风貌"中的建造物或建造物群等硬件的保护,但却未必能够涵盖与前述硬件一体化的居民日常生产、生活和风俗习惯等的保护。《地域历史风貌维护法》"以维护和提升能够反映地域固有历史与传统的民众生产、生活活动以及所形成的、具有较高历史价值的建造物及其周边街区构成的良好市井环境为目的"(第1条前段),确立了"地域历史风貌的维护提高基本方针""地域历史风貌的维护提高计划"、实施计划的特别措施、区域规划以及支援法人的指定等制度。

(一)"地域历史风貌的维持提高之基本方针"

作为国家责任,中央及地方政府有维持提高地域历史风貌之义务(第3条),文部科学大臣、农林水产大臣或国土交通大臣应制定包含以下内容的"历史风貌的维持提高之基本方针"(第4条),其内容主要包括:(1)维持提高地域历史风貌的意义;(2)设置重点区域的基本事项;(3)维持提高地域历史风貌之文化遗产的保护与利用事项;(4)历史风貌的维持提高之设施的整备、管理事项;(5)形成良好景观的对策与协作事项;(6)历史风貌的维持提高计划之认定事项。

2008年11月4日,文部科学省、农林水产省或国土交通省公布了《地域历史风貌的维持提高之基本方针》,经过2011年8月30日部分修改后沿用至今。为确保法律能够得到有效实施,政府于2008年12月25日制定了"《地域历史风貌维护法》实施指南",并根据现实变化进行了适当修改,截至2021年1月,实施指南也经过了五次修改。

(二)"地域历史风貌的维持提高计划"

法律明确要求地方政府,即市、町、村应根据前述的"历史风貌的维持提高之基本方针",制订包括以下各项内容的"地域历史风貌之维持提高计划"并申请国家认定(第5条第1款、第2款)。(1)市、町、村区域历史风貌维持提高的方针;(2)重点区域的位置与区域范围;(3)为维持提高市、町、村区域历史风貌,保护与利用文化遗产以及相关设施的完善与管理等事项;[①] (4)历史风貌之建造物的指定以及管理指南;(5)计划实施周期等。

截至2021年5月,获得国家认定的"地域历史风貌之维持提高计划"

[①] 主要是指维持、提高和有效利用农业灌溉用的水渠及其他农用排水设施、城市公园及公园设施的管理等事项(《地域历史风貌维护法》第5条第3项)。

共计 86 项,"地域历史风貌的维持提高之重点区域" 126 个,"维持提高地域历史风貌区项目" 688 项,覆盖 39 个都、道、府、县,86 个市、町、村。①

(三) 实施"地域历史风貌的维持提高计划"的特别措施

法律上的特别措施包括历史风貌之建造物的指定,以及历史风貌之基础设施的完善措施两种。前者是对历史风貌的重点区域内建造物的指定(第 12 条),与《文化遗产保护法》中的重要文化遗产的指定制度相重叠(第 24 条),只是判断标准存在层级上的差异,所指定的是在一定区域内有历史价值的建造物,比较特别强调区域性。后者则主要涉及农业灌溉设施如水渠(第 22、23 条)、城市公园(第 25 条)的维护与管理、道路以外停车场占地许可(第 26 条)、特别绿地保护地区(第 29 条)以及通信公共管线的指定(第 30 条)等。

(四)"地域历史风貌的维护提高之区域规划"

为维护区域的历史风貌,合理、有效地利用土地,市、町、村必须根据"历史风貌的维持提高计划",制定"历史风貌维持提高之区域规划",比如,根据一些街区内的特有历史风貌,规划与街区内的建筑风格、用途以及规模相适应的,以销售利用当地传统技术或技能生产的工艺品的卖店或者以当地传统原料为主的餐饮店等。为此,需要完善符合街区历史风貌的建筑物(群)建设,限制或引导一定地域内建筑物建设的高度、位置、风格,整备道路设施,通过特有设计、规划提高游客的回流率等。

(五)"历史风貌维护提高支援法人"之指定

地域历史风貌的维持与提高,不仅是地方政府的责任,也需要社区以及本地居民的共同努力,同时也需要第三部门,即具有专业知识和实际经验的公益法人、非政府组织参与。通过申请成为被指定的(特定非营利活动法人)历史风貌维护提高支援法人,可直接参与历史风貌维护提高协议会的审议;依据历史风貌区建筑物的指定建议,签订历史风貌区建筑物的维护管理契约,维护管理历史风貌区建筑物。此外,支援法人还可应历史风貌区建筑物所有人的请求,就历史风貌区建筑物的维护管理提供必要的

---

① 数据来自国土交通省官方网站 https://www.mlit.go.jp/toshi/rekimachi/toshi_history_tk_000010.html(2021 年 6 月 3 日访问)。

建议和其他支援。截至 2020 年 6 月，日本共有 11 家历史风貌维护提高支援法人。①

从《古都保护法》(1966)、经"传统建造物群"和"传统建造物群保护地区"(1975)，到《地域历史风貌维护法》(2008) 这一系列立法，清晰地勾勒出日本的文化遗产保护，从历史文物经人文历史环境（含非物质文化遗产），再朝着人文环境与自然环境和谐永续发展逐渐演变的轨迹。

第七节 讲述国家故事的"日本遗产"

在现行《文化遗产保护法》所确立的文化遗产分类体系之外，文化厅在 2015 年 3 月提出了一种非常独特而又全新的遗产类型，亦即所谓"日本遗产"（Japan Heritage）。从语义来看，"日本遗产"的称谓，与大家熟知的 1972 年《保护世界自然与文化遗产公约》中的"世界遗产"概念颇为类似，其内涵超越了现行文化遗产体系中"有形"与"无形""指定"和非指定文化遗产等分类标准。

一 "日本遗产"项目的出台背景

历来的文化遗产行政是以《文化遗产保护法》为中心，通过"指定"国宝、重要文化遗产、史迹、名胜、天然纪念物等保护和利用单项文化遗产而展开的。为了更好地保护和利用单项文化遗产，往往需要动用各方资源、采取综合性措施来实现；地方文化行政部门也常常会超越单一种类的文化遗产、基于某一标题或故事，综合有效地利用和保护文化遗产。基于这方面的实践，文化厅于 2007 年 10 月提出并开始推广"历史文化基本构想"，并极力推荐由市、町、村制定各自地域的"历史文化基本构想"。该构想不拘泥于现行《文化遗产保护法》所确立的文化遗产"指定"制度，将文化遗产的保护和利用，拓展至未被指定文化遗产上，更为广泛地准确把握以文化遗产为中心、包括其周边环境在内，综合性地保护和加以

---

① 数据来自国土交通省官方网站 https：//www.mlit.go.jp/toshi/rekimachi/toshi_history_tk_000010.html（2021 年 6 月 3 日访问）。

利用，它是进一步促使地方政府的文化遗产行政有所作为的构想。① 截至 2021 年 3 月，日本全国本完成"历史文化基本构想"制定的市、町、村有 124 个之多。②

与此同时，各地方政府也积极参与"世界遗产"申报，通过申报整合辖区内各类文化遗产，以促进城镇再建和区域经济的活性化。将各地存在的多样性的物质与非物质文化遗产、按照一定的历史故事拼接起来，据说就能持续地增加其地域性的附加值、提升地方文化特色的魅力。这种以文化遗产所在地为核心，制定一个能够带动周边地域的产业振兴、旅游发展以及人才培育等的地方发展政策，还被认为有利于增强国民的身份与文化认同。在此，文化厅认为需要从国家层面在制度上给予积极推动，将那些具有地域特色和历史魅力、构成国家传统文化的整体性的、不可或缺的有形、无形文化遗产群，认定为"日本遗产"。

"日本遗产"以一定地域内传承的所有物质或非物质文化遗产为对象，但其意义却不局限于地方，所选定的"日本遗产"被认为代表着大和民族的文化与传统，因此，在其文化遗产群中，应当至少有一项是由国家"指定"或"选定"的文化遗产，并在能够确实核查的基础之上，提供一个清单以便民众检阅或欣赏。

二 "日本遗产"的界定及其方向性

在文化厅的官方文件中，"日本遗产"的界定是："获得文化厅指定的、能够通过具有地域的历史魅力或地域特色、在向世界讲述日本文化传统的国家故事时不可或缺的有形或无形之文化遗产群。"这里的遗产群是将各个单项个体的文化遗产统合成为一个整体、形成一个"故事"，以便向世人讲述日本的国家故事，这个新制度重视的不仅是文化遗产的利用，还非常重视地域的品牌化与文化认同，显然，它也正好与利用文化遗产开展文化旅游，振兴地域经济的意向相契合。其中的"故事"主要包含以下内容：历史维度下根植于地域风土、超越世代延续的传承与风俗习惯；

---

① 文化庁文化財部伝統文化課文化財保護調整室『「歴史文化基本構想」策定ハンドブック』（https：//www.bunka.go.jp/seisaku/bunkazai/rekishibunka/pdf/handbook.pdf）第 3 頁。

② 数字来自文化厅『各地方公共団体が策定した「歴史文化基本構想」』https：//www.bunka.go.jp/seisaku/bunkazai/rekishibunka/koso.html（2021 年 6 月 4 日访问）。

与地域传承保护的文化遗产相关的、能展示地域魅力、具备明确标志性的建造物、史迹名胜以及节庆仪式等；并不只是地域历史、文化遗产等价值的单纯解说；等等。

根据这一定义，"日本遗产"具有以下三个明显的方向性：

（一）以一定地域内的文化遗产群为支点，展示或整理出一套完整的历史"故事"。在全面、综合性地掌握一定地域内文化遗产的基础上，不拘泥于《文化遗产保护法》确定的文化遗产的类型或是否被指定，而是以能否诉说出一个完整的故事，明确地域性的历史、文化、风土以及文化遗产群之间的关系，从而发现新的地域魅力。

（二）以地域（的文化遗产群）作为一整体，进行保护和利用。为体验地域历史故事，完善展示、学习、情景再现等功能，设置各种揭示板；培育并确保充足的导游人才等，从硬件和软件两方面增强日本遗产的指导性功能，促使来访者对文化遗产及其周边地域的历史有更深刻的理解。积极采取各种措施，将地域文化遗产群纳入地域的学校教育和终身学习之中，以加强对地域乡土社会的理解和对乡土文化的热爱。

（三）积极有效地向世界传播日本的国家故事。充分发挥"世界遗产"的品牌效应、增加地域文化遗产群的叙事性、让民众易于理解，激发其对该地域本身的兴趣以及和地域居民的积极合作，创造让更多游客参观日本世界遗产所在地的契机，让其在世界范围被广泛认知。广泛地缔结姐妹城市关系、最大限度地利用现有海外事务所、使用当地语言推广和扩大"日本遗产"的影响力。

"日本遗产"被认为是文化遗产版的"酷日本"战略，它并未赋予文化遗产以新的价值，也并非新的文化遗产。因此，"日本遗产"的认定，既不是基于《文化遗产法》的新制度，也与"世界遗产"无任何关系。认定"日本遗产"并不以政府申遗备选地为前提，也不排除最终可以提起申遗。

三 "日本遗产"的认定程序与认定标准

"日本遗产"的认定，是由市、町、村通过都、道、府、县的教育委员会向文化厅提出申请，若为联合申报的，申请的市、町、村则应连署；若为同一都、道、府、县的市、町、村，则可由都、道、府、县提出申请；经过文化厅设置的外部机构——"日本遗产审查委员会"的审查程序之后，再由文化厅予以认定。鉴于设立"日本遗产"制度的宗旨与目的，能够申请的市、町、村应为已获得"历史文化基本构想"或"历史风貌维护提高计划"认定，或具备申请世界文化遗产之条件（入围世界文化遗产申报备选名单）的市、町、村。

日本文化厅确立的日本遗产"认定标准"包括：

（一）再现的"故事"内容立足于地域的历史特征、并能充分传递大和民族的国家魅力。这里的故事应具备：（1）趣味性、能够引起人们的兴趣；（2）新颖性且鲜为众人知晓（其他地区少见）；（3）易懂性，无须专业知识也能理解；（4）区域性等。

（二）利用"日本遗产"这一资源、实现地域经济繁荣有未来愿景，并已有明确、具体且适当的实施措施。

（三）在战略上，能够有效传播国家故事，并已具备可利用"日本遗产"推动区域经济发展的体制。①

"日本遗产"认定制度突出反映了日本政府及全社会盘活其地域文化遗产资源的强烈动机。从20世纪90年代开始，日本越来越注重文化遗产的利用，认为长期以来孜孜不懈地致力于保存、保护文化遗产，正是为了现在的利用。以"日本遗产"名义开始文化遗产的利用始于2015年，截至2021年8月31日，文化厅认定的"日本遗产"共计六批次104项。② 例如，由茨城县水户市、栃木县足利市、冈山县备（備）前市、大分县日田市联合申报，2015年获得认定的第一项"日本遗产"——"近代日本教育遗产群：学习精神与礼仪本源"，主要讲述日本引入近代教育制度前后的国民受教育现状，尽管当时能接受教育的仅限于武士阶层，但多数庶民也都知书达理，其原因可归功于各藩大名所设立的藩校、乡校以及私塾等，针对各阶层民众的学校设置与普及，是实现近代化的原动力。其中，主要的文化遗产为：水户市的旧弘道馆；足利市的足利学校遗址、汉朝典籍《礼记正义》；备前市的旧闲谷学校、释菜礼以及日田市的闲宜园遗址等。③ 另外，由冲绳县那霸市、浦添市联合申报，2019年获得认定

---

① 文化厅参事官（文化観光担当）『日本遺産』文化厅（2020）第3页。

② 数据来自文化厅官方网站 https://japan-heritage.bunka.go.jp/ja/stories/stories_list.html（2021年8月31日访问）。

③ 文化厅参事官（文化観光担当）『日本遺産』文化厅（2020）第15页。

的"来自琉球王国时代的传统'琉球料理''泡盛'及其'艺能'",主要是讲述琉球王国时代、被称为"守礼之邦"的琉球国在首里城接受中国皇帝册封时、招待中国册封使节而大摆筵宴所形成的传统琉球料理、美酒（泡盛）以及传统舞蹈等，它们被很好地保存延续至今。该项"日本遗产"中的文化遗产有：浦添城遗址、识名园、琉球泡盛、豆腐糕（腐乳）、冲绳组舞等。①

"日本遗产"虽然并不是法定文化遗产的种类，但它以"史迹名胜""传统建造物群"为基础，利用地域各类文化遗产（有形、无形文化遗产，有形、无形民俗文化遗产，埋藏文化遗产等），整合出一类面向世界讲述国家故事的文化遗产综合性利用的方式，还是很有创意的。

第八节 文化艺术领域的其他相关立法

文化艺术领域的宽泛和内容的丰富性，决定了在文化艺术领域的立法活动具有明显的复杂性。前述各节所涉及的法律，仅为日本文化艺术领域的部分法律与制度，除此之外，尚有以下各项立法也很有必要提及。

一 《文字、活字文化振兴法》与《日本语教育促进法》

文字语言不仅是思想交流、知识传播以及文化艺术表象的载体与工具，而且在继承、提高人类在悠久历史中积累的知识、智慧，培养丰富的人性以及发展健全的民主社会生活至关重要。② 大约在20世纪末，日本的图书、杂志的市场销售额在达到高峰以后，受网络等新媒体的影响而开始呈现快速、连续下降的趋势，特别是报纸订购率中年轻人的占比下降明显，纸质出版物出现了"逃离活字出版物"即所谓"高识字率、低阅读量"现象。③ 为避免情势恶化给整个新闻出版行业造成严重影响，新闻与

---

① 文化厅参事官（文化観光担当）『日本遺産』文化厅（2020）第26页。
② 国会衆議院『第162回国会衆議院文部科学委員会会議録（第14号）』平成17年7月15日第4页。
③ 随着国民识字率的提高、活字出版物的利用率也会提高。但在高识字率的国家或地区，受网络及新媒体的影响，图书、报纸等活字（纸质）出版物的利用却在逐年降低。这一现象在日本被称为"活字離れ"（逃离活字出版物）。

出版行业积极合作采取自救措施，成立出版文化产业振兴财团等各类团体，发起各种类型的读书运动，并促使国会在1999年8月9日通过决议，确定2000年为"儿童读书年"[①]；2000年5月5日，开设"国际儿童图书馆"，作为国立国会图书馆的支部图书馆；2001年，还促成了《儿童读书活动促进法》[②]的通过。与此同时，很多有识之士也开始要求政府出台振兴"文字、活字文化"的法律。2003年，经合组织（OECD）发布的《国际学生评估项目调查》（PISA）显示，日本高中一年级的阅读理解能力，从2000年的第8位快速下降至第14位，这一结果直接促成了日本于2005年7月29日颁布《文字、活字文化振兴法》[③]。2006年10月，日本社团法人图书馆协会发布《享受丰富文字、活字文化与读书环境完善：来自图书馆的建议》，就公立图书馆、学校图书馆以及大学图书馆的设施完善、确保图书馆藏书数量、出版文化之振兴以及图书馆之间的协作等，向政府提出政策性建议。[④] 这应该就属于该法实施后，日本社会的一种反应。

《文字、活字文化振兴法》的主要内容包括：第一，确立了文字、活字文化振兴的基本原则、明确中央与地方公共团体的责任，积极采取措施以推进文字、活字文化的振兴，以丰富国民社会生活、构建一个国民精神世界繁荣、充满活力的社会。

第二，法律将"文字、活字文化"定义为"阅读、书写以及出版活动"，并明确国家应与地方公共团体合作、负责制定并实施相关措施以推动文字、活字文化的振兴，在尊重所有国民的（文化）自主性的同时，完善外部环境条件让国民终生能在社区、学校、家庭以及其他不同场所享受到丰富的文字、活字文化所带来的惠泽。

第三，市、町、村应努力建立和完善公共图书馆等公共文化设施；中央及地方公共团体应采取必要措施，加强图书司书的培育与人才确保、充

[①] 继"儿童读书年"之后，国会参众两院2008年6月6日又一致通过"决议"，确定《文字、活字文化振兴法》实施五年的2010年为"国民读书年"。

[②] 『子どもの読書活動の推進に関する法律』（平成13年12月12日法律第154号）。

[③] 植村八潮「出版振興政策と著作権法改正論議にみる出版社の役割」『出版研究』(2008) 第39号第21—32頁。

[④] 社団法人日本図書館協会『豊かな文字・活字文化の享受と環境整備：図書館からの政策提言』https://www.jla.or.jp/portals/0/html/kenkai/mojikatuji200610.pdf（2006年）第1頁。

实图书馆的藏书等。

第四,中央及地方公共团体应采取必要措施,改善教育方法、提高学校教育阶段学生语言技能的培养,增加图书管理员(司书)教职、确保教职人才以及学校图书馆的藏书数量。

第五,国家应当采取必要措施,促进文字、活字文化的国际交流,对相关学术研究成果的出版发行提供支持。

第六,确定10月27日[①]为"文字、活字文化日"。此外,为促进文字、活字文化的振兴,中央及地方公共团体还应就上述各项振兴措施的实施给予必要的财税方面的支持。

为推动该法的实施,政府成立了"公益财团法人文字、活字文化推进机构",通过该机构实施文字、活字文化的各项振兴措施。

除振兴"文字、活字文化"之外,日本政府还比较重视针对外国人的日语教育。在日本社会国际化程度不断提高的同时,为促使在日留学、工作生活的273万外国人[②]的日语水平的提高、避免其因语言能力不够而无法融入日本社会,政府试图创造一种能使居住在日本的外国人学习日语的环境条件,与此同时,也为境外的日本语教育提供必要支持,以实现日本对外的文化交流和传播、促进国际友好关系的维护与发展。为此,政府于2019年6月28日颁布了《日本语教育促进法》(法律第48号),其主要内容如下:

第一,首先确定促进日语教育的基本原则,明确国家、地方公共团体以及相关主体的责任,满足希望获得日语教育的外国人学习日语的愿望、结合其具体情况和语言能力,确保其能够获得学习日语的机会。

第二,国家和地方公共团体有责任制定和实施日语教育之措施,雇用

---

① 确定10月27日为"文字、活字文化日",是因为此日为日本"读书周"的第一天。"读书周"是由日本"读书周实施委员会"(现为"读书运动促进委员会")于1947年发起的一项民间读书运动,提倡国民至少在"读书周"期间阅读一本书。"读书周"的起源与日本图书馆协会1924年发起的"图书周"(11月17日—11月23日)密切相关。1933年"图书周"改称"图书馆周",出版行业则主办"图书祭"。1939年受战争影响,活动中断。战后日本出版协会、日本图书馆协会、图书流通组织及相关文化团体等共计三十余家,组成"读书周实施委员会",并举办了第一届"读书周"。

② 该数字来自法务省2017年的调查,参见国会衆議院『第198回国会衆議院文部科学委員会議録(第16号)』令和元年5月22日第21頁。

外国人的机构或个人应努力支持被雇用的外国人及其家属学习日语。

第三，政府应针对国人制定全面、有效的日语教育基本方针；地方公共团体应参照政府制定的基本方针，结合辖区的实际情况制定全面、有效地促进日语教育之措施。

第四，作为一项基本措施，政府不仅应扩大国内外国人学习日语的机会、扩大在海外学习日语的机会，并维持和提高日语的教学水平、开展关于日语教育的调查研究。

第五，政府成立日本语教育促进委员会，文部科学省、外务省以及其他相关政府机构应该相互协作，促进日语教育措施得到全面、有效的实施。政府还应采取必要措施，完善日语教育机构的组织制度。

二 古代文学艺术经典与《古典日法》

作为一个重视传统文化的现代国家，日本保留了诸多传统文化的正统或典范形式，亦即所谓"古典"。这些古典被认为是在漫长历史中由大和民族创造、继承和积累的，超越时间、能够丰富国民思想、给生活带来色彩的人类智慧的结晶；也是通过对先辈记忆、情感的继承，为创造一个充满希望的社会铺平道路的基础，因此，其在日本文化中占有重要地位，将古典传递给下一代，一直是日本社会努力的目标。

2007年（平成19年）1月30日，作家濑户内寂听（1922—2021）、茶道里千家前家元千玄室（1923— ）等著名人士，提议2008年11月1日以京都府为中心举行《源氏物语》面世一千年纪念活动，并建议将每年11月1日①确定为"古典日"，为此还成立了"《源氏物语》千年纪念委员会"。2008年（平成20年）11月1日，京都府、京都市以及京畿地区各府、县和各主要文化团体在京都举行了纪念仪式、天皇夫妇也出席基金会的活动，发布了《"古典日"宣言》、确定"11月1日"为"古典日"。随后，该委员会一直尝试着推动"古典日"立法，于2009年4月1日成立"'古典日'推动委员会"，进行"古典日"的推广与宣传，举办古典日论坛、古典日朗诵比赛、街角咖啡·古典日讲座、古典日之画卷等各项活动。2010年3月15日，发起"古典日"立法署名活动；2011年3

---

① 根据"紫式部日记"，《源氏物语》面世的最早记录日期为公元1008年（宽弘5年）11月1日。

月 23 日，设置"古典日"推荐人，公布 32 名推荐人名单；作为回应，2012 年（平成 24 年）3 月 29 日，以前首相福田康夫为会长、超党派议员"促进'古典日'议员联盟"成立，8 月向国会提交法案，8 月 24 日、28 日众、参两院全体议员一致通过。9 月 5 日颁布并实施《古典日法》（法律第 81 号），将"古典日"上升为国家纪念日。通过设立"古典日"，旨在鼓励日本国民在不同场合熟悉古典、将古典作为日本民族精神的根基，实现国民精神世界的繁荣、构建一个人民生活和文化充满活力的社会。

《古典日法》仅有 3 条，即在明确立法目的（第 1 条）的前提下，对"古典"进行了法律界定，即所谓"古典"是指文学、音乐、艺术、戏剧、传统艺能、演艺、生活文化和其他文化艺术、学术或思想领域的古老文化之产物，是被日本国民所创造、继承，具有卓越的价值并惠泽国民的经典作品（第 2 条）；确定了"古典日"的具体日期（第 3 条第 2 款），并要求国家与地方公共团体应努力在古典日举办各种与古典宗旨相契合的各项文化艺术活动（第 3 条第 3 款）；采取措施，努力完善民众能在家庭、学校、工作场所、社区以及其他场所学习古典、利用古典进行教育的机会与条件（第 3 条第 4 款）。

《古典日法》实施后，以"古典日"之名，"古典日"推动委员会与公益财团法人京都文化交流议会一起，陆续开展了更多与古典相关的文化艺术活动，其规模也在逐步扩大。每年 11 月 1 日举办的"古典日论坛"，政府的重视程度、参与人数等都在增加；参加古典日朗诵比赛的人数，在法律实施后有明显持续的增加，其中初、高中学生的参加人数持续攀升；举办古典日讲座，不仅邀请国内外古典研究著名学者，还邀请日本"人间国宝"和著名艺能艺人等参加。

在法律实施后，"古典日"推动委员会与公益财团法人京都文化交流议会还陆续筹备和启动了"《方丈记》[①] 800 周年纪念"（2012）、组建"'琳派'[②] 艺术 400 周年纪念祭筹备委员会"，举办"'琳派'艺术 400 周年纪念祭"（2014）；并与实践女子大学合作（2019），举办各种与古典

---

① 《方丈记》成书于 1212 年，为镰仓时期僧人鸭长明（1155—1216）的随笔，是日本中世文学代表作之一，与《徒然草》《枕草子》并称"古典日本三大随笔"。

② "琳派"是日本桃山后期在京都兴起、活跃到近代的美术流派。由本阿弥光悦（1558—1637）、俵屋宗达（？—？）创立，后由尾形光琳（1658—1716）、尾形乾山（1663—1743）发扬光大，由酒井抱一（1761—1892）、铃木其一（1795—1858）等人完成。

相关的活动、践行《古典日法》的立法目标。2020年9月3日，又设立"'古典日'文化基金赏"，以表彰和鼓励在古典文化研究、推广、普及等有突出表现和成绩卓越的个人、法人或团体。

鉴于"古典日"推动委员会与公益财团法人京都文化交流议会在日本"古典"的推广普及上的卓越表现，其陆续获得了"关西元气文化圈赏"（2015）、"京都创作者大赏"（2019）以及文化厅长官的"感谢状"（2020）等。

《古典日法》虽从日本古代文学经典入手，但根据法律对"古典"的界定以及实施过程中，却并不限于古代文学经典，而是将范围扩展至整个文化艺术领域、通过多种类型的文化艺术活动、加深民众对古典的兴趣、促进国民对古典的理解。

三 "赤羽刀"与《收缴刀剑的返还处置法》

1945年8月15日，日本接受《波斯坦宣言》之后，解除武装、收缴国内民间武器、维持和稳定社会治安等，就成为盟军最高司令部（GHQ）首要任务。9月2日，盟军最高司令部发布《民间武器收缴准备令》，要求日本人必须将所有武器（包括刀剑）上缴至盟军指定的场所集中保管、销毁。这其中就包括民间的刀剑与火枪等。对于日本国民而言，这里的刀剑特别是那些具有文化艺术以及收藏价值的古董枪械刀剑，并非单纯的冷兵器，还被视为日本国民精神的象征。因此，日本自上而下对此命令非常不满，后经文部省国宝、重要美术品调查委员会委员本间薰山（1904—?）和佐藤寒山（1907—?）等政府官员以及东久迩稔彦、近卫文麿（1891—1945）等政要的斡旋，盟军最高司令部于9月29日发出一份备忘录，明确"怀有善意之日本人所拥有的、具有古董价值的刀剑，经审查后可由其个人保管"。但由于对是否"怀有善意"、有无"古董价值"之判断完全掌握盟军手中，日本人根本无法介入，且"保管"也并非认可其所有权，所以，该备忘录未能阻止事态进一步恶化，收缴的刀剑数量依然庞大，仅关东、东海地区就超过20万件，被盟军最高司令部集中在驻扎于东京都北区赤羽町的美陆军第八集团军的补给仓库中。被收缴的刀剑，基本上有三种结果：一是作为战利品，被驻日美军士兵带走，二是被集中起来投入大海或浇上汽油大火销毁，三是被切割分解作为废料处理等。

后来在与盟军最高司令部协商的基础上，日本政府分别于 1946 年 6 月 3 日、17 日颁布了《枪械等禁持令》（敕令第 300 号）与《枪械等禁持令实施规则》（内务省令第 28 号），明令禁止国民持有枪械刀剑，但因职务或获得许可者除外。其中，对古董刀剑的"价值"之判断由日本政府实施，经都、道、府、县公安委员会设立的"刀剑审查委员"对古董枪械刀剑进行审查鉴定并发放刀剑持有许可证。此后的审查鉴定虽未另行制定标准，却有一个基本方针，即任何具有某种艺术价值的刀剑；能标志个人一生所有记忆的刀剑以及作为历史、宗教上重要资料的刀剑。当时，该制度虽无法阻止一些可能被认定为国宝或重要美术品的枪械刀剑被没收或流失海外，但它也确实使得部分具有较高艺术价值的刀剑等免遭被销毁的命运。前述敕令在几经修改之后，最终被 1958 年 3 月 10 日颁布的《枪械刀具持有管理法》（法律第 6 号）所取代，此前的古董枪械刀剑鉴定、登记以及持有许可证制度等，不仅得到沿用，还新增了古式枪械刀剑的制作许可制度，同时也完善了古董枪械刀剑买卖让渡制度。

　　从 1947 年开始，日本政府就放置于赤羽町仓库、准备销毁的数十万只枪械刀剑进行调查鉴定。20 余名刀剑鉴定专家，每天 3 人进入仓库，经过长达 7 个月的工作，从中找到约 5600 件具有较高文化艺术及收藏价值的古董刀剑、在获得美军许可的情况下，将其编号造册移交给东京国立博物馆；移交之前，对于能够确定原所有人的 1132 件予以返还；对无法确定所有人的 4576 件，按照编号制作书面鉴定报告、交由东京国立博物馆进行保存、管理。该部分刀剑被称为"赤羽刀"，后成为盟军收缴、销毁日本民间刀剑的代名词。①

　　1948 年 2 月 24 日，在东京国立博物馆内部成立了以古董刀剑及其锻造技艺的保存、鉴赏、普及推广、研究奖励等为目的的民间组织——"日本美术刀保存协会"。该协会是全国刀剑团体对外一致行动的财团法人。协会第一任会长为著名刀剑收藏家细川护立（1883—1970）。在协会顾问、理事以及评议员名单中，前述本间薰山和佐藤寒山也赫然在列。收藏于博物馆的"赤羽刀"，当初虽每把都使用防锈纸进行包装并装箱保存，但现在大部分已经生锈、保存状态不佳。为彻底解决"赤羽刀"遗留的

---

① あきみず「GHQの刀剣接収騒動とは？ 赤羽刀の顛末と日本美術刀剣保存協会設立の経緯を徹底解説」https://intojapanwaraku.com/craft/73146/（2021 年 10 月 1 日访问）。

法律问题以及充分保护和利用"赤羽刀",政府于 1995 年 12 月 8 日通过了《收缴刀剑的返还处置法》(法律第 133 号),该法主要包括以下内容:

第一,该法明确要求文化厅长官在《官报》上,公开政府接受 GHQ 所收缴刀剑的种类、形状以及文部科学省政令规定的其他事项。

第二,被盟军收缴的刀剑原所有人,应自政府在《官报》公布之日起一年内向文化厅长官提出书面归还申请,申请书上应载明文部省政令规定事项,并添附相关证明文件。

第三,文化厅长官在收到返还申请后,必须对返还请求人的资格进行审查,在能够确定申请人身份以及相关事实的情况下,应立刻书面通知请求人并返还所接收的刀剑。

第四,对于不能返还的接收刀剑,所有权归国家所有;国家在保存或处分不能返还的接收刀剑时,必须听取专业人士的意见并采取适当措施等。

1999 年,政府将 3209 件不能归还的"赤羽刀"、以研磨公开为条件无偿赠送给全国 191 家公立博物馆。接收到这些刀剑的博物馆,在采取了相应保存措施(如研磨)后,纷纷展出了这些刀剑。比如,福冈市博物馆(8 件)、大阪历史博物馆(113 件)在接收了部分"赤羽刀"后,分别于 2001 年 2 月至 4 月、2004 年 7 月至 8 月进行了公开展出。从《收缴刀剑的返还处置法》的实施状况看,"返还"+"国有化"从法律角度似乎是解决了"赤羽刀"的遗留问题。

但 2009 年 3 月,媒体报道在日本美术刀剑保护协会的仓库中有 391 把古董刀剑,为"赤羽刀"的一部分,却未进行登记,涉嫌违反《枪械刀具持有管理法》。此后,经文化厅与警视厅调查,又有 200 件未登记的"赤羽刀"被发现。由于案件的事实因时间关系已无法调查清楚,最终由日本美术刀剑保护协会补办了相关的登记手续。

此外,为避免因刀剑传统锻造技艺的传承行为而可能触犯《枪械刀具持有管理法》的情形发生,1958 年原文化遗产保护委员会曾制定过《美术刀剑类制作承认规则》(文化遗产保护委员会规则第 2 号);随后,1992 年 4 月 27 日原文部省又制定了新的《美术刀剑类制作承认规则》(文部省令第 2 号),它历经 2000 年 3 月 15 日(文部省令第 15 号)和 2019 年 3 月 29 日(文部科学省令第 7 号)的两次修改而沿用至今。该制作规则规定,日本刀传统锻造技艺者需向文化厅长官提出书面申请,获得承认后方可制作相关刀剑；文化厅长官在判断所有制作的刀剑应具有一定艺术价值，刀匠应具备 5 年以上制作经验且必须参加文化厅长官举办的研修与培训，同时还必须获得 2 名以上刀剑登记审查委员的担保等。

四 与国际化相关的文化艺术立法

作为国家软实力的重要组成部分，文化艺术的影响力不仅与国家层面的外宣密切相关，也与其积极参与国际文化艺术交流活动、加入各种与文化艺术相关的国际公约相联系。

战后的日本为积极配合联合国教科文组织的各项文化艺术活动，贯彻《教科文组织宪章》和《世界人权宣言》的精神，于 1952 年 6 月 21 日制定了《教科文组织活动法》（法律第 207 号）。该法明确了日本政府设立联合国教科文组织日本委员会，并通过该委员会与联合国教科文组织以及其他国家的教科文机构合作，开展各项文化艺术活动。

为促进文化艺术领域的国际合作与交流、确保联合国教科文组 1954 年《武装冲突中文化财产保护公约》及《第一议定书》《第二议定书》（1999），以及 1970 年《禁止并防止文化财产进出口以及非法转让所有权公约》等在日本国内得以实施，日本国会分别于 2007 年 4 月 27 日和 2002 年 7 月 3 日通过了《武装冲突中文化遗产保护法》（法律第 32 号）和《文化遗产非法进出口规制法》（法律第 81 号），明确了日本政府在武装冲突中保护文化遗产的国家责任，以及对文物非法进出口的海关规制等。此外，为避免海外艺术品在日本国内借展期间因法律纠纷而被扣押等情形，还于 2011 年 4 月 1 日颁布了《海外美术品公开促进法》（法律第 15 号）。

作为文化遗产保护的先进国家，日本拥有丰富的文化遗产保护的知识、技术与经验，为规范和促进对外文化遗产保护的国际协作与交流、履行国际义务，日本政府在 2006 年 6 月 23 日公布了《海外文化遗产保护国际协作促进法》（法律第 97 号），以明确日本在海外文化遗产保护、文化遗产保护国际协作中的国家责任与义务。为促进、加深国际文化交流，确保在日本举办的，与文化艺术相关的国际公演、国际展览等能顺利进行，提高日本的国际地位，国会曾于 2018 年 6 月 13 日通过了《国际文化交流盛典活动促进法》（法律第 48 号）。

除上述立法之外，还有几部重要的法律也值得一提。例如，针对一些具体影响到文化艺术市场的正常秩序行为，如公演门票的倒卖行为，于 2018 年 12 月 14 日制定了《特定公演入场券非法倒卖禁止法》（法律第 103 号）；为鼓励支持残疾人的文化艺术活动，2018 年 6 月 13 日通过了《残疾人文化艺术活动促进法》（法律第 47 号）；为保护传承传统手工艺、振兴传统手工艺产业，1974 年 5 月 25 日颁布了《传统工艺品产业振兴法》（法律第 57 号）；为利用地域传统艺能振兴地方经济，1992 年 6 月 26 日制定了《关于利用地域传统艺能等资源、实施各种活动以振兴观光产业及特定地域工商业之法律》（法律第 88 号）。此外，还有 1948 年的《国民祝日法》（法律第 178 号）；针对阿伊努人的 1997 年《阿伊努文化振兴法》（法律第 52 号）和 2019 年《阿伊努民族支援法》（法律第 16 号）等。本书将分别在第六章、第七章、第八章中，对上述中的几部法律展开进一步的讨论。

第三章

日本文化艺术行政的中枢：文化厅

日本有关文化艺术行政机构的法律规制，最早可以追溯至1886年2月7日明治政府制定的《文部省官制》（敕令第2号），它最初是以管理"教育学问"等事项为主，其中，学士会院的"音乐调查处"（音楽取調掛）和"图画调查处"（図画取調掛）尤其与本书所谓的文化艺术直接相关。后来，经过不断修法，陆续增加了博览会①、美术与博物馆②、宗教事务③等事项，并最终形成了相对较为完整的、以"国民教化"为核心导向的文化艺术行政体制。例如，1942年《文部省官制》（敕令第748号）所设置的内部机构——"教化局"（第3条第8项），就明确了其主管范围，包括宗教团体、宗教结社等宗教事务；帝国艺术奖励、美术研究以及调查等；国宝以及重要美术品、史迹名胜天然纪念物的保存；图书馆、博物馆的设立运营管理事项；与社会教育相关的图书推荐；电影、演剧等与国民娱乐相关社会教育上的必要指导、监督等事项（第11条）。

"二战"结束后，为了推动日本教育的民主化，新政府于1949年4月25日颁布了《文部省设置法》，不仅明确文部省为国家文化艺术事业的行政主管机关，同时还对"文化"进行了如下定义："文化是指有关艺术、国民娱乐、国宝、重要美术品、史迹名胜天然纪念物以及其他文化遗产、出版及著作权等能够提高国民生活质量的活动"（第2条第1款第2项）；另外，在文部省主管的"社会教育"事务中，就涉及图书馆、博物馆以

---

① 1897年『文部省官制』（明治30年勅令第342号）。
② 1898年『文部省官制』（明治31年勅令第279号）。
③ 1942年『行政簡素化実施ノ為ニスル文部省官制改正ノ件』（昭和17年勅令第748号）。

及公民馆等公共文化设施建设等事项。

第一节 文化厅的设立及职责

目前，日本的文化艺术行政中枢，并非"文部科学省"，而是根据1999年《文部科学省设置法》（法律第96号）[①] 设置的文部科学省外部行政机构[②]——文化厅，它才是日本文化艺术领域负责相关法律、政策实施的专门机构，本书前述各项法律，基本上都是由文化厅主管或负责依法行政的。与此相对应，地方上的文化艺术行政机关，则是根据《地方自治法》而设立的都、道、府、县或市、町、村教育委员会。

一 从"文化局"到"文化厅"

自20世纪60年代起，日本经济的发展实现了较为长时期的高速成长，一般国民的人均收入和生活水平均得到了极大的提高和改善。但是，在"经济优先"的国策之下，陆续出现了很多社会问题，例如，土地开发混乱、严重的环境污染以及快速城镇化带来的农村过疏化和城市过密化等，从而对传统的社会关系带来重大冲击，出现了人际关系稀薄化和所谓"人心荒废"的情形。[③] 与此同时，政府和社会有识之士也比较清醒地意识到文化艺术的重要性，于是，如何通过振兴艺术文化来丰富一般国民的文化生活、精神生活和娱乐生活，就成为重大的时代性课题。为此，1966年文部省在其内部设置了文化局，并将此前分属社会教育局的艺术课、著作权课，分属调查局的国语课、宗教课、国际文化课以及新文化课（文化厅成立时，则改称为"文化普及课"）等，划归文化局统合管辖，由此便形成了以文化艺术为中心的综合性行政管理体制。[④]

1968年，文部省又将根据《文化遗产保护法》而成立的文化遗产保

[①] 《文部科学省设置法》的前身为1949年5月31日颁布的《文部省设置法》（法律第146号）。

[②] 1948年『国家行政組織法』（昭和23年7月10日法律第120号）第3条、1999年『文部科学省設置法』（平成11年7月16日法律第96号）第18条。

[③] 筒井正夫「近代日本の精神に学ぶ」『彦根論叢』（2013）第396卷第18頁。

[④] 根本昭『我が国の文化政策の構造』長岡技術科学大学（1999）第23頁注㉔。

护委员会与文化局合并，成立了文化厅。除了重要文化遗产、史迹等的指定或指定撤销等一小部分文化遗产保护事务仍由文部大臣主管，其他各项文化遗产相关事务，均划入文化厅的职责范围，亦即国家级别的文化艺术活动的相关法律文件，通常是由文化科学大臣签署，但是由文化厅负责实际操作层面的工作。

二　文化厅的内部机构设置及其职责

新成立的文化厅作为国家行政机关，其内部的机构设置，主要由"长官官房""文化部"以及"文化遗产保护部"三个机构构成（如表3-1所示）。长官官方相当于中国政府机构中的办公厅。长官官房下设总务课和会计课，主要负责文化厅的人事、会计、公关宣传，以及协调文化部与文化遗产保护部之间的关系等，其职责范围以人事、财政及事务性工作为主。文化部下设文化普及推广课、艺术课、国语课、著作权课，以及宗教事务课等，分别负责全国的文化艺术事业的振兴、国语改革、著作权制度的完善、宗教法人制度的运行等。文化遗产保护部，下设文化遗产鉴定调查官、传统文化课、纪念物课、美术工艺课、建造物课等，分别主管为保护和利用文化遗产而实施的文化遗产的指定、认定、选定以及文化遗产的修复、文化遗产现状的维护、变更等规则的实施，同时也包括对文化遗产的公开、调查等事宜。此外，文化厅还负责与文化遗产相关的博物馆、美术馆以及各类研究所等相关公共文化设施的管理等。文化厅这一内部机构的设置，确定了文化厅的基本组织机构的基本形态，虽然也会因为需要而适时地调整文化厅的内部组织机构，但它的基本形态基本没有变化。

表3-1　文化厅成立之初的组织结构（1968年）

文化厅长官																
文化厅次官																
★长官官房	庶务课	会计课	国际文化课	★文化部	文化普及课	艺术课	国语课	著作权课	宗教事务课	★文化遗产保护部	文化遗产鉴定官	管理课	纪念物课	美术工艺课	建筑物课	无形文化遗产课

资料来源：文化厅『新・文化庁ことはじめ：文化庁創立50周年記念式典資料集』第34頁。

文化厅的设立和运营，对于统合全国的文化艺术行政具有显而易见的重要性。虽然它最初的诞生是佐藤荣作内阁时期政府精简行政机构的结果之一，但在文化艺术领域的行政管理改革的意义上，还是取得了颇为明显的成效。文部省将以文化遗产保护工作为核心的文化遗产保护委员会与文化局相合并，反映了其在大力推动文化艺术事业全面发展的同时，充分保护和利用文化遗产，从而进一步提高国家文化艺术政策的综合性效益上的大目标。可以说，文化厅的成立和之后《文化艺术基本法》的出台，标志着日本的国家文化艺术行政和文化遗产行政顺利地实现了一体化。

第二节 "文化政策推进会议"

虽然文化厅的设立开启了日本文化艺术行政的新阶段，但就其国家文化艺术政策的制定、实施以及政府与艺术家或文化艺术团体之间的管理与被管理的行政关系而言，也一直被认为有不少值得反思之处。

一 "文化政策"的中立性

日本知识界长期以来一直对战前时期军国主义对文化艺术的高压管制持批评态度，对于国家权力过度介入文化艺术领域的倾向也始终保持着警惕性。有的学者主张，应该限制或减少国家权力在文化艺术领域的介入（包括财政投入），或者政府至少应该保持中立的立场；[①] 甚至还有学者比较反感使用"文化政策"一词，因为它非常容易使人联想到战时的文化统治或国家主义的文化政策形态。[②] 虽然各相关的法律，均确认并保障艺术家的创作与表现自由，政府也倾向于尽量回避对相关文化艺术项目的具体内容发表正式的见解，但是，国家权力通过资助、奖励等方式，确实仍然有很大的可能去引导文化艺术活动的某些价值取向。对此，知识界保持一定的警觉，也是理所当然。自20世纪80年代末期开始，在以国家或地

[①] 石川凉子「芸術文化政策をめぐる政府の中立性の考察」『立命館言語文化研究』(2015) 第 26 巻第 3 号。

[②] 小林真理『文化権の確立に向けて：文化振興法の国際比較と日本の現実』勁草書房 (2004) 第 4 頁注⑤。

方政府为主导的文化艺术活动中，逐渐出现了新的社会力量，亦即社会人士和民间资本的介入，从而打破了原先的国家权力和文化艺术领域的二元结构关系，并使得日本各地的文化艺术活动与文化艺术创作，由于第三种要素或力量的出现而开始变得更加活跃了。

二 "文化政策推进会议"的设立

1989 年，由文化厅出面，组建了由 47 名著名艺术家、学者以及经济界的有识之士组成了"文化政策推进会议"，这个组织也是文化厅长官的文化政策私人咨询机构。"文化政策推进会议"虽具有临时性，但它却在日本《文化艺术振兴基本法》（2001）出台前后的国家文化艺术政策的制定等方面，发挥了非常关键的作用。1995 年 7 月，"文化政策推进会议"发布了《迈向新的文化立国——旨在文化振兴的当前重点措施》，在明确国家文化振兴之紧迫性的前提下，提出了当下文化艺术振兴的要点：（1）支持优秀的艺术团体、激活艺术创作活动；（2）加强并扩大文化遗产的保存与修复；（3）振兴地方文化和丰富国民生活；（4）为振兴文化，培育并确保文化领域的各类人才；（5）促进文化传播，并通过文化为国际社会作出贡献；（6）完善文化传播的基础设施等。

这份政策性的提议后来得到了较高评价，也引起了全社会的广泛关注，它被认为是政府从满足于"文化遗产行政"的顺利运营，朝向制定更为积极的"文化艺术政策"转变的标志。[①]

1995 年 11 月 24 日，日本政府的总务厅行政监察局发布了《关于文化艺术振兴基础设施完善的建议》，这份官方建议指出"……文化振兴是一个比较新的行政领域，其不仅概念过于宽泛，而且，其政策之目的及各种措施等也并不明确，各项制度也不完善，因此当务之急需要完善相关的基本制度，健全各项设施"。[②] 作为回应，文化厅对涉及文化艺术振兴的长期政策进行了必要且适当的调整，进一步明确了以下各项方针：（1）推动博物馆计划（美术馆、博物馆活动）；（2）为推进"艺术计划 21"项目，完善艺术创作活动的基础设施建设；（3）促进文化城镇建设；

---

① 文化厅『我が国の文化行政（平成 8 年度）』第 5 頁。
② 総務庁行政監察局『文化行政の現状と課題——21 世紀に向けた芸術文化の振興と文化財の保護』大蔵省印刷局（1996）第 2 頁。

(4) 文化遗产的保护、公开和利用；(5) 培育并确保各类文化艺术领域的人才；(6) 促进文化艺术领域的国际交流与合作；(7) 重点完善文化传播的基础设施以及各种措施的建设等。[1]

1997年7月30日，"文化政策推进会议"又正式提出了一份《文化振兴整体规划——面向文化立国的紧急建议》。这份建议受到当时桥本内阁所主导的六大改革之一亦即教育制度改革的影响，将文化艺术振兴的必要性视为教育改革的基础，在重新认识文化艺术振兴之重要性的同时，从文化是国家与社会的基础性核心，其在国际社会的重要性等角度，建议制定"文化振兴总体规划"。[2] 1998年3月31日，文化厅接受该建议，并发布了题为"文化振兴整体规划——面向文化立国"的文件，与此同时，还进行了必要的机构改组。必须说这份规划对于文化厅此后的文化艺术政策产生了深远的影响，充分反映了日本政府从国家文化艺术领域整体的角度制定相关振兴措施的意向。总体规划中所记载的谋求"与地方公共团体协作""充分利用社会中的多元资源""与教育协作"等设计，与其说是将文化厅的作用定位为文化艺术政策的制定者和指导者的地位，不如说是文化艺术领域中各种文化艺术活动的协调（中介）者。在政府其他部门看来，文化厅的地位作用，仅为"文化关联政策"方面而已。[3] 但这或许就是恰当的，政府权力克服介入文化艺术活动的强烈冲动，主要只是提供资助、支持、服务和协调，而不是过度管理或限制，应该就是文化艺术行政的基本要义。2001年，在《文化艺术振兴基本法》出台之后，"文化政策推进会议"的使命才算基本上完结。

鉴于文化艺术活动以及由此产生或带来的无形的精神价值，往往无法通过效率、成果或者会计年度的核算等予以准确的计算，因此，必须承认设定文化艺术政策的目标，以及确认是否达标的标准，也就显得颇为困难。正是由于很难利用既存的行政手法简单地处理文化艺术领域的相关问题，因此，这也就要求文化艺术行政机关应该最大限度地考虑文化艺术领域里各个专业

---

[1] 文化庁「文教施策の進展——平成9年度の展望（文化）」『文部時報』(1997) 1445号第44頁。

[2] 文化政策推進会議『文化振興マスタープラン——文化立国に向けての緊急提言』1997年7月30日。

[3] 小林真理『文化権の確立に向けて：文化振興法の国際比較と日本の現実』勁草書房 (2004) 第15—16頁。

的自立性，并最大限度地尊重它们各自的专业性的评价制度。就此而言，把文化厅置于协调（中介）者的地位，自然也就是颇为恰当的。

自20世纪90年代至今，日本的国家文化艺术政策发生了很大的变化，有大量的新措施陆续出台，所有这些趋势均促使"文化艺术法"成为日益重要的研究课题。与文化遗产、著作权等的法律保护相比较，文化艺术领域的其他门类大多是一些较为敏感的领域，任何法律的制定或修改，都有可能被解读成权力通过法律去对文化艺术进行干预或控制。因此，日本政府在文化艺术领域的立法实践，长期以来也一直是较为谨慎和克制的。

第三节 文化行政机构改革与"文化首都"构想

21世纪被认为是在全球化大背景下强国激烈竞争的时代，而文化软实力将在这些竞争中继续占据非常重要的比例。因此，为了迎接21世纪的新挑战，日本中央政府在20世纪末曾经进行过较大幅度的机构改革。

一 审议会的一元化：文化审议会

在文化艺术领域的机构改革，主要是于1999年7月16日制定了《文部科学省设置法》[1]，用它取代了此前的《文部省设置法》，将"文部省"与"科学技术厅"合并，改称为"文部科学省"。此次改革保留了原本设置在文部省之外的组织——"文化厅"，但对文化厅的内部组织也进行了一些必要的调整：例如，将原总务课、美术工艺课分别改组为政策课、美术学艺课；至于国际著作权课与文化遗产保护部，则保留了原先的称谓；此外，还将地域文化振兴课并入艺术文化课。

2000年6月7日，由政府公布的《文化审议会令》[2]，将原"国语审议会""著作权审议会""文化遗产保护审议会"以及"文化功劳者选考审查会"的功能，集中于"文化审议会"，然后在其内部再分设四个审议会的分科，亦即"国语分科会""著作权分科会""文化遗产分科会"以及"文化功劳者选考分科会"等。此类调整显然是为了提升文化艺术

---

[1] 1999年（平成11年）7月16日法律第96号。
[2] 2000年（平成12年）6月7日政令第281号。

政策的整体感与综合性。

此后，随着文化厅内部机构的进一步调整，文化审议会的内部结构也发生了一些变化，例如，分拆原"世界文化遗产、无形文化遗产部会"，使之各自独立，亦即"世界文化遗产部会""无形文化遗产部会"，其他则无重大变化；此外，又在"国语分科会""著作权分科会""文化遗产分科会"等机构下，分别设置各自独立的小委员会、调查会等。经过改革之后，现行的文化审议会机构如图3-1所示。

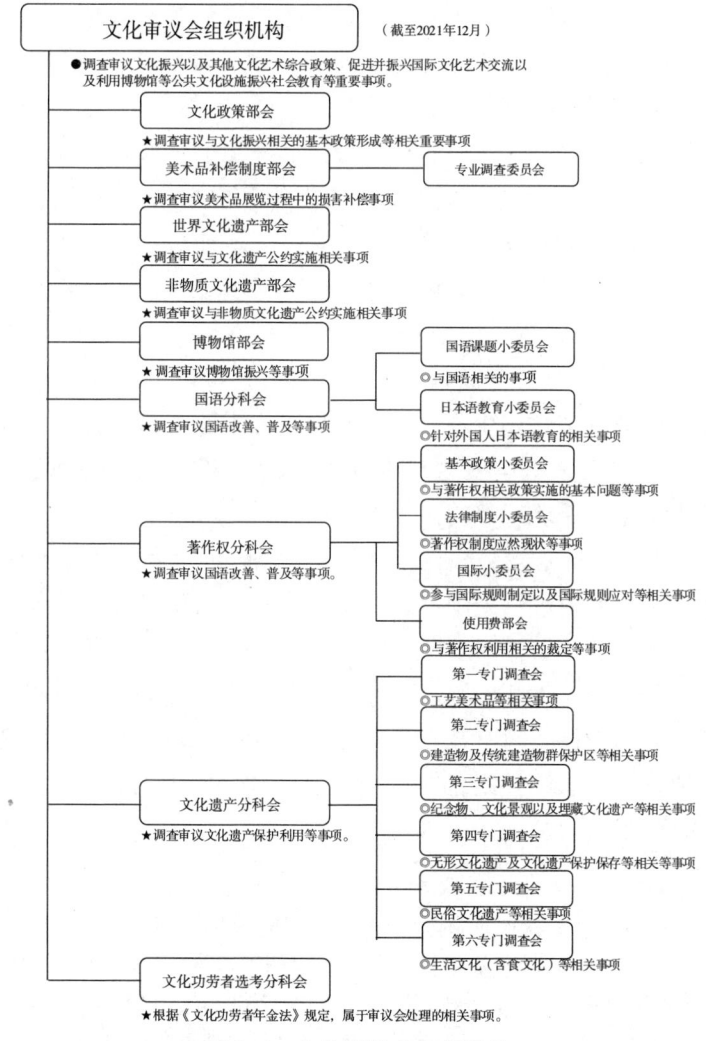

```
文化审议会组织机构                （截至2021年12月）
●调查审议文化振兴以及其他文化艺术综合政策、促进并振兴国际文化艺术交流以
  及利用博物馆等公共文化设施振兴社会教育等重要事项。
├─ 文化政策部会
│    ★调查审议与文化振兴相关的基本政策形成等相关重要事项
├─ 美术品补偿制度部会 ──── 专业调查委员会
│    ★调查审议美术品展览过程中的损害补偿事项
├─ 世界文化遗产部会
│    ★调查审议与文化遗产公约实施相关事项
├─ 非物质文化遗产部会
│    ★调查审议与非物质文化遗产公约实施相关事项
├─ 博物馆部会
│    ★调查审议博物馆振兴等事项
├─ 国语分科会 ──┬── 国语课题小委员会
│              │     ○与国语相关的事项
│              └── 日本语教育小委员会
│                    ○针对外国人日本语教育的相关事项
│    ★调查审议国语改善、普及等事项
├─ 著作权分科会 ─┬── 基本政策小委员会
│              │     ○与著作权相关政策实施的基本问题等事项
│              ├── 法律制度小委员会
│              │     ○著作权制度应然现状等事项
│              ├── 国际小委员会
│              │     ○参与国际规则制定以及国际规则应对等相关事项
│              └── 使用费部会
│                    ○与著作权利用相关的裁定等事项
│    ★调查审议国语改善、普及等事项。
├─ 文化遗产分科会 ┬── 第一专门调查会
│               │     ○工艺美术品等相关事项
│               ├── 第二专门调查会
│               │     ○建筑物及传统建造物群保护区相关事项
│               ├── 第三专门调查会
│               │     ○纪念物、文化景观以及埋藏文化遗产等相关事项
│               ├── 第四专门调查会
│               │     ○无形文化遗产及文化遗产保存等相关事项
│               ├── 第五专门调查会
│               │     ○民俗文化遗产等相关事项
│               └── 第六专门调查会
│                     ○生活文化（含食文化）等相关事项
│    ★调查审议文化遗产保护利用等事项。
└─ 文化功劳者选考分科会
     ★根据《文化功劳者年金法》规定，属于审议会处理的相关事项。
```

图3-1　文化审议会组织机构

资料来源：文化厅官方网站。

二 "文化首都"构想与文化厅迁址

文化厅的基本使命在于促进日本文化艺术事业的振兴,保护和利用日本的文化遗产,促进国际文化艺术交流。为应对急剧变迁的社会变化与经济发展的局势,政府在文化艺术行政上进行了大胆的改革,亦即关注文化艺术在旅游观光、城镇再建以及社会福利、教育、产业等各领域的作用,制定和推动各种综合性的措施;在国民生活文化、近现代文化遗产等各个新的领域内,建立以利用文化艺术资源为核心、全面推动地域经济发展的体制;并加强文化艺术的国际交流,积极推动日本文化艺术的海外传播,加强文化艺术政策的研究;等等。

为了强化文化厅的社会功能与作为,推进文化艺术的创造性发展以及世代传承等,成立于1968年的文化厅在迎来其成立50周年纪念之际,政府对文化厅进行了重大改组,并决定将其办公地址从政治经济文化中心的首都——东京,迁址到千年文化古都——京都。[①] 于是,在2016年(平成28年)4月26日,设置了由中央及各级地方相关官员组成的"文化厅迁址协议会"。经过反复的协商以及文化审议会的审议,2017年4月1日设置了"文化厅地域文化创生本部",并先行迁址至京都。随后,日本内阁制定了《城市·人·工作创生基本方针(2017年)》,决定最晚在2021年度,完成文化厅迁址京都的工作。

为配合文化厅的迁址,作为迁入地的京都市于2017年4月组成了以市长为组长、三名副市长为副组长、由各个行政局负责人以及各区区长构成的"'文化首都·京都'推进本部",并陆续召开多次会议讨论"文化、旅游以及经济的融合"以及"利用京都文化艺术实现城市再造"问题,并确立了以文化为核心的市政政策。在此,京都市政府虽正式提出了"文化首都"概念,但实际上京都市政府早在1978年10月15日发布的《世

---

① 2014年12月,日本内阁发布《城镇·人·工作创生综合战略》,为解决人口、工作机会及资源配置等过于集中于东京圈的问题,政府根据东京圈之外各都、道、府、县的建议,在确保地方创生及不减损国家机构的职能发挥的前提下,考虑将中央相关行政机构(首先是研究、培训机构)迁出首都圈。2015年3月,各都、道、府、县纷纷提出申请,请求将部分中央政府机构迁至地方。例如,京都府申请"文化厅"迁址、德岛县申请"消费者厅"迁址、和歌山县申请"统计省统计局"迁址、大阪府与长野县申请"特许厅"迁址、北海道与兵库县申请"观光厅"迁址、三重县申请"气象厅"迁址等。

界文化自由城市宣言》就明确了"……京都虽是保有众多文化遗产以及美丽自然景观的千年古都，但也不应停留在过去的光辉之下，更不应成为与世隔绝的孤立存在，而应通过与世界更广泛的文化交流……将京都建设成为超越人种、宗教、社会体制的世界文化自由城市，使京都成为世界文化中心……"的城市建设目标。

在日本经过了"失去的 20 年"后、各地都开始尝试以活用文化资源重振地域经济的背景下，2010 年 2 月，以京都府、大阪府、奈良县、兵库县等关西各府县组成的"关西广域联合"机构，在根据《文化艺术振兴基本法》制定的《关西广域文化振兴指针》中明确："……为振兴日本关西地区文化、进一步提高并扩大关西文化的影响力，将关西地区建设成为日本文化中心——即'文化首都·关西'为目标，进而使其发展成为'亚洲的文化观光首都'。"从 2011 年开始，"关西广域联合"实施"华美关西——文化首都年"系列文化活动，分别确定了"茶文化"（2011）[1]、"人形净琉璃"（2012）、"关西的食文化"（2013—2014）[2] 等主题，以促进区域文化旅游经济的发展。2012 年，京都府和京都市政府在征询专家意见之后提出了"双京构想"，即希望将京都定位为"文化首都"[3]，与东京一并举办皇室的宫中节日（五节句[4]）活动，并邀请皇室成员参与国际会议等；[5] 2015 年，京都府、京都市联合"京都工商会议所"成立"双京构造推进研讨会议"，并在"京都市民终生学习中心"（京都市生涯学習総合センター）举办"双京构想系列讲座"，向市民再现、普及京都的

---

[1] 佐藤幸浩、仲林研『文化首都圏プロジェクト「はなやか関西~文化首都年~」の取組について』地域づくり・コミュニケーション部門（No. 01）（https://www-1.kkr.mlit.go.jp/plan/happyou/thesises/2012/pdf01/01-25.pdf）（2021 年 12 月 10 日访问）。

[2] 国土交通省近畿地方整備局『はなやか関西~文化首都年~2014「関西の食文化」有効性の検証に関する報告書』平成 27 年 10 月第 2 頁。

[3] 1950 年颁布的《首都建设法》（法律第 219 号）第 1 条曾明确"……将东京建设成为日本政治经济及文化中心、和平日本的国家首都"（第 1 条），但该法在 1956 年被废除（法律第 219 号）后，东京就丧失了作为首都的直接法律依据。2018 年 2 月 13 日，前首相安倍晋三在书面答复众议院质询时也明确日本没有法律意义上的首都，这也就使得"文化首都"的提法没有任何法律上的障碍。

[4] 对日本节日源头——"五句节"，将在本书第七章中详细论述。

[5] 双京構造推進検討会議『双京構造』（https://www.city.kyoto.lg.jp/sogo/cmsfiles/contents/0000220/220171/pamphlet.pdf）（2021 年 12 月 24 日访问）。

历史文化以及皇室节庆等。之后，在以文化为主轴的京都行政事务中，频繁出现"文化首都"一词，① 伴随文化厅的迁址，日本国民、京都市民也逐渐接受京都为日本"文化首都"的事实。对此，地方也有审慎意见。②

通过将国家文化艺术行政中心迁至具有丰富的文化遗产资源以及传统文化沉淀深厚的文化古都——京都，目的是谋求更为有效地利用日本文化遗产资源，推进旅游业的振兴与发展，并有效地向外国传播日本优秀文化和振兴（国民的）生活文化；同时也强化关西地区乃至全国范围的文化艺术资源行政。在迁址的过渡时期，文化厅需要与京都乃至全国各地方合作，充分利用地方文化资源致力于振兴观光业，扩充地方文化创生，共同应对新政策目标的期许。

文化厅迁址京都的一个重要目的，就在于期待地方文化经济的振兴。日本在经济长期停滞、人口严重老龄化的过程中，很多地方出现了严重的"空洞化""过疏化"现象，但另外，各个地方数量庞大的文化资源处于沉睡状态或被放置着、未能得到充分的利用和开发。将文化厅迁址至京都，实际上就是向全社会乃至海外传递一个重要信息，亦即在全球化的时代，日本政府将通过对多元文化资源的盘活利用，以实现文化立国战略，并促进地方经济发展的目标。为此而设置的"文化厅地域文化创生本部"，将实施以下各项具体举措：（1）文化艺术创意基地建设项目；（2）传统文化亲子课堂项目；（3）为建设共生社会、促进艺术文化活动；（4）重点支持旅游观光基地建设；（5）文化行政调查研究；（6）文化厅与大学、科研机构协同研究项目；（7）生活文化的调查研究；（8）举办全国高中生传统文化节；（9）在各地举办新媒体艺术节展等。

文化厅在京都的开局工作，首先就是利用文化遗产，推动遗产观光和城镇街区重建。具体而言，就是陆续为全国各地的文化艺术行政机关、文化遗产所有人以及利用者，编写各种业务的指导性工作手册，例如，《文化遗产利用的特别手册》（2019）、《文化遗产多语言化手册》（2019）、《为保护文化遗产的资金措施手册》（2020）、《通过先进技术活用文化遗

---

① 例如，京都市市长门川大作的工作报告（門川大作「文化首都・京都の文化財を火災から守る~文化財関係者、市民、行政一体の取り組み~」『市政』2016 年第 65 号）等。

② 村山祥栄『文化庁依存の危険性と文化首都の定義』（http://www.shoei25.com/diary/2019/11/post_394.html）（2021 年 12 月 24 日访问）。

产手册》（2020）① 等。其努力的主要方向，就是促使各地利用先进技术，让民众、观光客能体验到文化遗产的魅力。此外，为配合《残疾人文化艺术活动促进法》（2018 年法律第 47 号）的颁布与实施，推动和扩大残疾人从事和参与文化艺术活动，在创生本部，特意为特定非营利法人·残疾人艺术推进研究机构——"天才艺术 KYOT"的在籍艺术家们举办了作品展。再就是为振兴和推广饮食文化、花道、茶道、围棋、将棋等"生活文化"，"文化厅地域文化创生本部"面向一般家庭亲子开展调查研究。与此同时，文化厅还就"新时代的文化政策"这一主题进行调查研究，特别是就文化产业的经济规模，亦即所谓"文化 GDP"的计算等，与相关大学、科研机构等，展开了合作研究。

三 文化厅的内部机构调整

为了整体性地推行国家的文化艺术政策，需要强化文化厅的职能，作为日本国家文化艺术政策实施的中枢机构，文化厅一直被认为需要采取各种措施不断扩大其职责范围。于是，日本第 196 届国会通过了《文部省设置法修改法》（平成 30 年 6 月 15 日法律第 51 号），该法附则第 2 条规定，将负责国家文化艺术政策的制定、规划以及实施的核心职能由文部科学省转移至文化厅，并对其各自的职责范围进行调整，亦即将文化艺术基本政策的规划、立项以及推进等事物，统一由文化厅统辖；将此前曾经归属文部科学省负责的学校艺术教育的基准制定、利用博物馆的社会教育振兴事务，以及由文化审议会调查审议的与文化艺术相关的其他事项等，也都一并划归文化厅管理。②

与此同时，文化厅的内部组织形态，也进行了重大调整。此前依照不同的领域而设立的纵式组织部门，被按照新的政策目标而进行了机构的重组，从而促进了其所制定的文化艺术政策的灵活性和综合性。例如，将原"文化部""文化遗产部"整合为"文化资源利用课"等，并新增了有关"饮食文化"以及"文化观光"的参事官职位（如图 3-2 所示）等。

---

① 这里所利用的技术主要指 VR、AR、GPS 技术，无人机空中摄影、三次元设计测量、二维码解说、GPS 技术、智能手机 APP 等。

② 文化厅『新·文化厅ことはじめ：文化厅創立 50 周年記念式典·資料集』文化厅（2018）第 8 頁。

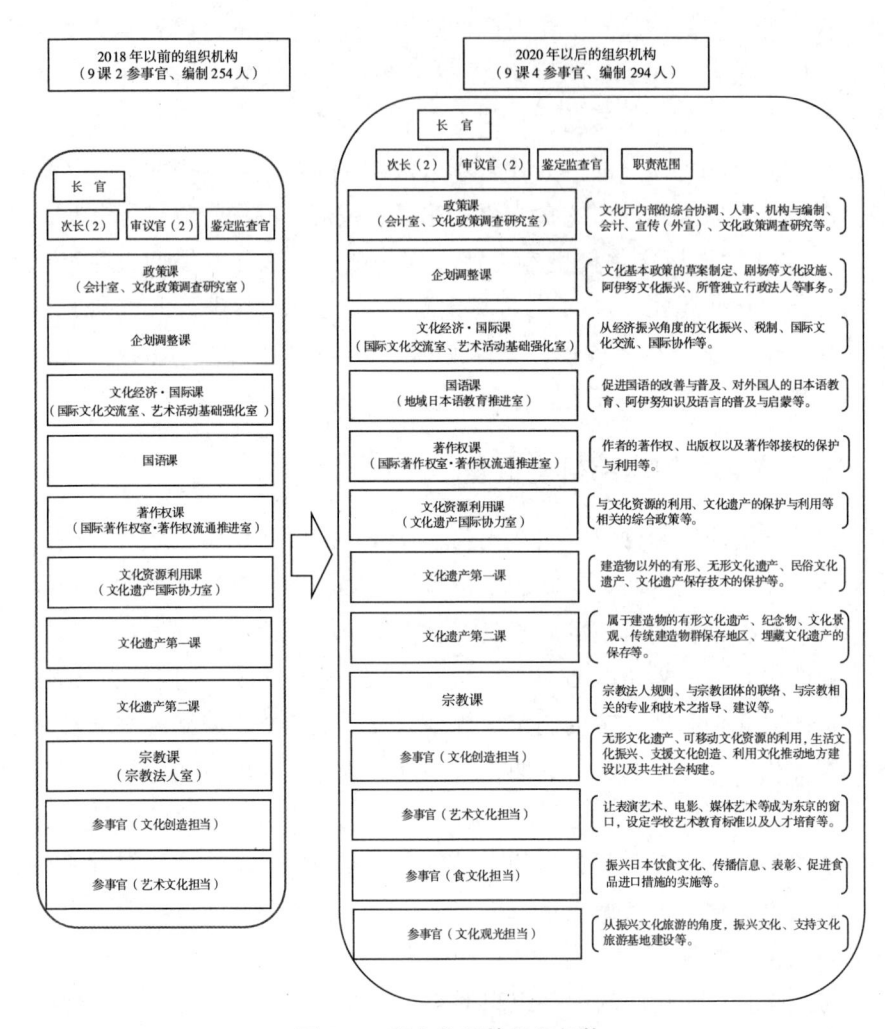

2018年以前的组织机构（9课2参事官、编制254人）

长官
- 次长（2）、审议官（2）、鉴定监查官
- 政策课（会计室、文化政策调查研究室）
- 企划调整课
- 文化经济·国际课（国际文化交流室、艺术活动基础强化室）
- 国语课
- 著作权课（国际著作权室·著作权流通推进室）
- 文化资源利用课（文化遗产国际协力室）
- 文化遗产第一课
- 文化遗产第二课
- 宗教课（宗教法人室）
- 参事官（文化创造担当）
- 参事官（艺术文化担当）

2020年以后的组织机构（9课4参事官、编制294人）

长官
- 次长（2）、审议官（2）、鉴定监查官、职责范围

部门	职责范围
政策课（会计室、文化政策调查研究室）	文化厅内部的综合协调、人事、机构与编制、会计、宣传（外宣）、文化政策调查研究等。
企划调整课	文化基本政策的草案制定、剧场等文化设施、阿伊努文化振兴、所管独立行政法人等事务。
文化经济·国际课（国际文化交流室、艺术活动基础强化室）	从经济振兴角度的文化振兴、税制、国际文化交流、国际协作等。
国语课（地域日本语教育推进室）	促进国语的改善与普及、对外国人的日本语教育、阿伊努知识与语言的普及与启蒙等。
著作权课（国际著作权室·著作权流通推进室）	作者的著作权、出版权以及著作邻接权的保护与利用等。
文化资源利用课（文化遗产国际协力室）	与文化资源的利用、文化遗产的保护与利用等相关的综合政策等。
文化遗产第一课	建造物以外的有形、无形文化遗产、民俗文化遗产、文化遗产保存技术的保护等。
文化遗产第二课	属于建造物的有形文化遗产、纪念物、文化景观、传统建造物群保存保护地区、埋藏文化遗产的保存。
宗教课	宗教法人规则、与宗教团体的联络、与宗教相关的专业和技术之指导、建议等。
参事官（文化创造担当）	无形遗产、可移动文化资源的利用，生活文化振兴、支援文化创造、利用文化推动地方建设以及共生社会构建。
参事官（艺术文化担当）	让表演艺术、电影、媒体艺术等成为东京的窗口，设定学校艺术教育标准以及人才培育等。
参事官（食文化担当）	振兴日本饮食文化、传播信息、表彰、促进食品进口措施的实施等。
参事官（文化观光担当）	从振兴文化旅游的角度，振兴文化、支持文化旅游基地建设等。

图 3-2　新文化厅的组织机构

资料来源：文化厅官方网站。

值得指出的是，文化厅还曾通过"文化艺术推进会议"，积极地参与了日本政府依据《文化艺术基本法》而对其国家"文化艺术推进基本计划"的制定，并介入了"国家文化经济战略"（平成29年12月27日内阁官房·文化厅）的制定等。目前，文化厅的工作重点，就是在日本中央政府各个部门之间协调与文化艺术领域相关的政策措施，致力于扩大其政策效果及其综合性效应。

第四章

文化艺术领域的部门宪法：
《文化艺术基本法》

进入 21 世纪后，日本在文化艺术领域最重要的举措便是在 2001 年 12 月 7 日颁布并实施了《文化艺术振兴基本法》（法律第 148 号）①。《文化艺术振兴基本法》的出台，使得原先法律众多、内容繁杂、体系凌乱的文化艺术政策有了一个整体性和体系化的制度性框架。该法在实施十余年之后，政府认为文化艺术政策不应仅停留在文化艺术的振兴上，还应将观光、城镇重建、国际交流、福祉、教育、产业等相关领域的政策措施也纳入其中，因此，2017 年 6 月 23 日在修法时，又将此法名称改为《文化艺术基本法》（法律第 73 号）。现在，《文化艺术基本法》成为日本文化艺术立国战略的重要保障，为其文化艺术政策的具体制定与实施提供了法律上的直接依据。②

第一节 《文化艺术基本法》的立法背景与过程

《文化艺术基本法》的准宪法性，一方面表明其在国家文化艺术法律政策中的重要地位，另一方面，也说明其与国家宪法中所确立的公民文化权利之间存在着密不可分的关系。

---

① 该法 2001 年出台时名为《文化艺术振兴基本法》，2017 年修订后改为《文化艺术基本法》（平成 29 年 6 月 23 日法律第 73 号）。
② 周超：《文化艺术领域的"部门宪法"：日本〈文化艺术基本法〉研究》，《南京艺术学院学报》（美术与设计）2021 年第 2 期。

一 国民的"文化性最低限度生活权利"

战后日本的一系列政治、经济和社会体制的改革，在革除军国主义战时体制的同时，却使天皇制得以维系。以此为前提，1946年11月3日完成了以和平主义和民主主义为基础的"和平宪法"的制定、1947年5月3日起施行。《日本国宪法》虽宣称并确保其国民"追求幸福的权利"（第13条）；享有"思想与良心自由"（第19条）、"言论、出版与表现自由"（第19条）以及"学问自由"（第23条）等精神方面的权利，但却没有关于国民"文化权利"方面的纲领性规定。造成此种局面的原因，部分地是由于当时存在一种共识，亦即"国家介入文化，是对国民个人精神自由以及社会民主化进程的最大障碍"[①]。

《日本国宪法》直接使用"文化"这一概念仅出现在第25条第1款中，即"所有国民均享有维持健康且文化性的最低限度生活权利"。就该条文字面来看，国民享有"……文化性的最低限度生活权利"，也就意味着国家有义务在文化艺术领域采取一定的措施，以确保国民享有起码的文化生活水准。之所以如此表述，乃是因为日本战败投降时的国家经济状况，依靠国际援助也仅仅能够勉强维持国民的温饱，国家几乎没有能力在文化艺术领域有所作为。对此，在政府最初提交的《大日本帝国宪法修正草案》中并无该款规定，后来还是在宪法会议审议时才增加了该款规定；而且，原案的内容并无"最低限度"的表述，而是"国民享有维持健康且有文化性（水准）的生活权利"[②]。正是受到"……最低限度生活权利"这一表述的影响，截至2001年《文化艺术振兴基本法》颁布之前，日本的文化艺术政策，基本上围绕《文化遗产保护法》来展开，在其他方面没有多少作为。

1968年，文部省进行组织机构改革，设立了专门负责国家文化事业的独立机构——文化厅，开始尝试整合文化艺术领域的立法工作，以推动其国家文化艺术的振兴。根据《文部省设置法》第29条第1款规定，文化厅的职能在于"谋求文化艺术的普及与振兴、保护和利用文化遗产"以及"管理国家宗教行政事务"。其中，文化遗产和宗教事务都分别有可

[①] 佐藤一子『文化協同の時代——文化的享受の復権』青山書店（1999）第4页；魏晓阳：《日本文化法治》，社会科学文献出版社2016年版，第4页。

[②] ［日］大须贺明：《生存权论》，林浩译，法律出版社2001年版，第20页。

以依据的具体法律,① 而"文化艺术的振兴与普及"却长期缺乏直接的法律作为依据。也因此,其有关文化艺术的振兴与普及的作为,往往因缺乏可操作性而沦为一般的理念或口号,比较难以落实。

二 制定"文化振兴法"的提议

1955—1975 年,日本实现了较为长期的经济高速增长,伴随着经济高速增长所积累的物质财富极大地改善了普通国民的日常生活,于是,日本社会出现了以消费主义为主导的"生活革命"。与此同时,普通国民在文化艺术领域的消费需求也越来越凸显出来,呈现明显的紧迫性。正是在这样的时代背景下,1975 年,文化厅长官设置了一个文化政策咨询机构——"文化行政长期综合规划恳谈会"。该机构于 1977 年发布了《日本文化行政长期综合规划》,其中明确指出:"……明治后的日本文教政策偏重于教育,忽视了文化政策。"这份综合规划突出地明确了当下的文化行政,应该集中于促进"文化艺术发展、地方文化振兴、青少年文化教育、国立公立文化设施的完善、文化遗产的充分保护、文化艺术的国际交流以及文化行政基础设施的建设等";并建议政府采取措施,"鼓励民众积极参与文化活动;充分利用地方文化特性与文化资源、推进文化行政;促进文化多元化与文化艺术国际交流"等。为此,它还提出了一些具体的措施,例如,"大幅增加国家及地方公共团体在文化行政领域的财政预算、创设文化省、研究制定文化行政的基础性法律——文化振兴法"等。其中,"文化振兴法"的内容,应该涵盖国家文化行政的全部,包含文化行政的目标、基本计划以及各项具体法律制度,即(1)文化振兴的国家基本计划;(2)国家及地方公共团体的责任以及文化行政组织;(3)公共文化设施的设置及运营基准;(4)设置日本文化振兴会(暂称);(5)制定文化事业法人制度,并对其给予特别财税优惠措施等。②

1980 年,大平内阁正式组建了由著名教授、顶尖建筑师、作家、音乐家、画家、演员、企业家、外交官以及相关政府机构官员等要人构成的

---

① 1950 年《文化遗产保护法》(昭和 25 年 5 月 30 日法律第 214 号)和 1951 年《宗教法人法》(昭和 26 年 4 月 3 日法律第 126 号)。

② 小林真理『文化権の確立に向けて:文化振興法の国際比較と日本の現実』勁草書房(2004)第 79—80 頁。

政策研究会——"文化时代研究俱乐部"。这个政策研究组织在其研究报告中指出:"民众对于当下的……文化跛行现象感受强烈……(很多)拥有高度知识的人却沉迷于社会低俗文化之中。这一现象与现行制度下……教育委员会在文化振兴方面的组织作用薄弱、缺少'文化基本法'或'文化振兴法'的现状不无关系;尽管文化的创造主体为国民……但这并不意味着政府应该采取无为而治的策略,否则,就是在扼杀文化艺术的发展……国家文化行政的作用主要就是从侧面对民间文化艺术创作给予支持。"为此,政府至少需要承担以下四项工作:(1) 完善相关法律、制度等;(2) 推动民间文化艺术活动,促进国民积极参与其中;(3) 保障并支持非市场化的文化活动;(4) 采取长期措施,保障大型文化设施、文化活动以及文化服务的供给,以迎接"文化时代"的到来等。①

三 "音乐议员联盟"与《艺术文化基本法(草案)》

1984 年,由演奏家、舞蹈家、演员、表演者以及舞台导演等 61 个团体会员所组成的社团法人"日本艺能表演者团体协议会"②,首次提出制定"艺能文化基本法"的设想,但直到 1990 年以后,才开始着手研究其中的具体措施。③ 外,由超党派国会议员组成的"音乐议员联盟"④,也

---

① 根木昭『我が国の文化政策の構造』長岡技術科学大学(1999)第 28—29 頁注㊸。

② "社团法人日本艺能表演者团体协议会"成立于 1965 年,1967 年获得文部大臣"社团法人"的设立许可,是以确立表演者各项权利并提高其社会地位为目的的社会团体,现为"公益社团法人"。

③ 日本芸能実演家団体協議会『芸術文化にかかわる法制——芸術文化基本法の制定に向けてい』(1984) 第 9 頁。

④ "音乐议员联盟"成立于 1977 年 11 月,2015 年 5 月改名为"文化艺术振兴议员联盟"。联盟章程明确规定其目的在于:通过音乐、戏剧、舞蹈、演艺、电影等艺术文化,培育国民高尚情操;利用一切机会推动国家文化行政与立法,促进文化艺术领域的意识改革;尝试解决音乐领域的各种问题、以谋求文化艺术的振兴。截至目前,联盟通过议员立法的方式,促成了《唱片租赁临时措施法》(1984)、《为振兴音乐文化的学习环境整备法》(1994)、《文化艺术振兴基本法》(2001)、《剧场法》(2012)的制定;推动修改《著作权法》延长著作权保护期限、建立私人录音录像补偿金制度,增设唱片租借、维护音乐 CD 等著作权再版制度;推动政府批准《表演者罗马公约》、降低外国人租税法条件制定"日本传统乐器"学习指导纲要;促成"文化艺术振兴基金"的设立和"著作权法小委员会"的成立等(参见 https://ac-forum.jp/group/ 2020 年 10 月 12 日访问)。

在其 1992 年的年会上，讨论了"艺术文化振兴的基本立法"议题，不过，随后却迟迟未有实质性进展。相对于国家层面在文化艺术领域的立法上比较滞后和迟疑的局面，一些地方政府却动作迅速，从 20 世纪 80 年代开始，便相继根据各自的自治权，制定地方文化艺术振兴条例，开启了地方政府的文化立法运动。① 当然，这些动态对于中央政府也形成了一定的刺激和压力，于是，大约到 20 世纪 90 年代后期，中央政府才开始认真地讨论涉及文化艺术的国家立法问题。②

进入 21 世纪以后，超党派的"音乐议员联盟"在其 2000 年 2 月的大会上正式提议：（1）以文化立国为目标，制定《文化艺术基本法》（暂称）；（2）修改《著作权法》（著作权及著作邻接权）；（3）通过增加文化预算和充实"文化艺术振兴基金"，扩大对专业艺术团体的支持（资助）力度与范围；（4）完善社会基础环境，促进青少年参与文化艺术振兴与文化艺术国际交流；（5）对艺术文化活动及 NPO 活动采取特别的财税措施等。

基于上述提议，"音乐议员联盟"随后设立了"特别委员会"，开始研究讨论"艺术文化基本法（草案）"的基本内容。

四 "软实力"背景下的各党议案

进入 21 世纪后，日本政府在文化艺术领域的立法工作，明显地加快了步伐。政府姿态的此种变化，其实是与"文化软实力"概念的日益普及密切相关。"软实力"（Soft Power）这一概念，最早是由美国学者约瑟夫·奈（1937— ）于 1990 年提出的，其含义主要是指相对于经济、科技、军备等"硬实力"而言，文化艺术的魅力和意识形态的吸引力则体

---

① 1983 年 10 月，大阪文化团体联合会法制化委员会向地方公共团体提出制定"文化艺术振兴条例"的建议；1992 年 2 月，爱知文化艺术协会法制委员会也提起了类似建议。[详见大阪文化団体連合会『大阪府文化芸術年鑑』（1995）第 88—95 頁]，但直到 2005 年 3 月、2018 年 3 月两者才相继制定了各自的"文化振兴条例"和"文化艺术振兴条例"。截至 2019 年 11 月 30 日，日本全国已有 27 个都、道、府、县，7 个政令指定城市，20 个中心城市以及 92 个市、町、村制定了"文化振兴条例"或"文化艺术振兴条例"[参见文化庁『地方における文化行政の状況について（平成 30 年度）』令和 2 年 7 月第 20—23 頁]。

② 小林真理『文化権の確立に向けて：文化振興法の国際比較と日本の現実』勁草書房（2004）第 83 頁。

现为"软实力";国家的综合性国力是由上述两方面构成的,在信息化和全球化的时代,"软实力"将比过去更加重要和突出。① 日本官方初次使用"软实力"一词,是在 1991 年 11 月 19 日第 122 届国会众议院国际和平协作特别委员会上,随后,其在日本国会、内阁及所有行政部门的政策文书中频繁出现,② 政府和一般国民很快受到"软实力"概念的深刻影响,对其国家"软实力"的建设和提升表现出高度重视的姿态。《文化艺术基本法》也正是在"软实力"理念日益渗透日本政界和全社会的大背景之下,毫无悬念地顺利完成了立法所必需的程序。

2000 年 4 月 27 日,一直努力在文化艺术立法议题上发挥主导作用的公民党,召集了有"社团法人日本艺能表演者团体协议会"和"企业文化艺术赞助协议会"等组织参加的"文化艺术振兴工程"会议,再次确认了"制定……《艺术基本法》(暂定)的必要性"。同年 5 月 30 日,公明党出身的参议院议员但马久美(1944—)在参议院就以下事项向森内阁提出书面质询——《关于文化艺术育成的质询意见(质询第 46 号)》:(1)政府在国家文化艺术育成中的作为;(2)传统艺能、传统文化的理解者与保护者的主体;(3)扩大文化艺术领域的财政预算的可能性与文化艺术振兴的财源保障;(4)针对个体(自由)艺术家的资助与资助方;(5)艺术管理体制应如何完善等。

在经过了上述一系列动作之后,公明党开始为了提出相应的法律草案而做准备。2001 年 1 月,公明党在党内设置了一个内部组织——"文化·艺术振兴会议"(议长:齐藤铁夫,1952—),该组织多次征询文化艺术团体的意见,并于同年 2 月起草了《艺术文化振兴基本法案》。2001 年 4 月,文部科学省设置了"文化审议会",并就"关切文化的社会建构"问题,向"文化审议会"提出咨询。同年 5 月 2 日,公明党发布了《文化艺术立国:日本的目标》宣言,明确地提出要"以文化艺术立国为国家战略目标,制定《文化艺术振兴基本法(暂称)》"。

---

① [美]约瑟夫·奈:《美国注定领导世界?美国权力性质的变迁》,刘华译,中国人民大学出版社 2012 年版,第 27 页。

② 倉田保雄「ソフト・パワーの活用とその課題:理論、我が国の源泉の状況を踏まえて」『立法と調査』(2011)第 320 号第 119—138 頁。

2001年5月14日，内阁总理大臣小泉纯一郎、文部科学大臣远山敦子在众议院预算委员会上，就国家文化艺术振兴等问题接受了齐藤铁夫议员的当面质询。同年6月14日，公明党就其拟提出的法律草案的内容与保守党达成一致，两党共同呼吁其他政党积极参与。与此同时，其他政党也都开始着手起草各自的法律草案，或表明态度，或征求各方意见，例如，日本共产党就曾表明，应该制定"明确国民权利与行政责任的《文化振兴基本法》"；民主党和自由民主党也分别就文化艺术振兴事宜，听取了各类艺术团体的意见。

进入2001年10月，自由民主党、民主党相继公布了各自的《文化艺术振兴基本法（草案）》；10月26日，公明党宣布撤回自己的草案，并就法案的具体内容与在野党进行磋商，随后决定统一提交一部法律草案。11月，各政党在"音乐议员联盟"基本法特别委员所提出的法律草案的基础之上，经过多次磋商和妥协，最终达成一致。于是，该法案分别于11月22日、30日在众议院、参议院通过，并在同年12月7日得以公布的同时，正式开始实施。① 总体上由于各政党在文化艺术领域立法问题上的分歧不大，所以，其《文化艺术振兴基本法》的立法过程还是较为顺利的。

自1984年成立"社团法人日本艺能表演者团体协议会"，并提出制定《艺能文化基本法》的构想开始，经过超党派音乐国会议员联盟的长期努力，以及日本执政党与各在野党的博弈与妥协，最终于2001年12月7日通过了《文化艺术振兴基本法》②。

第二节 《文化艺术振兴基本法》的重大修订

为适应时代新变化，也为了让国家文化艺术政策回归常态，《文化艺术振兴基本法》在施16年后进行过一次重大修改（法律第73号）③、三

---

① 小林真理『文化権の確立に向けて：文化振興法の国際比較と日本の現実』勁草書房（2004）第85—87頁。

② 『文化芸術振興基本法』（平成13年12月7日法律第148号）。

③ 『文化芸術振興基本法の一部を改正する法律』（平成29年6月23日法律第73号）。

次小改（2018年法律第42号、法律第47号以及2021年法律第26号），修改的主要内容如下。

一 从《文化艺术振兴基本法》到《文化艺术基本法》

首先，新法将法律名称以及第三章标题中的"振兴"二字删除，即由《文化艺术振兴基本法》更名为《文化艺术基本法》、"第三章文化艺术振兴基本措施"改为"第三章文化艺术基本措施"；其次，将"文化艺术振兴"之范围扩大至旅游、城镇重建、国际交流、社会福祉、教育以及产业等多个领域；再次，强调文化艺术团体（无论其设置形式为何或是否营利）与文化艺术设施（剧场、音乐厅、美术馆、博物馆、图书馆等）在文化艺术的继承、发展和创造过程中所应发挥的积极作用；最后要求中央及地方政府与其他文化艺术相关机构相互协作。

二 从"文化艺术振兴基本方针"到"文化艺术推进基本计划"

在2017年的法律修改中，除法律名称中删除"振兴"二字外，原本第7条第1款中的"文化艺术振兴基本方针"也改称为"文化艺术推进基本计划"。尽管名称发生变化，但其所包含的主要内容和事项并无根本性变化，只是内容更加丰富。在国家层面的"文化艺术振兴基本方针"之外，又新增了"地方文化艺术推进基本计划"（第7条之2）以及"国家对所实施的各种文化艺术振兴措施的实施，应当进行必要的调查研究，并整理收集相关资料等"（第29条之2）规定。修法使得此前相对局限于文化艺术诸部门的文化艺术振兴政策，开始跨越各部门领域进而成为更加具有综合性的政策，从而为"文化艺术立国战略"的实现奠定法律基础。这意味着日本的文化艺术政策进入一个常态化的稳定期，因此，政府和文化艺术界人士均期许其国家的文化艺术事业进入一个更加繁荣的新时代。

在2018年3月6日内阁根据修订后的《文化艺术基本法》制定"文化艺术推进基本计划"之前，内阁已根据修订前的《文化艺术振兴基本法》第7条第1款分别于2001年12月10日、2006年2月9日、2011年2月8日、2015年2月22日制定了四部"文化艺术振兴基本方针"。前两部"基本方针"主要是明确了文化艺术振兴的必要性和意义、国家在文化艺术振兴中的责任，确认了文化艺术振兴的基本理念、基本方向及注意事项等；在基本措施部分，当时规定的内容相对较为简单和笼统，仅比《文化艺术振兴基本法》"第三章文化艺术之振兴的基本措施"的规定稍微详细了一点。例如，2001 年的"艺术振兴"基本措施，仅提到"利用""文化艺术创作计划"（新世纪艺术计划），对文化艺术创作活动进行重点支持；2006 年"基本方针"则相对更加明确地规定了促进"日本最高水平的文化艺术团体与剧场、音乐厅等联合开展文化艺术活动"等。

作为前两项"基本方针"的延续，2011 年和 2015 年的"基本方针"，则在分别总结了此前实施情况的基础上，结合文化艺术领域的新变化，各自增加了一项"振兴文化艺术的重点措施"。2011 年"基本方针"中的重点措施之内容则包括以下六项"重点战略"：（1）有效地支持文化艺术活动；（2）保障文化艺术领域有充足的人才储备；（3）完善以儿童、青年为对象的文化艺术振兴措施；（4）确保文化艺术的世代传承；（5）促进文化艺术的地域振兴，在旅游以及产业发展中利用文化艺术；（6）加强（日本）文化传播与国际文化交流。

2015 年的重点措施虽基本保留了 2011 年的上述六项内容，但在表述上做了重新调整，并新增一项"文化艺术振兴体制之完善"。总体而言，历次"基本方针"中的"文化艺术振兴基本措施"，基本上是将《文化艺术振兴基本法》第三章所规定的各项措施进一步具体化或细化。

三 建立中央和地方两级"文化艺术推进会议"

文化艺术内涵的丰富性决定了国家文化艺术政策不可能仅由单一的文化行政部门来负责，而是需要多方行政机构的协作。由于受行政机关的职责法定以及政府行政的条块管理，因此需要有一个法定机构来协调各关系与利益，推动文化艺术政策的实施，以实现国家文化艺术繁荣与发展。于是，新法要求组建由中央和地方的各级相关政府部门构成的两级"文化艺术推进会议"。中央一级的"文化艺术推进会议"由文部省、内阁府、总务省、外务省、厚生劳动省、农林水产省、经济产业省以及国土交通省等相关行政机关的官员构成。各都、道、府、县或市、町、村通过制定"地域文化艺术振兴条例"、设立地方"文化艺术推进会议"以调查审议辖区内的文化艺术推进基本计划之实施和其他与文化艺术繁荣、发展相关的事项等（第 37 条）。

第三节　现行《文化艺术基本法》的基本内容

经过修改后的现行《文化艺术基本法》除"序言""附则"之外，由"总则""文化艺术推进基本计划""文化艺术基本方针政策"以及"文化艺术推进体制的整备"构成，共计 4 章 37 条。在此，可将其内容要点简明扼要地归纳如下。

一　"序言"与立法目的

相较于文化艺术领域里一般的部门单项法律，《文化艺术基本法》最大的形式特点，便是在"总则"之前存在一个"序言"，这一形式特点与其国家的根本大法——《日本国宪法》相一致。就《日本国宪法》的序言而论，它所表达的是一部宪法所意图促进的政治、道德及宗教方面的各种基本理念，通常并不直接规定人们应该如何行为，因此，它所包含的各种表述并不是法律的具体规范。至于序言的内容，与其说它是某一法学上的理论陈述，倒不如说它是某种意识形态的表述。故有学者认为，即便是将序言去掉，宪法的真正意义也不会因此而发生丝毫变化。① 由此可以说，作为文化艺术领域"部门宪法"的《文化艺术基本法》，其序言虽然并不具有行为规范的性质，却蕴含着日本国家在文化艺术领域的基本理念。

《文化艺术基本法》的"序言"强调：创造并享受文化艺术，并在文化环境中发现生活的愉悦，乃是每位国民的愿望；文化艺术不仅是国民创造性的源泉，也是提高国民表现力、促进民众心灵沟通、相互理解与尊重的基础，进一步还会对多样性社会的形成以及世界和平做出贡献；文化艺术除了其固有的意义和价值，也意味着不同国家、不同时代所具有的国民共性，特别是在国际化的进程中，文化艺术更是成为一个民族自我认识以及尊重文化传统的基础。政府确信文化艺术的这种作用在未来也不会改变，而且，其对于丰富国民的精神世界并使其充满活力具有重要的意义。

---

① ［奥］汉斯·凯尔森：《法与国家的一般理论》，沈宗灵译，中国大百科全书出版社 1996 年版，第 289 页。

所以，需要完善文化艺术领域的基础设施以及环境条件的建设，以便文化艺术能够最大限度地发挥作用；如何才能够在强调继承和发扬大和民族已有传统文化艺术的同时，创造出具独创性的、新的文化艺术，已经成为日本政府面临的亟待解决的课题。

在"序言"所确立的上述基本理念之下，通过立法促进民众自发的文化艺术活动以惠泽万民，确定国家文化艺术振兴的基本理念，规定国家及地方公共团体（地方政府）的责任与义务，规范文化艺术振兴的基本事项，推进和实施文化艺术振兴的综合性措施，促进国民生活的丰富与繁荣，恢复和实现社会活力等，便顺理成章地成为《文化艺术基本法》的立法目的（第1条）。

二 基本原则与国家责任

根据法律与其所调整的社会关系的紧密程度，法律规范通常表现为规则、原则与基本原则。① 相比一般的规则与原则，法律的基本原则在对社会关系的调整方面弹性更大、规范也更为抽象，其主要是作为一部法律的灵魂与核心贯穿整个法律之中，为任何一部法律所不可或缺。《文化艺术基本法》作为其文化艺术领域的一部部门宪法，非常明确地规定了国家在推行文化艺术振兴诸多措施时政府所必须遵守的以下各项基本原则。

（1）尊重文化艺术活动者的自主性与创造性。文化艺术的自主性，即表现为文化艺术活动者的自主性，是一个社会内在的社会方式、价值观与行为模式的自主形成过程，② 它与文化艺术活动者的"自律"，能够一起促成或表现为文化艺术领域的"自治"或"自身合法化"。③ 若是一个社会无视文化艺术的自主性或者文化艺术活动者的自主性，那么，就很有可能使得文化艺术偏离其自身应有的自律发展轨道，从而走上"歧途"，甚或成为政治、经济的附庸。在通常情形下，国家或政府不能也无法直接成为文化艺术活动的主体，国家或政府所能够做的主要就是对文化艺术活动采取支援和扶助的措施。例如，通过财政税收优惠、社会福利等措施，减轻文化艺术活动者的经济压力，使其更为专注于自主的文化艺术活动，

---

① 姜明安：《行政法》，北京大学出版社2017年版，第115页。
② 许育典：《文化宪法与文化国》，元照出版公司2006年版，第13页。
③ 周宪：《艺术的自主性：一个审美的现代性问题》，《中国美学》2016年第1辑。

并由此促进国家文化艺术事业的繁荣。因此,《文化艺术基本法》首先就明确了政府在推进文化艺术振兴之措施时,必须充分尊重文化艺术活动者的自主性(第2条第1款)。

文化艺术的繁荣与发展在根本上是源自文化艺术活动者的创造性,亦即文化艺术活动者的自我更新或创新能力。尽管影响文化艺术活动者的创造性的主要因素,是在于文化艺术活动者自身的内在个体要素(智力、人格、动机),但是,宽松的外部环境和适当的激励机制,对于创造性的促进作用也非常必要和重要的。因此,《文化艺术基本法》在前述尊重文化艺术活动者的自主性的条文之后,又进一步明确了对于文化艺术活动者创造性的尊重原则,并要求在推进文化艺术振兴之措施时,必须考虑提升其社会地位,使其创造能力可以得到充分的发挥(第2条第2款)。

(2)尊重并保持文化艺术的多样性与区域性。多样性是人类文化艺术活动固有的特征与属性。联合国前秘书长、世界文化与发展委员会(WCCD)主席——佩雷斯·特奎利亚尔(1920—2020)在1995年联合国教科文组织发布的《文化多样性与人类全面发展报告》中,曾就人类的"发展"问题明确地指出:若将其"……视为一个单一、整齐划一的直线型路径,那么则就不可避免地将会忽略人类文化的多样性和不同的文化经验,从而限制人类的创造能力。为消除这种威胁,重申人类文明是由不同文化组成的信念,世界各地掀起了一场声势浩大的文化多样性运动"[①]。在一个国家或一个社会里,文化艺术的繁荣与发展客观上不仅与文化艺术的多样性密切相关,同时,也往往需要依托于文化艺术的地域性差异,或表现为地域性的文化艺术的繁荣与发展。为此,《文化艺术基本法》明确要求政府推进和实施的文化艺术振兴措施,必须以保护和发展文化艺术的多样性为目的(第2条第5款);在推动区域性的民众文化艺术活动时,应该重视展示具有区域历史风土、人情及特色的文化艺术(第2条第6款)。

(3)整备文化环境,改善文化设施,保障国民的参与和对文化艺术的鉴赏。文化环境与公共文化设施的完善,被认为是一个现代社会文明程度的重要标志之一;创造并享受文化艺术是普通国民的基本人权。战后随

[①] 联合国教科文组织、世界文化与发展委员会:《文化多样性与人类全面发展——世界文化与发展委员会报告》,张玉国译,广东人民出版社2006年版,第1页。

着国民经济的快速恢复与高速增长，日本政府在文化领域的投入持续扩大，一些重要的公共文化设施得到了迅速的恢复与重建，相关配套的法律制度也逐渐得到完善；这就为普通民众更加容易接触、参与、鉴赏甚至创造文化艺术的活动提供了一个基本的物质条件。尤其是 20 世纪 70 年代以来，由于国家彻底实现了现代化，所以，政府和社会各界在文化艺术设施等方面的投入更加积极，以各类公共文化（包括私立）设施的数量以及利用人数的增长为例，1987—2015 年，日本的博物馆数量从 737 座（其中历史博物馆 224 座、美术馆 223 座）增长至 1256 座（其中历史博物馆 451 座、美术馆 441 座）；类似博物馆的其他文化设施（例如文化会馆等）从 1574 座增长至 4434 座；剧场、音乐厅从 782 座增长至 1851 座。[①] 2001—2017 年，利用国立博物馆、美术馆的人数从 3071671 人次增长至 9736028 人次[②]等，这些数据从一个侧面较为客观地反映出日本政府持续致力于完善文化环境与设施，促进国民参与文化艺术活动确实取得了实际的成效。因此，《文化艺术基本法》再次强调政府在推进文化艺术振兴之措施时，必须考虑营造一个文化艺术活动蓬勃发展的环境，并由此谋求国家文化艺术事业的发展与繁荣（第 2 条第 4 款）。重要的是，该法重申了创造并享受文化艺术是人类的天赋人权，所以，政府在推进文化艺术振兴之措施时，必须考虑整备社会环境，使国民无论身居何处，都能够有机会方面地参加、鉴赏以及从事创造文化艺术的活动（第 2 条第 3 款）。

（4）倾听民意，重视文化艺术教育。文化艺术的发展有助于提升国民生活的品质，国家通过公共文化服务的供给，更是能够直接影响到国民的文化生活，可以说，国家制定与实施的文化艺术政策直接关系到每一位普通国民在文化艺术领域所能够享有的权利和福祉。因此，《文化艺术基本法》明确规定：政府在推进文化艺术振兴之措施时，必须充分考虑和反映文化艺术活动者以及广大国民的意见（第 2 条第 9 款）；与此同时，为了现在及未来的国民能够创造并享受到文化艺术，促进文化艺术领域的未来发展，国家还必须不断努力强化国民对于文化艺术的关心及理解（第 5

---

① 文化庁『新・文化庁ことはじめ——文化庁創立 50 周年記念式典資料集』文化庁長官官房政策課（2018）第 67—68 頁。

② 文化庁『新・文化庁ことはじめ——文化庁創立 50 周年記念式典資料集』文化庁長官官房政策課（2018）第 51 頁。

条)。文化艺术团体也应该根据自身的实际情况,在自主且主动地从事文化艺术活动的同时,必须积极努力地发挥继承、发展以及创造文化艺术的作用(第5条之2)。

从学前教育开始,正式(学校)或非正式(社会)的教育过程,都会对国民文化价值的形成、文化体验的开发、文化活动的刺激等发挥重要的作用。① 特别是文化艺术教育在整个教育体系中占据着重要的地位,它不仅是一个国家文化艺术实现繁荣发展的重要条件,也是文化艺术的可持续发展的根本所在。所以,为了实现文化艺术教育的这一功能,《文化艺术基本法》要求政府在推行文化艺术之措施时,必须考虑学校、文化艺术活动团体、家庭以及社区之间的密切合作与相互提携(第2条第8款)。

(5) 促进文化艺术领域的国际交流。文化艺术的繁荣与发展的重要标志之一,便是广泛的文化艺术交流。随着全球化进程的深入,日本在文化艺术领域里的国际化趋势也在政府的主导下持续得到推进。20世纪60年代以来,日本政府在文化艺术领域的财政预算一直呈现增长趋势,并于1968年设立了负责国家文化艺术事业的专门机构——文化厅。根据文化厅公布的资料,日本在文化艺术的国际交流领域的直接投入,虽然增加幅度不大,却持续地保持在一定的水平上,并通过海外派遣、现地滞留以及对外邀请这三种方式,② 积极地推动了文化艺术领域的对外交流(主要表现在文化遗产保护修复的国际协作以及舞台艺术的国际交流等方面③),从而逐渐地扩大了日本文化的吸引力,对于提高国家的文化软实力有着颇为明显的贡献。《文化艺术基本法》要求政府在推进文化艺术振兴之措施时,谋求向世界传播日本文化,积极推动国际性的文化艺术交流(第2条第7款)。

在文化艺术的继承、发展以及创造中,承认多元的价值理念所具有的重要性。《文化艺术基本法》明确规定,政府在推进文化艺术之措施时,必须尊重文化艺术固有的意义与价值;要求政府、独立行政法人、地方公共团体、文化艺术团体、民间业者以及其他相关人等必须努力相互提携、

---

① [澳] 戴维·索罗斯比:《文化政策经济学》,易昕译,东北财经大学出版社2013年版,第199页。

② 文化厅『新・文化厅ことはじめ——文化厅創立50周年記念式典資料集』文化厅長官官房政策課(2018)第133頁。

③ 文化厅『我が国の文化と文化行政』文化厅(昭和63年)第56、63頁。

共同协作（第5条之3），以谋求实现与观光、城镇再建、国际交流、社会福祉、教育、产业及其他各个领域的政策之间的有机协调（第2条第10款）。

为了实现日本国家的文化艺术的振兴与发展这一总目标，《文化艺术基本法》明确要求中央政府必须根据前述基本理念，制定推进国家文化艺术发展的综合措施，并承担实施该措施的责任与义务（第3条第1款）。为了保障振兴国家文化艺术的综合性措施能够得到切实有效的实施，地方公共团体应该根据前述基本原则，在配合国家实施文化艺术振兴综合措施的同时，自主地制定适合地域特点的地域文化艺术振兴措施，并承担实施该措施的责任与义务（第4条）。

三 "文化艺术推进基本计划"与"地方文化艺术推进基本计划"

任何国家的文化艺术的繁荣与发展，除了需要一个相对长期稳定的社会经济秩序，显然还与政府制定的持续稳定、合理有效的文化艺术发展的综合规划有关。《文化艺术基本法》规定，政府必须制定推进国家文化艺术发展的基本计划，即国家"文化艺术推进基本计划"（第7条第1款）。法律虽明确了国家"文化艺术推进基本计划"应包括国家文化艺术发展的综合政策的基本事项及其他必要事项（第7条第2款），但却未将"综合政策的基本事项及其他必要事项"具体化，即由政府的文化行政主管部门——文部科学省，根据现实状况制定未来一段时间（通常以5年为期限）的政策计划。为了确保所制定的基本计划具有现实性和可行性，法律明确地要求"文部科学大臣……在制定文化艺术推进基本计划时必须听取文化审议会的意见"（第3款），并就实施基本计划可能涉及其他行政机关的，必须事先通过"文化艺术推进会议"进行必要的协调（第4款）。

此外，日本各地的都、道、府、县以及市、町、村教育委员会应参照国家"文化艺术推进基本计划"、结合辖区实际情况、因地制宜制订"地方文化艺术推进基本计划"（第7条之2第1款）。"特定地方公共团体的长官在制定、变更地方文化艺术推进基本计划时，必须听取特定地方公共团体教育委员会的意见"（第7条之2第2款）。

根据《文化艺术基本法》第7条第1款规定，内阁在2018年3月6

日通过了《文化艺术推进基本计划》（第 1 期）①，该"基本计划"不仅指明了日本文化艺术政策的"中长期目标"，也明确了未来五年（2018—2022 年）文化艺术政策的"基本方向"，并以此为基础，确定了未来五年政府所要采取的振兴文化艺术之"基本措施"。与 2011 年和 2015 年的文化艺术振兴"基本方针"相比，2018 年"基本计划"在内容上呈现出综合性、整体化、广域内等特征，而且所采取的基本措施也更加具体化和全面性。

《文化艺术推进基本计划（第 1 期）》确定了以下四项"中长期目标"：第一，在文化艺术的创造、发展、传承与教育领域，为所有人提供丰富的文化艺术教育和参与文化艺术活动的机会，以确保文化艺术的创造、发展及传承；第二，在具备创造力与活力的社会构建上，加大政府对文化艺术领域的投入、提升全民创新能力，通过文化艺术的传播与国际交流，推动国家品牌的形成，创造一个有创造力和富有活力的社会；第三，在国民身心健康、文化多元的社会构建方面，通过推动全体国民积极参与文化艺术活动、扩大相互理解、尊重多元价值观，形成一个国民精神世界丰富的社会；第四，在促进区域文化艺术繁荣发展的平台建设方面，推动各地建立区域性文化艺术发展平台，培育多元化人才，加强文化艺术团体与其他各种机构间的合作，让地域性文化社区具备我完善能力和可持续性发展的优势。

针对以上四项中长期目标，《文化艺术推进基本计划》（第 1 期）也明确了未来五年日本文化艺术政策的六项"基本方向"：

（1）创造、发展并传承文化艺术，充实文化艺术教育。谋求文化艺术的创造与发展，以确保日本优秀文化艺术的传承，扩大并加强文化艺术教育。

（2）通过对文化艺术领域的有效投资、实现对日本丰富文化艺术资源的有效利用，培育文化艺术旅游产业以及其他与文化艺术相关的产业和市场。推动交叉领域的文化艺术新发展，实现文化艺术交流与创新；促进信息通信技术在文化艺术领域的应用；振兴衣食住行等生活文化等。

（3）通过文化艺术的国际交流与合作、促进国民间的相互了解、建

---

① 『文化芸術推進基本計画——文化芸術の「多様な価値」を活かして、未来をつくる』（平成 30 年 3 月 6 日内閣決定）。

立文化艺术国家品牌。具体而言，以东京奥运会为契机，在日本和海外开展各种丰富多彩的文化项目，促进国际文化艺术交流与合作，从战略高度向外积极传播日本文化等。

（4）构建一个能够培养并包容多元价值观的市民社会。鼓励并创造一种在任何区域，能让不同人群（如儿童、老人、残疾人以及外国人等）终生容易接触到文化艺术活动的环境，并通过促进、振兴地域各种文化艺术活动，推动和塑造能够包容多元价值观的社会价值。

（5）培育并确保拥有多元价值观、高素质的文化艺术专业人才。在确保不同年龄、不同性别的具有高超技能的文化艺术专业人才储备的同时，根据职业性质，采取分阶段的方法，教育、培养以及训练不同类型之人才。

（6）推动区域性合作、协作平台建设。在全国范围内，加强包括国家、独立行政法人、地方公共团体、文化艺术团体、文化设施以及民间组织等相关机构间的协调，构建一种基于平等关系的松散性区域合作平台，推动综合性文化艺术政策的实施。

四 文化艺术推进基本措施

由于文化种类的多元化以及艺术形态的多样性，便在一定程度上决定了国家振兴文化艺术之基本措施的复杂性。《文化艺术基本法》所确定的文化艺术推进基本措施，主要涵盖了《文化艺术基本法》第三章第8—35条所规定的各项文化艺术推进基本措施，即不同种类艺术的振兴、公共文化设施的建设与完善、艺术家的培养与确保、国民的生活文化和艺术活动的充实、对地方文化艺术活动的支援、文化遗产的保护与利用、国语的理解与日本语教育、著作权的保护与利用等。以下，我们将根据具体的法律条文并结合其"文化艺术推进基本计划"，梳理日本为推动其文化艺术的繁荣与发展所采取的具体措施。

（一）传统艺能、生活文化与国民娱乐的振兴

虽然学术界对于"艺术"的定义多种多样，但是，从"艺术本质为个人的体验"[①] 这一观点出发，以艺术形态的存在、感知以及创造方式为

---

① ［美］亨德里克·威廉·房龙：《人类的艺术》，衣成信译，河北教育出版社2005年版，第20页。

标准，① 学术界对于艺术的范围及其种类的划定却还是有一些基本的共识，即艺术包括文学、音乐、绘画、摄影、戏剧、舞蹈以及其他很多种门类。除此之外，日本还有传统艺术、生活文化和国民娱乐形式等重要的范畴。这里的"传统艺术"，主要是指日本的雅乐、能乐、文乐、歌舞伎、组舞等传统艺能，以及讲谈（评书）、落语（单口相声）、浪曲、漫谈、漫才（对口相声）等口头表演艺术和歌唱等"艺能"②；所谓"生活文化"则主要有茶道、花道、书道、饮食文化以及其他与生活相关的文化形式；至于"国民娱乐"，则主要是指围棋、将棋③以及国民的其他娱乐，包括普及甚广的出版物与唱片等。

针对以上不同种类的文化艺术和生活文化，《文化艺术基本法》要求国家应该通过主办艺术节以及其他措施，支持艺术公演与艺术展示，支持与艺术创作相关物品的保存以及与艺术创作相关知识与技能的继承，并由此振兴文学、音乐、绘画、摄影、戏剧、舞蹈以及其他艺术（第 8 条）。作为一个已经实现现代化但又保持着丰富的传统文化的发达国家，"传统艺能"④ 与"大众艺能"⑤ 在日本国民的社会生活与文化生活中占据着非常重要的地位，有鉴于此，为了继承和发扬传统艺能的文化，国家应制定必要的措施，支持传统艺能和大众艺能的公演以及与传统艺能和大众艺能相关物品的保存，与艺能相关知识与技能的传承等（第 11 条）。更为具体的措施，则如：（1）为音乐、舞蹈、戏剧、美术等领域的艺术家提供研修和展示其创作作品的机会；（2）为了促使独立行政法人"日本艺术文化振兴会"充分发挥其对文化艺术多种支援举措的功能，应强化其艺术委员会（专家的建议、审查、事后评价、调查研究等）的作用；（3）公

---

① 郭玉军：《艺术法》（上），武汉大学出版社 2019 年版，第 11—12 页。
② "芸能"在日语中的含义颇为丰富，具有多层意思：一是对电影、演剧、落语、歌谣、音乐、舞蹈等面向大众演出的娱乐项目的总称；二是指在学问、艺术和技能等方面拥有卓越的能力；三是指作为教养而体得的学问或艺术等技艺，例如，除了传统的"六艺"（礼、乐、射、御、书、数），还可包括诗歌、书画等；四是指插花、茶道之类。
③ "将棋"是日本一种由两人对局决出胜败的棋盘类游戏。
④ "传统艺能"主要是指自古传承而来的艺术和技能的泛称，例如，能乐、文乐、歌舞伎等传统演剧和音乐。
⑤ "大众艺能"主要是指在大众面前公演的艺能项目。日语中的"传统艺能"和"大众艺能"所指往往有所重叠。

开展示传统艺能，创作并上演世界水平的现代舞台艺术作品；（4）培养歌舞伎、大众艺能、能乐、文乐、组舞等各个领域的传承人以及具有国际水平的年轻的歌剧、芭蕾舞演员；（6）理解、传播传统艺能的历史价值和文化价值，支持具有影响力的传统艺能表演团体的公演活动，特别是利用日本传统发音与技法的新作品公演活动；（7）为了传承传统艺能和民间艺能，加强并支持传承人培训；为了继承传统艺能和民间艺能的表现所不可或缺的物品、维修技术等，应采取措施努力确保其后继有人以及原材料的供应等。①

为了保护茶道、花道、书道、饮食文化等生活文化，为了保护以围棋、将棋等为核心的国民娱乐，体现日本民族多彩的生活方式，国家应采取必要措施支持这些涉及生活文化的相关活动或国民娱乐活动，推广普及相关出版物、唱片等（第12条）。与此同时，为振兴电影、漫画、动漫及利用电脑和其他电子设备创作的艺术（亦即影视艺术）等，政府也应主办艺术节或采取其他必要的措施，支持影视艺术的创作、公演与展示，支持与影视艺术创作相关物品的保存以及相关知识、技能的继承（第9条）。

在生活文化及国民娱乐中，政府应该对普通国民的地域性"衣、食、住"的基本现状进行调查，然后，采取必要的对应措施。例如，为了传承和食文化，需要相关机构、民间组织等相互合作以提高民众对和食文化的理解与关心，并就有关信息的交流进行必要的合作；采取措施，扩大宣传，提高国内外对鲸鱼利用之多样性的理解与关心，以便实现日本古老的鲸鱼文化及相关饮食习惯的传承；②增加投入，促进以插花、盆景等为核心的花卉产业以及相关文化的传承；为扩大国产茶叶的需求，宣传和普及茶的历史以及茶道知识；③出版发行并广泛普及与生活文化、国民娱乐等

---

① 『文化芸術の振興に関する基本的な方針——文化芸術資源で未来をつくる——（第4次基本方針）』（平成27年5月22日内閣決定）第19頁；『文化芸術推進基本計画——文化芸術の「多様な価値」を活かして、未来をつくる』（平成30年3月6日内閣決定）第25頁。

② 世界很多国家对日本的捕鲸多有批判，但日本坚持认为这是其传统的渔业文化，食用鲸鱼也属传统的饮食文化。

③ 『文化芸術推進基本計画——文化芸術の「多様な価値」を活かして、未来をつくる』（平成30年3月6日内閣決定）第33頁。

相关的出版物、唱片等，并努力使民众能够就近获取它们。①

在影视艺术领域，应该充分利用文化厅主办的媒体艺术节，促进媒体艺术活动的开展以及对外传播；支持将影视艺术中的重要作品以及相关资料数字化，与文化设施、大学等相互协作共同推进，建立并完善影视艺术的信息中心；为了提高日本影视艺术的水平并获得国际性评价，需要完善影视作品的制作环境，支持国际共同制作以及日本电影的海外发行、培育影视艺术人才；应强化东京国立近代美术馆胶片中心的功能与作用，以收集、保存、利用电影胶片并使之数字化，推动日本影视艺术的传播以及传播网络的构建；通过国际交流基金，将具有影响力的播放内容作为素材提供给有需要的国家（特别是发展中国家），促使更多的人通过电视扩大其接触、了解以及亲近日本的社会与文化；支持东京国际电影节等大型文化艺术活动，促使日本相关内容的海外传播；通过国际交流基金，提高日本电影的认知度，以东盟10国、中国、俄罗斯以及澳大利亚为中心，持续举办日本电影节。②

（二）文化遗产的保护与利用

文化遗产作为国家文化艺术领域的核心内容，几乎在所有的国家都有专门的立法来明确自己国家文化遗产的保护和利用政策及措施。在日本，由于有形、无形的文化遗产及其保存技术等，都是《文化遗产保护法》的直接保护对象，所以，有关文化遗产保护和利用的法律措施，基本上都已被纳入《文化遗产保护法》之中③。因此，作为《文化遗产保护法》的上位法，《文化艺术基本法》的有关规范较为笼统，例如，主要只强调了文化遗产的修复、公开、防灾等保护与利用的问题（第13条），不过，在与《文化艺术基本法》相配套的"文化艺术振兴基本方针"以及"文

---

① 『文化芸術の振興に関する基本的な方針——文化芸術資源で未来をつくる——（第4次基本方針）』（平成27年5月22日内閣決定）第21頁。

② 『文化芸術の振興に関する基本的な方針（第3次基本方針）』（平成23年2月8日内閣決定）第11頁；『文化芸術の振興に関する基本的な方針——文化芸術資源で未来をつくる——（第4次基本方針）』（平成27年5月22日内閣決定）第20頁；『文化芸術推進基本計画——文化芸術の「多様な価値」を活かして、未来をつくる』（平成30年3月6日内閣決定）第26、32頁。

③ 周超：《日本文化遗产保护法律制度及中日比较研究》，中国社会科学出版社2017年版，第7—25页。

化艺术推进基本计划"中,还是对文化遗产的保护与利用设置了如下一些具体化的举措:

(1) 为了综合性及一体化地利用区域性文化遗产,创设"日本遗产"(地域文化遗产群)认定制度,以便更好地向海外宣传日本文化的魅力。

(2) 通过支持地方基层的市、町、村实施的"历史文化基本构想",综合性地保护与利用市、町、村周边的自然与历史环境。

(3) 利用文化遗产登录制度,推动近代以来形成的文化遗产登记,扩大文化遗产保护的范围。

(4) 强化文化遗产的防灾措施,提高文化遗产所有人的防灾意识等。

此外,还有确保并培育非物质文化遗产传承人,特别是文化保存技术传承人的培育以及保存技术的传承;收集、保存和保护日本近代建筑的建筑资料,诸如设计图纸、模型等,并通过展示和宣传以增进民众的理解;为保护和利用水下文化遗产,国家、地方以及相关机构进行合作,对水下文化遗产的现状以及保护和利用机制进行研究。为保护和利用古墓壁画等,与相关机构协作;持续修复高松冢古坟壁画,采取合理适当的保护和利用措施,并研究修复后的管理与公开的具体方法;进一步推进"龟虎古坟壁画体验馆——四神馆"的保护管理设施的合理化运营,以促进其保护与合理利用。①

(三) 促进文化艺术领域的国际交流

在经济全球化、文化多元化的大背景下,文化艺术领域的国际交流不仅有助于文化艺术的发展与繁荣,同时也是向世界传播本国文化艺术,扩大国家影响力的重要路径之一。为此,《文化艺术基本法》要求政府采取必要措施,协助从事文化艺术活动的团体或个人积极主办或参加文化艺术的国际交流、举办艺术节和其他国际文化艺术活动;支持在海外用当地语言展示、公开以及推广日本的文化艺术等活动;支援海外文化遗产的修复工作;协助海外国家或地区完善著作权制度;培育并派遣能够在文化艺术领域的国际机构中工作的专业人才等(第15条第1款),努力向世界全面地宣传日本的文化艺术(第15条第2款)。对于以上规定的具体化措施,目前主要有:

---

① 『文化芸術の振興に関する基本的な方針——文化芸術資源で未来をつくる——(第4次基本方針)』(平成27年5月22日内閣決定)第21—22頁;『文化芸術推進基本計画——文化芸術の「多様な価値」を活かして、未来をつくる』(平成30年3月6日内閣決定)第27—29頁。

(1) 以东京奥运会为契机，采取战略性的措施提高各国对日本文化艺术的关心和认识；结合世界水平的各种公演活动、扩大对文化艺术领域的投入，并期待产生一定的经济效果，使得文化艺术活动形成良性循环，实现文化立国的战略目标。

(2) 利用外交活动上的各种周年纪念、大型体育活动等，促成国际文化艺术事业的叠加效应；通过向海外派遣文化人才、艺术家以及与海外文化人才、艺术家之间的交流等途径，扩大文化艺术的国际交流。

(3) 通过文化艺术促成东亚地区（以中日韩为中心）的城市间国际合作。

(4) 与全国各地的艺术家合作，推进"超越2020计划"[1]的实施，扩大和宣传日本文化的魅力，促进地域社会的活性化和社会共同体的构建；在东京奥运会结束之后，仍持续与相关领域的民企协作，举办全国性文化艺术活动，向世界展示日本文化艺术的魅力。[2]

（四）促进地域文化艺术的振兴

一个国家的文化艺术是由国家内部不同地域的特色文化和多样艺术形式构成的，因此，振兴地域文化艺术也就意味着可以将国家文化艺术的振兴落在实处。《文化艺术基本法》要求国家应采取必要措施，支持各地文化艺术的公演、展示活动，艺术节以及地域传统艺能和由地域民众承担的民俗艺能活动等（第14条）。具体来说，主要有：

(1) 以地方公共团体为中心，促进文化艺术事业发展、以保障对地方文化资源的利用。该地方文化资源来自地域住民或以地域社会中"艺（艺术）·产（产业）·学（学界）·官（政府）"共同协作形成的。

(2) 为有效支持地方文化艺术，应强化独立行政法人"日本艺术文化振兴会"的专家建议、审查、事后评价以及调查研究等功能，使其充分

---

[1] "超越2020计划"（Beyond 2020）是日本政府推出的自2020年起，利用日本丰富的地域文化多样性，创建值得下一代骄傲的成熟社会的文化参与计划，内容包括：（1）传播日本文化魅力，创造与国际化相关的社会共同体；（2）以广泛的文化活动为对象，无论营利还是非营利活动；（3）除公共机关外，允许民间组织与其他任何团体广泛参与；（4）经过认证可获准使用"Beyond 2020"标志。

[2] 『文化芸術の振興に関する基本的な方針——文化芸術資源で未来をつくる——（第4次基本方針）』（平成27年5月22日内閣決定）第19—20頁；『文化芸術推進基本計画——文化芸術の「多様な価値」を活かして、未来をつくる』（平成30年3月6日内閣決定）第37頁。

发挥作用。

（3）支持并利用各自行政辖区之内的各种大小文化设施（剧场、音乐厅等），强化其与国家、地方政府、艺术团体等的协作，确保地域民众不受居住地域限制获得鉴赏高质量舞台艺术的机会。

（4）强化地方有关国家、地方公共团体、文化艺术团体、艺术家等相关文化艺术活动的信息交流等。①

（五）艺术家等文化艺术人才的培育与确保

艺术家等文化艺术人才在文化艺术的创造、繁荣、发展以及传承方面不可或缺。为培育和确保文化艺术的创造者、传统艺能的传承人、保存及利用文化遗产的专业技能的持有者、文化艺术活动的策划者、与文化艺术相关的技术人员、文化设施的管理运营者及其他文化艺术人才等，《文化艺术基本法》要求政府采取必要措施，支持其参加国内外的培训与研修、教育与训练等；保障其研修成果的发表机会；促进文化艺术作品的流通；完善文化艺术创作与活动环境等（第16条）。为了强化对艺术家等的培育，充实与文化艺术相关的调查研究，还应该加强与文化艺术相关的大学及其他教育研究机构的建设等（第17条）。这方面的具体举措主要有：

（1）为了艺术家等提高和发挥其能力，使其安心从事文化艺术的职业活动，促进国民充分理解艺术家等在社会中的重要作用，努力提高艺术家等的社会、政治、经济以及文化地位。

（2）针对传统艺能和民俗艺能的传承人、文化遗产保存技术的持有者、文化设施艺术团体的艺术管理人、舞台艺术的技术人员、美术馆及博物馆的学艺员以及各类专业人士，地方公共团体的文化艺术政策负责部门，应该通过培训等措施，提高这些人才的质量，并确保有足够数量的文化艺术活动的人才。

（3）作为地域"文化据点"的剧场、音乐厅等地域公共文化设施，在传承、创造以及普及文化艺术的同时，也应该支持剧场、音乐厅等相关领域的专业人才的培育。

（4）艺术文化团体应与剧场、音乐厅等地域公共文化设施密切合作，培育舞台编剧和设计者、技术员、经营者、表演者等专业人才；培育文

---

① 『文化芸術推進基本計画——文化芸術の「多様な価値」を活かして、未来をつくる』（平成30年3月6日内閣決定）第50—51頁。

志愿者、协助更多人参与文化艺术活动。此外，还应注重培育支持残障者舞台艺术活动的支持者或支持团体等。

(5) 充分利用各地的剧场、音乐厅等公共文化设施以及大学艺术院系的师资及教育研究机构的教育资源等，加强表演艺术领域专业管理人才的培育；为此，应采取措施强化大学等教育机构、国立文化设施等在文化艺术教育、研究领域内的工作。①

(六) 加强对国语的理解与外国人日本语教育

为了加深对国语的正确理解，政府应采取必要措施，充实国语教育、进行国语调查研究以及国语知识的普及等（第18条）。具体而言，首先是普及并学习日本内阁发布的《常用汉字表》以及与国语相关的各项指南；② 其次，在学校教育中将国语能力视为一切学科的基础，采取措施提高学校教师的国语意识，对其进行必要的国语能力的养成与训练，培育学生享受和继承本国语言文化的态度，提高其国语能力。积极开展儿童自主阅读活动，创造条件为儿童提供亲近读书的机会③。再次，根据《文字·活字文化振兴法》，利用图书馆、学校等设施，促使能够让国民享受到文字·活字文化所带来恩惠的环境得以完善。最后，对近年"外来语"（日语平假名的单词）的泛滥对广播电视、出版等各类从业者的影响进行评估，并研究相应对策，以方便国民日常生活的相互交流，研究其在公共文书中的适当使用等。④

为了加深外国人对日本文化艺术的理解，充实针对外国人的日本语教学，国家应采取必要措施，完善日本语师资的培训及研修体制；开发日本语教材、提高日本语教育机构的教育水平等（第19条）。这方面的具体措施主要有：

---

① 『文化芸術推進基本計画——文化芸術の「多様な価値」を活かして、未来をつくる』（平成30年3月6日内閣決定）第48頁。

② 『常用漢字表』（平成22年内閣告示第2号）、『常用漢字表の字体・字形に関する指針』（平成28年文化審議会国語分科会報告）及び『敬語の指針』（平成19年文化審議会答申）。

③ 『子どもの読書活動の推進に関する法律』（平成13年12月12日法律第154号）。

④ 『文化芸術の振興に関する基本的な方針——文化芸術資源で未来をつくる——（第4次基本方針）』（平成27年5月22日内閣決定）第25—26頁；『文化芸術推進基本計画——文化芸術の「多様な価値」を活かして、未来をつくる』（平成30年3月6日内閣決定）。（平成30年3月6日内閣決定）第30頁。

（1）协调与日本语教育相关的政府各部门之间的关系，完善、推进日本语综合教育体制。

（2）与相关研究机构合作，开展有关日本语教育规划、措施、指导内容与教育方法等方面调查研究，推广研究成果、培育并确保日本语教育人才，提高日本语教育机构的教育水平。

（3）与地方公共团体、日本语教育机构合作，为生活在地域社会里的外国人开设日本语教室，提高其日本语能力。

（4）利用国际交流基金，向海外派遣日本语教育专家或在现地招聘并培训日本语教师，通过网络等信息通信技术提供日本语教材以及日本语教育信息等。①

（七）文化艺术作品的著作权保护及其利用

文化艺术的繁荣与文化艺术作品的创作与利用密切相关，因此，《文化艺术基本法》第20条突出强调"为了确保作为文化艺术振兴之基础的著作权及著作邻接权能够得到保护和被公平利用，国家应结合国内外著作权等的发展动向，采取必要措施，完善著作权制度，维护作品公正合理的交易环境；推进著作权保护制度的完善；推动著作权等的调查研究和普及宣传等"。《文化艺术基本法》的这一规定，基本上重申了日本《著作权法》（1975年法律第48号）的立法目的。

在2018年公布的《文化艺术推进基本计划》（第1期）中，有关著作权保护和利用的具体措施，主要有：

（1）在文化艺术作品的创作、流通以及利用环境数字化、网络化的背景下，加强著作权制度的研究，以促进和保障文化艺术作品著作权的合理流动。

（2）为促进创意内容（Contents）②的合理利用，完善著作权许可证

---

① 『文化芸術の振興に関する基本的な方針——文化芸術資源で未来をつくる——（第4次基本方針）』（平成27年5月22日内閣決定）第26頁；『文化芸術推進基本計画——文化芸術の「多様な価値」を活かして、未来をつくる』（平成30年3月6日内閣決定）第41—42頁。

② "创意内容"（Contents）在此主要是指网站、DVD或CD等介质中包含的、为了娱乐或教养等所创作的内容，例如小说、新闻、音乐、游戏、影视作品、地图等。2004年，日本制定了《创造、保护和利用创意内容之促进法》（『コンテンツの創造、保護及び活用の促進に関する法律』平成16年6月4日法律第81号）。到2008年，日本的创意内容产业的发展规模位居世界第二。

制度、促进著作权集体管理、建立创意内容权利的数据库，确保不明作者作品的合理利用，促进著作权管理的合理化和协调化。

（3）为防止和消除日本作品的盗版在海外流通，促进文化艺术创作和国际文化交流，除与世界版权组织（WIPO）合作完善著作权相关制度之外，还应采取措施影响侵害发生地国、支持其建立和完善著作权制度、取缔盗版行为；与各国政府合作，强化海关通关制度遏制盗版作品入境，普及著作权制度、鼓励著作权人行使著作权。采取积极措施以应对深刻的网络化背景下跨境著作权侵害行为的发生。

（4）积极参与世界版权组织（WIPO）有关著作权条约的讨论、参与相关国际公约的制定，通过协商、妥协等与各国协调达成著作权保护公约，并调整公约、条约与日本著作权制度之间的关系。

（5）为保护著作权、促进著作权正常流通、完善著作权制度以及著作权交易环境，政府需收集、整理以及调查研究国内外的法律制度、立法动向、国内的作品利用需求、著作权流通形态等。

（6）主办著作权专题讲座，利用文化厅官方网站提供著作权教材，将著作权教育融入学校教育等，向国民普及著作权知识、提高其著作权保护意识，根据不同利用主体之需求，提供相应的帮助。

（7）为了让国民能够公平地利用著作权，适当合理地保护作品作者的著作权，应着重开发、普及并推广适合在学校教育中使用的著作权教材。[①]

（八）公共文化设施的确保与文化艺术活动的充实

公共文化设施的多寡一定程度上反映着国家对文化艺术的重视程度，而其利用程度则标志着国家文化艺术管理水平的高低。为充实和完善美术馆、博物馆、图书馆、剧场、音乐厅等公共文化艺术设施，国家应采取必要措施，完善公共文化艺术设施与设备，支持公演等文化艺术的展示活动、完善艺术家等创作条件、提供相关信息、支持文化艺术作品的记录与保存等（第25条、第26条）。为便于国民利用文化艺术活动场所，国家应采取必要措施，建设或设置能够使地域民众方便使用的文化设施、学校设施、社会教育设施等（第27条）。在建设公共设施时，国家应努力使

---

① 『文化芸術推進基本計画——文化芸術の「多様な価値」を活かして，未来をつくる』（平成30年3月6日内閣決定）第31頁。

所建公共建筑的外观与周边自然环境、地域历史以及文化等保持风格一致;并应努力在公共建筑上展示文化艺术作品、以推进国家文化艺术的振兴(第28条)。

为保障美术馆、博物馆等公共文化设施能够举行国际水平的展览,应彻底提升策展的能力与水平、提升文化遗产的保存管理水平等。充分利用美术馆、博物馆、剧场、音乐厅以及大学校园,开展民众广泛参与的各类文化艺术活动,促使民众对文化艺术活动感兴趣。为促使国立的美术馆、博物馆以及剧场等发挥最大作用,应完善并推进灵活的设施运营机制。建立并促进超越地域、设施性质以及设置主体限制的公共文化设施之间的协作机制。持续推行美术品登录制度以丰富民间藏品,且使其能够公开;利用美术品展览损害补偿制度,支持美术品展览以扩大国民对艺术品的鉴赏机会。为保存和公开优秀的文化遗产、美术品等,在督促完善藏品目录的同时,将书目信息、数字图像等档案化。

为了使普通国民能够广泛、自主地鉴赏文化艺术,进而有机会参与文化艺术的创造,国家应采取必要措施,支持各地文化艺术的公演、展示等,并向民众提供相关情报信息(第21条);针对残障者、高龄者以及少年儿童等,也应确保其有机会从事或积极参与文化艺术活动,支援其从事文化艺术的创作、公演、展示等,并完善相应的环境条件(第22条、第23条)。为了让文化艺术活动走教室,国家应采取必要措施,在学校教育活动中充实文化艺术的体验学习、支持艺术家以及文化艺术活动团体等协助学校展开丰富的校园文化艺术活动(第24条)。作为这方面的具体措施主要有:

(1)通过与教育、福祉、医疗等更多领域的协作,促使地域社会的民众可以在各种场合欣赏、参与以及创造文化艺术,努力使得艺术家、艺术团体等与学校、文化设施、社会教育设施、福利设施、医疗机构等形成良好的协作关系;政府应支持艺术团体针对老人、残障者、产期父母以及外国人等为对象开展的文化艺术活动。

(2)为保障残疾人接触、参与文化艺术活动的机会,应采取措施推动与文化艺术鉴赏相关的公共文化设施的无障碍化,如日语字幕、手语翻译、语音引导等;充实并改善文化艺术环境条件与功能,提升社会对残疾人的包容程度;就残障者创造·欣赏视觉艺术等进行调查研究,对无障碍文化艺术设施建设进行现场验证,以确保残障者有更多机会接触视觉艺术。从促进残障者自立以及积极参与社会活动的观点出发，国家必须与地方公共团体协作，为残障者能够接触、参与、创造文化艺术创造条件；为了让残疾人能融入社会、实现自我价值，国家有义务构建与完善和残疾人相关的社会咨询、人才培育、网络构建、信息收集与传播等体制。为了加深国民对残疾人福利事业的认识与理解，促进残障者自立、丰富其生活、使其积极参与社会活动，国家应与地方公共团体合作，在各地举办全国残疾人文化艺术节，展出或演出残疾人创作的文化艺术作品等。

（3）为提高少年儿童的道德情操、强化在少年儿童福祉上的社会责任，国家应积极推荐能够促进少年儿童健康成长、拓宽其知识等功能的优秀文化艺术作品，如画册、少年儿童图书等出版物、戏剧或音乐剧等舞台艺术、电视电影等影像作品。确定5月5日"儿童节"后的一周为"儿童福利周"；与地方公共团体合作，在全国范围内提高和推广儿童福利理念，唤起全社会对少年儿童及其家庭环境等问题的关注；在培养地域文化艺术人才、支持地域文化艺术活动时，应关注与少年儿童相关的内容、加强全社会对少年儿童文化艺术事业的理解。①

（九）其他相关问题

除上述诸方面的具体措施以外，《文化艺术基本法》还规定，国家应向地方公共团体以及民间团体等提供（与文化艺术振兴相关的）情报信息等（第30条）；在实施文化艺术振兴措施时，必须慎重考虑并协调艺术家（含传承人）等个人、文化艺术团体、学校、文化设施、社会教育设施、民间企业以及其他相关机构间的协作关系；努力为地域民众提供鉴赏、参与创造文化艺术的机会（第32条）。对于在文化艺术活动中有显著成就以及为文化艺术振兴做出突出贡献的个人及团体，国家应给予表彰（第33条）。

为确保国家文化艺术振兴政策的形成过程能够反映民意，确保整个过程的公正性与透明性，国家应在广泛征求艺术家、学者以及广大国民等主体的意见，并在充分考虑这些意见的基础上，制定相关的文化艺术政策（第34条）；地方公共团体应根据《文化艺术基本法》第8—34条所确定的国家文化艺术振兴措施，努力推进适合本地域特点的文化艺术振兴工作

---

① 『文化芸術推進基本計画——文化芸術の「多様な価値」を活かして、未来をつくる』（平成30年3月6日内閣決定）第44頁。

(第35条)。

五 "文化艺术推进会议"

为了综合、一体化地推进国家文化艺术政策实施，政府应设置"文化艺术推进会议"，以便联络和协调文部科学省、内阁府、总务省、外务省、厚生劳动省、农林水产省、经济产业省、国土交通省以及其他相关行政机关（第36条）在文化艺术政策上的互动关系。为了调查和审议地方文化艺术推进基本计划以及其他与推进文化艺术相关的重要事项，《文化艺术基本法》明确规定，各都、道、府、县及市、町、村可以制定条例、设置都、道、府、县及市、町、村文化艺术推进会议，审议或合议地方文化艺术推进基本计划（第37条）。前述的国家和地方层面的"文化艺术推进会议""文化艺术推进基本计划"制度，是日本政府在总结了十余年文化艺术振兴基本计划实施经验的基础之上，通过修法新近增加的新制度，它们分别清晰地反映出中央及地方政府各相关部门之间相互协调的必要性，以及对地方文化艺术振兴的高度重视。

第四节 《文化艺术基本法》的"基本法"属性

根据现有的资料，世界上已有为数不少的国家制定了文化艺术基本法，且大多是在进入21世纪之后才陆续制定的。例如，在法律名称中使用"基本法"的主要有：俄罗斯《文化基本法》（1992）、日本《文化艺术基本法》（2001）以及乌克兰《文化基本法》（2011）等。虽然没有使用"基本法"这一表述，但实际具有基本法性质的则有：南非《文化促进法》、坦桑尼亚《国际艺术法》（1984）、加拿大《多元文化法》（1985）、蒙古国《文化法》（1996）、爱尔兰《艺术法》（2003）、智利《国家文化艺术委员会及国家文化艺术发展基金法》（2003）、阿尔巴尼亚《文化艺术法》（2010）、瑞士《联邦文化促进法》（2009）、泰国《国家文化法》（2010）、韩国《文化艺术振兴法》（2011）等。应该说，这些动态颇为清晰地反映了国际社会在文化艺术的制度体系建设方面的大方向，同时也从侧面反映了世界各国围绕着文化艺术软实力而积极参与竞争的基本态势。

一　日本的"基本法"与宪法

"基本法类"的立法在日本出现之初，当时并未就其定位及性质等问题进行过深入的讨论①，不过，在基本法的法律名称上，个别国家的宪法或宪法性文件中会使用"某某基本法"的表述，例如德国宪法的正式名称则为《德意志联邦共和国基本法》（1949）、中国"一国两制"框架下的《香港特别行政区基本法》（1990）、《澳门特别行政区基本法》（1993）等。不仅如此，这一类"基本法"的内容，大都有"序言"而缺少"罚则"、较多为原则性规定。显然，需要首先考虑的便是其与国家根本大法亦即宪法之间的关系问题。

《日本国宪法》唯一提及"文化"的是第25条第1款。该款规定："全体国民享有健康且文化性的最低限度生活之权利"，在此是强调了国民的基本权利——"生存权"，非常明显地是指国民在身体上、精神上能够像人那样生活，而且是可以确保自我尊严的最低限度的生活。第25条第1款规定的着眼点在于保障国民的"生存权"，其与第2款"国家必须在一切生活方面，努力提高和增进（国民）社会福祉、社会保障以及公共卫生服务"的规定保持一致。而且，关于该条款的具体立法，也都侧重于公民的社会基本保障方面，例如，1946年旧《生活保护法》（昭和21年法律第17号）、1947年《儿童福祉法》（昭和22年法律第164号）、1948年《优生保护法》（昭和23年法律第156号）、1949年《身体障碍者福祉法》（昭和24年法律第283号）、1951年《社会福利法》（昭和26年法律第45号）等。当然，这里所谓的"最低限度生活"，是指具有一定文化性的生活水准，而并非单纯地指物质上的最低限度，②只是限于当时的时代背景而把文化权利的内容与水准仅维持在最低基本需求的程度上。不言而喻，伴随着经济高速发展，在生活富足、消费革命、公害、自然破坏、城镇化以及"过劳死"等一系列新的社会动态及问题层出不穷的大背景下，"生存权"的侧重点逐渐转向了对于"健康的文化生活"的保障之上。于是，日本宪法学界针对"生存权"的解释，便相继出现了

---

① 川崎政司「基本法再考（一）——基本法の意義・機能・問題性」『自治研究』（2005）第81卷第8号第49—51頁。

② ［日］大须贺名：《生存权论》，林浩译，法律出版社2001年版，第95页。

"享受且可支配良好环境之权利"的"环境权"①"良好生活"的"生活权"②甚至更高层级的"文化权利"③等多种表述。

若是从文化几乎为人类精神活动与精神成果之全部④的角度出发，《日本国宪法》第13条规定的"追求幸福的权利"、第19条的"思想及良心之自由"、第21条的"表现自由"以及第23条的"学问自由"等精神性自由权，也都是可以理解为具备了文化权利的内容。正是由于这些权利的规定与文化艺术之间关联的"间接性"（亦即彼此关联缺乏直接性）等原因，《文化艺术基本法》也就被认为是进一步确立国民的基本权利——文化权的直接依据。同时也因为该法所规范的内容确实是在发挥着指导、统领和协调整个文化艺术领域其他多部法律之间关系的作用，因此，有的学者将《文化艺术基本法》看成"文化宪法"⑤，认为其在整个文化艺术领域里发挥着"宪法"的作用。

二 "基本法"的效力之争

这里虽然使用了"宪法"一词，但主要还是为了强调其在文化艺术领域中指导和主导性的法律地位，而不是说其在法律效力上能够与国家根本大法——宪法相类比。基本法和宪法之间还是存在实质上的差异，这是因为国家宪法的效力具有绝对性，其他任何法律都不得与宪法相抵触。关于基本法与国家宪法之间的关系，虽然也有少数日本学者以基本法所规定的理念、基本原则等与一般法律相比具有更高的层次，具有一般的原理性以及综合性等特点，主张基本法具有"宪法补充法""准宪法"⑥或者"宪法附属法"⑦等属性。但是，有更多的学者并不支持这一类观点，而是认为创造这些新名词，其实只是为了强调基本法的重要性。

作为"文化宪法"的《文化艺术基本法》虽然并不具备宪法一样的

---

① 小林直樹『新版憲法講義（上）』東京大学出版会（1961）第559—562頁。
② 高柳信一「生活権思想の展開」『講座・現代都市政策Ⅴ』岩波書店（1973）第60頁。
③ 小林直樹『新版憲法講義（上）』東京大学出版会（1961）第548頁。
④ 许育典：《宗教自由与宗教法》，元照出版公司2013年版，第13页。
⑤ 陈淑芳：《文化宪法》，载苏永钦主编《部门宪法》，元照出版公司2006年版，第595—623页。
⑥ 有倉遼吉『教育と法律（増訂版）』新評論（1994）第3頁。
⑦ 大石真『憲法講義Ⅰ』有斐閣（2005）第9頁。

效力，但它是否因其规范内容的特殊性而在法律适用上优先于文化艺术领域的其他部门法或单行法？对此问题，日本法学界存在两种截然对立的观点。坚持《文化艺术基本法》效力优先的学者认为，基本法的条款内容多为本领域的基本准则，相对于部门法或单行法的具体规定，明显地具有母法的属性，具有引导和指引性的功能；所以，当个别法的规定内容明显地违背基本法的立法目的或基本原则时，该规定就应该无效。[1] 不过，这种观点显然忽视了"新法优于旧法"的法律适用原则，以及部门法或单行法可以通过保留条款对基本法优先适用加以排除的可能情形。比较反对基本法优先的学者则主张：从法律的实质内容出发，虽然可以允许基本法相对于该领域里的个别法拥有较为特殊的上位法效力，但在法律的具体形式上，基本法也只不过是一种法律而已，对其效力则很难承认它比其他法律更为优越。在这种实质与形式上的矛盾的背后，则是实质的政策性（或价值）与形式秩序之间的冲突。[2] 也有学者指出，就基本法的规范内容来看，可以根据它们制定使法律得以实施的措施，甚或制定相关领域或事项之法律等，故在一定程度或范围内，不妨肯定基本法作为指导性法律或指针性法律的地位，但因此就认可其法律效力的优先性，则难免会存在疑问。[3] 应该说，在截至目前的司法实践中，尚未真实地发生过此类法律适用的优先效力问题，与此同时，适当及时的法律修改行为，基本上也是能够回避此类导致法律效力之冲突的可能性。

总之，若是暂时搁置学术界复杂而又微妙的法理学讨论，从《文化艺术基本法》的内容、属性等来判断，可知它明显地具有综合、统领文化艺术领域诸多单项部门法律的立法指向，并且也具有能够在文化艺术领域的各既有法律、法规之间形成协调关系以达成合力的功能，因此，还是可以认定其为各单项部门法律的上位法，进而通俗易懂地将《文化艺术基本法》称其文化艺术领域的"文化宪法"也未尝不可。

三 "基本法"立法的缺陷

自从 1947 年 3 月 31 日第一部基本法——《教育基本法》（法律第 25

---

[1] 菊井康郎「基本法の法制上の位置づけ」『法律時報』（1973）45 卷 7 号第 20—22 頁。
[2] 遠藤博也『計畫行政法』學陽書房（1976）第 70 頁。
[3] 塩野宏「基本法について」『日本学士院紀要』（2008）63 卷 1 号第 3 頁。

号）出台以来，日本行政立法便逐渐进入根据《日本国宪法》所明示的各领域国家基本方针政策而进行"基本法"立法的时代。尤其是在实现经济高速增长以后，基本法的立法有了爆炸式增长。截至2019年6月，日本先后共制定"基本法"55部，类似"基本法"的"推进法""促进法"约150部。针对这一立法现象，日本法学界称为"立法泡沫"。客观地讲，日本法学界和立法实务界对此现象有不少质疑的意见，其理由主要在于：（1）抽象性、原则性规定居多，法律应有的规范性比较暧昧；（2）赋予政府过大的裁量权，立法目的是否达成则要完全取决于政府如何运作，相对缺乏监督；（3）政府机构以立法形式代替解决现实问题或回应国民的具体诉求；（4）成为政府部门的权限以及获取财政预算的依据，并使之固定化；（5）法条的文字多为华丽辞藻的堆砌、内容比较脱离实际等。

虽然在日本目前的立法实务界及法学研究领域，对"基本法类"立法现象存在有一定的负面意见，[①]却较少以《文化艺术基本法》为例进行讨论，究其原因，除文化艺术本身的特性决定了《文化艺术基本法》的规范性相对薄弱、缺少权利义务性条款或罚则性规定外，其内容也只是为了明确或宣示国家在文化艺术领域的基本行政所应遵循的政策方针以及基本计划等，最重要的还是由于日本文化艺术领域共有多达40余部具体法律作为支持，从而使《文化艺术基本法》回避了其他领域"基本法"本身所可能拥有的缺陷。不过，从行政法学的角度出发，在整个国家的文化艺术法律体系之中，探讨《文化艺术基本法》的性质和法律位阶等，也同样是我们需要深入思考的课题。

第五节 《文化艺术基本法》对中国的参考

相对于《日本国宪法》对"文化"的惜字如金，中国《宪法》则有较大篇幅涉及"文化"，前后不仅有25处提及"文化"，更是明确地规定

[①] 成田頼明「基本法の第1条を読む（10・完）」『書斎の窓』（2000）第492号第2頁；川崎政司「基本法再考（四）：基本法の意義・機能・問題性」『自治研究』（2006）第82巻第5号第110—111頁。

了"国家发展……文学艺术事业、新闻广播电视事业、出版发行事业、图书馆博物馆文化馆和其他文化事业,开展群众性的文化活动;……保护名胜古迹、珍贵文物和其他重要历史文化遗产"(第 22 条);公民有"……言论、出版……的自由"(第 35 条)、"(公民有)……进行科学研究、文学艺术创作和其他文化活动的自由"(第 47 条)等,必须说这些规定不仅确认了国家在文化艺术领域的法定责任,还成为中国公民文化权利的直接依据。就中国《宪法》所保护的公民基本权利而言,中国公民享有的文化权利的宪法渊源,显然要比《日本国宪法》清晰。

但是,现实却是在保障公民文化权利得以实现的手段或举措上,日本在文化艺术领域的相关法律制度则明显地要比中国要加完善和丰富。换言之,中国《宪法》对"文化"的高度重视,较少在文化艺术领域的立法实践中得到具体的落实。形成此种区别的原因之一,可能就在于中国目前尚缺少一部类似于日本的《文化艺术基本法》那样能够综合或统领文化艺术领域相关法律制度的上位法。为了能够把中国《宪法》所确认的国家在文化艺术领域的责任以及中国公民所享有的文化权利落在实处,或许制定一部基础性、综合性的可以统合文化艺术领域诸单项法律、法规的"文化艺术基本法",不失为一个重要的抉择。

目前,中国法学界也有一些学者主张中国需要制定自己的"文化宪法"[①]"文化基本法"[②]或者"文化法"[③],并就中国"文化法"的调整对象[④]、基本原则[⑤]、文化艺术法律体系的构成[⑥]等,进行了比较深入的学术探讨。应该说,这些法学研究中的部分成果,或多或少地已经被汲取或体现

---

① 沈寿文:《关于中国"文化宪法"的思考》,《法学》2013 年第 11 期;王秀才:《中国文化宪法的基本理论构成与实践指向——以现行宪法相关文化条款为分析对象》,《聊城大学学报》(社会科学版)2017 年第 4 期。

② 才让旺秀:《文化大发展需要制定文化基本法》,《党政研究》2012 年第 4 期;王隆文:《〈文化艺术基本法〉的考察及其对中国的启示》,《日本问题研究》2013 年第 4 期;齐崇文:《依法管理文化需尽快制定文化基本法》,《中国行政管理》2015 年第 2 期等。

③ 周刚志、李琴英:《论"文化法":契机、体系与基本原则》,《江苏行政学院学报》2018 年第 6 期。

④ 周艳敏、宋慧献:《论文化法的调整对象》,《新闻与法治》2015 年第 7 期。

⑤ 宋慧献、周艳敏:《论文化法的基本原则》,《北方法学》2015 年第 6 期。

⑥ 肖金明:《文化法的定位、原则与体系》,《法学论坛》2012 年第 1 期;周刚志:《论中国文化法律体系之基本构成》,《浙江社会科学》2015 年第 2 期。

在多年以来国家已经完成或正在推进的与文化艺术相关的立法实践之中。结合中国在文化艺术领域的立法现状，对比已经实施了20年之久的日本《文化艺术基本法》，笔者认为，在不久的未来，当中国制定自己的"文化艺术基本法"或"文化法"时，应该特别重视处理好以下几个方面的问题：

（1）在以"文化艺术"作为规范的对象，制定保障中国公民《宪法》所规定的文化权利、明确国家在文化艺术领域的责任与义务、振兴文化艺术事业的"文化艺术基本法"时，需要妥善地协调、处理好其与现行的《公共文化服务保障法》以及即将通过的《文化产业促进法》之间的关系。就法律的价值取向而言，作为综合性法律的"文化艺术基本法"，应以"公平第一、兼顾效益"为原则，[①] 就此而言，现行的《公共文化服务保障法》基本与之保持一致。但是，主要以规制文化市场行为为主旨的《文化产业促进法（草案）》所追求的价值目标，则以"效益优先、兼顾公平"为原则，只是其中的"效益"原则以"……社会效益优先、社会效益与经济效益相统一……"（第3条）。因此，在同一（广义的文化艺术）领域，具有不同价值目标的法律之间的关系需要特别谨慎地处理，否则，差异的价值趋向会使得具体的制度发生变异，甚或起到相反的效果。以"国家支持鼓励文化艺术创作"为例，在坚持"公平第一、兼顾效益"的基本法中，呈现的是国家的责任与义务（例如，国家在文化艺术领域的财政投入），但在以"效益优先、兼顾公平"的《文化产业促进法》中，则有可能变异为形式上的（例如，以政策优惠替代财政投入）鼓励与支持，或还会出现效益追求力压公平的情形。如果这样，其后果则有可能是国家的鼓励、支持完全是为了对文化艺术的经济效益的追求，如此显然违背了国家作为责任义务主体、旨在谋求文化艺术事业的繁荣与发展之制度设计的初衷。日本在以《文化艺术基本法》为基础的文化艺术法律体系中，虽然并未就文化产业进行专门的立法，[②] 但这并不意味着不重视文化

---

① 涉及基本权利的公平原则，如"文化权利"平等、"接触文化机会"平等，不仅体现在《文化艺术基本法》中，还体现在专门针对残疾人而特别制定的《残疾人文化艺术活动推进法》（『障害者による文化芸術活動の推進に関する法律』平成30年6月13日法律第47号）之中。这一原则在中国《公共文化服务保障法》中，也有相同或近似的规定。

② 日本文化艺术领域的相关法律中，法律名称使用"产业"一词的唯一例子是1974年颁布的《传统工艺品产业振兴法》（『伝統的工芸品産業の振興に関する法律』昭和49年5月25日法律第57号）。

产业，而是日本政府更加强调公民文化权利的保障以及国家文化艺术的繁荣与发展，至于文化产业仅是以坚实的国家文化艺术资源为基础的"副产品"。

（2）应该重视文化艺术领域相关法律、政策的具体化和地域性，并有必要对其进行周期性的验证。文化艺术领域法律和政策的生命力，在于它们能否得到确实有效的实施，而要获得有效实施，前提便是法律、政策举措的具体化并具有可操作性。要做到这一点，日本政府通常是依托于具体计划。为保障《文化艺术基本法》的落实与实施，日本内阁先后根据该法制定了四部"文化艺术振兴基本方针"（2002、2007、2011、2015）和一部"文化艺术推进基本计划"（2018）。在最新的"基本计划"里，明确了日本国家涉及文化艺术的中长期政策计划，包括"今后文化艺术政策的预期目标""未来五年文化艺术政策的方向性战略"以及"与战略相关的具体措施"。此种十分详细的"基本计划"，不仅使得《文化艺术基本法》的规定得以具体化，通常还配套采取周期性的验证等措施，使得很多具体措施的实施可以落在实处。例如，在一些经济相对落后的偏远地区都保有较为丰富的传统文化资源，由地方政府采取必要措施利用当地文化艺术资源，振兴地方经济就成为一项不错的选择。因此，《文化艺术基本法》明确要求各级地方政府根据中央的"基本计划"制定"地方文化艺术推进基本计划"，甚至将计划落实到各地举办文化艺术活动的具体举措上。国家文化艺术事业的繁荣与发展，不仅需要有完整、详细、具体的政策计划，更重要的是保证这些政策计划能落到实处。也就是说，中国《宪法》的原则性规定和文化艺术领域一些单项法所确定的条文，如何才能具体地落在实处，确实还有很多进一步提升的空间。因此，在未来中国的"文化艺术基本法"中，应该明确地设计出基本计划的制订及实施监督的机制。

（3）未来中国的"文化艺术基本法"，应该特别注重对不宜、不易市场化的部分文化艺术门类的资金与制度支持，鼓励第三领域资金的介入。这里的"第三领域"，主要是指企业在文化艺术领域的投入，这些投入一般来说应该与"企业社会责任"相关，例如，以捐赠、设立援助基金等方式参与文化艺术活动，促进国家文化艺术事业的繁荣。目前，中国的文化创意、文化旅游等产业的蓬勃发展，一方面对国家文化艺术事业的繁荣起到了很好的推动作用；另一方面，过度的商业化却也加速了部分不宜、不易市场化的文化艺术门类的衰落甚或消失。对此，通过制度支持引导资金助力国家在非市场化文化艺术方面的投入，才能防止文化艺术事业的非均衡发展，从而实现国家文化艺术的全面繁荣与可持续发展。

（4）在文化艺术政策的制定和实施方面，"文化艺术基本法"不仅需要注重协调中央政府与各级地方政府之间在文化艺术领域的综合性协作关系，而且还需协调政府与公民、各类文化艺术团体、组织以及企业法人之间的关系。关于前者，《公共文化服务保障法》已经明确了这一点，并且建立了一个国家层面的公共文化服务综合协调机制，涉及政府部门多达26个。① 由于"文化艺术基本法"未来所涉及的部门可能更加范围，因此，也就更加需要建设一个相应的能够明确各方职责、彼此积极配合、共同努力的综合性协调机制。关于后者，政府则需要建立上情下达和下情上传的信息交流与沟通机制，上情下达除了可以通过行政管理系统实现，官方的媒体宣传也能充分发挥作用；但下情上传则不仅需要构建一个接受、处理复杂信息的平台，还需要配套以能够合理处理与及时回馈意见的法定程序等，只有如此，也才方便更好地保障公民积极参与文化艺术相关事业及事务的畅通的渠道。

（5）日本的《文化艺术基本法》所规制的对象，包含了"生活文化"和"国民娱乐"方面的内容，这些方面或许也值得未来中国的"文化艺术基本法"借鉴或汲取。由于中国一般公民对于美好生活的追求，往往就包含了"生活文化"和"国民娱乐"的内容，而国家文化艺术事业的发展不仅将极大地丰富公民的文化艺术生活与闲暇娱乐生活，也将有助于推动一般公民形成健康、文明、有品位和有尊严的现代生活方式。所以，我们建议在未来的立法实践或相关学术讨论中，把"生活文化"和"国民娱乐"也适时适度地纳入其中。

伴随着经济的持续高速增长，我国社会的人均物质财富也获得了迅速的积累，以文化艺术为核心的精神财富也越来越多地受到普通民众的重视，涉及文化艺术的消费更是持续地强劲增长，从而为我国文化艺术事业的繁荣与持续发展提供了新的机遇。长期以来，我国政府主要是通过文化

---

① 柳斌杰：《〈中华人民共和国公共文化服务保障法〉解读》，中国法制出版社2017年版，第33页。

行政的方式致力于推进文化艺术事业的发展，并取得了很大的成就。但在新的形势与格局下，如何通过文化艺术领域的制度建设与完善，从而进一步促进国家文化艺术事业的大繁荣便成为一个重要而又紧迫的时代性课题。为此，党的十七大报告中提出了文化强国战略，旨在提高国家的文化软实力，推动文化艺术的大发展与大繁荣；党的十八大报告将"文化法律制度"的建设纳入依法治国的重要规划之中。在党的十九大报告中，习近平总书记更是突出地强调完善"文化管理体制"和国家"公共文化服务体系"，为国家在文化艺术领域的立法工作进一步指明了方向。

进入 21 世纪以来，我国在文化艺术领域的立法工作与实践，非常明显地加快了步伐，提升了速度。截至目前，已经相继制定了《非物质文化遗产法》（2011）、《公共文化服务保障法》（2016）、《电影产业促进法》（2016）、《公共图书馆法》（2017）等。上述这些法律以及政府文化行政部门分别制定的单项规章和规范性文件，已经为我国的文化艺术行政提供了初步的法律依据，并接近于形成初具轮廓的制度体系，但也毋庸讳言，我国目前尚缺少一部能够统领、统摄国家文化艺术领域里各相关法律、法规以及相关规章或规范性文件的"文化艺术基本法"，因此，在业已存在的各相关法律、法规或规章及规范性文件之间，往往存在各自为政，彼此缺乏衔接、协调和呼应，较难形成合力的问题。为了全面落实中共中央有关确立《宪法》权威、建设法治国家的大政方针，将《宪法》所明确规范的国家"文化事业发展""文化遗产保护""文化人才培养""宗教信仰、言论出版以及文化创作自由""鼓励和帮助公民开展文艺创作活动"等规定落在实处，确实是迫切需要出台一部能够全面涵盖文化艺术所有领域，并能够为上述相关法律、法规或规范性文件等提供统摄性视野的上位法，亦即文化艺术基本法。

分论篇
日本文化艺术领域
部门法律研究

第五章

《文化遗产保护法》的最新修订

　　文化遗产在文化艺术领域中的重要地位决定了"文化遗产保护法"是所有国家文化艺术法或文化艺术政策中最为重要的组成部分。对此，日本《文化艺术基本法》不仅明确要求国家通过制定必要措施，支持文化遗产的修复、公开与灾害防护，以"保护"和"利用"有形、无形文化遗产以及文化遗产保存技术等文化资源，而且政府制定的《文化艺术推进基本计划》也将文化遗产的保护、利用措施具体化。"保护"和"利用"是文化遗产得以继承或传承的两个基本方面，只强调"保护"会使文化遗产的保护"博物馆化"，这比较有利于物质文化遗产的继承，却不太适合非物质文化遗产的传承；若只注重开发"利用"，则可能会对非物质文化遗产的"本真性"造成巨大冲击。如何在制度设计上平衡二者的关系，不仅考验着立法者的立法技术，也将直接影响到文化遗产能否传承至未来的问题。对此，日本在制定《文化遗产保护法》（法律第214号）之初，法律条文就已经出现了文化遗产的"利用"（活用）规定且将其与"保护"相并列，但实践中却更多倾向于"保护"，并建立了非常完善的文化遗产保护制度。① 在确立"文化立国战略"之后，才开始积极建立文化遗产利用制度。2018年、2021年两次法律修改就是日本政府履行《文化艺术基本法》所确立的国家责任的结果，在制度上也均衡处理了文化遗产的"保护"与"利用"关系。

---

① 周超：《在文化遗产的"保护"与"利用"之间——关于日本〈文化遗产保护法〉2018年修订的评析》，《文化遗产》2020年第1期。

第一节 《文化遗产保护法》2018 年修订

2018 年 6 月 8 日，国会通过《〈文化遗产保护法〉修改法》（平成 30 年法律第 40 号）对《文化遗产保护法》再次做出重大修订，对原本已臻于成熟的文化遗产保护利用制度进行了极不寻常的调整，特别是新增了（包含未被"指定"的）文化遗产保护利用计划"认定"、保护利用支援团体"指定"以及都、道、府、县文化遗产"保护利用大纲"，市、町、村文化遗产"保护利用区域规划"等制度，从而使日本文化遗产保护与利用制度更加趋于合理，同时也真正实现了将文化遗产保护利用的行政重心，从中央倾斜至地方的构想，强化了实现其"文化立国"战略及"历史文化基本构想"的基础性措施。

一 《文化遗产保护法》修订的背景与理由

自经济高速增长期开始，日本的城镇化、工业化就进入快车道，农村地区出现了"过疏化""少子老龄化"以及因出生率递减而导致的"劳动力不足"等现象。① 随后，伴随泡沫经济的崩溃，经济持续低迷，这一状况严重削弱了农村的经济及社会基础，使部分地区村民的正常生活难以维系。作为民俗文化传承母体的乡村地域社会逐渐趋于解体，导致传统的民俗艺能活动出现了后继乏人、难以为继的危机。② 不仅如此，受世纪之交"平成大合并"的影响，该现象进一步蔓延至中小城镇，甚至连大阪、神户等大城市的传统民俗艺能活动也日渐衰落，非物质文化遗产因传承人不足而失传甚至湮灭的现象时有发生。

在文化遗产行政领域，如何在原有的制度下，更均衡地保护利用文化遗产、使文化遗产得以传承，自然成为日本政府紧急应对的课题。③ 同

---

① 内藤正中『過疎問題と地方自治体』多賀出版株式会社（1991）第 3 頁。
② 高桑守史：《人口过疏与民俗变异》，刘文译，载王汝澜等编译《域外民俗学鉴要》，宁夏人民出版社 2005 年版，第 109—118 页。
③ 国会衆議院『第 196 回国会衆議院文部科学委員会議録（第 10 号）』（平成 30 年 5 月 11 日）第 21 頁；国会参議院『第 196 回国会参議院文教科学委員会議録（第 13 号）』（平成 30 年 5 月 31 日）第 1 頁。

时，如何才能让更多的普通民众直接参与到区域文化遗产的保护利用活动之中，这不仅是地域振兴和经济发展的有力抓手，也是地方文化繁荣、丰富在地居民文化生活的关键。为此，就有必要对现行的文化遗产保护利用制度加以改进。①

2017 年 5 月 19 日，文部科学大臣就日本"未来的文化遗产保护利用应有形态"，以书面形式咨询文化审议会（平成 29 年咨问第 33 号）；当日，文化审议会成立企划调查会，开始着手就"今后文化遗产保护利用的应有方法与政策""通过构建新制度，进一步发掘文化遗产所拥有的潜能"以及"促使文化遗产得以传承的环境建设"等方面进行专项调研。后经征求多方意见和多次研究讨论，于 11 月 4 日完成了《面向未来、适应时代要求的文化遗产保护利用方略（第一次咨询报告草案）》，12 月 8 日正式将报告提交给了文部科学大臣。

该咨询报告重申文化遗产的"保护"和"利用"，是文化遗产得以继承或传承的两个支撑点。前者主要追求文化遗产价值的维系与后世传递，后者则立足于文化遗产价值符合现代社会需求的利用行为，二者之间相互作用，但并不构成单纯的对立关系。② 因此，需要政府通过必要的措施，促使民众正确理解不同种类文化遗产的特性，采取适当举措予以保护，在利用文化遗产时不可对文化遗产的保护造成不良影响。

与此同时，保护利用不同类型、不同性质的文化遗产，不可忽视方法上的巨大差异。对此，政府有义务收集、整理适用于不同性质与类型的文化遗产保护方法，摸索和确定适当的利用方法，从而使文化遗产得到继承或传承，让子孙后代在享用文化遗产的魅力与价值的同时，通过利用文化遗产而获得前人的恩典。

由于社区居民是文化遗产继承或传承活动的主体，因此，在文化遗产的"保护"和"利用"方面，政府需要认真思考社区居民参与的方式、方法以及激励措施等。从"文化遗产的保护利用"及新文化的创造这一根本目的出发，政府也应该具有长远计划，认真考虑地域文化遗产以及培

---

① 文化審議会『文化財の確実な継承に向けたこれからの時代にふさわしい保存と活用の在り方について（第一次答申）』（平成 29 年 12 月 8 日）第 1 頁。

② 文化審議会『文化財の確実な継承に向けたこれからの時代にふさわしい保存と活用の在り方について（第一次答申）』（平成 29 年 12 月 8 日）第 2 頁注②。

育出这些文化遗产的地域社会的可持续发展，充分考虑文化遗产的"保护"及"利用"所需人才的储备等，而不应仅关注眼前的经济利益。①

在企划调查会提出上述修法的基本思路的同时，日本中央教育审议会也于2017年9月28日成立了"地方文化遗产行政特别部会"，对放缓规制之后地方文化遗产行政的应有形态进行讨论，并主张所建制度应该"确保专业的、技术性判断原则"，"制度中立并确保连续性和稳定性"，在建立新制度的同时，应该坚持"与开发行为保持均衡"，以及"强化与学校教育、社会教育之间的协同关系"等。② 最终的修订草案，经由文部科学大臣提交至国会审议，③ 第196届国会众议院文部科学委员会和参议院文教科学委员会分别在2018年5月18日和31日审议通过了修法草案。此次法律修订共计新增1节、1款、条文59条，修订36条，修订后的《文化遗产保护法》自2019年4月1日起施行。

二 "文化遗产保护利用计划"及其认定

从修订的具体条文内容来看，日本建立起了以文化遗产保护利用计划（以下简称为"保护利用计划"）的"认定"为核心的文化遗产整体性保护利用的新制度，平衡了此前旧法比较侧重文化遗产保护的倾向，并通过规制缓和以确保文化遗产的合理利用制度得到贯彻执行。以往的认定制度仅限于对非物质文化遗产"传承人"或"传承团体"的认定，④ 但此次新增的认定制度，则将被认定的对象从传承人拓宽至各种"文化遗产保护利用

---

① 文化審議会『文化財の確実な継承に向けたこれからの時代にふさわしい保存と活用の在り方について（第一次答申）』（平成29年12月8日）第2—3頁。

② 地方文化財行政に関する特別部会『地方文化財行政の在り方について（特別部会まとめ）』（平成29年10月30日）第3頁；国会衆議院『第196回国会衆議院文部科学委員会議録（第11号）』（平成30年5月16日）第18頁。

③ 文化審議会『文化財の確実な継承に向けたこれからの時代にふさわしい保存と活用の在り方について（第一次答申）』（平成29年12月8日）第1頁。

④ 《文化遗产保护法》第71条第2款、第147条第2款。"传承人"的日语为"保持者"或"保持团体"，它们以"重要无形文化遗产""选定保存技术"为对象而设定，与我国的非物质文化遗产传承人相比，其最大特点是不限于自然人传承人，还包括团体传承人；传承人的范围也仅限于"艺能""工艺技术"以及"选定保存技术"等"个人技艺精湛"的传承人，对"无形民俗文化遗产"并不认定传承人。具体差异，可参见周超《日本文化遗产保护法律制度及中日比较研究》，中国社会科学出版社2017年版，第69—73、139—156页。

计划"和市、町、村"保护利用地域规划"。

根据新法规定，重要文化遗产、登录有形文化遗产、重要无形文化遗产、重要有形民俗文化遗产、重要无形民俗文化遗产、登录有形民俗文化遗产、史迹名胜天然纪念物以及登录纪念物①等类型的文化遗产所有人或管理团体，可根据文部科学省的政令，制订其各自的文化遗产保护利用计划，并向文化厅长官提起认定申请。②

(一) 保护利用计划的基本内容

由文化遗产所有者或管理团体制订的文化遗产保护利用计划，应包括以下内容：（1）文化遗产的名称、所在地③；（2）为保护和利用该文化遗产实施的具体措施；（3）保护利用计划的实施周期；④（4）文部科学省政令规定的其他事项。

保护利用计划的核心，在于第2项的"……具体措施"，针对不同类型的文化遗产，新法要求的具体措施的内容有所差异。以"重要文化遗产"保护利用计划中的具体措施为例，具体措施至少应包括以下事项：（1）对重要文化遗产的现状之变更或保存产生影响的相关行为事项；（2）对重要文化遗产进行维修的相关事项；（3）以重要文化遗产（除建造物外）的公开展示为目的的委托管理合同事项。

在登录文化遗产保护利用计划中，具体措施为登录文化遗产的现状变更事项和以公开展示（除建造物外）为目的的委托管理合同事项；在重要有形民俗文化遗产、登录有形民俗文化遗产、史迹名胜纪念物、登录纪念物的保护利用计划中，具体措施则为影响该文化遗产现状之变更或保存

---

① 《文化遗产保护法》第27条第1款、第57条第1款、第71条第1款、第78条第1款、第87条第1款、第90条第1款、第109条第1款、第132条第1款。

② 《文化遗产保护法》第53条之2、第67条之2、第76条之2、第85条之2、第89条之2、第90条之2、第129条之2、第133条之2。

③ 在重要无形文化遗产、重要无形民俗文化遗产的保护利用计划中，并无"所在地"事项，取而代之的为"保持者"或"保持团体"，参见《文化遗产保护法》第76条之2第2款第1项、第89条之2第2款第1项。

④ 根据文化审议会的意见，除重要文化遗产（建造物）的计划实施周期为10年、重要无形文化遗产为5年以上外，将其均设为5年。参见文化審議会『文化財の確実な継承に向けたこれからの時代にふさわしい保存と活用の在り方について（第一次答申）』（平成29年12月8日）第24—27頁。

的相关行为事项；除此之外，重要无形文化遗产和重要无形民俗文化遗产保护利用计划，则无具体措施要求。①

（二）保护利用计划的认定、认定条件以及认定程序

从文化遗产保护利用计划的基本内容要求来看，针对不同种类的文化遗产，新法只明确了要有保护利用计划这一底线要求，至于保护利用计划的内容，完全由文化遗产的所有人或管理团体、保持者或保持团体根据自身情况酌情决定，只要文化厅长官认为保护利用计划符合以下条件，就应该予以认定：（1）有利于文化遗产的保护与利用，且计划中的具体措施被认为能够得到确实、可行、顺利地实施；（2）对文化遗产的现状变更或保存产生影响的保护利用行为、维修事项、委托管理的合同内容等，符合文部科学省政令规定的标准；（3）保护利用计划与都、道、府、县文化遗产保护利用大纲或市、町、村文化遗产保护利用地域规划的内容相一致。②

由于所认定的保护利用计划是对已经过文部科学大臣"指定"③"登录"④的文化遗产之保护利用计划的认定，加之保护利用计划的核心在于规范文化遗产的利用行为不得危害到对文化遗产的保护，所以，保护利用计划的认定程序，与文部科学大臣的文化遗产"指定""登录"等程序相比则简单许多，即由文化遗产所有人或管理团体制订保护利用计划并向文化厅长官提起"认定"申请，文化厅长官在接到申请后，经过审查认为符合条件的予以认定即可。

（三）保护利用计划中的文化遗产保护现状变更之许可

无论文化遗产保护利用计划是否能获得文化厅长官的认定，文化遗产所有人或管理团体的保护和利用行为都会对文化遗产的现状产生影响，为避免出于善意的保护利用行为对文化遗产造成不良影响，旧法通过行政许可的方式对可能改变文化遗产保护现状的保护利用行为进行了比较明确和

---

① 《文化遗产保护法》第 53 条之 2 第 3 款、第 67 条之 2 第 3 款、第 85 条之 2 第 3 款、第 90 条之 2 第 3 款、第 129 条之 2 第 3 款、第 133 条之 2 第 3 款。

② 《文化遗产保护法》第 53 条之 2 第 4 款、第 67 条之 2 第 4 款、第 76 条之 2 第 3 款、第 85 条之 2 第 4 款、第 87 条之 2 第 3 款、第 90 条之 2 第 4 款、第 129 条之 2 第 4 款、第 133 条之 2 第 4 款。

③ 《文化遗产保护法》第 27 条第 1 款、第 71 条第 1 款、第 78 条第 1 款、第 109 条第 1 款。

④ 《文化遗产保护法》第 57 条第 1 款、第 90 条第 1 款、第 132 条第 1 款。

严格的限制。由于这些严格的限制性许可制度，可能成为新设的文化遗产保护利用计划认定制度的运行障碍，因此，新法在保护利用计划认定制度中缓和了上述许可规制，不再要求实施可能影响文化遗产保护现状的保护利用行为时，必须事先获得许可（包括维修申报）的规定，[1] 仅在影响重要文化遗产的现状变更或保存之行为终了后，根据文部科学省政令的规定，书面报告文化厅长官即可。[2]

（四）国家所有之文化遗产的保护利用计划之同意

除上述保护利用计划的认定制度外，依据文部科学省政令管理国家所拥有的文化遗产（除重要无形文化遗产、重要无形民俗文化遗产）的各省、各厅长官，也可制订保护利用计划，并通过文部科学大臣，请求文化厅长官予以"同意"。只要其保护利用计划符合认定条件，文化厅长官应予同意。各省、各厅长官若要变更其获同意的保护利用计划（除文部科学省政令规定的轻微变更外），也必须通过文部科学大臣，获得文化厅长官的同意。对于实施保护利用计划可能会影响文化遗产现状变更或保存之行为，则无须事先通过文部科学大臣、获得文化厅长官之同意，而只需在其可能影响文化遗产的现状变更或保存之行为结束后，根据文部科学省政令，通过文部科学大臣书面报告或通知文化厅长官即可。此外，新法还要求各省、各厅长官通过文部科学大臣，向文化厅长官报告其保护利用计划的实施情况。[3]

三 地域文化遗产的综合性"保护"与"利用"

地域文化遗产的综合性、一体化保护利用，不仅是日本文化行政的基础，也是文化遗产保护的最有效方法。为充分发挥地方政府在文化遗产保护利用中的能动性，此次修法新增了都、道、府、县制定"文化遗产保护利用大纲"（以下简称"保护利用大纲"），认定市、町、村"保护利用地域规划"（以下简称"保护利用地域规划"），组建"协议会"和指定"文化遗产保护利用支援团体"（以下简称"保护利用支援团体"）等制度。

---

[1]《文化遗产保护法》第43条第1款、第43条之2第1款。

[2]《文化遗产保护法》第53条之4、5、第67条之4、第76条之5、第85条之3、第89条之3准用第67条之4、第90条之3、第129条之4、第133条之3。

[3]《文化遗产保护法》第179条之2至之6。

(一) 都、道、府、县"文化遗产保护利用大纲"的制定

新法规定,都、道、府、县教育委员会可制定本辖区的文化遗产保护利用大纲,但对大纲的基本内容,新法并未明确。① 对此,在国会审议时,文部科学大臣林芳正曾经解释道:"……保护利用大纲所载事项,将由文化审议会根据国会讨论相关事项,在确定了国家'文化遗产保护利用方针'后予以确定,具体内容应包括域内文化遗产综合性保护和利用所应采取的必要措施,灾害应急措施,对小规模市、町、村文化遗产保护利用的支援方针等。以此为内容的大纲,应尽量避免地域间差异过大、保护和利用之间不平衡现象的发生等。"②

(二) 市、町、村"保护利用地域规划"的基本内容与认定

为确保上述大纲能够得到确实有效的实施,市、町、村可根据大纲制定文化遗产保护利用地域规划。新法要求所制定的保护利用地域规划,应包含以下基本内容:(1)市、町、村文化遗产保护利用的基本方针;(2)为保护利用市、町、村文化遗产而采取的具体措施;(3)为掌握市、町、村文化遗产情况而实施的调查;(4)地域规划的实施周期;(5)文部科学省政令所规定的其他事项。

市、町、村教育委员会在制定了保护利用地域规划之后,可向文化厅长官提出认定申请。文化厅长官收到该申请后,经过审查认为:该地域规划的实施有助于地方文化遗产的整体性保护与利用,且所申请认定的地域规划不仅能够得到确实、可行、顺利的实施,而且还与都、道、府、县保护利用大纲以及《地域历史风貌维护法》所确定的"地域历史风貌维持提高计划"保持一致时,文化厅长官就应该予以认定。③

(三) "协议会"的组建与"保护利用支援团体"的指定

为协调基层文化遗产行政的各种关系,新法授权市、町、村教育委员会单独或共同组建"协议会",以协调本辖区以及与其他市、町、村之间文化遗产保护利用地域规划的制定、变更以及被认定规划的实施等问题。所设协议会由市、町、村与市、町、村的上级都、道、府、县,市、町、村教育委员会指定的文化遗产保护利用支援团体,文化遗产的所有人、学

---

① 《文化遗产保护法》第 183 条之 2。
② 第 196 回国会衆議院文部科学委員会議録(第 11 号)(平成 30 年 5 月 16 日)第 13 頁。
③ 《文化遗产保护法》第 183 条之 3。

者、工商业者、旅游业者以及市、町、村教育委员会认可的其他关系人等组成。协议会的职责在于向相关行政机构提供有关资料、表明自己的意见、说明情况和其他必要的协助等事项；协议会的组织原则是协议会成员必须尊重协议会的协议结果；协议会的运营等其他规则由协议会自行制定。①

此次修法新增的一节便是文化遗产"保护利用支援团体"指定制度，是针对从事文化遗产保护利用事业的相关社会团体和组织的一种激励制度，即文部科学省政令所规定的法人团体或其他社会组织，有能力实施以下各项事务的，可向市、町、村教育委员会申请指定其为文化遗产保护利用支援团体：(1) 在市、町、村辖区内保护和利用文化遗产；(2) 向以保护利用市、町、村文化遗产为目的组织及个人提供资料、信息、咨询等支援活动；(3) 接受文化遗产所有人的委托，从事管理、维护、修复以及其他文化遗产的保护利用等活动；(4) 有关保护利用文化遗产的相关调查；(5) 市、町、村文化遗产保护利用的其他必要事务。

保护利用支援团体可就保护利用地域规划的制定、变更等，向市、町、村教育委员提出建议案；在被认定的保护利用地域规划实施期间，可依据文部科学省政令之规定，就辖区内适合登录的文化遗产，建议市、町、村教育委员会向文部科学大臣提起登录申请。为确保保护利用支援团体能够确实有效地实施法定业务，新法还要求国家及地方政府向支援团体就其各项业务的实施等进行指导、提供资讯以及必要的建议等，同时赋予指定机关——市、町、村教育委员会在必要时，可要求支援团体报告其业务实施情况的权力；如果市、町、村教育委员会认为支援团体未适当、确实地实施其各项业务，可命令其采取必要措施改善业务；若支援团体未履行相关义务的，市、町、村教育委员会可撤销支援团体的指定等。②

四 指导建议、规制缓和及罚则强化

新法对地方文化遗产行政进行了适当调整，明确了都、道、府、县及市、町、村的教育委员会（除特定地方公共团体外）所设置的地方文化

---

① 《文化遗产保护法》第183条之9。

② 《文化遗产保护法》第192条之2、第192条之3、第192条之6，第192条之5、第192条之4第2—4款。

遗产保护审议会，由"文化遗产领域杰出人士"构成；允许特定地方公共团体可根据条例设置地方文化遗产保护审议会；并将原本只允许都、道、府、县教育委员会设置的"文化遗产保护指导委员"扩大至市、町、村教育委员会。①

上文所谓"协议会"的组建，主要是为了协调市、町、村之间以及内部各方的关系，但在上下级关系上，新法沿用了旧法在文化遗产的"指定""认定"以及"选定"制度中确立的指导建议原则，即上级机关在业务上有权对下级机关进行指导、提供建议，同时下级机关也可请求上级机关给予业务指导与提供建议。为确保市、町、村教育委员会制定的文化遗产保护利用地域规划得到确实有效的实施，新法明确规定都、道、府、县教育委员会可对市、町、村制定、实施被认定的文化遗产保护利用地域规划等提供必要的建议；也要求国家必须努力为此提供各种信息、帮助与适当建议；国家、都、道、府、县不仅要与市、町、村相互协作，市、町、村负责人也必须与教育委员会紧密协作。②

为了保护文化遗产，旧法对文化遗产的利用行为进行了比较严格的限制，但为促进地方政府在文化遗产利用过程中发挥积极主动性，新法有条件地将原本属于文化厅长官的部分权限让渡给市、町、村教育委员会行使。如文化遗产的现状变更之许可、实施影响文化遗产保存的行为之许可、许可撤销以及停止相关行为之命令；文化遗产的公开展出之许可、许可撤销以及停止公开展出之命令；针对文化遗产的调查以及实施调查的相关措施等，市、町、村教育委员会行使这些权利的程序与法律后果和文化厅长官的权利行使程序与法律后果相同。③

规制缓和一方面为文化遗产保护行政带来了活力，另一方面，也有可能会对文化遗产造成某些破坏，作为对应手段，新法强化了法律责任的承担，亦即在"罚则"中加大了罚金额度。例如，针对文化遗产的破坏、损毁以及藏匿行为，罚金刑的处罚标准从原来30万日元增加至100万日元；如果破坏、损毁或藏匿文化遗产的行为者为文化遗产所有人，则罚金从原来的20万日元增至50万日元。同样，变更史迹名胜天然纪念物的现

---

① 《文化遗产保护法》第190条第1款、第2款，第191条第1款。
② 《文化遗产保护法》第183条之5第1—4款。
③ 《文化遗产保护法》第184条之2第1—4款。

状，或实施相关行为影响到史迹名胜天然纪念物保存的环境，造成该史迹名胜天然纪念物灭失、损毁或消亡的，罚金从原来的 30 万日元增至 100 万日元；如果造成该史迹名胜天然纪念物灭失、损毁或消亡的责任人为其所有人，罚金从原来的 20 万日元增至 50 万日元。对于未经许可或未满足许可之条件改变重要文化遗产、史迹名胜天然纪念物之现状，或实施影响其保存之行为，或不服从停止改变现状或停止实施影响保存行为之命令的，罚金也从原来的 20 万日元增至 50 万日元。[①]

第二节　2021 年对《文化遗产保护法》的修订

1996 年 6 月 12 日，日本通过修改《文化遗产保护法》（法律第 66 号）、后经 2004 年 6 月 9 日再次修订（法律第 82 号）建立起了有形文化遗产登录制度，即对那些未获得"指定"的，但有必要采取措施予以保护和利用的"有形文化遗产""有形民俗文化遗产"以及"纪念物"等进行"登录"。[②] 文化遗产登录制度的建立是对文化遗产"指定"制度的补充，是日本文化遗产保护从"重点保护"向"普遍保护"的重要标志。此次修订，是将登录制度的登录范围扩大至非物质文化遗产，使得文化遗产登录制度更加完备。

一　法律修改的背景与理由

《文化遗产保护法》中既存的"无形文化遗产""无形民俗文化遗产""文化遗产保存技术"指定、选定制度，使得日本在 2004 年 5 月 19 日加入了联合国教科文组织《保护非物质文化遗产公约》后并未立刻引入"非物质文化遗产"概念和建立相关保护制度。但随着进入世界非物质文化遗产名录的日本非物质文化遗产项目数量的增加，特别是日本料理"和食文化"不仅被列入世界遗产名录，而且《文化艺术基本法》也将包括饮食文化在内的生活文化纳入调整范围，这使得已步入老龄化、过疏化的

---

① 《文化遗产保护法》第 195 条第 1 款、第 2 款，第 196 条第 1 款、第 2 款，第 197 条。

② 周超：《日本文化遗产保护制度及中日比较研究》，中国社会科学出版社 2017 年版，第 51—53 页。

日本社会出现文化遗产传承人短缺现象更加显著，对非物质文化遗产进行保护的必要性进一步增大。

近年来，在社会各界的大力呼吁下，日本政府开始努力采取措施对那些未进入《文化遗产保护法》保护范围的非物质文化遗产进行保护，地方政府也着手对前述未被现行法保护的非物质文化遗产现状进行调查。针对这一现状，就需要通过完善现有制度，以应对更为广泛的文化遗产（特别是非物质文化遗产）保护和利用。在《文化遗产保护法》所确立的各项保护措施中，目前仅有文化遗产登录制度的登录范围尚未涵盖"无形文化遗产"和"无形民俗文化遗产"，为此通过修法完善登录制度就成为必要。于是，第204届国会众议院文部科学委员会和参议院文教科学委员会分别在2021年4月7日和15日审议通过了政府提出的《文化遗产保护法》修订草案，新增"登录无形文化遗产"与"登录无形民俗文化遗产"，形成了新的文化遗产种类体系（如图5-1所示）。此次法律修订共计新增1节、条文19条，修订23条，修订后的《文化遗产保护法》自2022年4月1日起施行。

二　无形文化遗产与无形民俗文化遗产登录制度

文部科学大臣可将有文化遗产价值、有必要加以保护利用的重要无形文化遗产或重要无形民俗文化遗产以外的其他无形文化遗产或无形民俗文化遗产，登录在"文化遗产名录"上（第76条之7第1款、第90条之5第1款）；但在登录之前应听取相关地方公共团体的意见、所登录之事项由文部科学省政令规定（第76条之7第2款、第90条之5第2款）。另外，文部科学大臣在进行无形文化遗产登录时，还应认定所登录之无形文化遗产的保持者或保持团体（第76条之7第3款）；当登录无形文化遗产或无形民俗文化遗产被指定为"重要无形文化遗产"或"重要民俗文化遗产"时，文部科学大臣应撤销其登录（第76条之8第1款、第90条之6第1款）；当登录无形文化遗产或无形民俗文化遗产丧失其登录价值时，文部科学大臣应撤销其登录（第76条之8第2款、第90条之6第2款）；当登录无形文化遗产的保持者因身心障碍不再适合成为保持者、保持团体因成员变动不再适合成为保持团体或者出现其他特别事由时，文部科学大臣可解除保持者或保持团体之认定（第76条之8第4款）；文部科学大臣在登录、认定或者撤销登录、认定之后，必须及时在《官报》上进行公

第五章 《文化遗产保护法》的最新修订

```
文化遗产
├── 有形文化遗产 ──指定→ 重要的：重要文化遗产 ──指定→ 有重大价值的：国宝
│   【建造物】                ──登录→ 有特别保存、利用之必要的：登录有形文化遗产
│   【美术工艺品】绘画·雕刻·工艺品·书迹·典籍·古文书·考古资
│
├── 无形文化遗产 ──指定→ 重要的：重要无文化遗产
│   演剧·音乐·工艺技术等  ──登录→ 有保存、利用之必要的：登录无形文化遗产
│                         ──记录→ 有特别必要的：采取记录措施的无形文化遗产
│
├── 民俗文化遗产 ──指定→ 特别重要的：重要有形民俗文化遗产
│   【有形民俗文化遗产】无形民俗文化遗         重要无形民俗文化遗产
│   产所利用的服装·器具·房屋等   ──登录→ 有保存、利用之必要的：登录有形民俗文化遗产
│   【无形民俗文化遗产】衣食住·生产·                          登录无形民俗文化遗产
│   信仰·节日风俗习惯·民俗艺能·民  ──记录→ 有特别必要的：采取记录措施的无形民俗文化遗产
│   俗技能等
│
├── 纪念物 ──指定→ 重要的：史迹 ──指定→ 特别重要的：特别史迹
│   【遗迹】贝冢·古坟·古城遗迹·旧       名胜 ──指定→ 特别名胜
│   宅等                                天然纪念物 ──指定→ 特别天然纪念物
│   【名胜地】庭院·桥梁·峡谷·海滨· ──登录→ 有特别必要的：登录纪念物
│   山岳等
│   【动物·植物·地质矿物】
│
├── 文化景观 ──根据都、道、府、县或市、町、村申请选定→ 特别重要的：重要文化景观
│   【由某一地域民众生活·生产以
│   及地域风土而形成的景观地】梯田
│   （水田）·里山·水道等。
│
├── 传统建造物群 ──市、町、村决定→ 重要的：传统建造物群保存地 ──选定→ 特别重要的：重要传统建造物群保存地区
│   驿站街·城下町·农村渔村等。
│
├── 埋藏文化遗产
│   【埋藏于地下的文化遗产】
│
└── 文化遗产保存技术 ──选定→ 有必要采取保存措施的：选定保存技术
    【保存文化遗产所必需材料及工具的
    生产·制作·修理·修复等技术等】
```

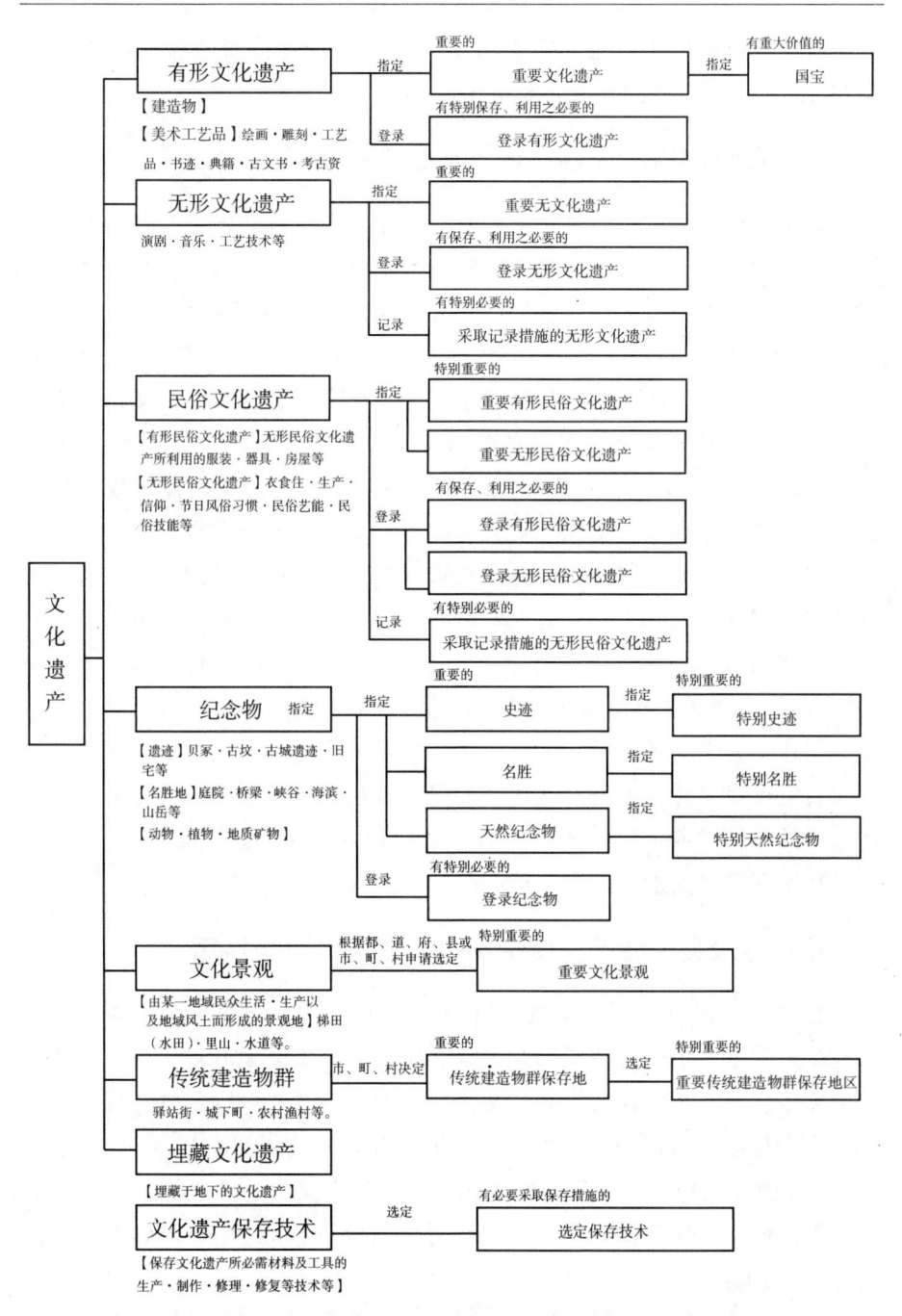

图 5-1　日本文化遗产最新分类体系（截至 2021 年 12 月）

资料来源：文化厅官方网站。

告，将认定或撤销认定之结果通知无形文化遗产保持者或保持团体（第76条之7第4款、第76条之8第5款）。

三 登录内容的保存、记录与经费补贴

文化厅长官认为必要时，可采取一定保护措施对文化遗产名录上登录的无形文化遗产或无形民俗文化遗产进行记录、培育传承人，并向其他采取措施积极保护登录无形文化遗产或无形民俗文化遗产的组织或个人提供必要的经费补贴（第76条之10第1款、第90条之7第1款）。文化厅长官在交付所补贴之经费时，可就登录无形文化遗产、无形民俗文化遗产的保存措施给予必要建议、作出必要指示，并可指挥或者予以监督（第76条之10第2款、第90条之7第2款）；在登录的无形文化遗产或无形民俗文化遗产的保存上，文化厅长官可就登录记录的公开事宜，向登录无形文化遗产的保持者或保持团、登录无形民俗文化遗产的保持者或保持团体以及登录记录的所有人提供必要的指导或建议（第76条之11第1款、第90条之8第1款）。对于前述公开所需之经费，国家给予部分经费补贴（第76条之11第2款、第90条之8第2款）。

此外，关于登录无形文化遗产以及登录无形民俗文化遗产的保存，文化厅长官可以向登录无形文化遗产的保持者或保持团体、登录无形民俗文化遗产的保持者或保持团体提供指导和建议（第76条之12）；地方公共团体在保存登录无形民俗文化遗产的，亦同（第90条之9）。

四 登录文化遗产之保护利用计划的制订与认定

2018年通过修订《文化遗产保护法》创建的文化遗产保护利用计划及其认定制度，也同样适用于此次修法所确立的登录无形文化遗产和登录无形民俗文化遗产，即登录无形文化遗产的保持者或保持团体，可制订登录无形文化遗产保护利用计划，并申请文化厅长官予以认定（第76条之13第1款）；同样登录无形民俗文化遗产的地方保护公共团体等可制订登录无形民俗文化遗产保护利用计划，并申请文化厅长官予以认定（第90条之10第1款）。

上述登录文化遗产保护利用计划应包括以下内容（第76条之13第2款、第90条之10第2款）：（1）该登录无形文化遗产的名称、保持者或保持团体；或者登录无形民俗文化遗产的名称。（2）为保护和利用该登

录文化遗产而实施的具体措施之内容。（3）保护利用计划的实施周期。（4）文部科学省政令规定的其他事项。

对于上述保护利用计划的认定申请，文化厅长官认为符合以下条件的，可予以认定（第76条之13第3款、第90条之10第3款）：（1）所申请的保护利用计划之有利于该登录无形文化遗产或登录无形民俗文化遗产的保护与利用。（2）所申请的保护利用计划被认为可以顺利且能够得到确实实施的。（3）所申请的保护利用计划符合都、道、府、县或市、町、村教育委员会制定的辖区内的文化遗产保护利用的综合性施政大纲或文化遗产保护利用区域规划之要求的。

文化厅长官作出认定后，应立刻将认定结果通知申请人（第76条之13第4款、第90条之10第4款）。另外，当文化厅长官认为获得认定的登录无形文化遗产或登录无形民俗文化遗产之保护利用计划，不再符合认定条件的，可以撤销该认定（第76条之14第1款、第90条之11）；为掌握保护利用计划的实施情况，法律明确文化厅长官可要求保护利用计划的被认定者报告其计划的实施情况（第76条之15、第90条之11）等。

第三节　对《文化遗产保护法》最新修订的评析

自1950年出台，日本《文化遗产保护法》已被修订了43次，其中直接修订《文化遗产保护法》的多达8次，其他则因相关法律的制定、修改涉及《文化遗产保护法》而做的微调，通常不会影响文化遗产的基本制度。如此频繁的法律修订，造就了日本在文化遗产保护领域持续领先的制度优势，推动其成为文化遗产保护的世界强国。2018年、2021年再次对《文化遗产保护法》的重大修订，可以说非常清晰地反映了日本在文化遗产保护利用领域的最新进展。

第一，根据新增内容，反映出日本文化遗产行政的重心明显出现了从"保护"朝向"利用"倾斜的趋势。自《文化遗产保护法》实施以来，日本在文化遗产保护上倾注了大量努力，取得了令世界瞩目的成就。但该法的重心始终以"保护"为主，整个法律制度的设计，主要是围绕文化遗产的"保护"展开，如对文化遗产的"指定""认定""选定"以及"登录"制度、现状变更等的许可制度等。此次修法所确定的文化遗产保护利用计划、保护利用地域规划的"认定"制度、"保护利用支援团体"的"指定"制度等,则以文化遗产的"利用"为核心。这一重大变化意味着日本文化遗产法律保护及文化遗产行政开始致力于追求文化遗产"保护"与"利用"之间的均衡关系。从字面来判断,文化厅长官认定的保护利用计划,既包含文化遗产的保护计划,也包括文化遗产的利用计划,将二者并置反映了日本立法者均衡地处理文化遗产的"保护"和"利用"之间关系的基本理念,亦即"保护"是为了"利用",通过"利用"促进对文化遗产的"保护",两者对文化遗产而言同等重要。

第二,在均衡地调整和处理文化遗产"保护"和"利用"关系的基础上,此次修法的另一明显特征是:对未被"指定"的文化遗产也纳入区域文化遗产的整体性、综合性保护利用规划之中的重视。从可持续发展以及文化遗产继承或传承的角度出发,现在未被指定的文化遗产并不等于未来不会被指定。在一定地域内由历史和文化所形成的各个单体性的文化资源中,被指定的文化遗产仅是其中较有代表性的文化资源,其并非单独孤立地存在,那些未被指定的文化遗产也应被包含在文化的未来传递之中。因此,在一个持续稳定的历史跨度里,文化遗产的数量肯定会保持持续增长态势,过去遗留下来的文化遗产得到保护与传承,现在正在形成的文化遗产未来也需要保护,如此积累才会使得社会文化持续繁荣。必须承认,重视未被指定的文化遗产(包括非物质文化遗产),自然也就极大地拓展了文化遗产的存量基础。

第三,严格的法律制度对文化遗产的"保护"而言肯定是正面和积极的,但对于文化遗产的"利用"而言,则可能是负面和消极的。当实施已获得"认定"的文化遗产保护利用计划或保护利用地域规划中的具体措施,可能直接或间接造成文化遗产的现状变更时,如果还要求事先获得文化厅长官许可的话,就会在制度上形成冲突,给申请人带来不便,直接影响申请人利用文化遗产的意愿和积极性。因此,新法将文化遗产现状变更的事前许可规制,缓和为事后报告制。如此缓和规制既避免了制度上的冲突,又未完全放弃行政监督,在一定程度上,显现出日本文化遗产行政立法技术的均衡感与全面性。

第四,2000年《文化审议会令》(平成12年政令第281号)第2条第1款规定,"文化审议会的委员由文部科学大臣在有学识、有经验者中任命";此次修订产生的新法,不仅将"地方文化遗产审议会"的构成人员明确限定为"文化遗产领域杰出人士",而且在"协议会"中也有学者一席之地,即进一步明确和强调了文化遗产"保护"和"利用"的"专家化原则"或"专家保护原则"。

第五,一个区域的历史文化、社会风俗及自然环境等复杂因素决定其文化遗产的特性,如果对具有地域性特征以及多样性的文化遗产进行整齐划一的保护和利用,就有可能抹杀文化遗产的地域性与多样性,这对于文化遗产而言可能是灾难性的。为此,此次修法的另一明显特征,在于进一步强化了地方行政机关彼此之间、行政机关与民间的协作关系,并通过对民间"文化遗产保护利用支援团体"的指定,实现文化遗产保护利用的"社区参与"①。具体而言,就是在原先设置的、由地方公共团体负责人主持的"地方文化遗产保护审议会"的基础上,确定组建由市、町、村教育委员会,都、道、府、县教育委员会,文化遗产所有人,文化遗产保护利用支援团体以及学者、地方工商业协会、旅游团体等人员构成的"协议会",由此实现对区域性文化遗产的整体性、综合性的"保护"和"利用"。此外,为明确和强化文化遗产保护利用过程中利益相关方的法律责任,在缓和规制的同时,还强化了保护利用过程中对文化遗产构成破坏行为的财产刑上的责任。

截至目前,我国的文化遗产行政明显地存在"重申请轻保护""重保护轻利用""过度开发利用"等现实问题。而日本通过修订法律在"保护"和"利用"的文化遗产行政方面形成的全新格局,值得我们密切关注和深入研究,并在某些地方获得新的参照与借鉴。值得指出的是,在文化遗产行政中有一些基本要点是万国通用的。其一是"专家化原则"或"专家保护原则",其二是基层社区参与原则,第三是依法推动的文化遗产行政。日本《文化遗产保护法》2018年、2021年修订,对上述基本要点均做出了必要且适当的调整。

从2000年12月的"水洗三孔"事件,到2014年3月冯骥才先生在全国政协会上明确反对在文化遗产利用过程中使用"开发"一词,其背

---

① 关于文化遗产保护的"社区参与"理念,参阅周超《社区参与:非物质文化遗产国际法保护的基本理念》,《河南社会科学》2011年第2期。长期以来,这个理念缺乏一个制度模式来加以实现。此次日本新法确立的"文化遗产保护利用支援团体的指定"+"协议会"模式,或不失为一个值得观察的制度性选择。

后所反映出的是资本进入文化遗产保护利用过程中的利益最大化,以及专家保护的缺位、社区参与的薄弱等现实困境。相对于文物的物质性以及文物保护的专业性,口头与非物质文化遗产领域中的文化遗产"开发"行为对文化遗产"保护"造成的负面影响,确实是比例较高又具有隐蔽性,负面影响也更长远。如果在基层或社区的文化遗产保护及利用过程中,不仅鼓励社区居民参与,还引入并强化专家保护,同时提升文化遗产行政部门的业务指导和依法监管,相信就有可能遏制各种恶性的破坏性开发行为,逐渐实现可持续的文化遗产利用,进而实现在文化遗产的保护行为与利用行为之间形成良性互动的理想状态。

必须指出的是,就我国现行法律法规所确定的各项制度的内容来看,比较偏重于文化遗产保护的"结果",而轻视文化遗产保护的"过程"。这主要表现在原则性条文居多、缺少授权性条款和过程管理等方面的内容。这种现象不仅存在于文化遗产领域的行政立法,几乎所有的国家行政立法都存在着类似的问题。导致这种问题的原因,表面上似乎与我国较大的区域性差异有关,只能通过"宣誓性"条文来实现文化遗产的保护目标,但其背后的真正原因可能还在于理念上的偏差,亦即关注保护"结果"的状态,忽视对保护及利用"过程"中具体行为措施的关注。如果转换角度从文化遗产的保护、利用"过程"出发进行制度设计,日本此种近乎"文牍主义"式的文化遗产保护利用的制度设计模式,或许也有可能成为今后修改和完善我国《非物质文化遗产法》等相关法律法规时的一部分参考。

综上所述,我们认为,日本《文化遗产保护法》在2018年和2021年修订将产生巨大而又深远的影响,特别是均衡地处理文化遗产的"保护"和"利用"之关系的制度设计、区域性文化遗产的整体性保护和利用的理念、注重"社区参与"的文化遗产保护利用支援团体指定制度等,都将对今后较长一个时期内日本的文化遗产行政产生极大的革新和推动。

第六章

传统工艺品与《传统工艺品产业振兴法》

在文化产业大发展的当下，日渐式微的传统工艺是一个特殊存在。自2015年党的十八届五中全会二次会议上明确提出"……振兴传统工艺"以来，国家"十三五规划"强调了"加强非遗保护与传承、振兴传统工艺"（2016），文旅部、工信部和财政部联合制定了中国《传统工艺振兴计划》（2017）并发布了《第一批国家传承工艺目录》（2018），随后"振兴传统工艺"不仅被纳入《文化产业振兴法（草案送审稿）》（2019）中，还被作为"国家乡村振兴战略"（2018—2022）以及《乡村振兴促进法（草案）》（2020）的主要内容之一。由此可知，传统工艺振兴正在成为政府的工作重点之一，同时也成为中国经济固本强根的重要举措，但所有这一切也意味着振兴传统工艺越来越具有了某种迫切性。为此，中国明显地需要一个全面、完整且具有可持续性的旨在振兴传统工艺的法律制度设计。但就目前的实际情形而言，除各地尤其是旅游业或传统工艺相对发达地区已经形成了一些区域性的振兴措施与制度之外，国家层面尚缺乏一套行之有效的法律制度。当我们试图通过法律手段推进传统工艺的振兴时，自然就需要了解、参考和借鉴一些发达国家的经验。日本1974年5月25日颁布的《传统工艺品产业振兴法》（法律第57号），应该就是一个较好的参照，这是因为该法经多次修改后在日本确立起了振兴传统工艺的法律制度，对该法进行深入研究，将有助于中国振兴传统工艺相关法律制度的建立与完善。①

---

① 周超：《日本〈传统工艺品产业振兴法〉研究》，《西北民族研究》2021年第4期。

第一节 《传统工艺品产业振兴法》出台的背景与契机

对于很多中国人游客而言,在日本的旅行经验之一,就是经常会遭遇各种形态的传统工艺品,它们不仅构成现代日本社会重视传统文化的印象,在为东道主带来了一定经济利益的同时,也把日本传统工艺的工匠精神和器用之美传播到了海外。之所以能够做到这一点,是由于长期以来日本政府始终较为重视对传统工艺品产业的振兴。

一 "日本主义"与"帝室技艺员"

自明治维新时期开始的工业化机械生产,以及"超越欧美""文明开化"等理念的影响,否定传统文化的思潮曾一度在日本颇为流行,从而使得具有悠久历史的传统工艺美术受到了冲击。但同时,以英国伦敦、法国巴黎为中心的西欧国家兴起了一股崇尚日本美术工艺的"日本主义"(Japonisme)风潮,特别是 1856 年葛饰北斋(1760—1849)的作品流入欧洲、1862 年伦敦第三届世界博览会上陈列的日本瓷器以及其他工艺品,以及 1867 年巴黎万国博览会上展出的工艺美术品等所引发的日本热。对此,当日本国内获悉高更、莫奈、梵高等印象派艺术家的创作受到日本传统工艺美术的影响时,上至皇室、下至普通国民,都逐渐开始关注传统工艺美术的发展,政府也尝试着通过扩大工艺美术品出口、以消除对外贸易赤字。

1887 年 10 月,美术史家、评论家冈仓天心(1863—1913)根据敕令在整合文部省 1885 年设立的"图画调查处"(図画取調掛)和工部省工学寮附属"工部美术学校"[①]一部的基础上,成立了"东京美术学校",促使趋于低迷的日本传统工艺美术以及技法得以回归正轨。与此同时,在

[①] "工部美术学校"成立于 1876 年 11 月,是日本最早的官立美术学校,最初授课教师为伊藤博文(1841—1909)任工部大臣时邀请的欧美画家、雕刻家以及建筑师等,为日本培育了一批著名艺术家,如油画家小山正太郎(1857—1916)、松冈寿(1862—1944)、浅井忠(1856—1907)、山本芳翠(1850—1906)等;该学校允许女性入学。

注重日本传统工艺美术的美国哲学家、东洋美术史家厄内斯特·佛朗西斯科·费诺罗萨（1835—1908）影响之下，宫内省将成立于1879年、以促进与欧美文化艺术交流的"龙池会"改称"日本美术协会"，1888年选定17名"宫内省工艺员"。1890年10月，明治政府在皇室授意之下，参考法国艺术院（Academy）制度，制定了以保护奖励美术工艺为目的的"帝室技艺员制度"①，"帝室技艺员"由皇室在品行、技能皆优秀的艺术家中任命、享有年金（每年100日元）、接收皇室订单、提供技术咨询等。"帝室技艺员"是艺术家的最高荣誉，并具有相应的权威。最初被任命的"帝室技艺员"仅有20名、后扩充至25名。截至1947年该制度废止，被任命的"帝室技艺员"共计13批、79名，其中画家45名、雕刻家7名、名工匠24人、2名为建筑师、1名是摄影师。现在，该制度以文化勋章授予、重要无形文化遗产传承人（保持者）认定以及日本艺术院会员制等别的形式得以延续。

二 立法契机与法律草案

随着战后日本经济社会秩序的逐步恢复，以钢铁、能源、化工等为基础的快速工业化发展，促使日本经济进入了高速增长期，但随之而来的土地开发、森林破坏、环境污染以及"过疏化"现象②等。这不仅影响到以土地为本的农业的发展，③也造成了以农业为基础的传统工艺品产业的持续衰退。后者具体地表现为传统工艺品产业的从业者人数锐减、原材料供给困难、许多传统的技术或技法因为缺乏继任者正在或者已经消失。工业化所带来的大规模生产、大众消费的经济结构尽管满足了国民的生存、生活之需求，但也使得国民生活变得单调无味、缺乏情调。正是这些问题，促使日本政府及国民必须重新审视传统工艺品在丰富民众消费、美化生活，使国民日常生活变得丰富、文化多元等多方面的价值，并考虑其在国家可持续性发展等方面发挥独到的作用。伴随着国民日常生活方式的巨

---

① 徐艺乙:《日本的传统工艺保护策略》，载文化部、江苏省政府《第二届中国非物质文化遗产保护·苏州论坛》，2007年，第163—170页。

② "过疏化"是指日本在经济高速成长的都市化过程中，农、山、渔村出现的人口老龄化、社区空洞化现象［参见内藤正中『過疎問題と地方自治体』多賀出版（1991）第3頁］。

③ 细谷昂:《战后日本农业和农业政策的发展过程及现实问题》，《河北学刊》2006年第1期。

变，普通民众对传统工艺品的消费需求趋于萎缩，但与此同时，近现代日本社会始终存在的民艺运动和重新评价传统工艺及传统文化的动向也一直较为活跃。于是，人们对于无公害、附加值高的传统工艺品的认可与认知，也随着时代的推移逐渐高涨。

值得一提的是，受自由贸易影响、大量廉价的域外传统工艺品进入日本市场，并前所未有地影响到日本传统工艺品产业在其国家经济中的地位与功能。[①] 例如，1972 年 2 月，具有 1300 年历史、被称为日本三大纺织品之一的奄美大岛捻线绸（紬/つむぎ），因韩国产捻线绸的倾销[②]而破坏了原有的供需关系、使得生产商因资金链断裂陷入经营停顿。对此，政府最终以紧急拨款的方式，缓解了奄美大岛捻线绸产业的燃眉之急，避免了相关企业的倒闭，[③] 也等于保护了捻线绸这一传统工艺。这一事件涉及国际贸易中的关税及非关税壁垒问题，但当时针对传统工艺及传统工艺品，除极少一部分能以保护重要文化遗产（国家珍宝）为由限制进口[④]之外，几乎没有办法阻止外国同类传统工艺产品的进口，无法保护以家庭为基本单位的中小传统工艺品生产者。这一事件除了引发一般民众对传统工艺品产业命运的日益关注，还直接促成并推动日本政府及社会有识之士开始考虑通过法律的手段、保护和振兴其传统工艺品产业。

1973 年 4 月 26 日，以自民党众议院议员左藤惠（1924—2021）为首的 9 名超党派国会议员共同起草了《传统工艺品产业振兴法（草案）》，经多次协商和广泛征求意见后，同年 9 月 22 日向国会正式提交审议。1974 年 4 月 26 日，日本国会参、众两院全票通过该草案，并于 5 月 25 日公布并开始实施《传统工艺品产业振兴法》。

---

① 赵云川：《传统工艺品产业"活态"发展的重要基石：谈日本"传产法"和"传产协会"的功能及意义》《中国美术》2016 年第 2 期。

② 来生新『産業経済法』ぎょうせい（1996）第 32 頁。

③ 因人工成本低及机械化生产使得韩国产捻线绸的市场价格仅为奄美大岛捻线绸的一半。在以京都为中心的销售市场，销售商的广告强调"日韩合作""日本染色、韩国纺织，保证专业人士都无法区分的质量"等，使得奄美大岛捻线绸严重滞销（参见『京都新聞』1973 年 2 月 21 日）。

④ ［澳］塔尼亚·芙恩：《文化产品与世界贸易组织》，裘安曼译，商务印书馆 2010 年版，第 164—165 页。

第二节 《传统工艺品产业振兴法》的基本内容

《传统工艺品产业振兴法》自实施至今共修订 14 次、其中重大修订 2 次（1992 年法律第 41 号、2001 年法律第 33 号）。① 现行的《传统工艺品产业振兴法》正文共计 32 条、附则 31 条。下文将根据法律文本、结合《〈传统工艺品产业振兴法〉实施令》（1974 年政令第 177 号）及《〈传统工艺品产业振兴法〉实施规则》（2001 年经济产业省令第 146 号），简要梳理日本涉及传统工艺品产业振兴的主要制度和举措。

一 立法目的与"传统工艺品"的法律界定

超党派议员联盟在 1973 年向国会提交审议《传统工艺品产业振兴法（草案）》时的立法理由为：传统工艺品是一定地域内的民众主要利用传统技术或技法制造的产物，是在民众生活中孕育、传承至今甚至未来的基础性文化。为实现传统工艺品产业的振兴、丰富国民生活、促进区域经济繁荣、谋求国民经济的健全发展，需要制定本法。这些理念最终体现在《传统工艺品产业振兴法》第 1 条"立法目的"中，表明促进区域经济发展的目的性决定了其追求效益的价值取向。②

《传统工艺品产业振兴法》未直接定义"传统工艺品产业"，仅界定了"传统工艺品"，明确了它与大机器生产的"工艺品"的区别，亦即由经济产业大臣在听取产业构造审议会③意见的基础上，指定符合以下各项要件的工艺品为传统工艺品（第 2 条第 1 款）：（1）主要为日常生活中使

---

① 这两次重要修改除"罚则"中的财产刑因收入水平变化及通胀原因作出适当调整外，1992 年新增了振兴传统工艺品产业"基本方针"和"共同振兴计划""激活计划""支援计划"以及"传统工艺士"的认定制度等。此外，还通过调整《中小企业信用保险法》（法律第 264 号）中的保险额度，将传统工艺品制造合作社、销售合作社等纳入保险范围。2001 年新增了"协同激活计划认定"制度。

② 国会衆議院『第 71 回国会参議院商工委員会会議録（第 27 号）』（昭和 49 年 4 月 26 日）第 3—5 頁。

③ "产业构造审议会"是根据《经济产业省设置法》第 7 条规定设立的有关国家经济产业政策的调查、咨询以及审议的组织。

用的工艺品；（2）主要制造过程为手工完成；（3）利用传统技术或技法制造；（4）主要使用传统的原材料；（5）在一定地域内、有一定数量从业人员。

  对于上述五项要件，经济产业省给出了具体的判断标准。第一项中"日常生活中使用的工艺品"的范围相当广泛，但它并非指民众每天都得使用的工艺品，仅强调与民众生活紧密相关。如民众一生或每年仅使用几次（婚礼、葬礼用）的工艺品，也属"日常生活"的范围。[①] 此外，像玩偶、（室内）装饰品等能给生活带来温馨与情趣的工艺品，也堪称是"日常生活中使用的工艺品"，但它们未必就比较廉价或更容易获得。第二项中"主要制造过程由手工完成"，主要是指对传统工艺品的质量、形态、设计等产生影响的部分。传统工艺品的最大特征就是"手工"完成，若采取机械化生产，传统工艺品的本质特征就会丧失。但对于不影响手工特质的辅助部分，也不禁止使用辅助性工具。对第三项"利用传统技术或技法"中"传统"的理解，通常是指所利用的技术或技法产生于德川时期至明治早期[②]，拥有100年以上历史且沿用至今。但所谓传统技术或技法，也不一定必须是100多年前的技术或技法，而是包括继受和传承过程中发展与改善后的技术或技法，只要这一发展与改善不影响传统工艺品的特质即可。至于对第四项中"使用传统原材料"中"传统"的理解，原则上与第三项中的"传统"保持一致，具有100年以上历史且沿用至今。对于现实中已经枯竭或获取困难的原材料，只要不改变其性质也可用其他同类材料予以替代，例如，在不影响木制传统工艺品品质的情况下，可寻找其他同类树种作为替代品。第五项的"在一定地域内、有一定数量的从业人员"则具体是指在某一地域内形成产地，亦即有同类企业10家以上或从业人数30人以上。[③]

  由于获得指定的传统工艺品的制造，通常也会使用其他产地生产的传统工艺品作为制造工具或作为材料。所以也应对这些"传统工艺用具"

[①] 国会衆議院『第71回国会参議院商工委員会会議録（第27号）』（昭和49年4月26日）第5頁。

[②] 国会衆議院『第71回国会参議院商工委員会会議録（第27号）』（昭和49年4月26日）第1頁。

[③] 経済産業省「伝統的工芸品の指定の要件」https：//www.tohoku.meti.go.jp/s_cyusyo/densan-ver3/html/pdf/1_1.pdf（2021年1月10日访问）。

或"传统工艺材料"采取一定的振兴举措。为此,经济产业省在1977年4月18日公布了《关于传统工艺工具或传统工艺材料指定要件之通知》(第219号)①,明确了对"传统工具或传统工艺材料"的指定,参照前述"传统工艺品"的指定要件(除第一项以外),以保护传承人、维持和提高传统技术或技法、实现传统工艺产业的振兴。

从以上内容可知,日本法律上的"传统工艺品"是指在一定的地域内,民众就地取材,采用当地传统技术或技法,以传统手工方式完成,主要用于日常生活,并经由经济产业大臣指定的工艺品。② 与学术概念的"传统工艺品"相比,该定义的核心在于政府"指定",被指定的属于"传统工艺品",未经指定的则不属于法律意义上的"传统工艺品"。但这并不意味着未被指定的工艺品不属于学术意义上的传统工艺品。虽然未获指定的传统工艺品,未来也有可能成为法律意义上的"传统工艺品",但在未获"指定"之前不得使用"传统工艺品标识"③,也没有资格享有国家关于传统工艺品产业的财税支持(财税金融特别措施)。政府的"指定"在行政法上属于一种行政许可,是国家在传统工艺品产业领域的一种行政管理行为,其目的在于通过树立典型,支持和鼓励传统工艺品产业的振兴,实现传统工艺品产业的发展。

"传统工艺品"的指定申请,由一定地域内的传统工艺品制造者组成的、符合政令规定并能够代表该行业的特定行业协会、协议会、商会或其他团体(仅限根据政令规定拥有组织章程④的组织),通过所在都、道、府、县知事(若传统工艺仅限于单一的市、町、村的则为该市、町、村长)向经济产业大臣提出(第2条第3款)。

获得认定的"传统工艺品",可贴附"传统工艺品标识"以区别于其

---

① 2001年4月18日,经济产业省对其进行了修改并实施至今。

② 周星:《从"传统工艺品"到"日本遗产"——名古屋的"有松·鸣海扎染"》,《民艺》2020年第2期。

③ 日语表述为"伝統証紙",亦称"'传'字标识",它由平面设计师龟仓雄策(1915—1997)设计,由(一般财团法人)传统工艺品产业协会在经济产业省指定的"传统工艺品"上使用,主要用于质量保障、宣传、提高消费者认知度。标志上载明以下三项内容:(1)"经济产业大臣指定传统工艺品"的文字;(2)传统工艺品的名称;(3)特定制造业协会等的名称。

④ 参见《〈传统工艺品产业法〉实施令》第1条、《〈传统工艺品产业法〉实施规则》第2条。

他工艺品。尽管"传统工艺品"的称谓以及"传统工艺品标识"的不当使用，一般不会对传统工艺品的质量造成实质影响，却可能干扰传统工艺品市场的交易秩序，危害到法律所保护的传统工艺品产业本身。因此，传统工艺品产业协会制定的《传统工艺品统一标识实施规程》规定：传统工艺品制造者要与特定行业协会签订"标识许可使用契约"；特定行业协会根据该规程检查所生产的传统工艺品之品质，符合检查标准的才可贴附"传统工艺品标识"。[①]

上文提到的"符合政令规定并能够代表该行业"之条件，《〈传统工艺品产业振兴法〉实施令》第2条明确要求，应该超过该地域同一行业传统工艺品业者约二分之一以上；若该地域同一行业有两个以上行业协会，则其会员人数应占该地域同行业的二分之一以上。关于协会的组织"章程"，《〈传统工艺品产业振兴法〉实施令》第1条规定，至少以下事项必须在章程中得到明确规范：协会的目的在于振兴传统工艺品产业；可自由加入和退出；成员的表决权和选举权应该平等；经济产业省规定的其他事项。所谓"其他事项"，《〈传统工艺品产业振兴法〉实施规则》第2条将其规定为：工艺品制造者能够成为协会成员；协会代表的选举程序明确；协会章程变更等重要事项由会员大会或理事会议决。

二 振兴传统工艺品产业基本方针

为实现传统工艺品产业的振兴，《传统工艺品产业振兴法》要求政府必须制定包括以下内容的"振兴传统工艺品产业基本方针"：（1）传统工艺品产业振兴的基本方向；（2）从业人员及后继者的确保与培育事项；（3）传统技术或技法的传承与改进事项；（4）传统工艺品市场的开拓事项；（5）传统工艺品或利用传统技术或技法制造新产品的制造事项等；（6）传统工艺品产业振兴的其他重要事项（第3条第1款、第2款）。

根据上述规定，日本政府于2001年7月10日制定了《振兴传统工艺品产业基本方针》（告示第519号），明确国家应重新认识传统工艺品的价值，积极促进其进入国民日常生活，努力推进传统工艺品产业新发展，传承传统手工艺；号召传统工艺品产业相关人士努力发挥聪明才智提高传

[①] 上原義子「伝統的工芸品の現状とマーケティング課題について：伝統的陶磁器の流通問題と付加価値の視点から」『嘉悦大学研究論集』（2015）第58巻第1号。

统工艺品产业的吸引力，并推动各地传统工艺品产业的新发展。归纳起来，以下各项乃是基本计划的要点：

第一，传统工艺品产业振兴的基本方向主要体现在：以传统工艺品产业协会、行业协会、商会、特定制造合作社等为中心，振兴产地经济；积极协调与其他行业协会的关系，尊重每一传统工艺品产业经营个体或组织，持续推动地域传统工艺品产业发展。促进传统工艺品产业协会与传统工艺品销售商或销售行业协会之间的合作，开拓传统工艺品新市场，充分利用其销售领域的人才以及资源，制定适当的销售战略。各地或各领域的激活或协同激活计划，不应仅限于通过提高从业人员的素质、改进传统技术或技法、开拓海外市场、利用信息技术、提议新的生活方式等手段扩大传统工艺品的市场需求和开发新产品，还应积极采取措施激发从业人员的聪明才智，推进传统工艺品产业的发展。为提高传统工艺品产业的魅力，避免因出徒期长而消磨后继者的创新精神，应采取积极措施培育青年才俊、青年消费群体并推动相互的交流。最大限度地利用外部专家的专业知识与技术，采取积极的支援措施以振兴地域传统工艺品产业，扩大传统工艺品市场需求，开发适应市场需求的新产品。仅依靠传统工艺品产业的中小企业来振兴该产业是不够的，传统工艺品产业振兴协会应加强传统工艺品的产地建设。

第二，传统工艺品产业的从业者、后继者的培育，对传统工艺品产业的维持和发展至关重要。因此，应制订中长期支持计划，确保拥有一定数量的后继者并促使其持续学习传统技术；努力构建以年轻人为对象的全面、高效的人才培养体系和实施体制；在课程建设方面应着眼于基本技术的高效掌握，充分利用当地精通传统技术或技法的从业者，让其成为讲师。努力提高从业者的工资水平，缩短劳动时间，确立周休制度，改善劳动条件，使从业者对传统工艺品产业的未来充满希望；应努力建立和改善从业人员福利设施，提高福利待遇，利用社会保险、退休金和养老金等制度，使从业者能安心工作；改善工作环境，提高产业魅力。确保工作场所的采光、湿度、温度、通风、集热等保持良好状态，创造明亮、清洁、安全的工作环境等。为激发员工的创新精神，增加传统工艺品产业的吸引力，通过各项积极措施促进相互协作与交流，实施产地现场制作等方式，构建一个基于创意自由、适应市场需求的新产品开发体制。

第三，在传统技术或技法的继承与改进方面，正确地继承是保存传统技术或技法、推动传统工艺品产业发展的前提。通过实施持续培训计划，努力促成传统技术或技法的正确继承；充分利用支援计划，培育传统技术或技法的后继者；精通传统技术或技法的从业者也应努力传承正确的传统技术或技法。此外，还应努力收集、整理和保存传统技术或技法的相关文献资料，防止传统技术或技法的遗失。正确继承并非完全放弃对传统技术或技法的改善，努力改善或改进传统技术或技法也是必要的。通过举办各种竞赛等方式，确保熟练传统手工艺者有展示其作品独创性的机会；通过促进技术或技法的相互交流，推进技术或技法的改善与创新。为确保和提高传统工艺品的质量，不仅个别企业、整个生产地区也要严格避免因粗制滥造而导致质量下降，还要通过提高技术或技法的熟练程度，严格筛选原材料，努力建立独立的品质控制体系。

第四，在传统工艺品的市场开发方面，必须了解消费者的需求，加强传统工艺品的宣传。应积极开展市场调查，努力提供传统工艺品详细的使用说明或品味、鉴赏方法，提升服务质量。加强传统工艺品制造业协会与销售商、销售业协会的合作，最大限度地利用销售商或销售业协会的资源，相互合作进行展示和销售活动，进行市场调查，共同开拓市场。根据传统工艺品产业振兴和激活计划，各方相关经营者或团体应与销售经营者和其他行业经营者合作，通过跨区域的同行间合作开拓海外市场，利用信息技术，提案新生活方式等，积极扩大传统工艺品的市场需求。向消费者传播、普及相关知识，提高对传统工艺品的认识。多数传统工艺品只有通过实际使用才能理解其作用和意义，为了区分传统工艺品与其他类似产品之间的区别，应积极展示传统工艺品，提高消费者的认知度。在展示、销售场所演示传统工艺品的制作过程，允许消费者直接体验等，积极推进与消费者直接交流；积极收集和提供传统工艺品市场信息，展示传统工艺品对日常生活的美化、调节功能，让消费传统工艺品成为一种新的生活方式，以振兴和激活传统工艺品产业繁荣发展。

第五，鼓励利用传统技术或技法开发、制造新的产品。这不仅是传统手工艺者聪明才智的反映，而且还有助于提高产业活力，更有助于传统工艺品产业的振兴。

第六，有关传统工艺品产业振兴的其他重要事项，主要包括唤起传统工艺品从业者的创意，促使其在自由创作的前提下开拓传统工艺品产业的新形态；使用传统原材料对于传统工艺品保持其特有韵味至关重要，因此需要采取措施保障传统原材料的供给，并在不损害传统工艺品的传统性、工艺性及质量的前提下，努力研究、开发新的原材料。充分考虑传统工艺品产业与地域历史和人文环境之间的密切关系，充分利用传统工艺品产业，使其在地域经济振兴中发挥重要作用。为加深其他国家对日本文化产业的理解，应努力向国际社会介绍日本精湛的传统工艺，并扩大海外对日本传统工艺品的需求；积极促进传统工艺品产业的国际交流，以改善和提高传统技术或技术的水平。

三　振兴计划、激活计划、支援计划及其认定

实现传统工艺品产业的振兴，除政府制定合适的基本方针之外，还需要各类不同法律主体根据政府的基本方针，制订更为具体的"振兴计划"（含"共同振兴计划"）、"激活计划"（含"协同激活计划"）与"支援计划"等。

传统工艺品产业的法律主体为各个传统工艺品业者，但以个人或家庭为基本单位的传统工艺品业者，无论是人数、企业的实力、责任人的能力等，都难以承担传统工艺品产业振兴的责任。所以只能寄希望于由各个传统工艺品业者组成的联合体——行业协会、商会、合作社等。《传统工艺品产业振兴法》明确规定：由各个传统工艺品业者个体组成的、符合政令规定的条件，并能够代表特定传统工艺品产业的特定传统工艺品产业协会，可制订传统工艺品产业振兴计划（第4条第1款）；特定传统工艺品产业协会与传统工艺品销售商或销售业协会，可制订"共同振兴计划"（第7条第1款）；传统工艺品业者或传统工艺品产业协会（除前述特定传统工艺品产业协会外）可单独或共同制订传统工艺品产业"激活计划"（第9条第1款）；传统工艺品业者或传统工艺品产业协会可单独或共同与其他传统工艺品业者或其他传统工艺品产业协会，合作制订传统工艺品产业的"协同激活计划"（第11条第1款）。从事传统工艺品产业援助事业（如后继者确保和培训事业、推进与消费者交流等援助事业）者，如学校法人、非营利性组织（NPO）、设计师以及顾问机构等，可制定传统工艺品产业的"支援计划"（第13条第1款）。

以上三类五种计划的制订者，经所在都、道、府、县知事，向经济产业大臣提出计划认定申请；都、道、府、县知事受理该申请后，可附上意见，[①] 一并

[①] 参见《传统工艺品产业法》第4条第2款、第7条第2款、第9条第2款、第11条第2款以及第13条第2款。

提交经济产业大臣供其认定。当相关计划的制订者变更其计划内容时，也必须获得经济产业大臣的认可；计划变更申请须经所在都、道、府、县知事，向经济产业大臣提出。经济产业大臣认为申请人未确实、认真实施计划的，可撤销该认定。①

对上述计划的基本内容，《传统工艺品产业振兴法》都有明确规定。例如，振兴计划的具体内容，除各行业协会各自的特殊情况外，应具备以下基本内容：（1）从业者培训及后继者的确保与培育；（2）传统技术或技法的传承与改善，以及其他维持和改善传统工艺品品质的内容；（3）原材料的确保及原材料的研究等；（4）传统工艺品的市场开拓；（5）作业场所以及作业环境条件的改善；（6）原材料的共同采购、制品的共同销售以及其他共同实施事项；（7）传统工艺品的品质标识以及向消费者提供准确的信息；（8）老年从业者、熟练掌握技术的从业者以及其他从业者的社会福利事项；（9）为振兴传统工艺品产业的其他必要事项。（第6条）

"共同振兴计划"的基本内容，一般为上述9项中的第4项、第6项以及第7项（仅限与第6项相关的信息提供）（第7条第1款）等。

其次，"激活计划"和"协同激活计划"的基本内容，与前述"振兴计划"保持一致，亦即包括以下各项内容：（1）从业者培训的相关事项；（2）传统技术或技法的改善以及其他品质改善的相关事项；（3）原材料研究的相关事项；（4）市场开拓的相关事项；（5）原材料共同采购、制品共同销售及其他共同开展的相关事项；（6）向消费者提供准确信息的相关事项；（7）开发与制造新商品的相关事项（第9条、第11条第1款）。

最后，有关"支援计划"的内容，《传统工艺品产业振兴法》只明确要求"传统工艺品产业从业者之后继人的确保和培训事业，推进与消费者的交流以及其他援助传统工艺品产业振兴之事业等"（第13条第1款）。支援计划的实施主体，一般为学校法人、非营利性组织（NPO）、设计师以及顾问机构等。在《传统工艺品产业振兴法》规定的以上各项内容之外，《〈传统工艺品产业振兴法〉实施规则》还要求各类计划必须载明相

---

① 参见《传统工艺品产业法》第5条第1—3款、第8条第1—3款、第10条第1—3款、第12条第1—3款以及第14条第1—3款。

关事业的目标与具体内容、计划的实施周期、实施计划所需的必要资金金额以及资金筹集方法等。①

四 "传统工艺品产业振兴协会"与国家财政金融措施

"传统工艺品产业振兴协会"是日本代表传统工艺品产地的唯一机构，承担着指导各地制订传统工艺品产业计划，提供相关信息的责任，是促进传统工艺品产业发展的国家中心。（一般财团法人）传统工艺品产业振兴协会成立于1975年6月，以振兴传统工艺产品产业为目的，由传统工艺品产业协会成员或设立者（全部或部分）组成（第23条第1款）的业界唯一公益法人。其运作资金来自中央和地方政府的财政拨付（第26条）以及传统工艺品产业协会、传统工艺品业者等社会捐赠。②

至于该协会的主要业务，《传统工艺品产业振兴法》第24条明确规定有以下10项：

（1）对传统工艺品制造业的经营之改善、合理化及其他稳健经营之方法等，进行调查、研究与指导；（2）举办各种传统工艺品展览会；（3）向协会会员提供传统工艺品的市场需求、制造技术或技法、原材料等信息；（4）对振兴计划或共同振兴计划的制订、实施等给予指导或建议；（5）对传统工艺品的原材料、制造过程、品质改善等进行研究；（6）对传统工艺品的品质标识的使用等进行指导或给予建议；（7）收集整理和调查与传统工艺品相关的资料；（8）对熟练掌握传统技术或技法的从事者予以认定；（9）对传统工艺品的利用、合作利用以及援助等业务之实施等提供必要的信息；（10）实现协会成立之目的的其他必要业务等。

除以上业务外，该协会《章程》还增加了传统工艺后继者的培育、传统技术或技法的传承和改善等，并把传统工艺品及相关物品的销售也纳入业务范围。③为确保协会能够确实、适当地实施各项业务，经济产业大臣拥有监督权，若经济产业大臣认为必要，可随时对协会的业务实施及财

---

① 参见《〈传统工艺品产业法〉实施规则》第5条、第9条、第13条、第17条以及第21条。
② 周星：《从"传统工艺品"到"日本遗产"——名古屋的"有松·鸣海扎染"》，《民艺》2020年第2期。
③ 参见《传统工艺品产业振兴协会章程》第4条第1款第10项、第11项。

产状况进行检查,或下达必要的监督命令(《传统工艺品产业振兴法》第24条之2)。

前述振兴计划(包括共同振兴计划)、激活计划(包括协同激活计划)及支援计划,堪称是日本传统工艺品产业振兴的三大支柱。对于这三大计划的实施,中央和地方政府应给予获得认定的实施者以必要的经费补贴(第16条),应努力确保计划实施有必要的资金或在融资担保上提供帮助(第17条),还应在财税政策上给予一定优惠(第19条)。至于必要的经费补贴,补贴比例除支援计划不超过申请金额的二分之一外,其他计划①均在申请金额的三分之二以内,但单项最高不超过2000万日元、最低不低于50万日元。② 为缓解传统工艺品制造者的资金困难问题,日本通过修法③将因实施计划而产生的必要借贷,纳入《中小业信用保险法》的普通保险或无担保保险中,亦即在计划实施期间,当传统工艺品制造者或制造者协会的贷款额达到设定的债务保证金额时,日本政策金融公库与信用保证协会针对传统工艺品制造者或制造者协会的贷款保险合同便自动成立,保险金为2亿日元(协会为4亿日元);无担保保险的保险金则不超过8000万日元。④

五 法律责任制度

日本法律赋权给传统工艺品产业的行政主管机关,使之有权要求计划实施者报告其计划的实施情况,亦即经济产业大臣或都、道、府、县知事,可要求获得认定的振兴计划、激活计划及支援计划的实施者——特定

---

① 一般情况下,振兴计划中从业者、后继者培育事业的经费补贴比例不超过申请金额的二分之一,但提出申请的协会的从业者人数超60人或企业数超过20家,经费补贴比例则不超过申请经费的三分之二。

② 経済産業省製造産業局伝統的工芸品産業室『伝統的工芸品産業への支援』(2020)第15頁。

③ 据2017年的一项调查,"传统原材料和传统工艺用具"行业的现状是每个单位从业者人数为1人的占54%、2人占15.4%、3人为8.6%、4人占4.1%、5—19人为13.5%、20人以上的仅为4.1%;平均仅3.9人,如此以个人及家庭为基本单位的传统工艺品业者,较难成为《中小企业信用保险法》的适用对象,所以,须通过修法而扩大适用范围。参见公益法人未来工学研究所「伝統工芸用具・原材料に関する調査事業」『委託業務報告書』(2018)第8頁。

④ 参见《中小企业信用保险法》(1950年法律第264号)第3条第1款、第3条之2第1款。

制造业协会、销售商和销售业协会以及其他实施主体报告计划实施情况（第 22 条第 1 款）；必要时还可要求特定协会的成员——制造业者或认定支援计划的实施者报告情况（第 22 条第 2 款、第 3 款）。如违反规定，不报告、虚假报告的机构，将被处以 30 万日元以下罚金（第 30 条第 1 款）；机构的代表、代理人、雇员或其他从业者违反规定不报告、虚假报告的，除处罚行为人之外，还必须对机构处以相同处罚（第 30 条第 2 款）。拒绝、妨碍或逃避经济产业大臣检查或违反命令的，处以 50 万日元以下罚金。非"传统工艺品振兴协会"者，其名号中不得使用"传统工艺品振兴协会"文字，否则，将处 10 万日元以下罚款。

第三节 《传统工艺品产业振兴法》的实施现状与存在问题

《传统工艺品产业振兴法》自 1974 年实施起至今已经过了 14 次修改（直接修订两次），"传统工艺品"以及各种振兴计划的指定在持续进行，且数量也有所增加。但这期间无论是企业数量、从业人数不仅在持续减少，而且产值也在持续下降，因此通过该法抑制传统工艺品产业衰退的效果并不明显。[①] 为了能让《传统工艺品产业振兴法》发挥其应有的作用，检讨其实施现状与存在问题非常必要。

一 "传统工艺品"与"传统工艺士"

日本对传统工艺品产业的振兴事业主要围绕"传统工艺品"而展开，但哪些是、哪些不是传统工艺品，学术上可以争论，而《传统工艺品产业振兴法》所指的仅限于经济产业大臣指定的那些传统工艺品。从 1975 年开始，采取随时申请、随时审查指定的方式，截至 2021 年 1 月 15 日，得到"指定"的日本传统工艺品共计 15 大类 236 项。具体为：纺织品·编织（38 项）、纺织品·染色（13 项）、其他纤维制品（5 项）、陶瓷器（32 项）、漆器（23 项）、木·竹制品（32 项）、金属制品（16 项）、佛

[①] 前川洋平・宮林茂幸・関岡東生「『伝統的工芸品産業の振興に関する法律』の効果と課題」『東京農大農学集報』（2013）第 58 卷第 2 号第 85—91 頁。

坛佛具（17 项）、和纸（9 项）、文具（10 项）、石工制品（4 项）、贵石细工①制品（2 项）、玩偶与小芥子木偶②（10 项）、其他工艺品（22 项）、工艺材料及工艺用具（3 项）等。③

在上述传统工艺品的种类范围内，日本传统工艺品产业振兴协会根据《传统工艺品产业振兴法》第 24 条第 8 项规定，"认定"传统工艺品制造（技术）领域的顶尖工匠为"传统工艺士"。传统工艺士并非一种从业资格，而是拥有杰出传统工艺技术或技法的标志；是传统工艺品产地技术、技能的代表和行业标准及典范；也是传统工艺领域内行业最高个人终身荣誉，其存在本身对传统工艺品产业的后继者培育、产地传统工艺品产业振兴等具有重大影响。日本传统工艺品产业振兴协会每年都针对 12 年以上从业经验的从业者，举办传统工艺士考试。考试内容分实践、知识和面试三个方面，考试通过率 60% 左右，而从业 12 年以上是一个比较苛刻的条件。居住在传统工艺品产地，也是认定传统工艺士的一个重要考量因素。根据 2020 年 2 月传统工艺品产业振兴协会公布的传统工艺士名单，97 名传统工艺士均来自传统工艺品产地，目前在日本依然活跃的传统工艺士为 3912 人。④

截至 2017 年 11 月 6 日，有 24 个都、道、府、县根据《传统工艺品产业振兴法》的要求，通过了各自的"传统工艺品振兴对策纲要"，确立了各自的"传统工艺品"⑤指定制度。

在传统工艺品拥有的历史条件上，多数都、道、府、县明确或默认 100 年以上历史年限的要求，仅有个别地方在其指定纲要中缩短了历史年限。例如，缩短为 80 年以上的（爱知）、60 年以上的（宫崎）、50 年以上（山梨、长野）甚至 30 年以上的（熊本）等情形。另有一部分地方对

---

① 指具有稀缺性的宝石，如钻石、红宝石、蓝宝石等的切割制作工艺。
② 一种圆头圆身的小木偶，为日本东北地区传统工艺品。
③ 数字来自一般财团法人伝统的工芸品産業振興協会官方网站（https：//kyokai.kougeihin.jp/traditional-crafts/.）2021 年 2 月 10 日访问。
④ 数据来自一般财团法人伝统的工芸品産業振興協会官方网站「協会からのお知らせ」（https：//kyokai.kougeihin.jp/current-situation/）2021 年 2 月 10 日访问。
⑤ 大多数都道府县使用法律条文上的"传统工艺品"名称，但也有个别地方政府使用其他名称，如"乡土工艺品"（茨城、福井、岐阜、静冈、爱知、鸟取）、"乡土传统工艺品"（山梨、和歌山）、"指定工艺品"（京都）、"特产民工艺品"（福冈）以及"传统地场产品"（佐贺）等。

在当地制作时间的期限也做了限制。例如，已在当地制作一定年限（宫崎 15 年）以上，且有持续制作意愿；有的只规定在当地制作一定年限（佐贺 20 年）等。24 个都道府县拥有自己特有的"传统工艺品标志"，而仅有东京、青森、群马、宫崎 4 个都、县，设置有县级传统工艺士认定制度。

二　各类计划的申请程序

经济产业大臣对前述各种计划的认定程序，大约需要 2 个月时间。传统工艺品行业协会一般在每年 11 月之前准备计划书，12 月左右提出认定申请；次年 4 月中旬公布认定及补助金申请结果，5 月政府会通过传统工艺品产业振兴协会向申请人交付补助金。[①] 2018 年、2019 年及 2020 年，政府分别认定了 88 项、98 项及 96 项各种计划。从最新的认定及获得补助金的结果来看，呈现跨领域、跨行业组团共同申请的倾向，即同一产地的同类或跨类传统工艺品业者共同申请、不同产地的同类或跨类传统工艺品业者共同申请等。前者如冲绳县工艺产业协动中心（特定非营利法人）以冲绳产 10 种织染传统工艺品［芭蕉布、琉球碎点花纹布（絣）或南风原花织、首里织、久米岛捻线绸、宫古上布、读谷山花织、知花花织、八重山上布或八重山花织、与那国织、琉球红型］为振兴对象提起共同申请；[②] 京都传统工艺产业支援中心（一般财团法人），以京都产的 9 种不同种类指定传统工艺品（京佛坛佛具、京烧、清水烧、京扇、京石工艺品、京人形、京漆器、京有禅、京指物[③]）提起补助金申请。后者如日本陶艺设计研究协会（一般社团法人）就茨城、兵库、岐阜三县的瓷器烧制工艺的振兴提出补助金申请；东北地区传统工艺品产业振兴法指定产地联络协议会就青森县、岩手县、宫城县、秋田县、山形县和福岛县的 23 种传统工艺振兴提起补助金申请。有时候，也会通过一个临时机构完成相关申请，例如，为开展"顶尖工匠街"活动，该活动实施委员会（临时），曾联合全国 14 个都、道、府、县，以 27 种传统工艺品的产地振兴为由提出申请等。这些计划的实施周期一般为 3—8 年，其中以传统工

[①] 经济产业省制定的《传统工艺品产业支援补助金交付纲要》（2009 年财制第 3 号）。
[②] 这些传统工艺品也经由各自的行业协会单独申请，并同时获得补助金。
[③] "指物"是一种木工工艺或传统木工工艺品。"京指物"始于平安时代的宫廷。

艺品产地为核心的振兴计划实施周期第一次5—8年（两次以后为5年）、共同振兴计划实施周期不超过5年；由外部组织介入的激活计划、协作激活计划的实施周期不超过3年；支援计划不超过5年，但可以持续申请。

三 法律的实施效果

《传统工艺品产业振兴法》已实施近50年，但传统工艺品产业持续的衰退趋势并未得到根本性改观。据经济产业省提供的数据，历史上传统工艺品产业的从业人数最多时为1979年的288000人，到2017年降至62690人、2018年为57000人；行业年产值最高为1983年的5400亿日元，从2010年起连续数年保持在1000亿日元左右，2017年跌破1000亿日元降至960亿日元、2018年则为927亿日元。① 从2010年起，各项数据显示衰退趋势一直延续，② 但也逐渐放缓；而女性从业人员，尤其是顶尖的传统工艺士中女性人数持续增加。③ 此种持续衰退状态表明，传统工艺品产业并未因《传统工艺品产业振兴法》的实施而得到真正的振兴，政府之所以花大力气振兴该产业，更多的是为了民族文化身份认同，满足民众现代化生活方式中文化心理和审美的需求。传统工艺品行业虽持续性衰退，但其作为文化意义上的存在却在一定程度上得到了维持。④

传统工艺品产业的各类振兴计划虽有三类五种之多，但根据现有资料，获得经济产业省认定并得到补助金支持的相关计划，主要集中在传统工艺品制造行业，而其他相关领域不仅申请认定的数量少，支援补助金也偏少。如在经济产业省"2020年度传统工艺品产业支援金"的96项名单中，确保与培育从业者（传统工艺品产业协会、学校法人、NPO等组织

---

① 数据来自一般财团法人伝统的工芸品産業振興協会官方网站「現状」（https：//kyokai.kougeihin.jp/current-situation/）2021年2月10日访问。

② 伝统的工芸品産業振興協会『平成27年度事業計画書』https：//kyokai.kougeihin.jp/data/.（2013）第1页。

③ 経済産業省製造産業局伝统的工芸品産業室『伝统的工芸品産業への支援』（2020）第4页。

④ 对于经多次"输血"后如何让传统工艺品业者自立，成为近两年政府和行业协会考虑的新问题。为此，经济产业省于2017年开展了"传统工艺品业产业者自立化调查"，并开始着手让一些传统工艺品行业企业自立。経済産業省製造産業局『伝统的工芸品産業の自立化に向けたガイドブック（第2版）』（2018）第7—9页。

实施的人才培育）计划仅有 2 项。

虽然 1950 年《文化遗产保护法》（法律第 214 号）所规范的对象——作为文化遗产的传统工艺及传统工艺品与《传统工艺品产业振兴法》的振兴对象——传统工艺品产业之间存在一定程度的重叠，[①] 相关制度也存在类似之处，但《传统工艺品产业振兴法》忽视了与《文化遗产保护法》之间的制度协调。[②] 例如，可否将《传统工艺品产业振兴法》要求的振兴计划里的"传统技术或技法的记录与保存"与《文化遗产保护法》的"无形文化遗产记录和保存"制度合并或借用；在文化行政机关也开始关注文化 GDP[③]的背景下，需要协调两部法律各自确立的相关制度，如调整非物质文化遗产传承人（"保持者"）认定与"传统工艺士"认定之间的关系，使其发挥一加一大于二的效果。

第四节 《传统工艺品产业振兴法》对中国的启示

中国目前也已经初步确立了振兴传统工艺品产业的基本制度框架，各地在实践中也不同程度地利用传统工艺品产业以发展和振兴地方经济，但与日本《传统工艺品产业振兴法》所确立的一套相对完整的制度体系相比较，还显得有些粗糙，同时在制度的落实与完善方面，也还有很多提高的空间。

首先，在制度设计上应区别对待传统工艺品产业与以大规模生产和大量消费为基础的文化产业。虽然中国的《文化产业促进法（草案送审稿）》已将传统工艺振兴纳入文化产业之中，但毕竟传统工艺品产业的价值取向与其他大批量生产与消费的文化工业有所不同，后者追求经济效益优先，强调投入产出比，两者之间存在较大距离。因此，文化产业发展

[①] 《文化遗产保护法》第 2 条第 1—3 款规定的"……工艺品……""……传统……工艺技术""……习俗中的有形物质，如服饰、器皿、家具……"以及第 147 条规定的"文化遗产保护技术"等均可能与《传统工艺品产业振兴法》上的传统工艺品以及传统技术或技法相重叠。

[②] 前川洋平・宮林茂幸・関岡東生「『伝統的工芸品産業の振興に関する法律』の効果と課題」『東京農大農学集報』（2013）第 58 巻第 2 号第 85—91 頁。

[③] 文化庁『文化芸術資源を活用した経済活性化（文化 GDP 拡大）』（2016）第 2 頁。

的相关政策措施,未必都适合传统工艺品产业,尤其是在具体实践中,政府的资金支持很可能以经济效益为优先考虑,从而使传统工艺振兴的有关条款沦为摆设。传统工艺品产业的经济效益一般要低于其社会文化效益,而其社会文化效益的显现通常需要更长的周期,这些因素都有可能影响政府资助金的流向。所以,在法律制度上需要针对传统工艺或传统工艺品产业设定单独和具有可持续性的振兴措施。

其次,传统工艺或传统工艺品产业的振兴是一个综合性系统工程,不仅涉及传统手工艺者,还受制于消费者(市场)的影响,因此制订和实施的振兴计划应有不同的层次与类型。从文旅部、工信部及财政部发布的中国《传统工艺振兴计划》10项"主要任务"来看,内容虽基本涵盖传统工艺振兴的方方面面,但在具体的实施措施上还需进一步细化。日本《传统工艺品产业振兴法》以支持实施主体为出发点,采取多种类具有针对性的振兴计划,或许可以作为参考。

再次,尽管政府在传统工艺品产业振兴方面承担着政策制定、监督实施以及资金支持的责任,但根据政策实施具体措施的组织应该是传统工艺品产业的各种协会。由于个人或家庭形态的传统工艺品产业从业者较难发挥振兴一个产业的作用,所以行业协会就显得格外重要。因此需要加强行业组织建设,鼓励地方成立传统工艺行业组织。但中国在具体实践中对社会团体登记注册有严格条件与管理制度,而传统手工业者申请成立行业协会的意愿也不强烈,因此需要有各级地方政府的积极引导、政策激励以及规制缓和,①才可推动以行业协会的方式落实传统工艺品产业的振兴举措。日本的行业协会没有太多限制,只要备案协会"章程"即可,至于各自成立的协会谁能代表本行业,除看会员人数在行业中的占比外,还要看所生产传统工艺品在行业的占比和影响力以及相关振兴计划是否能得到政府支持(认定)。

复次,截至目前,中国虽已相继建立起若干与传统工艺相关的名录、称号制度,比如非物质文化遗产名录、非物质文化遗产传承人名录、传统工艺目录、工艺美术大师等,但这些名号、称号的使用尚缺少一套使用规

---

① 中国《民法典》规定非法人组织必须按照法律规定登记注册,而登记注册条件比较严格,如会员数量限制、必须有专职工作人员等条件,都会影响到传统工艺品行业协会的成立。因此,在传统工艺领域的规制缓和实属必要。

则,亦即谁、可以在什么范围内、以什么方式使用这些名号或称号,若不加规范,就有可能因为文化遗产和传统工艺的公共性,出现遍地"非物质文化遗产"或"非遗传承人""传统工艺"或"工艺美术大师"[①] 等,从而影响名录、称号的稀缺性和权威性。比较而言,日本的《传统工艺品产业振兴法》明确了"传统工艺品产业振兴协会"名称的专用性,经济产业省制造产业局还就"传统工艺品"标志之使用专门制定了《传统工艺品标志使用要领》,通过规范官方目录、名称的权威性,以确保其品质,从而有力地维护了传统工艺品产业的声誉。因此,有必要构建中国自己的官方名录、名称、称号等的使用规范。

又次,在传统工艺的社会普及和教育方面,中国《传统工艺振兴计划》明确支持将传统工艺作为素质教育纳入中小学及大学教育活动;让学生从小体验地域乡土及民族特色的传统工艺,以提高动手和创造能力等,但在"应试教育"难以改变、同时也缺乏保障措施的背景下,这些设计很可能沦为一种"口号"。在日本,政府将学校法人纳入传统工艺品产业振兴支援计划的主体,学校课程设置也可以是传统工艺振兴支援计划的对象,这不仅有利于培育传统工艺品产业的从业者和后继者,还可以通过学校教育促使各类在校学生成为传统工艺品市场的潜在消费者。中国除部分专业院校和高等院校的少数教养科目之外,几乎没有传统工艺课程的位置,因此让非遗和传统工艺进入课堂尤其是中小学校的课堂,开设传统工艺类课程,不仅与国家倡导的"学生减负"相契合,也有利于传统工艺的未来发展。

最后,与《非物质文化遗产法》相比较,《文化产业振兴法(送审稿)》中的法律责任制度已相当完备,但其在中国《传统工艺振兴计划》的实施中却难以发挥作用,因为目前尚不明确它与这两部法律之间的关系。此外,中国《非物质文化遗产法》和《文化产业振兴法(送审稿)》的法律责任条款(除各别条款外)较为抽象、不够具体化,这多少会影响到法律和振兴计划的实施效果。日本的《传统工艺品产业振兴法》有

[①] 1988年原轻工业部和国家科委颁布《工艺美术行业荣誉称号试行办法》第15条第2款规定,"省以下单位和跨地区的联合性组织、企业集团等,均不得评授工艺美术大师称号",这是中国最早对"称号"进行规范的法规。参见周超《中日非物质文化遗产传承人认定制度比较研究》,《民族艺术》2009年第2期。

关法律责任制度较为具体和明确，可使相关行为的主体责任人对其行为具有可预见性。如何完善中国相关法律涉及传统工艺行业振兴的法律责任制度更加明确、具体和提高可操作性，将是今后值得重视的课题。

对于任何一个国家或民族而言，传统工艺品行业均是其传统文化的重要组成部分，保存、传承传统工艺，振兴传统工艺品产业也几乎是所有现代国家均需要通过立法予以确保的国家事业。透过《传统工艺品产业振兴法》，我们可以了解到邻国日本在振兴传统工艺品产业方面的各种制度，同时也可以知晓传统工艺品产业持续衰退，乃是现代工业化生产方式冲击的结果，因此是世界范围内的普遍现象。为避免和延缓中国传统工艺行业的衰微或消亡，日本的相关经验与教训，值得我们认真地研究和借鉴。

第七章

节日、纪念日与《国民祝日法》

年节体系在不同的国家或社会文化体系中，通常被视为传统民俗文化的重要组成部分，也总是受到各自国家和地区的自然季节、生业过程和历史文化演进历程的影响。但在当代民族国家林立的格局下，国家通过法律、法规或行政规范来形塑乃至于建构全新的节假日体系的努力或相关意图，也会非常明显。在中国学术界，年节体系通常是民俗学和文化人类学集中研究的课题领域，这方面已经有了非常丰富的成果积累。① 但相对而言，这些研究对于国家通过法律或行政法规将各种纪念日纳入年节体系，或通过节假日制度安排组织国民生活的重要性不够关注。在这个意义上，高丙中教授等人对中国节假日体系的研究值得引起重视，因为他们是把节假日体系视为民族国家的时间制度来把握的。②

2005年2月，中国民俗学会在北京召开了主题为"民族国家的日历"的国际学术研讨会，试图对民族国家的节假日体系进行一些必要的国际比较。③ 笔者受这一思路启发，拟对中日两国的节假日法律制度展开初步的

---

① 关于节日研究的民俗学成果散见于多种杂志和著述，可参阅萧放、董德英《中国近十年岁时节日研究综述》，《民俗研究》2014年第2期。近年来的研究动向集中反映在由李松、张士闪主编的《节日研究》杂志之中，该刊自2010年6月出版第一辑以来，截至2021年已出版了20辑。

② 高丙中：《民族国家的时间管理：中国节假日制度的问题及其解决之道》，《开放时代》2005年第1期。周星：《中国：时间观念与时间制度多样化的国度》，载中国民俗学会、北京民俗博物馆编《节日文化论文集》，学苑出版社2006年版，第146—160页。

③ 此次国际学术研讨会的成果，参见中国民俗学会、北京民俗博物馆编《节日文化论文集》，学苑出版社2006年版。

比较研究。在简述日本通过法律对节假日体系所做设计和安排之概况的基础上，将其视为一面"镜子"，从比较行政法学的角度出发，深入思考涉及节假日的制度安排与行政管理问题，进而以日本的实践为参鉴，为中国节假日制度安排的进一步合理化及法制化提供一些必要的建议。①

第一节　从"祝日"到"祭日"：日本节日法的历程

日本国民的节日，通常被称为"祝日""祭日"或"祝祭日"。其中"祝日"主要是指历法上的节庆之日，故多为传统节日；"祭日"则主要是指皇室皇族举行某种仪式或祭典的日子。由于"祝日"与"祭日"有重叠现象，因此，也有人使用"祝祭日"一词。有关"祝日"与"祭日"的名称区分以及"祝祭日"的使用，在 1947 年废止《皇室祭祀令》以及 1948 年实施《国民祝日法》之后，已经失去了实质性的意义，所以现代日本社会普遍接受"祝日"这一名称。

一　"祝日"与"祭日"

历史上，日本民众的"祝日"主要有"人日"（正月初七）、"上巳"（阴历三月初三日）②、"端午""七夕"和"重阳"的"五节句"③ 以及"正月""八朔"（阴历八月初一）④ 和"玄猪"（阴历十月初十）⑤ 等。其中的"五节句"曾被江户幕府（1603—1867）于 1615 年以法律（五節句の式日の制）的形式确定为民众的"法定节日"（公式行事）。从这些

---

① 周超：《节日、纪念日与法律：日本节假日法规对中国的启示》，《云南师范大学学报》（哲学社会科学版）2017 年第 4 期。

② 在日本，这是桃花盛开时节祝愿小女孩健康成长的节日，日语称为"桃の節供""雛祭り""ひな祭り"等。

③ 刘绍栋、黄欣：《日本"五节句"之文化起源——中国文化之日本变异考》，《语文学刊》（外语教育与教学）2012 年第 10 期。

④ 在每年水稻收割之前，感恩并祈求丰收的习俗。

⑤ 主要见于西日本，节日习俗主要有让小孩在自家门口捣米、做年糕、吃年糕，祈求除疾病、多子多福等。

节日的性质来看，其主要是以自然生态周期为基础而在历史上形成的，它们均与日本民族的历史文化传承及其所处的东亚文化格局密切相关。

就"祭日"而言，尽管由国家确定"祭日"的历史始于明治时代，但构成这些法定祭日原型的祭祀等礼仪本身却可上溯至奈良、平安时代皇室贵族实施的祭祀庆祝活动。进入武士时代后，幕府将军的家庭祭祀也潜移默化地影响着平民的节日生活。到明治维新时期，神道教逐渐成为日本实际上的国教，于是节日体系中又出现了很多以宗教祭祀为基础、一般是为皇室举行的祭典或神社定期举行的祭典性节日，亦即所谓"祭日"，并以法律的形式被确立下来。例如，"天长节"的确立即是如此。1867年阴历元月九日，明治天皇即位。次年旧历八月二十六日昭告全国，将明治天皇的生日即阴历九月二十二日（阳历11月3日）确定为"天长节"①，作为日本的国家节日。同年，旧历九月八日改年号为"明治"，意为"一世一元之制"（布告826号）②。此后，每年旧历九月，明治政府都会邀请各国驻日公使参加天皇生日宴会，并接受官员和华族拜贺，以及举行天皇赏赐酒宴、军舰鸣礼炮以示庆祝等活动。到1872年旧历九月，"天长节"的"礼仪"制度基本定型。③ 由此例子可知，伴随着明治时期的国家近代化，日本也逐渐开始了"祭日"的法定化进程。明治初期，日本的法定节日基本上还是以江户时期的"五节句"为核心而构成，根据1870年太政官57号布告，当时的法定节日有9个：正月朔日（元旦）、正月十五、上巳、端午、七夕、中元（阴历七月十五，亡灵纪念日或お盆）、朔日以及天长节等。④

二 历法改革与《年中祭日祝日休假之规定》

明治政府实施的一系列近代化改革措施使日本的法定节日发生了重大变革。首先，作为"脱亚入欧"的重要措施，⑤ 明治天皇于明治5年（1872）11月9日发布公告（布告337号）宣布废除旧历（太阴历），采

---

① "天长节"即在位天皇的生日。这一节日名称沿用至1948年，因《国民节日法》（1948年7月20日法律第178号）出台，才改名为"天皇诞生日"（第2条）。
② 村上重良『天皇の祭祀』岩波书店（1977）第121页。
③ http：//ja.wikipedia.org/wiki/天皇诞生日（2014年2月11日访问）。
④ 八束清贯『祭日祝日谨话』内外书籍（1933）第8页。
⑤ 能田忠亮『暦』至文堂（1957）第158页。

用新历（太阳历）。① 其次，为了给近代的君主立宪制国家提供合法性依据，明治天皇于明治5年11月15日（1872年12月15日）连发两通公告（太政官布告342号、344号）昭示天下，以神武天皇即位的公元前660年为大和民族的纪元元年、「第一月二十九日」（阳历2月11日）即位日为"日纪"（或称"皇纪""皇历""神武历"）元旦，并使"日纪"与"太阳历"合二为一。② 最后，为彻底改变民众的时间观念，也为了表明"天皇对时间与空间的支配"③，明治政府又于1873年1月4日发布《废除五节祝日之规定》（太政官布告1号），亦即"因改历，废除人日、上巳、端午、七夕和重阳五节；设神武天皇即位日、天长日为节日"。3月7日，又确定神武天皇即位日为"纪元节"（布告91号）；7月20日改"天长节"为11月3日、次年"纪元节"为2月11日（布告258号）。

1873年10月14日，明治政府公布《年中祭日祝日休假之规定》（布告344号），它确定的新节日为：元始祭（1月3日）、新年宴会（1月5日）、孝明天皇祭④（1月30日）、纪元节（2月11日）、神武天皇祭（4月30日）、神尝祭（9月17日）⑤、天长节（11月3日）以及新尝祭（11月23日）。至此，明治时代的节日安排，就基本上完成了从"祝日"到"祭日"的转变，此种以"祭日"为核心的节日制度安排极大地强化了天皇制国家的意识形态，也为此后的节日制度提供了一个基本的框架。1878年6月5日，明治政府又追加了"春季皇灵祭"（春分日）、"秋季皇灵祭"（秋分日）（布告23号），此种追加是在强化皇室祭祀祖先亡灵的同时，通过皇室祭祖为民间祭祖提供一个示范，进而意味着使皇室祭祀与民

---

① 据说当时促使日本废除旧历、采用新历的理由之一，还有政府的财政困难。依照旧历，1873年（明治6年）5月为闰月、一年共13个月，这意味着明治政府需多支付公务员一个月工资。当时，一般国民对这种激进的做法很难一下接受。参见手塚和男「祝日考」『三重大学教育学部研究紀要（人文社会科学）』（1995）第46卷。

② 将明治5年12月2日（1872年12月31日）的次日确定为明治6年的1月1日，开始实施新历。

③ 鈴木正行『皇室制度：明治から戦後まで』岩波書店（1993）第5頁。

④ 亦即孝明天皇（1831—1867）的驾崩祭日。

⑤ 9月17日的神尝祭，为天皇在宫内祈求国家繁荣、国民安泰的祭祀活动。1879年7月5日以后改为10月17日（太政官布告第27号），其与水稻的收割季节相搭配。这种调整也与9月节日过多、10月却没有有关。

间祖先祭祀通过节日而融为一体。①

　　截至1889年（明治22年）2月11日"明治宪法"颁布之前，日本的节日（法）体系已经初步形成。② 虽然此后也曾有过一些微调，但大都是因天皇的更迭造成的节日日期的变化，而节日的名称并没有变化。例如，进入大正、昭和时期（战前）之后，"孝明天皇祭"（1月30日）被相继改为"明治天皇祭"（7月30日）、"大正天皇祭"（12月5日）；明治"天长节"（11月3日）则改为大正"天长节"（10月31日），后又改为昭和"天长节"（4月29日）等。日本这种以皇室的祭祀典礼为核心的节日制度形成之后，通过学校"仪式规程"的教育对全体国民的生活产生了巨大的影响。自明治政府1872年8月3日公布学制开始，以皇室祭祀礼仪为核心的祝祭日仪式就被纳入学校"仪式规程"，学校也因此成为弘扬"忠君爱国"精神的重要场所。这种以政治性"祭日"为核心的"节日法"一直延续至"二战"结束，最终被在"和平宪法"的原则之下所确定的新《国民祝日法》（昭和23年7月20日法律第178号）所取代。

第二节　从"祭日"到"国民祝日"：节日法的现代转变

一　"祭日"废除与新选"祝日"

　　第二次世界大战结束后，以美国为代表的盟军占领日本，并对日本进行了"民主化与非军事化"的国家改造，其集大成者便是1946年11月3日公布、次年5月3日起施行的《日本国宪法》。根据该法第20条、第89条确定的"政教分离"原则，盟军最高司令部（GHQ）民政局宗教课要求日本政府（片山内阁）废除与神道、皇室祭祀相关的"祭日"而仅以"祝日"作为节日的指示。于是日本政府着手讨论修订节日法、选定新的"祝日"，但在国会讨论时出现了一些反对意见，主张节日的选定应

---

①　村上重良『天皇の祭祀』岩波書店（1977）第122頁。
②　手塚和男「祝日考」『三重大学教育学部研究紀要』（1995）第46巻。

在尊重国民意见的基础上由国会决定。随后，便在取得盟军最高司令部认可的情况下，国会通过"世论调查"① 最终于 1948 年 7 月 20 日制定了现行的《国民祝日法》②。

二 《国民祝日法》中的"祭日"

《国民祝日法》先后经过 8 次修改，现在所确定的法定国民节日依次为：元旦（1月1日）、成人日（1月第二个星期一）、建国纪念日（2月11日）、春分日、昭和日（4月29日）、宪法纪念日（5月3日）、绿日（5月4日）、儿童节（5月5日）、海洋日（7月第三个星期一）、大山日（8月11日）、敬老日（9月第三个星期一）、秋分日、体育日（10月第二个星期一）、文化日（11月3日）、劳动感谢日（11月23日）和天皇诞生日（12月23日），共计 16 个节日（第 2 条）。从其所设节日的名称来看，除了建国纪念日、宪法纪念日以及天皇诞生日这三个节日具有"国家政治性礼仪"的色彩，其他节日名称基本上回归"祝日"。这一点恰好与"节日法"第 1 条规定的"为国民之永久自由与和平、培育良好之习俗，③ 建立更美好之社会和更丰富之生活，特确定国民参与之庆祝、感谢及纪念之节日"，亦即所谓"国民的节日"（国民の祝日）这一立法宗旨相吻合。

不过，新法所确定的节日的具体时间来源或名称，却也与"二战"前的节日时间具有连续性。④ 例如，建国纪念日、春分日、4月29日绿日、秋分日、文化日、劳动感谢日、天皇诞生日等。11月3日原为明治天皇的天长节，1927 年改名为"明治节"，1948 年则改为"文化

---

① 此次调查显示，日本国民最希望设立的节日既不是"终战纪念日"，也非"和平日"，更不是"儿童节"，而是"建国纪念日"。这从一个侧面反映了民众对以美国为首的盟军占领后实施"民主化"的某种抗争。参见山田孝治「祝祭日を忘れた日本人：祝日法の制定とGHQの占領政策」(http://www.rui.jp/ruinet.html?i=200&c=400&m=287079) (2015 年 8 月 23 日访问)。

② 『国民の祝日に関する法律』(昭和 23 年 7 月 20 日法律第 178 号)。

③ 当初草案的表述为"持续遵守正确之传统"，被 GHQ 要求删除，后经交涉改为现在的"培育良好之习俗"。参见山田孝治「祝祭日を忘れた日本人：祝日法の制定とGHQの占領政策」(http://www.rui.jp/ruinet.html?i=200&c=400&m=287079) (2015 年 8 月 23 日访问)。

④ 鈴木正行『皇室制度：明治から戦後まで』岩波書店 (1993) 第 6 頁。

节"。① 特别是进入平成时代后，先是让昭和天皇生日（4月29日）成为"绿日"、2007年后又改为"昭和日"。此种"战后通过改变宫中祭祀活动的名称而使其保留下来"②的做法，进一步印证了日本多少具有"复活近代天皇制下节日制度"③的倾向，只是它们作为节日的意义却已经发生了根本性的变化。

三 灵活的节日安排与"快乐星期一"

就节日的时间安排而言，日本"节日法"呈现稳定性与灵活性相结合的特点，亦即以固定日期的节日为主，在此基础上，又以"快乐星期一"（Happy Monday）等来做补充。以"成人日"为例，1948年制定"节日法"之初，"成人日"被确定为1月15日，该日期一直实施至2000年修订"节日法"之时（2000年10月21日法律141号）。虽说每年成人日的日期是固定的，但与其他固定节日相同，它往往会"破坏"一周七天、周末休息的生活节奏。所以，日本政府借鉴美国"节日法"中将节日与周末假日安排在一起的经验，将"成人日"改为"1月第2个星期一"。这种改革不同于"从前将节日调整至星期一"的"追随式"节假日安排，而是直接修改节日的日期为"某月第某个星期一"，从而使得节日的日期与周末假期固定下来。④再比如，为了纪念1964年东京奥林匹克运动会，1966年通过法律修改（1966年12月27日法律103号）所创设的"体育日"（10月10日），也被以同样的方式将其日期改为每年"10月第

---

① "绿日"（4月29日）日语为"みどりの日"，原为"昭和天皇诞生日"。平成天皇即位后，日本通过修订"节日法"，将其改为"绿日"（1989年2月17日法律第5号），寓意为"亲近自然、培养丰富心灵，感谢大自然的恩泽"。2005年5月20日，国会通过"昭和日法案"再次修改"节日法"，将4月29日昭和天皇诞生日改为"昭和日"，从2007年1月1日起实施；同时又将"绿日"改为5月4日（2005年5月20日法律第43号）。
② 高橋紘『天皇家の仕事』共同通信社（1993）第145頁。
③ 村上重良『天皇の祭祀』岩波書店（1977）第209頁。
④ 1996年，东京大学名誉教授木村尚三郎成立了"假日三连休推进议会"的民间组织，目标是追求丰富和充实的休闲生活时间，通过将法定假日指定为周一（Happy Monday）这一方式来创造整段的自由时间。此种意见后获得300多万名民众签名支持。同时，在野的自由党也主张将"成人日""海洋日""敬老日""体育日"与周末假期组成三连休，并提出了"节日法"修订提案，亦即"快乐星期一法案"。2000年，日本提出"观光立国"战略，促使该法案成为通过观光振兴经济的主要措施之一。后经法律修订而最终使日本"节日法"中出现了四个"快乐星期一"。

2个星期一"。除此之外,"海洋日"①和"敬老日"的日期,也分别由原来的7月20日和9月15日改为"7月第3个星期一"和"9月第3个星期一"(2001年6月22日法律59号)。

至于"春分日"和"秋分日"这两个节日,由于其在天文历法上的准确日期每年均略有不同,所以,"春分日"通常为每年的3月20日或3月21日,有时也会出现在3月19日;"秋分日"通常为每年的9月22日或9月23日,有时也会出现在9月24。因此,节日的日期也就无法确定。对此,日本"节日法"仅明确了节日名称而未确定其节日的具体日期(第2条第4项、第12项)。在实践中,"春分日"和"秋分日"之日期的确定,是由日本政府委托国立天文台,每年2月在政府《官报》上公布经过推算的次年"春分日"和"秋分日"具体的节日日期。

值得一提的是,经2014年修改(2014年5月30日法律43号)并于2016年1月1日起实施的"节日法",新增了第2条第10项之"大山日"。表面看来,增设该节日是"为了使国民获得亲近大山、感谢大山给予的恩惠"的机会,②但实际上,该节日的日期为8月11日,却与日本最重要的民俗节日——中元节(お盆休み、以8月15日为中心前后3—5日)有着更为密切的关联。此外,新设大山日,也是为了改变每年8月没有节日的"尴尬"局面。

四 "祝日"与"休息日"协调

"国民节日"的"休息日"性质(第3条第1款),决定了其与周末假日之间存在相互重叠的可能。为此,其"节日法"规定:当国民节日的日期与星期日③的日期重叠时,该日期之后最近的非国民节日亦为休

---

① http://www.nikai.jp/news/news_20010526.htm(2014年2月19日访问)。

② 参见2014年4月23日日本众议院内阁委员会《关于国民祝日法修正案》的趣旨说明,http://hourei.ndl.go.jp/SearchSys/viewShingi.do?i=118602009(2015年10月9日访问)。

③ 当节日的日期与星期日、星期六重叠时,日本"节日法"只安排星期日的调休日,而未安排星期六的调休日。导致这种情形的原因是日本《劳动基准法》第35条第1款有关"用人单位有义务保障劳动者每周至少休息一日"之规定。"至少休息一日"的一日为"法定休息日",通常就是星期日;其他受一周劳动40小时时间限制的休息日则为"法定外休息日",通常就是"星期六"。因此,当劳动法上的"法定休息日"与"节日法"上的"法定休息日"相冲突时才需调休;作为"法定外休息日"与"节日法"的"法定休息日"重叠时,则无须调休。

息日（第 3 条第 2 款），亦即使其成为星期日的调休日。例如，2016 年 3 月 20 日的"春分日"正好是星期日，那么，该星期日就为国民节日，而星期日则调至 3 月 21 日星期一。根据前款对调休日为"非国民节日"的定性，进一步明确了调休日为追随式的统一性制度安排。再比如，2015 年 5 月 3 日的"宪法日"为星期日、5 月 4 日的"绿日"为星期一、5 月 5 日为"儿童节"是星期二，于是，星期日的休假便调休至 5 月 6 日星期三。

当两个法定国民节日之间仅间隔一日且为非国民节日时，该日也为"休息日"（第 3 条第 3 款）。这一规定是 2005 年第七次修改《国民祝日法》（法律第 43 号）时确立的。2009 年出现了一次所谓非节日的"国民休息日"，亦即 9 月第三个星期一的"敬老日"（9 月 21 日）与 9 月 23 日"秋分日"之间的 9 月 22 日。此种"9 月的国民休息日"第二次出现是在 2015 年 9 月 22 日，此后还将在 2023 年 9 月 21 日、2026 年 9 月 22 日相继出现。这种并不规律且重复周期较长的"休息日"，也是日本"节日法"的一个特点，它使国民每年因节日而休息的天数总是在法定节日数的前后徘徊。

为了能让更多国民观看或亲临 2020 年东京奥运会开幕式及比赛现场，日本众议院文部委员会委员长于 2018 年 5 月 30 日向国会提出修订《2020 年东京奥运会、东京残奥会特别措施法》（法律第 33 号）①，临时性调整 2020 年节假日安排，即将 7 月的第三个星期一（7 月 18 日、星期一）海洋日调整至 7 月 23 日（星期四）；将 10 月第二个星期一（10 月 14 日）体育日调整至 7 月 24 日（星期五）；将 8 月 11 日（星期二）的大山日调整至 8 月 10 日（星期一）。② 6 月 13 日国会通过、6 月 20 日公布（法律第 55 号）。受疫情影响，日本政府决定奥运会延期至 2021 年后，日本内阁于 2020 年 5 月 29 日提出修改《2020 年东京奥运会、东京残奥会特别措施法》，再次对奥运期间的节假日提出调整法案，即将 7 月的第三个星期一（7 月 19 日、星期一）海洋日调整至 7 月 22 日（星期四）；将 10 月第二个

---

① 『平成三十二年東京オリンピック競技大会・東京パラリンピック競技大会特別措置法』（平成 27 年 6 月 3 日法律第 33 号）。

② 国会衆議院『第 196 回国会衆議院文部科学委員会議録（第 15 号）』平成 30 年 5 月 30 日第 21 頁。

星期一（10月11日）体育日调整至7月23日（星期五）；将8月11日（星期三）的大山日调整至8月8日（星期日），① 并根据《国民祝日法》第3条第2款规定，将8月9日（星期一）调整为休息日。11月27日国会通过、12月4日公布（法律第68号）。② 以上节假日的调整属于一次性临时调整，其并未对日本《国民祝日法》造成根本性影响。

日本很多节日在时间上的固定性决定了其制度安排的不可更改性，但它又总会因为时代变迁而使当初设定纪念性节日的意义出现某些微妙的变化，从而也给节日安排带来某种影响。上述日本"节日法"的每次修改、节日安排的重新调整等，正好可以说明这一点。

第三节　日本"节日法"对我国的参考

中国国务院2007年12月14日颁布，并于2008年1月1日实施的《全国年节及纪念日放假办法》（国务院令第513号）（以下简称《放假办法》），在我国法定节日的制度安排上表现出"回归传统"的倾向。③ 传统节假日增多的制度安排，立刻就获得了大多数民众的支持，④ 但与此同时，政府每年无章可循的调休安排，又使不少人对我国的假日安排产生了一定的不满情绪。特别是2012年12月8日《国务院办公厅关于2013年部分节假日安排的通知》（国办发明电〔2012〕33号），

---

① 国会衆議院『第203回国会衆議院文部科学委員会議録（第2号）』令和2年11月13日、第36頁。

② 『令和三年東京オリンピック競技大会・東京パラリンピック競技大会特別措置法』（令和2年12月4日法律第68号）。

③ 此处所谓"回归传统"是指取消了国务院1999年9月18日颁布的《放假办法》所确定的"五一黄金周"长假，在"春节"之外增加"清明节""端午节"和"中秋节"为法定节日的节假日制度改革。

④ 2007年11月9日至15日，国家发展改革委员会委托新华网、人民网、国家发展改革委网、新浪网、搜狐网，就国家法定假日调整方案有关内容进行了网上问卷调查。调查结果显示，7成以上的网民支持此次新的法定节假日调整方案。具体内容请参见：http://news.xinhuanet.com/newscenter/2007-12/16/content_7261746.htm（2014年1月22日访问）。

有点混乱的调休安排使这种不满情绪达到高峰。① 为消除不满和改进节日放假安排,2013 年 10 月 10—12 日,全国假日旅游协调办公室(以下简称"假日办")通过网络征求民众对放假安排方案的意见,但国务院 2013 年 12 月 11 日最终公布的经过修订的《放假办法》(国务院令第 644 号),依然有七成以上的民众对"除夕"不放假(第 2 条第 2 项)表示不满。②

与此形成鲜明对比,日本中央调查社在 2007 年 10 月 5—14 日,以已成年(20 周岁)的日本国民为对象、对日本"节日法"③ 中的"节日安排"进行了"全国意识调查",调查结果显示:超过七成的被调查者对日本现行的节日天数表示满意,认为既不需增加也不必减少;超过六成的被调查者反对在 10 月调整出一个"大型连休";在年轻人中间,多数人希望增加三连休的假日。④ 尽管日本一般国民对本国的节日安排并无明显不满,但为了促使节假日安排更为合理和充分开发国内的旅游资源,日本政

---

① 2013 年 10 月"黄金周"结束后,假日办通过网络实施了"关于法定节假日放假安排的调查问卷",结果显示:近七成网友不满此次假期安排;超五成网友认为调借周末形成的 7 天长假不应该保留。

② 2014 年放假安排公布后,《中国青年报》社会调查中心通过"民意中国网"和"手机搜狐网"发起一项有 23045 人参与的调查显示,41.9%的受访者明确所在单位除夕会放假,但有 73.6%的人并不赞同这种需要"领导体谅"而不是除夕休假的安排。参见 http://news.xinhuanet.com/local/2014-01/23/c_119089027_2.htm (2014 年 1 月 23 日访问)。

③ 汉语"节日法"一词,最早见于林楠摘译的《日本"节日法"支持传统节日和娱乐活动》(《农业世界》1994 年第 10 期)一文。根据该文译自日本英文杂志 *Farming Japan*(《日本农业》)的原文,可知译者将通常简称为"お祭り(festival or event)法"的「地域伝統芸能等を活用した行事の実施による観光及び特定地域商工業の振興に関する法律」(平成 4 年 6 月 26 日法律第 88 号)译成了"节日法"。但日本现行法中除"お祭り法"之外,还另有一个与我国的《全国年节及纪念日放假办法》相似、简称为"祝日法"或"国民祝日法"的「国民の祝日に関する法律」(昭和 23 年 7 月 20 日法律第 178 号)。笔者认为,若将"お祭り法"译为"庙会法",将"祝日法"译为"节日法"则较为妥当。请参阅陈志勤《传统文化资源利用中的政府策略和民俗传承——以绍兴地区对信仰祭祀民俗的利用为事例》,载周星主编《国家与民俗》,中国社会科学出版社 2011 年版,第 305 页注①;周超《日本"庙会法"及其相关问题》,《民俗研究》2012 年第 4 期。

④ 中央調査社『「祝日」に関する調査(調査結果の概要)』(http://www.crs.or.jp/data/pdf/holiday.pdf) 2014 年 3 月 21 日访问。

府的国土交通省观光厅仍提出一个"分散式假日"的改革方案,① 该方案目前还在反复修改与普遍征求民众意见的过程之中。从上述两国颇为不同的民意调查结果可知,有关节假日安排的讨论或许也需要有一定的国际比较视野。

中国和日本现行的节假日制度,作为各自纪念某些重大事件以及对岁时季节等认知与理解的产物,两者之间既有共通之处,也有若干不同,但本质上并无太大的差别。值得借鉴与参照的主要是在如何协调节日安排与国民休假之间的冲突上。我国自 2007 年通过修改《全国年节及纪念日放假办法》增加传统节日、取消"五一黄金周"以后,受到绝大多数国民的认可与肯定,但在节日的休假安排上却饱受民众批评,结果是运行了 14 年的全国假日旅游部际协调会议办公室在 2014 年 9 月 15 日撤销,"假日办"的全部职能并入新设的国务院旅游工作部际联席会议。笔者认为,针对我国节日安排与放假制度中存在的问题,日本经验或许算得上是"他山之石"。

首先,一直以来都有一种声音认为我国节日的天数偏少,特别是在取消"五一黄金周"以后,以"假日经济"为导向的地方政府始终存在怀念长假的情结,于是社会上也始终存在着增加假日天数、恢复黄金周的主张。就目前我国法定的 11 个放假节日而言,与日本的 16 天相比确实少了一点,但日本"节日法"中有关当法定节日与周六重叠时不调休的规定,也或多或少地影响着日本总的假日天数。例如,2017 年的"建国纪念日""昭和日""秋分日"及"天皇诞辰日"均逢星期六而不调休,于是,其总的放假天数与我国的 11 天节日放假天数仅差一天。事实上,我国目前11 天的法定节假日数已接近世界平均水平,因此增加节日以恢复"五一黄金周"的要求恐较难实现。不仅如此,甚至现在的"十一黄金周"也有可能被取消②而仅保留国庆节 1 天。虽然也有人主张增加一些新的节假

---

① "分散式假日"改革方案的具体内容,一是将"绿日""儿童节"及"成人日"和周末调整出一个五日连休,按照不同地区划分,在 5 月中下旬至 6 月中下旬之间错峰放假;二是将"海洋日""敬老日"及"体育日"也调整出一个秋季五连休,也按不同地区划分,在 9 月底至 10 月下旬错峰放假。——据说如此安排秋季五连休的理由之一,是为配合中国的国庆长假,以吸引更多中国游客来日本旅游与消费,带动地域经济发展。参见日本国土交通省观光厅『「第 4 回休暇改革国民会議」参考資料』国土交通省観光庁(2010)第 31 页。

② 政协委员、清华大学假日制度改革课题组负责人蔡继明教授曾就 2014 年 9 月 15 日撤销"假日办"一事,接受凤凰网采访时提出了这一观点。

日，如除夕放假、增加重阳节、抗战胜利纪念日等为全民放假日，但未来较长一段时间内我国增加全民休假的法定节日天数的可能性并不是很大。

其次，在法定节日与周末双休日的关系问题上，尽管我国的《放假办法》第6条明确了"全体公民放假的假日，如果适逢星期六、星期日，应当在工作日补假"，亦即允许进行"调休"，这一点与日本"节日法"第3条第2款的规定几乎没有区别，但在法律实施上却出现了较大差异。日本"节日法"和我国《放假办法》相比较，前者是法律，后者仅是行政法规；而我国每年的节日放假安排往往还会超出相关法规，表现出随意性。以2013年为例，为了能有一个长假，假日办打乱了固定的周末双休的休假规律，随意地以元旦、春节、清明节、劳动节、端午节、中秋节以及国庆节的放假日期为基准，调整周末双休日，结果却使普通民众的工作休息陷入了混乱。2014年12月16日，国务院办公厅《关于2015年部分节假日安排的通知》，将中秋节9月27日（星期日）放假的调休日与"国庆节10月1日至7日放假"中的调休合并，只在"10月10日（星期六）上班"①，虽然这样的安排也不乏合理性，却显得过于随意。相较于中国节日放假安排的随意性而言，日本几乎没有出现如此"混乱"的调休。主要原因在于其完全准照"节日法"的规定，以周末双休为基础，结合法定节日的日期来调整星期日的调休。相对而言，我国的节日放假安排往往会违背《放假办法》第6条的规定。仅就该法条的规定而言，其调休是在不改变双休日的前提下，当放假的节日与其重叠时才将周末双休的休息日调休到与双休日最近的工作日。但在现实中，例如春节长假已普遍为国人所接受，这也反映出《放假办法》的有关规定有些脱离实际。若不在《放假办法》中直接规定长假调休，现实中却进行长假调休，这本身就属于行政越权。若要解决这一类问题，就应该通过修改《放假办法》，明确春节及国庆长假的调休规则以及除逢周三不调休之外的其他调休规则，从而使节假日的制度安排法制化。

现行中国的节日制度实际上是阴阳历并置，传统节日按照阴历，而现代节日则按照阳历。这就使得某些阴历节日的日期每年均会出现一些变

---

① 参见《国务院办公厅关于2015年部分节假日安排的通知》（国办发明电〔2014〕28号），http://www.gov.cn/zhengce/content/2014-12/16/content_9302.htm（2016年1月30日访问）。如此安排是为了避免连上9天班，才将中秋节的补假放在国庆节7天长假的调休当中。

化，也因此，在节假日的调休方面就会有较多的困扰。日本节日体系很早就较为彻底地废除了阴历，其大部分节日均按阳历运行，但其现行"节日法"保留了"春分日"和"秋分日"这两个传统的阴历节日，其节日的具体日期，是由国立天文台进行推算之后决定的。这种"变"与"不变"关系的处理，或许也对我国的节日安排有所参考。虽然我国城镇化的加速发展，使得脱离农村土地的人口比例越来越高，以农耕文明为基础的传统历法在国民心目中的重要程度正在逐渐降低，但按照阴历运行的传统节日的复兴，表明它们仍有顽强的生命力。这意味着阴历节日和阳历节日并存，共同构成中国节日体系的格局将会长期存续。

再次，依照历年惯例，我国法定节假日的放假安排一般是在每年12月上旬或中旬，由全国"假日办"（2014年以后为"部际协调会议"）提出放假安排的意见，报请国务院批准，并由国务院办公厅以"通知"形式公布。此种仅提前两周左右决定次年一年的放假安排，在时间上并无不可，但对于那些想利用假期出行特别是利用元旦三连休或春节长假出行的民众而言就显得颇为不妥，因为出行计划的制订、车票、机票以及酒店的预订等都有可能受到影响。仅此一项，2014年11月"假日办"在实施"法定节假日调休安排调查问卷"时，就有近四成网友表示不满，甚至有网友指责"这时急死人的节奏吗？"、抱怨"放假时间不定不敢预订车票或机票"；还有学者质疑"假日办"，认为"假日办是严重拖延症患者"①，是"形式主义的典型代表"②。可见我国的节日放假安排，除未能严格按《放假办法》第6条之规定执行、随意调休使得放假安排具有不确定性之外，放假安排的时间还过紧、过晚，给一般国民带来不便。例如，2016年的节假日安排，迟至2015年12月26日才公布，这个时间点对于元旦及春节期间出行的人们来说，确实是会造成困扰。日本的阴历法定节日"春分日"和"秋分日"，其节期是在前一年2月由国立天文台来确定，这种提前通知下一年4月"春分日"及9月"秋分日"放假安排的做法值得我们借鉴。

---

① 参见《2014放假安排将公布、网友：这是要急死人的节奏吗？》，http://tour.rednet.cn/c/2013/12/11/3222448.htm（2016年1月12日访问）。

② 叶宇婷：《专家谈撤销假日办："十一"黄金周迟早要取消》，http://news.youth.cn/gn/201409/t20140917_5749222_1.htm（2016年1月12日访问）。

最后，论及节日放假安排时还须面对"节日法"之外的"带薪休假"问题。原本属于《劳动法》的"带薪休假"范畴之所以跟节日安排相关联，是因为个人往往是根据国家的节日放假安排来设计自己的带薪休假计划的。在"带薪休假"制度的实施状况并不理想的中国，政府和一般民众似乎都希望让调休产生的长假能够发挥一点"带薪休假"的功能。为此，国务院2007年在决定取消"五一黄金周"的同时，颁布了《职工带薪年休假条例》，但直至2013年，节日放假中的调休安排依然表现出这种倾向。比较而言，在"带薪休假"制度实施较好的日本，讨论"节日法"时基本上不涉及"带薪休假"问题。究其原因，除了严格执行《劳动法》规定的带薪休假制度，不随意调休的节日放假安排也为民众按照自己意愿选择带薪休假创造了有利条件。"带薪休假"在我国《劳动法》第45条第1条有明确规定；且在法律授权下，国务院还颁布了《职工带薪年休假条例》、人力资源和社会保障部也通过了《企业职工带薪年休假实施办法》等，应该说制度上已经较为完备。但在实践中，除公务员和事业单位工作人员之外，很大一部分企业员工的带薪休假落实不到位，只有到法定节假日时，企业才不得不给员工放假，员工也因此获得几天休息。从节日法的角度看，一个非随意调整、具有确定性和可以预期的节日放假安排，对于带薪休假制度的实施会有一定的推动作用。

总之，节日放假安排似乎只是一个简单的日期确定问题，但围绕这一安排却会涉及很多其他方面。所以，我国负责法定节假日的放假安排及调休的国务院旅游工作部际联席会议的成员单位就多达28个部门，其复杂性可见一斑。但是，对此也不妨采用简单的方法来对应，就像日本那样依法推动节假日行政，这当然也需要进一步深入研究春节假期的调休安排等如何才能够更加明确化，从而既合情合理，又合乎相关的法律法规。

第八章

《阿伊努文化振兴法》与《阿伊努民族支援法》

阿伊努人作为日本政府唯一承认的原住民族，其在日本近现代化的过程中，遭受到强势的大和民族颇为彻底的同化。原住民族阿伊努人的命运，近几百年始终深受日本政府相继制定的几部法律的左右和影响。从《北海道旧土人保护法》（1899）、经《阿伊努文化振兴法》（1997）到《阿伊努民族支援法》（2019），追寻经由立法而确立的阿伊努民族政策的轨迹，我们不难发现围绕着阿伊努人的社会文化环境确实是发生了巨大的变迁。①

第一节 阿伊努人与《北海道旧土人保护法》

自江户时期开始的阿伊努政策以及明治时期的北海道开发，迫使阿伊努人北迁，这不仅使阿伊努民族的生存空间受到挤压，生活方式也发生了根本性改变，强制的民族同化政策造成了阿伊努人口的锐减。为避免事态持续恶化，明治政府于1899年4月1日颁布的《北海道旧土人保护法》（法律第27号）。该法名称中虽有"保护"二字，但却发挥着强制同化阿伊努人的作用。

---

① 周超：《两部法律与阿伊努人的命运——从〈北海道旧土人保护法〉到〈阿伊努文化振兴法〉》，《世界民族》2010年第6期。

一　历史上阿伊努人与和人的关系

"阿伊努"（Ainu）一词的意思为"人类""人"，这个自称是与阿伊努人精神世界中的"神"相对应；同时，也是对阿伊努"男子汉"或"丈夫"等男性的尊称。阿伊努人现在主要分布在日本北海道的南部、伊达市、浦河町等，但在历史上他们曾经分布在日本本州北部、北海道、千岛群岛、库页岛和堪察加半岛等更为广阔的地域。有关资料显示，阿伊努人的人口在1994年前后大约有2.5万人，而具有阿伊努血统的人大约有25万人。① 学界关于阿伊努人族源问题的研究有很多学说，② 但最新的研究成果表明，和人（亦即日本人）和阿伊努人同属北方型蒙古人种，与生活在贝加尔湖周围的蒙古人、布里亚特人、雅库特人同种同源。③ 阿伊努人拥有自己的固有语言，但未能形成文字。在长期与自然的抗争和共生中，阿伊努人创造了自己传统的生活方式和独特的文化。

阿伊努人的历史充满着悲剧，由于在历史上一直未能形成自己的政权，因此，阿伊努人很难组织起针对和人入侵的有效抵抗。阿伊努人的历史，基本上就是与和人的抗争与妥协，同时也是被和人歧视与逐渐同化的历史。根据公元8世纪的日本古文献《古事记》《日本书纪》中的有关记载，阿伊努人曾被和人称为"夷""蕃族""虾夷"等，意思为不服从者或野蛮人。这种称谓歧视，其实与我国隋唐时期对于异族的称谓也不无相似。有关和人对阿伊努人的征服，《日本书纪》中曾有658年齐明天皇（566—661）派180艘军船征讨虾夷的记载，说当时曾将"渡岛"的"暇夷"集中在"有间"（现在津轻市）的海滩上。虽然"渡岛"究竟是现在的本州东北部还是北海道尚可存疑，但其所谓"暇夷"中包括为数不少的阿伊努人则确定无疑。正是在和人不断的征讨与驱逐中，阿伊努人的

---

① ［日］鬼头明成：《东北亚的动向与阿伊努文化的形成》，孟宪仁等译，《辽宁教育学院学报》1994年第1期。

② 关于阿伊努人的族源问题，可参见傅朗云《东北亚土著民族源流考》，《外国问题研究》1990年第1期；《关于东北亚及其土著民族研究》，《黑龙江民族丛刊》1990年第4期；左学德《阿伊努人、大和民族、东北亚诸民族》，《黑龙江民族丛刊》1991年第3期；《从阿伊努人的宗教看其与东北亚诸民族之间的关系》，《黑龙江民族丛刊》1992年第4期；方衍《东北亚民族研究中的几个问题》，《中国边疆史地研究》1994年第2期等。

③ ［日］枊川圭介：《阿伊努人的历史、文化特征》，《世界民族》1996年第3期。

居住地域逐渐退缩到了北海道一隅。

据镰仓幕府时代（1185—1333）的文献《吾妻镜》记载，较早进入北海道虾夷之地的和人，主要是那些被判以流刑的罪犯和战败逃亡的武士。① 也是从这一时代起，和人和阿伊努人之间的民间交往逐渐变得频繁起来，陆续进入虾夷之地的和人，或开垦土地，或经营商贸，从而使得自古以渔猎、采集为生的阿伊努人的传统生活方式受到了很大冲击，并引起了他们的反感与不满。随着移民北海道的和人日益增多，阿伊努人与和人之间的矛盾也日趋激化，并终于在 1457 年爆发了一次较大的冲突，亦即所谓"柯虾曼尹（Koshamainn）之战"，结果是阿伊努人的东部酋长被武田信广所杀，阿伊努人最终败北。

进入安土桃山时代（1568—1603）以后，蛎崎庆广（后改姓松前）在 1593 年获得对虾夷之地的统治权（亦即"朱印状"），成为所谓的虾夷之地岛主，也就是后来的"松前藩"之始，德川家康因"关原之战"的胜利以及对待阿伊努人持镇压和征讨的态度，获得天皇颁赠的"征夷大将军"封号。1604 年，江户幕府（1603—1867）将与阿伊努人进行贸易的专营权（亦即"黑印状"）给予松前藩，并使此前一直沿用的《夷狄的商泊往还之法度》② 合法化，于是，阿伊努人就被置于松前藩的全面统治之下。松前藩初期的阿伊努政策曾经是一种放任和非同化的管理方式，并未要求阿伊努人改变其生活方式。但后来政策发生转变，开始采取教化、保护和同化的政策，划分和切割阿伊努人的居住区，禁止阿伊努人与和人通婚，实施"场所承包人制"等。所谓"场所承包人制"，即为了维持藩地的财政收支，松前藩将暇夷之地划分成若干区域并分封给藩主的家臣作为俸禄，允许其在划定范围内与阿伊努人交易。家臣们为了自身利益，又将区域内的交易权再度承包给所谓"开拓民"中的一些大和商人。这样，阿伊努人就长期处在官府（松前藩）与和人商家的双重盘剥之下，其生活与文化均遭受到严重的打击，人口持续减少。据统计，大约在明治维新前的 60 年间，松前藩辖区内的阿伊努人人口甚至减少了近三分之一。

针对和人的不断入侵和强制同化政策，阿伊努人从 1456 年至 1879

---

① 加藤忠「アイヌ民族の歴史と文化~共生への道~」財団法人アイヌ文化振興・研究堆進機構『平成 17 年度普及啓発講演会報告集』（2006）第 4 頁。

② 亦即"收取交易税并向阿伊努人首领分配部分交易税金"的制度。

年，先后进行过大小不等、多达 27 次之多的武力抗争，其中影响比较大的除前述 1457 年的"柯虾曼尹之战"外，还有 1669 年的"虾库虾尹（Syakusyainn）之战"和 1789 年的"库纳昔里·迈纳西（Kunasiri nenasi）之战"等，但是，在所有这些以阿伊努人酋长命名的抵抗皆告失败之后，整个阿伊努民族遂完全地被和人所统治。

二 北海道开发与《北海道旧土人保护法》

明治维新以后，日本政府正式实施北部开拓殖民计划，并于 1869 年将"虾夷之地"更名为"北海道"，设置了"北海道开拓使"。在实行土地私有化和奖励移民等一系列拓殖措施的推动下，在短短的 30 年间，全国移居北海道的和人从明治初期的 12 万人猛增到 100 多万人，而阿伊努人则从占北海道总人口 15.4% 的比例，相继下降到 1873 年的 9.64% 和 1898 年的 2.06%。① 与此同时，明治政府还采取一系列更加严厉的强制教化、强迫同化的措施，以图彻底地改变阿伊努人的社会与文化。例如，"允许"阿伊努人拥有姓氏、为其取名，将其编入"平民"等，这些措施在 1871 年《户籍法》生效后的第二年便正式开始实施。此外，还禁止阿伊努人保留文身、戴耳环等习俗；要求阿伊努人放弃传统的弓箭，改用租借来的枪支狩猎；强制阿伊努人迁移，将其土地正式划入政府的"官地"；输送阿伊努人青年去东京留学，使之接受大和式教育；在官方用语中将阿伊努人称为"旧土人"②；后来，甚至还发展到完全禁止阿伊努人狩猎，强制性地向阿伊努人实施"劝农"等，正是所有这些与"开发"同时推进的强制同化举措，使得阿伊努人社会逐渐趋于解体，并促使其生存环境不断恶化，人口数量急剧减少。据统计，在明治维新后的 60 年间，阿伊努人的人口绝对值持续减少至 1.6 万人。③

在阿伊努人传统的社会制度中，不曾存在明确的土地私有权观念。虽然阿依努人在其狩猎、采集和渔捞生活中，也产生了一些有关猎场、渔场

---

① 海保嶺夫：《日本北方史之論理》、雄山閣 1974 年版第 274 頁，转引自周绮乾《近代初期日本对北海道的殖民开发》，《日本学刊》2002 年第 3 期。

② 日本政府对阿伊努人的称谓早期并不确定，有"夷""蕃族""虾夷""旧虾夷"等，从明治 11 年起正式称"旧土人"。显然，这些称谓均有歧视性。"旧土人"一词虽然在社会生活中早已成为"死语"，但它作为法律用语却一直沿用到 1997 年《北海道旧土人保护法》废止之时。

③ [日] 秽川圭介：《阿伊努人的历史、文化特征》，《世界民族》1996 年第 3 期。

等的"所有意识"或所谓"固有法"①，但由于没有文字，他们无法将其明文化或具体地予以体现。因此，当明治政府大力开拓北海道时，阿伊努人无法对其生活和生产的土地、水域、山林等提出明确的权利要求，而明治政府则以北海道虾夷之地系无人居住、无人所有的无主土地，依据所谓"先占原则"对北海道提出主权主张，并宣布阿伊努人居住地周边的很多土地、山林为"官有地"。②

就在阿伊努人失去生存空间并面临种族灭绝的情况下，明治政府于1899年3月制定了《北海道旧土人保护法》，③并于同年4月1日起付诸施行。关于该法的立法目的，"北海道旧土人保护法案理由书"有如下说明："为对旧土人一视同仁，政府虽从明治初采取一些保护性措施，但未达到预期的保护之目的。这或是因旧土人尚未开化、皇民化时日尚短、知识水平有限所致。伴随北海道开发而来的大量移民，使得旧土人的土地、水域被侵占，生存地域越来越小，生活陷入贫困。长此以往，旧土人必将陷入'优胜劣汰'法则之中。考虑到旧土人也是天皇子民，吾皇怎忍其因生活所迫而自生自灭，故国家有义务通过制定相应救济措施消除灾难、安抚民心，让其享有家园并安居乐业。为此，特提出本法案。"虽然如同其名称一样，该法以"保护"陷入极度贫困和濒于灭绝的阿伊努人的生活为目的，但该"理由书"却有着强烈的民族歧视色彩，对于导致阿伊努人陷入绝境之原因的判断也是错误的。不仅如此，该法在实施过程中还同时伴随着"强制移住"④等新的同化举措。所以，自颁布以来，它始终受到一些日本学者及阿伊努人的指责和批评。在某种意义上，可以说这是一部包含着深刻自相矛盾的法律，一方面是所谓的保护，另一方面则是公然的歧视与同化。日本政府依据该法所采取的措施，并没有表现出对阿伊努人固有文化的基本尊重，也未曾谋求文化的多样性和民族的共生，而是

---

① ［日］北构太郎：《阿伊奴固有法与日本法政策》，载汤浅道男等编著《法人类学基础》，徐晓光等译，华夏文化艺术出版社2001年版，第149—151页。

② 加藤忠「アイヌ民族の歴史と文化～共生への道～」财团法人アイヌ文化振興・研究堆進機構『平成17年度普及啓発講演会報告集』（2006）第4页。

③ 有关阿伊努人的法律，除《北海道旧土人保护法》之外，还有1934年颁布的《旭川市旧土人保护地处分法》（法律第9号）。它们均在《阿伊努文化振兴法》生效的1997年被一并废止。

④ 上田伝明『アイヌ民族を考える』法律文化社（2007）第1—37页。

以一个强势者的姿态对弱者采取了一些居高临下的"恩赐"性的保护。

明治政府及其后历届日本政府，基本上都没有改变通过强制同化而将阿伊努人改造成为"日本国民"的基本国策，亦即利用国家的权力机关和制度，如学校教育、法律等体系，审查并赋予阿伊努人以"国民"资格，抑制或说服非主流文化，使之逐渐走向消亡。① 从幕府政权和明治政府实施的很多强制同化的具体措施来看，我们不得不指出，正是这些政策举措，使得和人歧视阿伊努人的现象长期存在和持续发生。明治政府对于"旧土人"的保护，实际上就是具体的强制同化措施，它主要有以下几个方面：

第一，"无偿"给付土地，鼓励阿伊努人从事农业生产。北海道的开发与短时间内大量和人移民的涌入，迫使阿伊努人不得不放弃其固有的以渔猎、采集为主的生产、生活方式。日本政府也通过采取限制捕鱼、禁止狩猎等措施，迫使他们开始从事农耕生产。为此，政府"无偿"地对从事或想从事农耕生产的阿伊努人，以家庭为单位每户提供1万5000坪②土地（《北海道旧土人保护法》第1条）。与政府提供给和人移民的土地面积相比较，这仅仅相当于和人移民个人所获土地面积的六分之一，而且阿伊努人所获得的土地，还大多属于分配给和人之后剩余的一些开垦条件较差的山地、坡地等。③ 与此同时，《北海道旧土人保护法》对阿伊努人原先固有的以及依据该法所获土地之物权进行了多项限制。例如，对于阿伊努人在该法实施前的原有土地，《北海道旧土人保护法》规定为"除继承外，未经北海道厅长官的许可不得转让，也不得在其土地上设定相应物权"（第2条第3款）。对于阿伊努人依据该法所获得的土地，规定了更为严格、详尽的限制条件，如"除继承外不得转让土地所有权；不得设定质权、抵押权、地上权或永佃权；未经北海道厅长官许可不得设定地役权；不得设定留置权，也不享有优先取得权"等（第2条第1款）。此外，为了敦促阿伊努人努力农垦，还规定从获得土地之日起超过15年仍未开垦者，所获得的土地将被依法收回（第3条）。

从上述针对阿伊努人土地的各种限制性规定来看，阿伊努人对于自己

---

① ［英］C. W. 沃特森：《多元文化主义》，叶兴艺译，吉林人民出版社2005年版，第4页。
② 1坪相当于3.3058平方米。
③ ［日］鬼头明成：《东北亚的动向与阿伊努文化的形成》，孟宪仁等译，《辽宁教育学院学报》1994年第1期。

固有的以及之后依法所获得的土地，只能通过亲自"耕种"这唯一的途径来实现其"所有权"。如果说对阿伊努人依法所获得的土地附加相应的限制性条件，是因为那些土地为"天皇所赐"，那么，对阿伊努人在该法实施以前的固有土地也附加限制，则实在是蛮横无理。采取如此严格的限制性手段，从另一角度反映出在和人大量涌入后阿伊努人生存困境的严峻性。此种现实迫使政府不得已采取严厉措施，以图把阿伊努人和土地捆绑在一起，在延缓或避免其整个族群迅速灭绝的同时，也进一步加强对阿伊努人的同化进程。正是为了使强制同化过程能够顺利进展，《北海道旧土人保护法》在附加了很多限制性条件的前提下，也对阿伊努人给予了相应的税收优惠政策，亦即"对依据前款之规定取得之土地，从取得之日起30年内，不征收土地税、地税及登记税"（第2条第2款）等。

第二，向陷入贫困的阿伊努人提供一定的救助。《北海道旧土人保护法》对阿伊努人的救助项目，大约有以下几项：政府对于生活贫困的阿伊努人免费提供农具和种子（第4条）；向自费治疗疾病的阿伊努人提供必要的医药费（第5条）；对于因老、弱、病、残、幼等不能独立生活的阿伊努人提供相应帮助，例如，对于经救助后死亡的人由政府支付丧葬费（第6条）；对于想就学的生活贫困者子弟提供学费（第7条）等。《北海道旧土人保护法》在经过几次修改后，还新增了一项关于建立阿伊努人保护设施的补助金制度。但是，由于该补助金制度将阿伊努人在管理能力上视为"禁治产人"或"准禁治产人"，因此日本政府通过《北海道旧土人保护法》指定北海道地方政府对阿伊努人的共有财产实施统一管理。例如，以渔猎为生的阿伊努人被禁止渔猎后改营农耕，其渔场和猎场便由地方政府管理和经营，所获收益（包括来自日本宫内厅的赏金等）一般被用于对阿伊努人的救助。当所获收益不足时，其不足部分才由国家财政负担（第8条）。由此可以看出，日本政府用于阿伊努人的大部分救助资金，实际上主要是来自由北海道厅长官所"管理"的阿伊努人共有财产的收益。这多少有点"羊毛出在羊身上"的意味。

不过，日本政府向阿伊努人提供的救助，还包括明治维新以后，在其近代国民国家形成过程中逐渐建立起来的各种社会救助制度所规定的有关内容。例如，自从阿伊努人于1872年被编入"平民"之后，相继得到了1874年的《恤救规则》、1931年的《救护法》、1946年的《生活保护法》、1947年的《儿童福利法》、1949年的《残疾人福利法》、1963年的

《老人福利法》以及1964年的《母子福利法》等法律在不同程度上的救济和保护。但所有这些与其说是对阿伊努人的特别关照,倒不如说是政府通过法律完成了将阿伊努人强制同化为"日本国民"的进程。

第三,广泛设立学校,让阿伊努人接受大和式的教育。对于阿伊努人实行彻底的大和式学校教育,乃是以和人为主体的日本主流社会强制同化阿伊努人最为重要的方式。早在幕府时代,政府就开始强制阿伊努人学习日本语;此后,明治政府更是变本加厉。除选送一些阿伊努人男女青年去东京留学外,从1872年起,在平取町为阿伊努人设立了学制三年的平取小学二风谷特别分校;1901年,又进一步增加了学制两年的补修课程。根据《北海道旧土人保护法》的有关规定,其他阿伊努人聚居地也都迅速地建立起了学校,或将其他一些和人学校转化为阿伊努学校,以便让阿伊努人都能接受到"皇民化"的教育。这些带有强制同化和文化歧视色彩的教育措施,对于始终面临着和人生活方式猛烈冲击的阿伊努人来说,确实是发挥了使其放弃或加速改变阿伊努民族传统文化和生活方式的关键性的作用。

三 阿伊努人的文化自觉与《阿伊努文化振兴法》

战后受人权与民主思想的影响,阿伊努人积极地开始了其"文化自觉"的各种实践活动。1946年,"全体北海道阿伊努人大会"在札幌市召开,大会决议成立以"确立阿伊努人的民族尊严,提高阿伊努人的民族地位,保护、传承和弘扬阿伊努人文化传统"为目的的"社团法人北海道阿伊努人协会"。[①] 由于以往在以和人为中心的日本社会,"阿伊努"一词具有侮辱和歧视之意,为避免和减少歧视现象发生,且为了便于协会开展工作,"社团法人北海道阿伊努人协会"于1962年更名为"社团法人北海道乌塔利[②]协会"。在阿伊努人自身长期不懈的努力及日本各界有识之士的多方支援,同时也在国际社会原住民权利运动的推动之下,阿伊努人最近终于逐渐地对"阿伊努"一词开始抱有自豪感了。[③] 在一定程度上,

---

① 早在1930年,北海道厅政府曾主持成立过一个"北海道阿伊努人协会",但因其官方性质及部分阿伊努人的拒绝参加,该协会在消除民族歧视、提高阿伊努人的教育和福利水平上,并未发挥多大作为。

② 在阿伊努人的语言中,"乌塔利"(Utari)一词,为"人""人民""同胞"之意。

③ アイヌ文化振興・研究推進機構:《了解阿伊努民族》(2000)第2页。

这可以被看作阿伊努人通过文化自觉的实践活动而成功地凝聚了其民族认同的一个例证。

长期以来，在日本的中央及地方政府里，始终存在着对阿伊努人根深蒂固的歧视以及对阿伊努人的传统文化所采取的排斥性态度。如1955年，北海道厅曾以保护动物为由发布《公告》，禁止阿伊努人举行传统"祭熊"仪式，就是一个典型的例子。战后，阿伊努人始终不渝地致力于旨在传承与复兴阿伊努语言、阿伊努传统舞蹈和阿伊努人各种传统祭奠礼仪的社会运动中。与此同时，围绕着北海道阿伊努人的土地所有权、阿伊努公共财产权等问题的请愿、诉讼以及理论研究也一直没有终止过。[①]

战后日本政治民主化进程和经济实现高速增长，其逐渐趋于完善的社会福祉政策也多少也惠及了阿伊努人。从1961年起，日本政府依据战后新的《社会福祉法》，逐步改善阿伊努人的生活环境（如住宅条件等），进一步促使阿伊努人的子女接受由国家支持的学校教育。在1972年对阿伊努人的实际生活状况进行全面调查的基础上，从1974年起，日本政府开始实施"第一个同胞福祉对策七年计划"，并将该计划一直延续至今。这个计划主要是以"振兴文化""促进对阿伊努人的了解"为重点，同时还有"充实教育""稳定生活及振兴地区产业"等方面的内容。此外，根据《文化财保护法》（1950），阿伊努人的一些生活、生产用具和阿伊努古典舞蹈等，也先后被指定为国家的"重要有形民俗文化遗产"或"重要无形民俗文化遗产"，从而使得阿伊努文化多少得到了一定程度的保护。

在日本国内既坚持同化政策又开始注意保护阿伊努人文化的微妙的气氛中，国际社会的原住民权利运动则不断得以深化，并促使阿伊努人问题越来越多地受到国际社会及日本国内各界的普遍关注。包括联合国的《经济、社会及文化权利国际公约》（1966）、《公民权与政治权利国际公约》（1966）、《联合国原住民权利宣言草案》（1984）、《隶属民族或族裔、宗教和少数语言群体的权利宣言》（1993）以及欧盟的《少数民族权利宣言》（1991）、《少数民族权利的框架公约》（1995）等在内，所有这些有关原住民权利的国际社会趋势与动态均对日本社会产生了很大刺激，

---

① 例如山川力『政治とアイヌ』未来社（1989）第172—182頁；堀内光一『アイヌモシリ奪回 検証・アイヌ共同財産裁判』社会評論社（2004）第242—323頁；小川正人、山田伸一『アイヌ民族 近代の記録』草風館（1998）等。

使日本政府日益感受到阿伊努人问题的压力。1984年5月，北海道乌塔利（同胞）协会正式提出废止旧法和确立新法的要求，经过阿伊努人社团组织和各界人士长期不懈的抗争和努力，① 终于在1997年5月14日，由日本国会通过了《阿伊努文化振兴法》，从而废除了已实施近一个世纪之久的《北海道旧土人保护法》。

关于《阿伊努文化振兴法》的立法目的，在该法第1条有明确的规定："基于阿伊努人自豪感之源泉的阿伊努传统及文化逐渐消亡之现状，国家为振兴阿伊努文化、普及阿伊努传统、启发国民认识和理解阿伊努文化，为促使阿伊努人重获自豪感并使之得到人们的尊重、为促进日本文化的多样性发展等，特制定本法。"可见，该法纯粹是一部振兴少数民族文化的文化权利法，并不涉及民族自治或确保阿伊努人在国家政治生活中的地位及其相关政治权利等方面的问题。制定该法时，立法机关以"振兴民族文化"替换了由阿伊努人依据《联合国宪章》第1条、《公民权与政治权利国际公约》第27条之规定所提出的"部分政治权利"的有关内容，因此，该法在通过后仍受到不少学者和阿伊努人的批评。此外，从"阿伊努文化的振兴"与"日本文化的多样性"之间的关系出发，也有人担心"该法将可能成为阿伊努人被纳入日本社会的'新同化政策'"。② 无论人们如何评价它，若从新法实施的成果看，其在振兴阿伊努文化等方面确实发挥了一定的作用。

根据《阿伊努文化振兴法》的有关规定，振兴阿伊努文化的主体，除阿伊努人自身外，中央及地方政府也承担着举足轻重的责任。"中央政府有责任培育阿伊努文化传承者、组织阿伊努文化的宣传活动、推动阿伊努文化的调查研究以及制定其他振兴阿伊努文化的措施等，并有义务采取必要的措施为帮助地方自治政府实施阿伊努文化振兴推进计划而提供有效的制度支持。""地方自治政府应根据自己的社会条件，致力于推行各种振兴阿伊努文化之政策"（第3条）。与此同时，"中央及地方自治政府在实施阿伊努文化的各项振兴措施时，必须考虑阿伊努人的意见和民族自

---

① 山川力『いま、「アイヌ新法」を考える』未来社（1995）第19—82页。
② 参见大阪经济法科大学2007年5月13日举办的『アイヌ民族のいま、そしてこれからを考える「アイヌ文化振興法」制定から10年』的有关信息（http://www.janjan.jp/living/0705/0705165569/1.php）（2007年5月20日访问）。

尊"（第 4 条）。

由于"阿伊努文化"如同"文化"这一概念一样，立法者很难给出精确定义，为此，《阿伊努文化振兴法》采取了列举方式，确定了"阿伊努语、在阿伊努人中间传承的民族音乐、舞蹈、工艺或其他文化性产物，以及由此发展出来的文化性产物"等为"阿伊努文化"。应该说，这样的列举使得新法的保护和振兴对象较为明确并具体化，而这一界定也与《文化财保护法》及《文化艺术振兴基本法》（2001）的相关规定保持了一致。正是因为文化内涵的复杂性以及阿伊努民族的特殊性，在立法技术上很难将所有的文化振兴措施均详细规定在《阿伊努文化振兴法》之中。为此，日本立法机关采取了分层化立法，亦即在《阿伊努文化振兴法》中主要规定制定阿伊努文化振兴措施的"基本原则"；明确中央行政主管及地方自治政府相关部门依据该法规定，制定涉及阿伊努文化振兴之举措的"基本方针"和"基本计划"；确定由中央政府指定的"公益法人"具体实施上述基本方针与基本计划；指出国家、地方自治政府和指定法人各自的责任与义务等。

关于阿伊努文化振兴的基本方针，是由国土交通大臣和文部科学大臣代表日本政府来制定[①]的（第 5 条第 1 款）。基本方针包括以下内容：（1）振兴阿伊努文化的基本事项；（2）实现阿伊努文化振兴的基本措施；（3）促进阿伊努文化的普及以及对阿伊努文化理解的相关措施；（4）有关调查研究阿伊努文化的资助措施；（5）实施上述措施应注意的其他重要事项等（第 5 条第 2 款）。国土交通大臣及文部科学大臣决定或变更上述"基本方针"时，必须进行协商并听取相关都、道、府、县的意见（第 5 条第 3 款）；在决定或变更基本方针时，应及时公布并通知各相关都、道、府、县，不得无故拖延（第 5 条第 4 款）。

关于阿伊努文化振兴的基本计划，则由相关的都道府县依据国家政令所赋予的权限，参照基本方针，分别制订各自辖区内阿伊努文化振兴的基本计划。基本计划需要包括以下事项：（1）振兴阿伊努文化的基本事项；（2）为振兴阿伊努文化所实施的措施的具体内容；（3）向居民实施普及、启发有关阿伊努文化与传统的有关事项；（4）实施阿伊努文化振兴措施

---

① 在 1999 年《阿伊努文化振兴法》修改之前，该项工作曾由北海道开发厅负责，后因为日本的行政体制改革，该项工作始由国土交通省和文部科学省负责。

时应注意的事项等（第6条第1款、第2款）。都、道、府、县制订或变更基本计划时，应及时向国土交通大臣和文部科学大臣提交报告并予以公布（第6条第3款）；为促使基本计划得以顺利制定和完满实施，国土交通大臣和文部科学大臣应向各相关都、道、府、县提供必要的建议、指导和信息（第6条第4款）。

上述基本方针和基本计划一经制定，就面临由谁去落实、实施以及如何组织实施等问题。根据《阿伊努文化振兴法》（第7条第1款）的规定，要由国土交通大臣及文部科学大臣从依据《民法》第34条规定而成立的、以振兴阿伊努文化和传承阿伊努人传统为宗旨的公益法人中指定一个"指定法人"①，由它来组织落实和实施上述基本方针和基本计划。该指定法人接受主管大臣的委托，从事与阿伊努文化振兴相关的行政事务，亦即所谓代行行政职能的公益法人，它同时也被认为是国家阿伊努行政的延伸。该指定法人承担的行政事务主要有：（1）培养阿伊努文化的继承者，并承担其他与阿伊努文化振兴相关的事务；（2）具体组织实施阿伊努文化与传统的宣传和普及活动；（3）资助与阿伊努文化振兴相关的调查与研究；（4）为旨在振兴阿伊努文化的调查研究提供必要的帮助；（5）其他与阿伊努文化振兴相关的必要事务等（第8条）。

从振兴阿伊努文化的基本方针与基本计划的策定，到其实施主体，可以说振兴阿伊努文化的主要责任人为国家，并且主要是由国家通过行政手段推进的。日本政府一改长期以来强制同化或不承认阿伊努人作为少数民族之存在的立场，这其实是与阿伊努人及日本国内部分有识之士的长期抗争和不懈推动有着密切的关系。阿伊努人成立了不少民间社团组织，这些依据日本《民法》第34条之规定获准成立的以振兴阿伊努文化为目标的公益法人，在税收上享有一定的优惠政策。例如，公益法人通过会费、捐款及补助金等方式所获得的经费，一律不予征税等。阿伊努人的这些民间社团组织在积极推动阿伊努文化振兴事业，以及在促使政府相关政策发生转变等方面，发挥了颇为重要的影响和作用。长期以来，日本国内不大愿

---

① 该指定法人为"财团法人阿伊努文化振兴研究推进机构"，其于1997年6月27日依《民法》第34条之规定，在获得主管机关北海道开发厅（现在的国土交通省）、文部省（现在的文部科学省）许可后成立。同年7月1日在北海道札幌市设立事务所；9月13日，在东京开设阿伊努文化交流中心；11月26日，正式获得政府指定而成为代理行使阿伊努文化振兴行政职能的唯一指定法人。该机构的首任理事长为曾任国立民族学博物馆馆长的文化人类学家佐佐木高明教授。

意承认阿伊努民族作为原住民之族群身份的政治家为数众多,政府的官方见解也一直是不大承认国内有少数民族存在。例如,前首相中曾根康弘曾在1986年宣称"日本是单一民族国家",这在当时就被看作日本政府官方立场的直接反映。① 政府的这一立场曾引起了阿伊努人的强烈反对和声讨,同时也遭到了日本国内许多有识之士的猛烈抨击。

第二节 "民族共生象征性空间"与《阿伊努民族支援法》

《阿伊努文化振兴法》的出台,在一定意义上不仅意味着日本政府的阿伊努人民族政策发生了转变,同时也表明其文化政策的重大调整,亦即从民族文化一元化朝向文化多样性的某种政策转变。随后,取而代之的《阿伊努民族支援法》则表明其阿伊努人民族政策的又一次较大的转折。

一 阿伊努人原住民法律地位的确立

在世界性的文化多元化的历史大趋势中,联合国于2007年9月13日通过的《原住民权利宣言》② 是一部具有划时代意义的国际性法律文件,其虽非条约且不具约束力,却进一步明确了原住民(无论个体或集体)无差别地平等享有《联合国宪章》《世界人权宣言》所认可的所有基本权利,以及原住民享有的自由决定其政治地位和自治之权利;自由追求经济、社会与文化发展之权利;不接受强制同化,包括不被驱逐、不被迫迁徙,文化不被破坏和维持自有传统与习惯之权利;其法律习惯被充分尊重,并享有土地保有制度以及相关资源、环境方面的固有权利等。

---

① 李玲:《日本阿伊努民族文化保护研究》,载张庆善主编《中国少数民族艺术遗产保护及当代艺术发展国际学术研讨会论文集》,文化艺术出版社2004年版,第561—562页。不愿承认阿伊努民族之存在的日本政治家为数很多,参阅上田伝明『アイヌ民族を考える』法律文化社(2007)第97—99页。

② 1994年12月13日,联合国大会决议由人权委员会成立专门小组起草该宣言,并计划在2004年之前使之获得通过。但由于各国在民族自决权、原住民土地权利等问题上存在较大分歧,宣言最终于2007年9月13日以143票赞成、4票反对获得通过。美国、加拿大、澳大利亚和新西兰投了反对票。

日本政府在通过《原住民权利宣言》时投了赞成票，① 这不仅使日本的原住民阿伊努人欢欣鼓舞，也标志着日本国家民族政策的一大转变，亦即日本政府正式放弃近代以来一直坚持的"单一民族国家"政策，公开承认了阿伊努人的原住民地位。②

2008年3月，国会的超党派议员联盟"阿伊努民族权利思考会"正式成立。同年6月6日，在该议员联盟的努力下，第169届国会参众两院分别以全票通过了《承认阿伊努人为原住民之决议案》。该决议案明确要求政府必须严肃面对国家近代化过程中，虽承认阿伊努人的公民地位，却一直采取歧视性措施，使其被迫陷入穷困的历史事实；在当今所有原住民均保有荣誉、尊严与自豪感以及传承其文化成为国际社会共同价值追求的时代背景下，承认阿伊努人的原住民地位已经是21世纪日本引领国际社会不可或缺的前提条件之一。为此，日本议会的决议要求政府应尽快采取以下措施：

（1）根据联合国《原住民权利宣言》，承认阿伊努人为日本列岛北部周边（特别是北海道）地区的原住民，并认可阿伊努人具有其独自的语言、宗教和文化。

（2）以签署联合国《原住民权利宣言》为契机，政府应参照宣言所规定事项，听取有识之士的意见，采取综合性措施，持续推进国家现行的阿伊努民族政策。

我们从该决议案的内容可知，日本政府承认阿伊努人的原住民地位，其实是仅限于《原住民权利宣言》中的文化权利，而不包括原住民在政治上的权利，这与日本政府签署宣言时的"保留事项"相一致，这意味着其立场仍是1997年废除《北海道旧土人保护法》，制定《阿伊努文化

---

① 日本虽签署了《原住民权利宣言》，但在原住民的民族自决权方面持保留立场，亦即不承认原住民拥有依据自决权而分离国家或独立之权利；同时，日本政府认为宣言中的所谓"集体权利"为个人享有之权利，可由各个个体共同行使，且权利行使不得损害其他人（既有）之权利，并主张各国可通过内国法对其给予合理限制。参见日本学术会议地域研究委员会人類学分科会『アイヌ政策のあり方と国民的理解』2011年9月15日第24頁。

② 1997年的《阿伊努文化振兴法》未承认阿伊努人的原住民地位，但同年札幌地方法院在"二风谷水库案"的判决中确认了阿伊努人符合原住民的定义，并由此承认了阿伊努人对其文化的专享权。参见中村尚弘『「アイヌ政策のあり方に関する有識者懇談会」報告書に関する論考の比較検討』『北海道民族学』（2014）第10号。

振兴法》以来，主要致力于阿伊努文化振兴之政策的延续。然而，"在立法机关承认阿伊努人为原住民之后，依然让并未承认阿伊努人原住民地位的《阿伊努文化振兴法》持续有效，其本身就涉嫌违法"①，因此，日本政府也就需要修改《阿伊努文化振兴法》或重新制定新的法律。②

根据决议案，内阁官房长官以有识之士为核心，于2008年8月11日设立了"阿伊努政策有识之士恳谈会"，要求根据《原住民权利宣言》并结合日本国情，深入研讨日本国家阿伊努政策的未来方向。前后经过十次讨论、调查及恳谈，最终于2009年7月29日完成并公布了一份《报告书》。该《报告书》重申未来的阿伊努政策要以其原住民族性为前提制定相关政策，并认为实施阿伊努政策有必要得到全体国民的理解。阿伊努政策的基本理念，以尊重阿伊努的民族认同、文化多元与民族共生为原则；相关政策的具体内容应包括重整机构、通过教育启发国民理解阿伊努人与阿伊努文化；建立民族共生的象征性空间；促进和阿伊努人相关的学术研究；以阿伊努语言为抓手振兴阿伊努文化；充分利用（阿伊努人原有的）土地及其他资源；振兴产业以提高阿伊努人生活水平等。③

2009年12月，日本内阁根据上述最终报告成立了"阿伊努政策推进会议"，开始广泛征求阿伊努人的意见，研究和探讨新的综合性的阿伊努民族政策。2010年3月，内阁官房又设立了两个临时工作部会，分别研究"民族共生象征空间"和调查"北海道之外阿伊努人的生活状况"。2011年6月，这两个部会完成各自的工作之后，提交了工作报告。2010年8月，内阁官房根据其工作报告，进一步设置了"政策推进工作部会，具体讨论阿伊努人提出的各项意见以及国家应确立怎样的阿伊努民族政策"。截至2018年12月，"阿伊努政策推进会议"以及"政策推进工作

---

① 丸山博「先住民族の自決権と平取ダム計画」貝澤耕一編『アイヌ民族の復権：先住民族と築く新たな社会』法律文化社（2012）第122—146頁。

② 2009年7月15日，日本超党派议员联盟"阿伊努民族权利思考会"讨论阿伊努政策问题，并邀请"北海道阿伊努协会"理事长与北海道知事参加。与会者的发言集中在"推动以国家为主体，实施综合性措施的新立法""应努力推动国民对阿伊努人的理解，推动明确国家责任的新的立法""一定实现新的立法"等方面。参见日本共产党『アイヌ新法求める——「共生」へ議連が決議』，https://www.jcp.or.jp/akahata/aik09/2009-07-16/2009071614_01_1.html.（2020年12月1日访问）。

③ アイヌ政策のあり方に関する有識者懇談会『報告書』（2009）第23—40頁。

部会"先后共召开了 45 次会议，讨论的具体议题主要涉及：民族自决权、土地与资源的返还和利用、渔业权与鲑鱼捕捞、艺术活动的国家支援、各地传统生活空间的再现（民族共生象征空间）、对北海道以外阿伊努人的支援、阿伊努人遗骨返还与祭奠以及阿伊努人的身份认定等。经过数年努力，最终促成了《阿伊努民族支援法（草案）》的完成，并于 2019 年 2 月 15 日提交国会审议。2019 年 4 月 11 日和 19 日，该法律草案分别在第 198 届国会的众议院、参议院获得通过，并于 4 月 26 日公布，自 5 月 24 日起实施。

二 《阿伊努民族支援法》的基本内容

《阿伊努民族支援法》由"总则""基本理念""民族共生象征空间相关设施之管理措施""阿伊努政策措施之地域推进计划的认定""被认定地域推进计划事业之特别措施""指定法人""阿伊努政策措施推进本部"以及"杂则"等构成，共计 8 章 45 条，另有附则 6 条。通过对具体法律文本的分析，我们可以将《阿伊努民族支援法》的基本内容归纳如下。

（一）立法的理由与目的

日本政府之所以在 1997 年的《阿伊努文化振兴法》实施长达 22 年之后，又制定了《阿伊努民族支援法》，其最为主要的理由就在于 2008 年签署了《原住民权利宣言》，同时，国会也通过了承认阿伊努人为原住民的决议。因此，基于阿伊努人的文化和传统的现状，以及近年来有关原住民问题的国际形势，此次立法的目的，乃是为了建设一个尊重阿伊努人民族自豪感，促成国民之间相互尊重的共生社会；振兴阿伊努文化，普及和启发国民对阿伊努传统知识的理解，采取措施完善相关的社会及文化环境；通过立法推动阿伊努政策措施的实施，明确阿伊努政策措施的基本原则、国家的责任和义务、阿伊努政策措施的基本方针、民族共生象征空间相关设施的管理、阿伊努政策措施的地域推进计划以及计划的认定、与地域推进计划相关行业的特别措施以及涉及"阿伊努政策推进本部"等方面的事项（第 1 条）。

与 1997 年的《阿伊努文化振兴法》相比较，2019 年《阿伊努民族支援法》不仅以法律的形式明确了阿伊努人的原住民地位，其立法目的也在延续"振兴阿伊努文化，促使阿伊努人重获自豪感并使之得到尊重"的基础上，尤其注重阿伊努人的身份认同、文化自豪感以及和（主体大和民族之间）的民族共生。但毋庸讳言，制定新法的另一可能隐而不显的目的还在于，通过对阿伊努人传统及文化的相关政策、资金支持以及建立"民族共生象征空间"等举措，减缓阿伊努人对政府在签署《原住民权利宣言》时在民族自决权以及基于自决权的民族自治和原住民土地、资源相关权利等方面持有保留态度的不满。

（二）基本理念、国家与国民的责任

无数历史经验表明，在国家与民族问题上，最为重要的便是不同民族之间的相互尊重与包容。在当今世界的经济全球化、政治多极化、文化多元化的潮流与反全球化、单边主义、民粹主义抬头的动向相互交织的复杂情形下，不同民族间的相互尊重和包容既是多民族国家社会稳定、人民幸福的前提，同时也是国际社会维护世界和平与秩序的基础。

自20世纪90年代以来，日本政府的阿伊努政策相对集中于文化方面，并以促成国民对阿伊努文化的尊重为导向。1997年《阿伊努文化振兴法》明确规定了对阿伊努人民族自豪感、文化与传统的尊重与理解；2009年的《承认阿伊努人为原住民之决议案》则沿用了同样的表述；2019年的《阿伊努民族支援法》再次重申，针对阿伊努人的国家政策，必须以尊重阿伊努人的民族自豪感为前提，加强国民对阿伊努人的民族文化、传统以及在国际社会中多民族共生和多元文化发展的理解。与此同时，为了使阿伊努人作为一个民族能够生活在其民族自豪感之中，国家实施的阿伊努政策措施，必须尊重阿伊努人的自主意志（第3条第1款、第2款）；任何人不得歧视阿伊努人，不得侵犯阿伊努人的其他权利与利益（第4条）。这可以说是《阿伊努民族支援法》的基本理念。

为了确保上述尊重阿伊努人民族自豪感、理解阿伊努人文化和传统以及不得歧视阿伊努人等基本理念得以落实，法律规定国家及地方公共团体有责任与义务制定、设计和实施与阿伊努人相关的政策措施。根据《阿伊努民族支援法》第5条的规定，国家的责任与义务主要有：（1）国家及地方公共团体有责任和义务根据上述基本理念，制定并实施阿伊努文化振兴措施、普及与启蒙阿伊努传统知识；完善有助于确保阿伊努民族自豪感的阿伊努文化振兴之环境；（2）国家及地方公共团体必须采取措施，努力培育阿伊努文化继承人；（3）国家和地方公共团体必须努力通过教育、宣传以及其他活动，加深国民对阿伊努民族、阿伊努文化、阿伊努传统知

识的理解与认识；(4) 国家应努力资助并推进阿伊努文化振兴相关研究，并努力采取措施，向地方公共团体就其推进实施的阿伊努政策措施提供必要建议。

此外，国家、地方公共团体在推进和实施阿伊努政策措施时，必须与其他相关主体密切协作，阿伊努政策措施所覆盖的对象为全国范围内的阿伊努人，而不应仅限于聚居在北海道的阿伊努人（第3条第3款）。一般国民应该积极努力地参与构建一个有助于尊重阿伊努民族自豪感的社会（第6条）。

为综合有效地推进阿伊努政策措施，国家设置"阿伊努政策推进本部"，以承担国家的阿伊努政策措施基本方针的制定、实施以及其他阿伊努政策措施的规划、相关立法草案的起草等事务（第32、33条）。阿伊努政策推进本部由本部部长、副本部长以及本部委员构成。本部部长由内阁官房长官担任，副本部长由国务大臣担任；本部委员则为法务大臣、外务大臣、文部科学大臣、厚生劳动大臣、农林水产大臣、经济产业大臣、国土交通大臣、环境大臣以及由内阁总理大臣认为必要时所指定的其他官员（第34—37条）。在本部长之上的主任大臣为内阁总理大臣（第40条）。从上述规定可知，此次日本政府对阿伊努政策的调整几乎是举国体制，力度很大。

为履行上述法定职责，阿伊努政策推进本部可以要求相关国家行政机关、地方公共团体、（国家）独立行政法人、地方独立行政法人和特殊法人的负责人等提供相关资料、发表意见、予以说明以及其他必要协助；必要时，还可以要求上述之外其他机关提供资料、发表意见、予以说明和给予其他协助（第38条）。阿伊努政策推进本部的具体工作依据法律规定，可通过命令方式委托具体部门的负责人履行相关职务；在内阁官房内部，可通过命令方式，由副长官代理官房长官行使相关职务（第39条）；在具体的政策方面，相关权限可通过命令方式委托具体部门负责。例如，国土交通大臣的权限，可通过国土交通省的政令委托北海道开发局局长负责；农林水产大臣的权限，可通过农林水产省的政令委托森林管理局局长、森林管理署署长行使（第43条）等。

(三) 国家阿伊努政策措施的基本方针与"民族共生象征空间"

为全面、有条不紊和有效地实施阿伊努政策措施，政府必须制定包含以下事项在内的阿伊努政策措施的国家基本方针（第7条第1款、第2

款）：（1）阿伊努政策措施的意义及目标；（2）政府实施阿伊努政策措施的基本方向；（3）"民族共生象征空间"及其设施的管理与运营事项；（4）与"阿伊努政策措施地域推进计划"有关的内阁总理大臣认定事项；（5）以上各项之外的其他必要事项。

为了体现阿伊努民族问题对于日本的重要性以及日本政府的重视程度，法律明确规定：由阿伊努政策推进本部制定的阿伊努政策措施的国家基本方针，必须经由首相提请内阁会议审议决议通过之后方可公布（第3款）。都、道、府、县应根据阿伊努政策措施的国家基本方针，制定其各自辖区内的"阿伊努政策措施之都、道、府、县方针"，其内容大致包括都、道、府、县阿伊努政策措施的具体目标；为推进都、道、府、县阿伊努政策措施的其他事项等（第8条）。

在阿伊努政策措施的国家基本方针中，建设"民族共生象征空间"被认为是阿伊努文化振兴举措的"重中之重"[①]。建设"民族共生象征空间"这一构想，是"阿伊努政策有识之士恳谈会"在2009年7月完成的报告中提出的。随后，经过"阿伊努政策推进会议"下设之"民族共生象征性空间作业部会"的多次调查研究与讨论，于2012年7月31日形成了"'民族共生象征空间'基本构想"，并在2014年6月的内阁会议上决议通过了《为促进阿伊努文化复兴之"民族共生象征空间"的完善以及管理运营的基本方针》（以下简称"《象征空间管理运营基本方针》"），明确了象征空间的主要设施由公园、博物馆等公共设施构成。接着，国土交通省、文化厅也分别制订了"国立民族共生公园基本计划""国立阿伊努文化博物馆基本计划"和"国立阿伊努民族博物馆展示计划"等。2016年7月，日本政府对"'民族共生象征空间'基本构想"进行了修改，2017年6月，内阁会议又专门修改了《象征空间管理运营基本方针》。此后，"民族共生象征空间"更是成为2019年《阿伊努民族支援法》的一部分。

《阿伊努民族支援法》并未直接定义何为"民族共生象征空间"，它只是将"民族共生象征空间之设施"界定为："国土交通省和文部科学省政令所规定的、作为阿伊努文化振兴之据点的、被《国有财产法》第3

---

① アイヌ総合政策推進会議『「民族共生象徴空間」基本構想（改定版）』2016年7月22日第3页。

条第 2 款所规定的行政财产①"（第 2 条第 3 款），亦即和阿伊努人生存环境有关的"国有公共公众用财产"和"国有森林经营用财产"以及相关国有土地和水域等。在《象征空间管理运营基本方针》中，象征空间的区域以及相关设施被确认如下：（1）核心区域：位于北海道白老郡白老町、若草町（幌户湖②周边），地面设施包括国立阿伊努民族博物馆、国立阿伊努民族共生公园；（2）过渡区域：与核心区域相连接的为复兴阿伊努文化而可以利用的其他规定区域；（3）管理被返还的阿伊努人遗骨③以及慰灵祭奠仪式的相关设施（慰灵馆）。

上述"民族共生象征空间"作为阿伊努文化复兴的国家中心，是日本国家阿伊努民族政策的象征，其建构表明了政府对阿伊努民族问题的重视程度，同时也为地方阿伊努政策的实施树立了具有示范意义的样板。"民族共生象征空间"被期许为是可以促进国民理解阿伊努人的历史与文化的场所，也是面向未来继承和创造阿伊努文化，推动其发展的据点。承担着展示、传承和调查研究阿伊努文化，培育阿伊努民族人才，文化体验与交流，传递情报信息等功能。当然，这里也是一般国民亲近自然的休闲场所，以及管理阿伊努人遗骨及祭奠的设施。

为了统一管理民族共生象征空间，国土交通大臣和文部科学大臣可以根据申请，指定以振兴阿伊努文化为宗旨的一般社团法人或一般财团法人为象征空间相关设施的全国唯一管理人（第 9 条、第 20 条）。2019 年 5 月 24 日，"公益财团法人阿伊努民族文化财团"被正式确认为"民族共生象征空间"的指定管理法人。

根据《阿伊努民族支援法》，指定管理法人承担以下各项工作（第 21 条）：（1）指定法人接受委托，管理象征空间的相关设施；（2）培育阿伊

---

① 1948 年的日本《国有财产法》（法律第 73 号）第 3 条第 2 款中的"行政财产"主要是指："国有公共个人用财产、国有公共公众用财产、皇室用财产以及国有森林经营用财产"等。

② 阿伊努语的发音为"ポロト（poroto）湖"，意为"大沼"，https：//www.rinya.maff.go.jp/j/kokuyu_rinya/kokumin_mori/katuyo/reku/rekumori/poroto.html.（2020 年 11 月 20 日访问）。

③ 在承认阿伊努人的原住民地位之后，日本政府对明治至昭和期间以人类学研究的名义从北海道各地墓地挖掘（包括盗掘）收集的、保存于全国各大学或博物馆等公共文化设施的阿伊努人遗骨及随葬品等予以返还。经鉴定可以确认身份的返还给遗族，无法确定身份，则集中安放在"民族共生象征空间"统一祭奠。参见国会衆議院『第 198 回国会衆議院国土交通委員会議録（第 5 号）』（平成 31 年 4 月 10 日）第 7 頁。

努文化传承人以及实施与阿伊努文化振兴相关的其他工作；（3）阿伊努文化传统等的推广，以及阿伊努传统知识的普及与启蒙工作；（4）有助于阿伊努文化振兴、传统知识的普及与启蒙的调查研究；（5）向调查研究人员提供建议，并对其研究提供必要的援助；（6）除以上工作之外的其他为振兴阿伊努文化的必要工作。

为管理象征空间的相关设施，指定法人应制定"象征空间相关设施管理规则"，且必须获得国土交通大臣及文部科学大臣的认可；此后若要变更，也必须获得认可。所制定的管理规则，内容应包括相关设施管理工作实施方法、门票管理事项以及国土交通省、文部科学省政令规定的其他事项。当国土交通大臣、文部科学大臣认为指定法人未恰当实施管理规程时，可命令其改正（第22条）。此外，指定法人还必须制订"年度工作计划"和"年度收支预算书"，并在年度开始前获得国土交通大臣及文部科学大臣的认可；若要变更，亦应获得认可。年度工作结束后，必须在三个月内向国土交通大臣及文部科学大臣提交"年度工作报告"和"收支决算书"（第23条）。

在法律规定的权限内，国土交通大臣、文部科学大臣可要求指定法人报告其管理工作的情况，可现场检查工作、账簿、书面文件以及其他物件，并可直接询问关系人；在现场检查时，检查人员必须携带身份证明文件，若有要求则必须出示；不得将该检查视为犯罪搜查（第28条）。为实施本法，国土交通大臣、文部科学大臣认为必要时，可就指定法人工作事项，作出监督性命令（第29条）。作为退出机制，当指定法人出现以下情形之一的，国土交通大臣及文部科学大臣可撤销指定法人之指定：（1）指定法人违反本法或根据本法之命令的；（2）指定法人有不当履行法定管理事务之虞的；（3）不根据被认可的象征空间设施管理规程管理的；（4）不履行民族共生象征空间相关设施管理工作的（第30条）。

当象征空间管理的指定法人之指定被撤销后，国土交通大臣及文部科学大臣应指定新的指定法人。此时，与象征空间管理工作相关的财产，归属新的指定法人。其过渡性措施，在合理的必要范围内，由政令规定之（第31条）。

（四）"阿伊努政策措施地域推进计划"与特别措施

根据国家基本方针与内阁府的命令，市、町、村可单独或共同制订辖区内的"阿伊努政策措施地域推进计划"（以下简称"地域推进计划"），并可向内阁总理大臣申请认定。法律要求地域推进计划应当记载以下事项：（1）地域推进计划的目标；（2）推进阿伊努政策措施的相关事业，包括有益于阿伊努文化的保存和继承、对阿伊努传统的理解和观光等产业的振兴、地域内外的交流、国际交流以及内阁府确定的其他事业等；（3）地域推进计划的实施期间；（4）由内阁府的命令确定的其他事项（第10条第1款、第2款）。

对于地域推进计划的认定申请，内阁总理大臣认为其内容符合以下标准的，则应予以认定：（1）地域推进计划符合基本方针；（2）实施地域推进计划被认为对当地阿伊努政策措施的实施具有相当的促进作用；（3）预计地域推进计划能够得到顺利实施（第9款）。

内阁总理大臣在作出认定决定时，可征求阿伊努政策推进本部的意见（第10款）；并必须将认定的决定通知制订地域推进计划的市、町、村所在都、道、府、县知事；如果都、道、府、县制定有阿伊努政策措施实施方针，则都、道、府、县知事可就相关事项向内阁总理大臣陈述意见（第11款）；如果被认定的地域推进计划涉及其他特别行政领域的，内阁总理大臣的认定还必须征得该领域国家行政长官的同意（第12款）；此外，当地域推进计划中明确记载需要在内水水域捕捞鲑、鳟等鱼类的，① 在认定地域推进计划时，内阁总理大臣必须听取市、町、村（地域推进计划为共同制定的，则仅限捕捞水域）申请者所在都、道、府、县知事的意见（第13款）。内阁总理大臣作出认定决定后，必须立刻公布，不得延迟（第14款）。根据日本内阁府官方网站公布的信息，截至2020年9月30日，获得认定的地域推进计划共有5批次31项；所有被认定的地域推进计划除一项在三重县之外，其余全部位于北海道。②

为确保认定的地域推进计划得以实施，《阿伊努民族支援法》明确规定，内阁总理大臣可要求获得认定的市、町、村书面报告其地域推进计划实施情况；当被认定的地域推进计划记载有特定行政领域的，该领域国家行政长官可要求获认定的市、町、村书面报告其特定领域的实施情况（第

---

① 阿伊努人曾经以打鱼、狩猎为生，鲑、鳟等鱼类在其传统日常生活及各种仪式中占据着非常重要的地位。再现阿伊努人昔日的生活方式及仪式，就需要捕捞这些鱼类。日本现行的《渔业法》《水产资源保护法》的相关规定，要求捕捞必须获得许可。

② 数据来自日本内阁府官方网站，https：//www8.cao.go.jp/ainu/kouhyou/kouhyou.html. (2020年12月12日访问)。

12 条）。为确保地域推进计划能得到落实，内阁总理大臣认为必要时，可要求获认定的市、町、村采取必要的具体措施；当地域推进计划涉及特定行政领域的，该领域国家行政长官也可要求获认定的市、町、村在该特定领域采取必要措施（第 13 条）。

与此同时，旨在确保地域推进计划的实施质量以及地域推进计划认定的严肃性，《阿伊努民族支援法》还确立了退出机制，亦即总理大臣认为，被认定的地域推进计划不再符合法律规定的条件时，可以撤销其认定；被撤销的地域推进计划中涉及特定行政领域的，总理大臣必须事前告知该领域的行政长官；该领域的行政长官对于认定撤销可向总理大臣陈述意见。

获得总理大臣认定的地域推进计划，是日本在国家层面推进阿伊努民族政策的标志，为此，日本政府通过《阿伊努民族支援法》确立了一系列特别措施。

首先，需要确保被认定地域推进计划的实施有充足资金。《阿伊努民族支援法》规定，国家应通过内阁府政令，在政府预算范围内，由国家以"支付金"的方式承担；该支付金只能用于阿伊努文化的保存与继承事业、促进国民理解阿伊努人及其传统的相关事业、地域观光及其他产业振兴等事业、地域内及地域间或者国际交流事业等；如果根据其他法令，上述相关事业经费由国家开支或已获财政补贴或交付金的，则不得重复获得该支付金（第 15 条第 1 款、第 2 款）；为筹集实施地域推进计划所需资金，市、町、村可在财政状况允许的范围内发行地方债，对此，国家应特别注意在资金情况允许范围内可利用财政融资资金予以兑现（第 19 条）。截至 2020 年 9 月 30 日，针对地域推进计划的中央政府实际交付的"交付金"共计 6 批次、总金额为 81 亿 3000 多万日元；市、町、村交付的支付金金额，约为国家支付金的三分之一。[①]

其次，由于地域推进计划的综合性决定了其往往涉及多个行政领域。而不同行政领域之间往往有可能存在法律法规层面的相互冲突，因此，《阿伊努民族支援法》必须对此加以协调，以避免影响到地域推进计划的实施。例如，为避免被认定地域推进计划中涉及阿伊努人采集某种动植物以制作某种仪式所用的道具，或者为再现阿伊努人曾经的生活方式而需要

---

① 日本内阁府官方网站，https：//www8.cao.go.jp/ainu/kouhyou/kouhyou.html（2020 年 12 月 12 日访问）。

采集、狩猎、捕鱼等行为与现行的《森林法》（法律第 249 号）、《渔业法》（法律第 267 号）、《水产品资源保护法》（法律第 313 号）等环境保护法律制度相冲突，《阿伊努民族支援法》设立了"国有森林共用林地"①制度和鲑、鳟鱼"捕捞许可"制度。"国有森林共用林地"制度是指：当农林水产大臣认为有必要通过协调国有森林经营与被认定的市、町、村居民利用之间的关系，以提高土地利用效率时，可通过契约方式使得被认定的市、町、村的居民或该市、町、村内一定区域的居民可以在国有林地采集林产品，用于展示和传承阿伊努人的仪式，振兴阿伊努文化（第 16 条）。2020 年 7 月 9 日，北海道新日高町长官、日高南部森林管理署署长在新日高阿伊努协会、三石阿伊努协会相关代表的见证下，签订了日本第一份"阿伊努人共用林地契约"，该契约约定：新日高町将其管理的 1069.18 公顷国有森林作为阿伊努人共用林地，以保障阿伊努人制作其祭祀仪式用具"以纳乌"②时有充足的材料——柳枝可用。③ 至于鲑、鳟鱼的"捕捞许可"制度则是指：当被认定的地域推进计划中记载需在内水水域捕捞鲑、鳟鱼时，根据《渔业法》④与《水产资源保护法》⑤的规定需要捕捞许可，如果被认定的市、町、村提出申请，农林水产大臣或

---

① 日本法律上的"共用林地"是指多人共同利用的共有山林，其原始形态多以"入会"或"持有份额"方式共用山林或林地。明治时代以来，土地逐渐形成官民区分，官有林地统一被国有化，由市、町、村直辖；私有林地则演变为村民以共同记名方式所有或以入会方式共同利用等复杂形态，最终形成了村民集体共有、共用的民事习惯。《阿伊努民族支援法》中的"国有森林共用林地"是指阿伊努聚居区的市、町、村国有森林管理机构，以契约方式与当地阿伊努人社团签署协议，允许当地阿伊努居民在特定时期利用国有森林，采集林产品用于阿伊努文化的再现或传承活动。参见国会参议院『第 198 回国会参議院国道交通委員会会議録（第 8 号）』（平成 31 年 4 月 18 日）第 8—10 頁。

② "以纳乌"（イナウ，inaw，inau），阿依奴人的祭祀用具（供品）之一，它被认为是神灵、祖先和人类之间的媒介（礼物、信息、载体）。

③ 北海道森林管理局『日高南部森林管理署初の「アイヌ共用林野」の契約締結』、https://www.rinya.maff.go.jp/hokkaido/square/kakutidayori/2020/200709.html.（2020 年 12 月 12 日访问）。

④ 1949 年的日本《渔业法》（法律第 267 号）第 65 条第 1 款规定：为提高渔业生产能力，农林水产大臣认为必要时，可对都、道、府、县水域渔业区域的划定提供建议。

⑤ 1946 年的日本《水产资源保护法》（法律第 313 号）第 4 条第 1 款、第 2 款规定：为保护、培养国家水产资源，农林水产大臣或都、道、府、县知事在认为必要时，可以禁止商业性捕捞和经营特定种类的水产动植物；经营渔业则须获得农林水产大臣或都、道、府、县知事的许可。

都、道、府、县知事应予许可（第17条）。

最后，当地域推进计划中涉及阿伊努人的民族商品开发时，在地域推进计划实施期间，特许厅长官可通过政令减轻或免除依据《商标法》规定①的商品商标、集体商标的注册费（第18条第2款）以及商标注册申请受理费（第18条第3款）等，以鼓励阿伊努民族产业的发展。

（五）法律责任制度

为确保《阿伊努民族支援法》能够得到切实、有效的实施，明确具体的法律责任制度必不可少。首先，《阿伊努民族支援法》建立了退出机制。亦即当获得认定的市、町、村阿伊努政策措施地域推进计划不再具备认定条件时，总理大臣应撤销其认定。当然，被撤销认定的市、町、村也就自然丧失获得国家"支付金"的资格；当"民族共生象征空间"相关设施管理的指定法人不再符合指定条件时，国土交通大臣及文部科学大臣也应撤销指定，并重新指定其他指定法人。此种能进能出、能上能下的退出制度设计，有利于促进各个地方政府之间在民族政策实施上的公平竞争。其次，对于违反法定报告义务的相关机构责任人，就阿伊努政策措施的实施情况不报告或虚假报告的，在实施阿伊努政策措施过程中拒绝、阻碍以及回避主管机关检查的，除可对个人处30万日元以下罚金外，对相关法人也可处以相同金额的罚金（第44条）；如指定法人违反国土交通大臣、文部科学大臣有关指定法人履行相关工作之命令的，则处50万日元以下罚款（第45条）等。应该说，这些罚则非常明显地强化了阿伊努政策措施的执行力度。

第三节 对《阿伊努民族支援法》的评析

根据对《阿伊努民族支援法》上述基本内容的初步梳理，可以说《阿伊努民族支援法》其实就是1997年《阿伊努文化振兴法》的扩展或升级版，反映了日本政府既定的阿伊努文化振兴政策的延续。2018年4月，日本国会在审议《阿伊努民族支援法（草案）》时，曾经有议员重

---

① 涉及1959年日本《商标法》（法律第127号）第7条之2第1款规定的地域集体商标登记注册费等相关条款。

提原住民的自决权、自治权以及土地、资源之权利等话题,① 但由于日本政府在签署《原住民权利宣言》时的保留态度,当然还有根深蒂固的单一民族国家理念,② 日本不仅基本上没有可能在国内法上承认阿伊努民族的这些权利,甚至连实施了长达 150 年的残酷同化政策,也未向阿伊努人"道歉",而仅以"严肃面对历史"的表述示人。③ 造成这种局面的最有可能同时也是日本政府最为担心的理由在于:承认了阿伊努民族的自决权、自治权,就认为可能会对其国家的政治稳定、领土完整带来潜在危险,因为这一问题不仅涉及北海道阿伊努人,还会牵扯到琉球群岛的琉球人,④ 甚至还可能波及在日朝鲜人等。因此,尽量回避阿伊努人的政治性权利,保持现有的土地所有权形态不变。但尽量在阿伊努文化振兴方面加大投入、扩展政策措施的适用范围,很自然地就成为政治风险最小也最为"适当"的选择。正是基于日本式政治正确性的这一前提,《阿伊努民族支援法》的主要特点就表现在以下几个方面:

首先是前所未有的重视程度。阿伊努民族问题是长期困扰日本政府的一个重要且颇为敏感的问题。面对近代化过程中残酷的强制同化政策的历

---

① 国会参議院『第 198 回国会参議院国道交通委員会会議録(第 8 号)』(平成 31 年 4 月 18 日)第 5—6 頁。

② 日本前首相中曾根康弘 1986 年曾发表日本为"单一民族国家"的言论。1997 年的《阿伊努文化振兴法》曾暧昧地使用了"阿伊努民族"一词。虽然 2007 年日本政府签署了联合国《原住民权利保护宣言》,2008 年日本国会通过了《承认阿伊努人原住民地位决议》,并将其以法律形式体现在 2019 年制定的《阿伊努民族支援法》之中,但"单一民族国家"的思想依然根深蒂固,例如,2020 年 1 月 13 日,日本副首相、财务大臣麻生太郎在福冈县直方市召开的国政报告会上公开声称"日本拥有统一领土、单一语言、单一民族和一个天皇的国家历史长达 2000 年",引发各界争论。同时,日本网络上也一直存在大量诸如"阿伊努人并非原住民""阿伊努人并不存在""并未歧视阿伊努人""阿伊努人通过撒谎以获取享有特殊权利"等偏激言论。

③ 国会参議院『第 198 回国会参議院国道交通委員会会議録(第 8 号)』(平成 31 年 4 月 18 日)第 5—6 頁。

④ 联合国人权委员会在 2008 年承认琉球人为原住民,消除种族歧视委员会也劝告要保障琉球人的权利,但日本政府对此予以拒绝。参见古木杜惠『京都大学が盗掘した琉球人骨を返さぬワケ:政府や旧帝大関係者も絶対認めない』、https://president.jp/articles/-/28508.(2020 年 11 月 25 日访问)。

史，① 日本政府一直保持着暧昧的态度，不道歉但表示"严肃面对"的态度，现如今在阿伊努人口数量持续递减的严峻现实面前，② 日本政府也不得不更加表现出对阿伊努文化振兴的重视。于是，负责阿伊努民族事务的机构规格奇高，阿伊努民族事务成为国家层面的重大课题。以负责制定阿伊努民族支援的国家基本方针、在内阁设置的"阿伊努政策推进本部"等为例，政府首脑及各部门最高行政首长均悉数在列，甚至以内阁总理大臣为主任大臣，以官房长官为本部长；同时，对市、町、村地域推进计划的认定机关也是内阁总理大臣。虽然政府元首级别的官员并不会去处理具体事务，但在法律文件上的署名本身就足以证明阿伊努民族政策在其国家体制中的重要性，当然，如此也是为了最大限度地引起国民重视和减缓阿伊努人士的不满情绪。

其次，是在阿伊努民族政策的制定与实施上，形成双层结构。这可以说是《阿伊努民族支援法》最大的特点。通常，一个国家的民族政策是由中央机关制定政策，地方政府具体实施，但《阿伊努民族支援法》明确规定，中央政府既要制定阿伊努政策措施的国家基本方针，还要通过管理"指定法人"的指定，委托其管理和经营由国家设立的"民族共生象征空间"；不仅如此，在地方公共团体层面，除都、道、府、县需根据国家基本方针制定都、道、府、县各自有关阿伊努政策措施的实施方针之外，市、町、村也应制定详细的"阿伊努政策措施地域推进计划"并申请国家认可。获得认可后便能够获得国家和地方政府的财政（支付金）支持，使其推进计划得到具体的实施。如此，地方公共团体事实上也就有了制定本地阿伊努民族政策并予以落实的权利和积极性。

再次，与1997年的《阿伊努文化振兴法》相比较，《阿伊努民族支

---

① 周超：《两部法律与阿伊努人的命运——从〈北海道旧土人保护法〉到〈阿伊努文化振兴法〉》，《世界民族》2010年第6期。

② 据调查，北海道阿伊努人的人口2006年约23000人，2013年约16786人，2017年则减至13118人。北海道阿伊努人人口的持续减少，除无法排除人口流动因素的影响，也可能受到调查方式（自愿+认定）的限制。北海道厅认为，由于社会上存在较为严重的民族歧视现象，也不排除调查过程中被调查对象故意隐瞒阿伊努人身份的情况。参见公益财团法人東京都人権啓発センター「アイヌがアイヌとして生きていける社会へ」『TOKYO人権』（2014）第63号；『アイヌ新法成立、日本の「消えゆく民族」とは』https：//www.cnn.co.jp/world/35138465.html.（2020年11月25日访问）。

援法》对中央与地方政府赋予的责任范围更大。对日本政府而言，一直以来颇为重视的是如何维持阿伊努文化的基础不使其持续丧失，或如何才能避免阿伊努文化走向衰亡。因此，基于《阿伊努文化振兴法》确定的国家责任主要集中在振兴阿伊努文化的诸多措施上，例如，阿伊努语言教育措施、民间文艺的传承措施、宗教仪式的实施措施、特殊纹样的保护措施等。但是，阿伊努人实际渴望的是彻底改善阿伊努文化振兴的外部环境，例如，在传承阿伊努文化中能够维持生计或保持自己的职业，或者更具体地说，需要确保阿伊努传统手工产品的原材料等。所以，此次新出台的《阿伊努民族支援法》不仅要求国家及地方公共团体必须努力利用教育、广告宣传及其他活动，扩大国民对阿伊努历史、阿伊努文化、阿伊努语以及阿伊努人与自然和谐关系的理解，还要求在原有的振兴阿伊努文化诸多措施的基础上，通过设立"支付金"专款拨付制度，加大国家在地域振兴、产业振兴、观光振兴、国际交流、环境保全等领域的资金投入，最大限度地刺激阿伊努人聚居地区的经济文化的繁荣与发展，从而促使国家的阿伊努政策措施能够真正有效地实施。

最后，《阿伊努民族支援法》创建了新的"民族共生象征空间"相关制度。日本政府很早就将"民俗文化遗产"（1950、1975）、"无形文化遗产"（1954）、"文化遗产保存技术"（1975）等，纳入其《文化遗产保护法》的保护范围，自从联合国教科文组织陆续推出《保护传统和民间文化建议案》（1989）、《文化多样性宣言》（2001）以及《非物质文化遗产保护公约》（2003）以来，日本并未特别关注"文化空间"（Culture Space）或"文化场所"（Culture Place）在非物质文化遗产保护和民族文化振兴方面的意义，仅在法律上增加了"文化景观"（2004）这一新类文化遗产为对应。但是，日本政府承认了阿伊努民族的原住民地位，却又在阿伊努人民族自决权等政治权利方面裹足不前。同时，面邻日益严峻和深刻化的歧视阿伊努人现象以及阿伊努人作为正在"消失的民族"而备受国际社会关注的局面。在上述诸多情形下，在阿伊努人较多分布的地区创建"文化空间"这一全新的文化及环境形态，并赋予其"民族共生"的政治含义，很自然地就成为日本政府的一项新的政策选项。"民族共生象征空间"具体建设在北海道白老町幌户湖畔的阿伊努人重要传统祭祀场所所在地，以"国立民族共生公园"为基础，并辅以"阿伊努民族国立博物馆""慰灵"祭祀等文化设施，使之成为振兴和发展阿伊努文化的中心据点。显然，日本政府的意图是将这里打造成为面向未来，不同民族间相互尊重、消除歧视，进而建成多元文化社会的国家基地。

阿伊努人的传统日常生活、信仰活动等与其周边的大自然有着非常密切的关系，均需要利用周边地区的自然资源。但是，这些利用行为往往又与日本现行的环境保护、自然资源保护等方面的法律之间存在一定的冲突。为了避免因实施阿伊努政策措施地域推进计划而可能出现的法律纠葛，《阿伊努民族支援法》明确了阿伊努人为振兴其文化可以在国有森林中采伐或收集相关"林业品"；为保存阿伊努人的传统仪式或渔法，《阿伊努民族支援法》还明确规定，若地域推进计划涉及在一定的内水水域捕捞鲑鱼、鳟鱼的，由市、町、村申请，便能够获得捕捞许可。此外，该法还允许以阿伊努聚居区的市、町、村的地域名称或简称等申请地域商标，并可使用在地域商品上。这些规定对于防止因法律冲突而影响阿伊努相关事业发展，具有重要的作用。

综上所述，新制定的《阿伊努民族支援法》从法律上明确了阿伊努人的原住民地位，这是日本阿伊努民族政策的一个很大的进步，意味着其民族政策的一次重大转变。但该法基本上回避了阿伊努人作为原住民所应该享有的自决权、自治权等民族的集体性权利，也回避了日本近代化过程中被掠夺阿伊努人的土地、资源的返还等问题。新法所体现的主要是日本政府在振兴阿伊努文化方面（语言、音乐、舞蹈、工艺、习俗、传统知识以及利用土地的方式等）的最新政策。除了延续1997年《阿伊努文化振兴法》的原则与举措，《阿伊努民族支援法》围绕着"民族共生象征空间"这一新理念，创设了阿伊努政策措施地域推进计划的认定、国家支付金以及法律"特别措施"等多项制度。新法明确规定"禁止歧视阿伊努人、禁止侵害阿伊努人权益"，这在根深蒂固地存在"单一民族国家"观念的日本社会是具有积极意义的，但因为缺少罚则规定[①]而使它只停留在理念宣示层面，[②] 很难彻底根除事实上存在的种族歧视问题。在日本社会，要彻底消除对阿伊努人的歧视，还需要政府加强国民人权思想教育，

---

① 除日本现行《刑法》（法律第45号）中的名誉毁损罪（第230条）和侮辱罪（第231条）外，再无其他刑事追责手段。在实践中，这两项罪名很难适用于种族歧视行为，除非歧视行为造成严重的后果非常。

② 国会参議院『第198回国会参議院国道交通委員会会議録（第8号）』（平成31年4月18日）第9—10頁。

提升一般国民对阿伊努民族历史、文化的理解，同时也有必要采取措施提高阿伊努民族的受教育水平和生活质量。由于公民地位平等原则的深入影响，日本政府针对阿伊努人的优惠措施，往往以"隐性"方式出现，表现为"行政施惠"。① 例如，针对阿伊努人的政府助学贷款可通过申请予以免除，但当绝大多数阿伊努人申请并获得免除后，部分纳税人对此表示不满，认为不公平。《阿伊努民族支援法》以法律形式强化了涉及阿伊努文化振兴的政策举措，包括使部分行政优惠得以明示，但要使阿伊努人获得族群性优惠区别待遇，② 目前尚很难获得大多数普通日本国民的接受与认同。

---

① 陈永亮：《法理权利抑或行政施惠：基于日本阿伊努政策的反思》，《世界民族》2017 年第 4 期。

② 涂予尹：《论多元文化主义下的种族优惠性差别待遇的法正当性基础——以台湾原住民学生高等教育升学优待措施为中心》，元照出版公司 2015 年版，第 35 页。

结　　语

　　本书主要是从立法及立法变迁的角度，对日本文化艺术法律制度的整个体系进行系统和全面的梳理与归纳，在由此揭示日本国家的文化艺术政策的全貌的同时，也希望能够为中国文化艺术领域的法制建设，提供来自他山之石的参考。

　　本书将日本文化艺术领域的立法变迁，大致划分为战前的文化艺术管制与文化遗产保护法制、战后的文化艺术领域立法两个大的阶段。但若是就文化艺术政策的沿革而言，则还可以进行更为详细的划分，特别是进入 21 世纪之后的日本文化艺术政策，在很多方面都有新的发展。[①] 此外，根据日本历史上既存以及现行法律的颁布时间，我们也可以将本书中对战前、战后二分法更进一步具体化，例如，对于战前，可以以明治维新为节点，细分为明治维新以前的"禁教令""锁国令"时期与维新后近代日本法律上的宗教自由与文化遗产保护时期；至于战后，则不妨以 2001 年《文化艺术基本法》的颁布为分水岭，将其划分为"二战"后文化艺术立法调整恢复时期和 21 世纪文化艺术立国战略下的立法全面发展时期。

[①] 在崔世广主编《21 世纪初期的日本文化战略》（中国社会科学出版社 2020 年版，第 12—18 页）一书中，作者将战后日本文化行政细化为以下五阶段：（一）文化行政空白期（战后至 60 年代前期）；（二）中央政府文化行政起步期（60 年代中期至 70 年代中期）；（三）地方文化政策繁荣期（70 年代后期至 80 年代末期）；（四）新的文化行政机制行政期以及（五）文化政策体系的完善期（2001 年至今）。这种划分准确描述了日本战后文化艺术行政的历史变迁，但考虑到立法活动的滞后性以及频繁的法律修改，这种划分比较难于涵盖不同阶段的代表性立法。

具体而言，从明治维新至昭和前期，日本在文化艺术领域的立法，首先是以《明治宪法》（1889）确立的"宗教自由"为前提，颁布《宗教团体法》（1939）以规范和管理社会上的各种宗教组织与团体；同时，为了规制国民思想自由，规范出版行为，遂制定了《出版条例》（1869）和《出版法》（1934）；利用《脚本及表演取缔规则》（1922）、《电影法》（1939）等实施检阅制度，限制外来文化在日本的传播；通过颁布《著作权条例》（1869）、《著作权法》（1899），以保护文学艺术作品作者的著作权和著作邻接权。其次，明治政府通过颁布《古器旧物保存法》（1871）、《古社寺保存法》（1897）、《国宝保存法》（1929）以及《重要美术品保存法》（1933），应对社会变革时期文化遗产和重要美术品的流失与损毁；通过制定《史迹名胜天然纪念物保存法》（1911）以规范国土开发行为对历史文化环境的破坏。再次，通过制定《图书馆令》（1879）、《帝室博物馆官制》（1900）等，以规范明治时期公共文化设施的建设与管理。最后，利用制定的《北海道旧土人保护法》（1899），以避免原住民——阿伊努人的彻底消亡。

战后，随着国家的民主化改造，日本接受并通过了盟军最高司令部主导的和平宪法，亦即《日本国宪法》（1947），并以它为根据，快速完成了文化艺术领域的一系列基本的立法工作。首先，为了在特殊时期给国会议员提供更便利的服务、规范图书馆利用行为，通过了《国立国会图书馆法》（1948）和《国立国会图书馆支部图书馆法》（1949）；接着，又陆续制定了《图书馆法》（1950）、《博物馆法》（1951）以及《学校图书馆法》（1953）等，以推动全体国民的社会教育与学校教育。其次，在文化遗产的保护和利用方面，通过整合战前的多部法律而出台了一部综合性的、影响深远的《文化遗产保护法》（1950）。随后，当经济进入高速增长期、日本大规模的国内基础设施建设使得国土面貌发生巨变、机械化大生产也对传统工艺品产业造成严重冲击的背景下，相继出台了针对性的《古都保护法》（1966）、《飞鸟地区历史环境保存特例法》（1971）、《传统工艺品产业振兴法》（1974）以及《明日香村历史环境保存法》（1980），以保护历史文化环境和振兴日本传统工艺品产业。再次，在著作权法领域，基本沿用了明治时期的《著作权法》，并为应急性地解决翻译外国作品的著作权等问题①,日本立法机关制定了《同盟国及其国民著作权特别法》(1952)和《世界版权公约实施之特别法》(1956)。最后,还有一些针对其他特定问题的立法,例如,《国民祝日法》(1948)、《计算机软件著作权登记法》(1986)等。

冷战结束以后,日本政府文化厅长官的咨询机构——"文化政策推进会议"于1995年提出了"文化立国"战略,与此同时,政府也相继制定了多部针对文化艺术领域特定问题的单行法,例如,《为振兴音乐文化的学习环境整备法》(1994)、《收缴刀剑的返还处置法》(1995)、《美术品公开促进法》(1998)以及《阿伊努文化振兴法》(1997)等。此外,受到中央省厅机构改革的影响,在文化艺术领域,还陆续推出了《独立行政法人国立文化财机构法》(1999)、《独立行政法人国立美术馆法》(1999)以及《独立行政法人日本艺术文化振兴会法》(2002)等。

在日本政府推进"文化立国"战略的同时,其艺术文化领域也提出了相应的"文化艺术立国"的构想,2001年在制定文化艺术领域的部门宪法——《文化艺术振兴基本法》时,不仅采纳了该构想,还明确了国家振兴文化艺术的重要性,规定了文化艺术振兴的基本事项。《文化艺术振兴基本法》不仅为21世纪日本文化艺术的战略发展指明了方向,而且,也为其文化艺术立国战略的实施,提供了制度性的保障。②

此后,日本政府在文化艺术领域的立法速度明显加快,其立法的针对性也更为明确。例如,为促进国家的对外文化艺术交流,扩大日本文化艺术的对外影响力,提高国家软实力和加强对外宣传,促使日本更好地融入国际社会,日本陆续通过了《文化遗产非法进出口规制法》(2002)、《海外文化遗产保护国际协作促进法》(2006)、《武装冲突中的文化遗产保护法》(2007)、《海外美术品公开促进法》(2011)、《美术品损害补偿法》(2011)、《国际文化交流盛典活动促进法》(2018)以及《日本语教育促进法》(2019),等等。在文化遗产保护、

---

① [日]松田武:《战后美国在日本的软实力:半永久性依存的起源》,金琮轩译,商务印书馆2014年版,第47页。

② 崔世广:《21世纪初期的日本文化战略》,中国社会科学出版社2020年版,第229页。

利用以及历史环境的保存等方面，不仅对《文化遗产保护法》（1950）进行了多次修改，还新制定了《地域历史风貌维护法》（2008）以及《地域自然资产区自然环境保存及可持续利用促进法》（2014）。鉴于对社会特殊群体而言，文化艺术活动的存在意义远比正常人群体更为重要，同时，普及文化艺术也是一个社会文明程度的重要标志，为此，特别制定了《残疾人文化艺术活动促进法》（2018）。自从日本政府在法律上承认（2008）阿伊努人的原住民地位之后，2019年通过了《阿伊努民族支援法》，用来取代1997年的《阿伊努文化振兴法》。此外，在著作权保护、公共文化设施的利用、文字出版以及古典文学艺术作品的利用等特定问题上，还相继出台了《著作权管理事业法》（2007）、《电影偷拍防止法》（2007）、《剧场法》（2012）、《文字、活字文化振兴法》（2005）、《古典日法》（2012）以及《特定公演入场券非法倒卖禁止法》（2019），等等。以上所有这些法律，共同构成了支撑日本文化艺术政策的法律体系，同时，它们也是日本文化艺术持续保持繁荣与发展的基础性保障。

相比较而言，中国在文化艺术领域的立法，还是较为稀少，但这并不意味着中国在文化艺术政策方面存在重大缺陷或漏洞，只是中国立法程序的难易程度决定了有许多文化艺术领域的政策、规章与制度，暂且未能上升为法律而已。从立法完善的角度出发，尽管中国现行的《文物保护法》（1982）、《非物质文化遗产法》（2011）、《传统工艺美术保护条例》（1997）、《长城保护条例》（2006）、《著作权法》（1990）、《公共文化服务保障法》（2016）、《图书馆法》（2017）、《博物馆管理办法》（2005）等，已经初步构成了中国文化艺术领域的基本法律框架，但毋庸讳言的是，中国尚缺少一部能够统领这些法律的"部门宪法"——"文化艺术基本法"。无论是将"文化基本法"划归行政法范畴，还是将其置于社会法领域，① 中国在文化艺术领域，目前相对而言较为具有基本法特征的现行法，大概就是2016年12月25日颁布、2017年3月1日起实施的《公共文化服务保障法》了，应该说，它统领着国家公共文化服务领域的各项法律、制度与规章，已初步具备了"文化基本法"的雏形。在

---

① 齐崇文：《依法管理文化需尽快制定文化基本法》，《中国行政管理》2015年第2期。

中国学术界积极讨论各个领域的"基本法"相关问题①的背景下，文化艺术领域的"文化艺术基本法"，自然也就成为不应回避的课题。就此而言，本书对日本《文化艺术基本法》的讨论，将有可能部分地成为中国"文化艺术基本法"的立法探索，或广义而言成为中国文化艺术领域相关立法实践的重要参考之一。

根据前述诸多法律的涵盖范围，日本的文化艺术法体系主要是由文化厅职责所管的各项法律构成，其最大的特征则是缺少文化产业法的相关内容。在日本，虽然没有"文化产业法"这一用语，但可与之对应的，则有"内容产业法"，亦即《内容产业促进法》②（2004）。这里的"内容产业"，基本上就是汉语语境中的"文化创意产业"，它强调的是创意行为的内容属性，举凡与文化内容的生产、消费相关的产业，应该都属于文化产业。根据《内容产业促进法》第2条第1款的规定，日本的内容产业大体可分为四类，亦即影像产业（如电影、电视、动画）、音乐产业、游戏产业以及出版业等。③这些在中国当属于文化范围的产业，而在日本却被置于经济产业省的职责之内，究其原因，应当是与两国的文化产业与文化艺术事业的价值取向有所不同密切相关。文化产业以经济效益优先为原则，比较强调市场与投入产出比，而文化艺术事业则更为注重社会效益，

---

① 在与文化艺术平行的其他领域，学界呼吁制定"基本法"也屡见不鲜，例如，"经济基本法"（刘凯：《论制定经济基本法的路径选择》，《法学杂志》2021年第8期）、"海洋基本法"（史书丞：《论〈海洋基本法〉的定位》，《学术交流》2018年第2期）、"乡村振兴基本法"（郑泽宇、陈德敏：《乡村振兴的立法考量：基本法与促进法的视角》，《广西社会科学》2020年第8期）、"知识产权基本法"（吴汉东：《试论"民法典时代"的中国知识产权基本法》，《知识产权》2021年第4期）、"体育基本法"（姜熙：《日本〈体育基本法〉研究——兼议对我国〈体育法〉修改的启示》，《西安体育学院学报》2021年第1期）、"个人信息保护基本法"（龙卫球：《〈个人信息保护法〉的基本法定位与保护功能：基于新法体系形成及其展开的分析》，《现代法学》2021年第5期）、"自然资源基本法"（孟磊、李显冬：《自然资源基本法的起草与构建》，《国家行政学院学报》2018年第4期）、"国家应急基本法"（于安：《论国家应急基本法的结构调整——以〈突发事件应对法〉的修订为起点》，《行政法学研究》2020年第3期）、"环境基本法"（吕忠梅：《中国需要环境基本法》，《法商研究》2004年第6期）等，但其中有些"基本法"或不能成为相关领域的部门宪法，而有些则具有统领部门法律的特性。

② 「コンテンツの創造、保護及び活用の促進に関する法律」（平成16年6月4日法律第81号）。

③ 朱兵：《文化立法研究》，中国政法大学出版社2019年版，第378页。

一般不会过多地考虑投入产出比，而且，其整个事业的维系主要是依靠政府的财政预算来完成的。因此，在日本，《内容产业促进法》的实施主体，是经济产业省而非文部科学省或文化厅，这种将文化艺术法限定在狭义范围内的做法，使得日本政府在文化艺术领域里制定和实施各项措施时目的比较纯粹，主要以社会效益为先，而不大受经济因素的影响。

我们从日本政府根据《文化艺术基本法》制定的四部"文化艺术振兴基本方针"（2002、2007、2011、2015）和一部"文化艺术推进基本计划"（2018）的具体内容来看，文化艺术行政机关的主要任务，就是如何充分利用有限的国家财政预算，制定和实施国家在文化艺术领域的各项政策，其中虽包含有"文化GDP"[①]"文化经济战略"以及"通过文化经济活动以激活地方经济发展"[②]等方面的内容，但它们大都与充分地利用"文化艺术资源"[③]相关，且主要是通过对法律的修订或制定新法，以便让相关法律更加贴近社会经济的现实，并不是希望从中获得多么大的经济效益。例如，在《文化遗产保护法》中，增加"文化遗产保护利用计划"的制定、认定以及支持制度（2018），将登录制度扩大至"无形文化遗产"和"无形民俗文化遗产"（2021），制定《地域文化观光促进法》（2020）等，也都不过是在为利用"文化艺术资源"、提升国家"文化GDP"的努力提供一些制度性的铺垫而已。

在长期的立法实践中逐渐形成的日本文化艺术法律制度，大体上是一种介于"政府主导"与"民间主导"之间的中间形态。若是过于强调政府主导，往往会出现行政效率低下、财政资金不足的情况；而过于强调民间主导，则较难保证国民的最低文化需求，因此，汲取两种形态各自的长处，则成为日本文化艺术政策的必要选择。[④] 日本通过逐步扩大文化艺术

---

① 由于日本标准产业分类模型与教科文组织的国际标准产业分类模型之间存在较大差异，加上相关概念的不同界定，日本在"文化GDP"的范围确定上，主要是以政府支持"艺术节""舞台艺术""文化设施"以及"文化遗产"四个领域的经济波及效果来推算，并不包括所谓的内容产业。参见㈱ニッセイ基礎研究所『文化産業の経済規模及び経済波及効果に関する調査研究事業報告書』（2016）第17頁。

② 内閣官房・文化庁『文化経済戦略』平成29年12月27日第5—6頁。

③ 文化庁『文化芸術資源を活用した経済活性化（文化GDP拡大）』平成28年4月13日第1—3頁。

④ 崔世广：《21世纪初期的日本文化战略》，中国社会科学出版社2020年版，第21页。

政策的参与主体，逐渐形成了"产、官、学、民"的协作机制，相对而言，回避了前述两种模式各自的弊端。日本的中央政府与地方政府、大学与研究机构、企业、居民和 NGO 或 NPO 等通过相互协作，共同促进文化艺术的创造，扩大民众参与文化艺术活动的范围。除了协调不同政府部门之间的关系，国家还鼓励民间力量在文化艺术活动中发挥自主性与主体性，并为其提供政策、资金等方面的支持与帮助。相比较而言，中国目前比较容易做到的是"产、官、学"密切协作，但在"民"的广泛参与方面尚有很多改进的空间。对此，日本将推动"民"的广泛参与上升为政府的责任与义务并以法律的形式加以确认，这种做法还是值得我们借鉴的。

纵观日本文化艺术领域的立法变迁以及立法内容，可以发现其呈现从"具体"到"综合"再到"具体"的立法过程。其中的"综合"性立法，主要就是 1950 年的《文化遗产保护法》和 2001 年的《文化艺术基本法》；而"具体"立法，则主要针对的是各个具体文化艺术门类或文化艺术的行为或活动等。例如，以电影偷拍行为为调整对象的《电影偷拍防止法》，为促进和支持国内国际美术品的公开而特别制定的《美术品公开促进法》《海外美术品公开促进法》以及《美术品损害补偿法》等，甚至针对特定公演的"黄牛"倒票行为，还制定了《特定公演入场券非法倒卖禁止法》等。应该说，这种"综合"加"具体"的文化艺术法立法模式，最终是使日本建立起了一套颇为完整的文化艺术法律体系，也为日本国家文化艺术事业的持续繁荣与发展，提供了坚实的基础性法律保障。

因受中国《立法法》（2000）以及审慎立法传统的影响，中国应该不会也不大可能采取类似日本在文化艺术领域的立法模式，但其"具体"立法的内容，却有可能为我们构建中国文化艺术领域的相关法律制度提供一些具有建设性的思路。例如，参考日本《美术品公开促进法》《海外美术品公开促进法》以及《美术品损害补偿法》，可以构建中国自己的艺术品、民间收藏文物的公开制度。该制度的建立不仅可充分利用藏匿于民间的艺术品和文物，也成为国家掌握民间文化艺术资源的基本情况提供一条重要路径，更能为博物馆、美术馆等公共文化设施提供许多发挥其职能的机会。再比如，以《古典日法》为蓝本或参考，我们也可以开展一些利用中国古典文学、音乐、美术、戏曲、传统技艺等资源的文化艺术活动，并由此丰富国民的文化与精神生活。

总之，通过在文化艺术领域的立法实践而致力于良好的制度设计，进而推动全体国民皆能够参与其中，并从中受惠、受益的丰富多样的文化艺术活动，这应该就是中国文化艺术事业发展繁荣的大方向。中国有着极其丰富的文化艺术资源，繁荣和发展国家文化艺术事业，不断提升普通民众的文化生活质量，无疑将有助于扩大和全面提升中国的软实力，并促使中国从文化艺术大国迅速地朝向文化艺术强国跃进。

附　录

1. 文化艺术基本法[*]

2001年（平成13年）12月7日法律第148号［制定］
2017年（平成29年）6月23日号外法律第73号［第一次修改］
2018年（平成30年）6月8日号外法律第42号
［根据文化遗产保护法及地方教育行政组织运营法的修改法第1条之修改］
2018年（平成30年）6月13日号外法律第47号
［根据残疾人文化艺术活动促进法附则第2项之修改］
2019年（令和1年）6月7日号外法律第26号
［根据提高地域自主性之改革的相关法律整备法附则第7项之修改］

---

[*] 该法在2001年出台时的名称为《文化艺术振兴基本法》，2017年6月23日改名为《文化艺术基本法》，其作为一部重要的日本法律，目前国内现有三部汉译版本均为2001年版《文化艺术振兴基本法》的译本，分别为李竞爽、李妍译本（载李竞爽、李妍主编《国外促进文化艺术繁荣政策法规读本》，中国文联出版社2010年版，第440—447页）、李胡兴译本（《日本〈文化艺术振兴基本法〉》，《经济法研究》2014年第1期）以及陈博译本（傅颖审校）［载中宣部政策法规研究室编《外国文化法律汇编》（第一卷），学习出版社2015年版，第11—16页］，本译本为2017年改名后最新法律的译本。

目 录

序言
第一章　总则（第一条至第六条）
第二章　文化艺术推进基本计划等（第七条、第七条之二）
第三章　有关文化艺术的基本措施（第八条至第三十五条）
第四章　文化艺术推进体制的整备（第三十六条、第三十七条）
附则

序　言

　　创造并享受文化艺术、在文化环境中发现生活的喜悦，是每位国民不变的愿望。文化艺术不仅是国民创造力的源泉，也是提高国民表现力、促进民众心灵交流、相互理解与尊重的基础，更是会对多样性社会的形成以及世界和平作出贡献。文化艺术除其固有的意义和价值外，也意味着不同国家、不同时代所具有的国民共性，特别是在国际化的进程中，文化艺术更是成为一个民族自我认识以及尊重文化传统的基础。

　　对此，我们确信文化艺术的这种作用在未来不会改变，而且对丰富国民之心灵并使社会充满活力具有不可替代的重要意义。

　　然而，在经济持续繁荣的背景下，让文化艺术最大限度地发挥其作用的基础条件及环境尚不充分。在已经进入21世纪的今天，如何在继承和发扬我们已有的传统文化艺术的同时，创造出具独创性的、新的文化艺术则成为我们面临的更为急迫的课题。

　　为应对上述情况，实现国家文化艺术的振兴，（我们）需要在继续尊重文化艺术活动者自主性的同时，推进尊重、珍惜以及更加亲民的文化艺术政策。

　　在此，为明确文化艺术振兴的基本理念及其方向、综合地推进文化艺术振兴政策，特制定本法。

第一章 总 则

【立法目的】

第一条 有鉴于文化艺术惠泽万民，本法以促进文化艺术活动（以下称"文化艺术活动"）者（包括文化艺术活动团体，以下同）的自主性文化艺术活动为宗旨，确定文化艺术振兴的基本理念、规定国家及地方公共团体的责任与义务、文化艺术振兴的基本事项，推进和实施文化艺术振兴综合性措施，促进国民生活的丰富与繁荣，恢复和实现社会活力为目的。

【基本理念】

第二条 在推进文化艺术振兴之措施时，必须充分尊重文化艺术活动者的自主性。

2. 在推进文化艺术振兴之措施时，应在充分尊重文化艺术活动者之创造性的同时，必须考虑提升其社会地位、使其能力得到充分发挥。

3. 有鉴于创造并享受文化艺术是人类的天赋人权，因此在推进文化艺术振兴之措施时，必须考虑整备社会环境，使国民无论身居何处，都能够有机会参加、鉴赏以及创造文化艺术。

4. 在推进文化艺术振兴之措施时，必须考虑营造一个文化艺术活动蓬勃发展的环境、以谋求国家文化艺术发展为宗旨，为文化艺术事业发展作出贡献。

5. 在推进文化艺术振兴之措施时，必须以保护和发展文化艺术多样性为目的。

6. 在推进文化艺术振兴之措施时，必须在考量以区域民众为主体的文化艺术活动的同时，还应谋求反映具有区域历史风土人情及特色的文化艺术之发展。

7. 在推进文化艺术振兴之措施时，应谋求向世界传播我国文化艺术、推动国际文化艺术交流与贡献。

8. 有鉴于文化艺术教育对婴儿、儿童、学生等的重要性，在推进文化艺术振兴之措施时，必须考虑学校等教育机构、文化艺术活动团体、家庭以及社区之间的合作与提携。

9. 在推进文化艺术振兴之措施时，必须充分考虑和反映文化艺术活动者以及广大国民的意见。

10. 有鉴于由文化艺术所创造的多元价值在文化艺术的继承、发展以及创造中的重要性，在推进文化艺术振兴之措施时，必须尊重文化艺术固有意义与价值的同时，以谋求与观光、城镇再建、国际交流、社会福祉、教育、产业以及其他各领域的政策相协调。

【国家的责任与义务】

第三条 国家根据前条基本理念（以下简称"基本理念"），制定国家文化艺术振兴的综合性措施、并承担实施该措施的责任与义务。

【地方公共团体的责任与义务】

第四条 地方公共团体根据前条基本理念，在配合国家实施文化艺术振兴综合措施的同时，自主制定适合地域特点的地域文化艺术振兴措施，并承担实施该措施的责任与义务。

【国民的关心与理解】

第五条 为了现在及未来国民能够创造并享受文化艺术、促进文化艺术的未来发展，国家必须不断努力强化国民对文化艺术的关心及理解。

【文化艺术团体的作用】

第五条之二 文化艺术团体应根据自身的实际情况，自主且主动地从事文化艺术活动的同时，必须积极努力地发挥继承、发展以及创造文化艺术的作用。

【相关者之间的提携与协作】

第五条之三 为了基本理念的实现，国家、独立行政法人、地方公共团体、文化艺术团体、民间业者以及其他相关人等必须努力相互提携、共同协作。

【法律制度上的措施等】

第六条　为了实施文化艺术的振兴措施，政府必须采取必要的法律及财政上的相关措施。

第二章　文化艺术推进基本计划等

【文化艺术推进基本计划】

第七条　为了有计划地推进国家文化艺术综合政策的实施，政府应当制订国家文化艺术基本计划（以下简称"文化艺术推进基本计划"）。

2. 文化艺术推进基本计划应包括为有计划地推进文化艺术综合政策的基本事项及其他必要事项。

3. 文部科学大臣应在听取文化审议会意见的基础上制订文化艺术推进基本计划。

4. 文部科学大臣应在制订文化艺术推进基本计划之前，应在第三十六条规定的文化艺术推进会议上协调与其他相关行政机施政措施之间关系。

5. 文化艺术推进基本计划一经确定，文部科学大臣必须立刻公布，不得延迟。

6. 文化艺术推进基本计划变更时，准用前三款之规定。

【地方文化艺术推进基本计划】

第七条之二　都、道、府、县以及市（包含特别区。第三十七条中相同）、町、村的教育委员会根据《地方教育行政组织即运营法》①第二十三条第一款规定的条例之规定，其负责人管理的、除与文化遗产保护相关事务之外的其他文化事务，若为执行相关事务的地方公共团体的，则为其负责人（以下简称"特定地方公共团体"）。应在参考、斟酌文化艺术推进基本计划的基础上，努力制订符合辖区情况的地方文化艺术推进基本计

---

① 1956年（昭和31年）法律第162号。

划（在本项以及第三十条中称为"地方文化艺术推进基本计划"）。

2. 特定地方公共团体的长官在制订、变更地方文化艺术推进基本计划时，必须听取特定地方公共团体教育委员会的意见。

第三章　有关文化艺术的基本措施

【艺术的振兴】

第八条　为了实现文学、音乐、美术、摄影、戏剧、舞蹈以及其他艺术（除下一条规定的影视艺术外）的振兴，国家应主办艺术节以及采取其他必要措施等，支持艺术的公演与展示等、支持与艺术创作相关物品的保存以及与艺术创作相关知识与技能的继承。

【影视艺术的振兴】

第九条　为了实现电影、漫画、动漫及利用电脑及其他电子设备等创作艺术（以下简称"影视艺术"）的振兴，国家应主办艺术节以及采取其他必要措施等，支持影视艺术的创作、公演与展示，支持与影视艺术创作相关物品的保存以及相关知识与技能的继承。

【传统艺能的继承与发扬】

第十条　为了继承和发扬雅乐、能乐、文乐、歌舞伎、组舞以及我国自古以来的传统艺能（以下简称"传统艺能"），国家应制定必要措施，支持传统艺能的公演以及与传统艺能相关物品的保存等。

【艺能的振兴】

第十一条　为了振兴讲谈（评书）、落语（单口相声）、浪曲、漫谈、漫才（对口相声）、歌唱以及其他艺能（除传统艺能外），国家应制定必要措施，支持艺能的公演，与艺能相关物品的保存以及与艺能相关知识与技能的继承。

【生活文化的振兴以及国民娱乐、出版物等的普及】

第十二条　为了振兴生活文化（如茶道、花道、书道、食文化以及其他与生活相关之文化）和国民娱乐（如围棋、将棋以及其他国民娱乐等）、普及出版物与唱片等，国家应采取必要措施以支持其相关活动。

【文化遗产等的保护及利用】

第十三条　为了保存和利用有形、无形文化遗产及其保存技术（以下简称"文化遗产等"），国家应制定必要措施，以支持文化遗产等的修复、公开、防灾等。

【地域文化艺术之振兴等】

第十四条　为振兴地域文化艺术，国家应采取必要措施，支持各地文化艺术的公演、展示、艺术节以及地域传统艺能和民俗艺能（由地域民众举办的民俗艺能）活动等。

【推进国际交流等】

第十五条　为了通过推进文化艺术国际交流、实现我国及世界文化艺术活动发展，国家应采取必要措施，协助从事文化艺术活动的个人或团体积极主办或参加文化艺术国际交流、举办艺术节和其他文化艺术国际活动；支持在海外用当地语言展示、公开以及推广我国文化艺术等交流活动；协力海外文化遗产修复工作；协助海外国家或地区完善著作权制度；培育并派遣能够在文化艺术国际机构中工作的专业人才等。

2. 国家在实施前款措施时，必须努力向世界宣传我国的文化艺术。

【艺术家等的培育与确保】

第十六条　为了培育并确保文化艺术的创造者、传统艺能的传承者、保存利用文化遗产的专门技能持有者、文化艺术活动的策划者，与文化艺术相关的技术人员、文化设施的管理运营者及其他文化艺术人才等（以下称为"艺术家等"），国家应采取必要措施，支持其参加国内外的培训与研修、教育与训练等；保障研修成果的发表机会；促进文化艺术作品的流通；完善艺术家等文化艺术创作及活动之环境等。

【与文化艺术相关的教育研究机构之完善等】

第十七条　为了艺术家等的培育、充实与文化艺术相关的调查研究，国家应采取必要措施，完善与文化艺术相关的大学及其他教育研究机构等。

【对国语的理解】

第十八条　鉴于国语作为文化艺术之基础，为了加深对国语的正确理解，国家应采取必要措施，充实国语教育、进行国语调查研究以及国语知识的普及等。

【日本语教育的充实】

第十九条　为了加深外国人对我国文化艺术的理解、充实针对外国人的日本语教学，国家应采取必要措施，完善日本语师资力量的培训及研修体制；开发日本语教材、提高日本语教育机构的教育水平等。

【著作权等的保护与利用】

第二十条　为了确保作为文化艺术振兴之基础的著作权及著作邻接权（以下称为"著作权等"）能够得到保护和被公平利用，国家应结合国内外著作权等的发展动向，采取必要措施，完善著作权制度、维护作品公正合理的交易环境；推进著作权保护制度完善；推动著作权等的调查研究和普及宣传等。

【国民鉴赏机会的充实等】

第二十一条　为了使国民能广泛、自主地参与文化艺术鉴赏，进而有机会参与文化艺术创造，国家应采取必要措施，支持各地文化艺术公演、展示等，并向民众提供相关情报信息。

【高龄者、残障者等的文化艺术活动之充实】

第二十二条　为了高龄者、残障者等能有充实的机会从事文化艺术活动，国家应采取必要措施，支援其从事文化艺术创作、公演等，并完善环境条件促使其积极参与文化艺术活动。

【青少年文化艺术活动的充实】

第二十三条　为了青少年能够参与充实的文化艺术活动，国家应采取必要措施，支持以青少年为对象的文化艺术公演、展示等，支持青少年从事文化艺术活动等。

【学校教育中的文化艺术活动之充实】

第二十四条　为了充实学校教育中的文化艺术活动，国家应采取必要措施，在学校教育活动中充实文化艺术的体验学习，支持艺术家以及文化艺术活动团体等协助学校展开丰富的文化艺术活动。

【剧场、音乐厅等的充实】

第二十五条　为了充实和完善剧场、音乐厅等公共文化艺术设施，国家应采取必要措施，完善剧场、音乐厅等设施设备、支持公演等、完善艺术家等的配置、提供相关情报与信息等。

【美术馆、博物馆、图书馆等公共文化设施的充实】

第二十六条　为了充实美术馆、博物馆、图书馆等公共文化设施，国家应采取必要措施，促进这些公共文化设施设备的完善，支持其文化艺术的展示活动、完善艺术家等的配置、支持文化艺术作品的记录与保存等。

【地域文化艺术活动场所的充实】

第二十七条　为了充实国民身边的文化艺术活动场所，国家应采取必要措施，使地域民众能够方便利用身边的文化设施、学校设施、社会教育设施等。

【建设公共建筑时的注意事项】

第二十八条　在建设公共建筑时，国家应努力使所建公共建筑的外观与周边自然环境、地域历史以及文化等保持协调。

2. 国家应努力在公共建筑上展示文化艺术作品，以推进文化艺术的振兴。

【推动信息通信技术之利用】

第二十九条　为了能在文化艺术活动中推进信息通信技术的运用，国家应采必要措施，构建文化艺术活动的情报信息网络，支持美术馆等公共文化设施利用信息通信技术展示文化艺术、支持利用信息通信技术记录并公开文化艺术相关作品等。

【调查研究等】

第二十九条之二　为了推进文化艺术相关措施的实施，国家应采必要措施，进行文化艺术振兴的必要调查研究，收集、整理以及提供国内外相关情报信息等。

【向地方公共团体以及民间团体等提供情报信息等】

第三十条　为了促进地方公共团体以及民间团体积极参与振兴地域文化艺术，国家应采取必要措施，向其提供（与文化艺术振兴相关的）情报信息等。

【民间的支援活动的激活等】

第三十一条　为了鼓励个人、民间团体积极支援文化艺术活动，同时也为了支援文化艺术活动本身，国家努力采取优惠的财政措施，使文化艺术团体比较容易获得来自个人或民间团体的捐赠，支援文化艺术团体从事文化艺术活动等。

【相关机构的协作等】

第三十二条　国家在实施本法第八条至前条所采取的相关措施时，必须考虑艺术家等个人、文化艺术团体、学校等、文化设施、社会教育设施、民间相关业者以及其他相关机构之间的协作关系。

2. 国家必须努力促进艺术家、文化艺术团体等与学校、文化设施、社会教育设施以及其他相关机构之间的协作，并努力向地域民众提供鉴赏、参与以及创造文化艺术的机会。

【表彰】

第三十三条　对于在文化艺术活动中有显著成果以及为文化艺术振兴作出突出贡献的，国家应给予表彰。

【政策形成过程的民意反映等】

第三十四条　为了确保文化艺术振兴政策的形成过程能够反映民意、

确保整个过程的公正性与透明性，国家应在广泛征求艺术家等、学者以及广大国民的意见，并充分考虑这些意见的基础上，将其体现在所制定的文化艺术政策上。

【地方公共团体的措施】

第三十五条　地方公共团体应根据本法第八条至前条确定的国家文化艺术振兴措施，努力推进适合本地域特点的文化艺术振兴措施。

第四章　文化艺术推进体制的整备

【文化艺术推进会议】

第三十六条　为了统合性、一体化、有效地推进文化艺术政策，政府应设置文化艺术推进会议，以联络、协调文部科学省、内阁府、总务省、外务省、厚生劳动省、农林水产省、经济产业省、国土交通省以及其他相关行政机关之间的关系。

【都、道、府、县及市、町、村文化艺术推进会议等】

第三十七条　为了调查审议地方文化艺术推进基本计划以及其他与推进文化艺术相关的重要事项，都、道、府、县及市、町、村可通过制度条例，设置审议会以及其他合议制性质的机构。

附则

【施行日期】

本法自公布之日起施行。

附则　2017年（平成29年）9月23日法律第73号　抄

【施行日期】

第一条　本法自公布之日起施行。

【为统合推进文化艺术政策扩大文化厅作用的探讨】

第二条　为了统合地推进文化艺术政策，政府应采取必要措施通过与各相关行政机构协商，扩大和充实文化厅的机能等。

附则　2018 年（平成 30 年）6 月 8 日法律第 42 号　抄

【施行日期】

第一条　本法自 2019 年（平成 31 年）4 月 1 日起施行。

附则　2019 年（令和元年）6 月 7 日法律第 26 号　抄

【施行日期】

第一条　本法自公布之日起施行。

2. 文化遗产保护法[*]

1950年（昭和25年）5月30日法律第214号［制定］
1951年（昭和26年）12月24日法律第318号［第一次修改］
1952年（昭和27年）7月31日号外法律第272号［第二次修改］
1953年（昭和28年）8月10日法律第194号
［根据国有财产法的修改法附则第2条的修改］
1953年（昭和28年）8月15日法律第213号
［根据实施地方自治法修改法的相关法律整理法第6条的修改］
1954年（昭和29年）5月29日法律第131号［第三次修改］
1956年（昭和31年）6月12日法律第148号
［根据实施地方自治法修改法的相关法律整理法第47条的修改］
1956年（昭和31年）6月30日法律第163号
［根据实施地方教育组织法的相关法律整理法第9条的修改］
1958年（昭和33年）4月25日号外法律第86号
［根据特别职位职员工资法修改法第5条的修改］
1959年（昭和34年）4月20日号外法律第148号
［根据实施国税征收法的相关法律整理法第58条的修改］
1961年（昭和36年）6月2日法律第111号
［根据国家行政组织法修改法第19条的修改］
1962年（昭和37年）5月16日法律第140号
［根据实施行政事件诉讼法修改法的相关法律整理法第29条的修改］
1962年（昭和37年）9月15日号外法律第161号
［根据实施行政不服审查法的相关法律整理法第67条的修改］

---

[*] 根据掌握的资料，该法目前有四个汉译版本，即1975年法律两个译本，载国家文物局法制处编《外国保护文化遗产法律文件选编》，紫禁城出版社1995年版，第210—229页；王军《日本文化财保护法》，文物出版社1997年版，第186—259页。2014年法律的译本，载周超《日本文化遗产保护法律制度及中日比较研究》，中国社会科学出版社2017年版，第206—284页。2018年法律的译本，载彭蕾编《文物进出境外国法律文件选编与述评》，文物出版社2019年版，第193—302页。本译本是2021年法律的译本、为最新（截至2021年9月21日）译本。

1965年（昭和40年）3月31日号外法律第36号
［根据实施所得税及法人税法的相关法律整理法第38条的修改］
1968年（昭和43年）6月15日号外法律第99号
［根据行政机关简政之总理府设置法的修改法第17条的修改］
1971年（昭和46年）5月31日法律第88号
［根据环境厅设置法附则第15条的修改］
1971年（昭和46年）6月1日号外法律第96号
［根据许可、认可等整理法第14条的修改］
1971年（昭和47年）6月3日法律第52号
［根据公害等调整委员会法附则第9条的修改］
1975年（昭和50年）7月1日法律第49号［第四次修改］
1983年（昭和58年）12月2日号外法律第78号
［根据实施国家行政组织法修改法的相关法律整理法第68条的修改］
1993年（平成5年）11月12日号外法律第89号
［根据实施行政手续法的相关法律整理法第78条的修改］
1994年（平成6年）6月29日号外法律第49号
［根据实施地方自治法修改法的相关法律整理法第13条的修改］
1994年（平成6年）11月11日号外法律第97号
［根据许可、认可等整理法第4条的修改］
1996年（平成8年）6月12日号外法律第66号［第五次修改］
1999年（平成11年）7月16日号外法律第87号
［根据推进地方分权的相关法律整理法第135条的修改］
1999年（平成11年）7月16日号外法律第102号
［根据中央省厅改革的行政组织关系法律整备法第69条的修改］
1999年（平成11年）12月22日号外法律第160号
［根据中央省厅改革关系法实施法第522条的修改］
1999年（平成11年）12月22日号外法律第178号
［根据独立行政法人国立博物馆法附则第9条的修改］
1999年（平成11年）12月22日号外法律第179号
［根据独立行政法人文化财研究所法附则第8条的修改］
2000年（平成12年）5月19日号外法律第73号
［根据城市规划以及建筑基准法修改法附则第11条的修改］

2002年（平成14年）2月8日号外法律第1号

[根据促进利用日本电信电话株式会社股票销售收入的社会资本整备特别措施法修改法第20条的修改]

2002年（平成14年）7月3日号外法律第82号[第六次修改]

2004年（平成16年）5月28日号外法律第61号[第七次修改]

2004年（平成16年）6月9日号外法律第84号

[根据行政事件诉讼法修改法附则第17条的修改]

2006年（平成18年）5月31日号外法律第46号

[根据为改善城市秩序的城市规划法修改法附则第13条的修改]

2006年（平成18年）6月15日号外法律第73号

[根据遗失物法附则第5条的修改]

2007年（平成19年）3月30日号外法律第7号

[根据独立行政法人国立博物馆法修改法附则第10条的修改]

2011年（平成23年）5月2日号外法律第37号

[根据为改革、推进以及提高地方自主性的相关法律整备法第10条的修改]

2014年（平成26年）6月4日号外法律第51号

[根据为改革、推进以及提高地方自主性的相关法律整备法第5条的修改]

2014年（平成26年）6月13日号外法律第69号

[根据实施行政不服审查法修改法的相关法律整备法第108条的修改]

2018年（平成30年）6月8日号外法律第42号

[根据文化遗产保护法以及地方教育行政组织运营法的修改法第1条的修改]

2020年（令和2年）4月17日号外法律第18号

[根据文化旅游据点建设以及地域文化旅游推进法附则第3条的修改]

2020年（令和2年）6月10日号外法律第41号

[根据促进地域自主性提高之改革的关系法律整备法附则第8条的修改]

2021年（令和3年）4月23日号外法律第22号[第八次修改]

目　　录

第一章　总则（第一条至第四条）

第二章　删除

第三章　有形文化遗产

　第一节　重要文化遗产

　　第一款　指定（第二十七条至第二十九条）

　　第二款　管理（第三十条至第三十四条）

　　第三款　保护（第三十四条之二至第四十七条）

　　第四款　公开（第四十七条之二至第五十三条）

　　第五款　重要文化遗产保护利用计划（第五十三条之二至第五十三条之八）

　　第六款　调查（第五十四条、第五十五条）

　　第七款　杂则（第五十六条）

　第二节　登录有形文化遗产（第五十七条至第六十九条）

　第三节　重要文化遗产以及登录有形文化遗产以外的有形文化遗产（第七十条）

第四章　无形文化遗产（第七十一条至第七十七条）

　第一节　重要无形文化遗产（第七十一条至第七十六条之六）

　第二节　登录无形文化遗产（第七十六条之七至第七十六条之十七）

　第三节　重要、登录无形文化遗产以外的无形文化遗产（第七十七条）

第五章　民俗文化遗产（第七十八条至第九十一条）

第六章　埋藏文化遗产（第九十二条至第一百〇八条）

第七章　史迹名胜天然纪念物（第一百〇九条至第一百三十三条之四）

第八章　重要文化景观（第一百三十四条至第一百四十一条）

第九章　传统建筑物群保护区（第一百四十二条至第一百四十六条）

第十章　文化遗产保护技术的保护（第一百四十七条至第一百五十

二条）

　　第十一章　文化审议会的咨询（第一百五十三条）
　　第十二章　补则
　　　第一节　听证、意见听取及异议申请（第一百五十四条至第一百六十一条）
　　　第二节　有关国家的特例（第一百六十二条至第一百八十一条）
　　　第三节　地方公共团体及教育委员会（第一百八十二条至第一百九十二条）
　　　第四节　文化遗产保护利用支援团体（第一百九十二条之二至第一百九十二条之六）
　　第十三章　罚则（第一百九十三条至第二百〇三条）
　　附则

第一章　总则（第一条至第四条）

【立法目的】

第一条　为了保护文化遗产并促使其得到充分利用，为了提高国民的文化素质，同时也为了对世界文化的进步有所贡献，特制定本法。

【文化遗产定义】

第二条　本法中的"文化遗产"包括以下各项内容：

（一）在我国历史上或艺术方面具有较高价值的建筑物、绘画、雕刻、工艺品、书法、典籍、古文书以及其他有形文化成果（包括与其形成一个整体而具有价值的土地和其他物件）、考古资料和其他具有较高学术价值的历史资料（以下称为"有形文化遗产"）。

（二）在我国历史上或艺术方面具有较高价值的戏剧、音乐、工艺技术及其他无形的文化成果（以下称为"无形文化遗产"）。

（三）为理解我国国民生活的变迁与发展，与民众衣食住行、生产、信仰、节假日等风俗习惯、民俗技艺以及再现其所不可或缺的服饰、器具、房屋和其他物品（以下称为"民俗文化遗产"）。

（四）在我国历史上或学术方面具有较高价值的贝塚、古墓、都城遗址、城址、旧民居及其他遗迹；在我国艺术或观赏方面具有较高价值的庭园、桥梁、峡谷、海滨、山岳及其他名胜地以及具有较高学术研究价值的动物（包括其栖息地、繁殖地及迁徙地）、植物（包括其生长地）及地质矿物（包括产生特殊自然现象的土地）等（以下称为"纪念物"）。

（五）为理解我国国民生活、生产所不可或缺的地域民众的生活、生产以及由该地域风土所形成的景观地等（以下称为"文化景观"）。

（六）与周围环境风貌共同形成具有历史风格和很高价值的传统建造物群（以下称为"传统建造物群"）。

2. 本法规定（除第二十七至二十九条、第三十七条、第五十五条第一款第四项、第一百五十三条第一款第一项、第一百六十五条、第一百七十一条以及附则第三条外）的"重要文化遗产"包括"国宝"。

3. 本法规定（除第一百〇九条、第一百条、第一百一十二条、第一百二十二条、第一百三十一条第一款第四项、第一百五十三条第一款第十项及第十一项、第一百六十五条以及第一百七十一条外）的"史迹名胜天然纪念物"包括"特别史迹名胜天然纪念物"。

【政府及地方公共团体之任务】

第三条　政府及地方公共团体不仅要充分认识到文化遗产是我国历史、文化的重要组成部分，同时也要认识到文化遗产是文化发展之基础，为了使文化遗产得到真正之保护，必须为切实执行本法的具体规定而付出努力。

【国民、所有人等的责任】

第四条　为实现本法之立法目的，政府及地方公共团体所实施的各项行政措施，一般国民必须诚实地予以协助。

2. 文化遗产所有人及其他关系人应该自觉地认识到文化遗产是全体国民的贵重财产，为了全体国民的共同利益其不仅应妥善保护文化遗产，同时也应该尽可能地公开展示文化遗产以实现其文化价值的充分利用。

3. 在本法的实施过程中，政府及地方公共团体必须尊重文化遗产关系人的所有权及其他财产权。

第二章　删除①

第三章　有形文化遗产（第二十七条至第七十条）

第一节　重要文化遗产（第二十七条至第五十六条）

第一款　指定（第二十七条至第二十九条）

【指定】

第二十七条　文部科学大臣可将有形文化遗产中的重要者指定为"重要文化遗产"。

2. 从世界文化的角度考虑，文部科学大臣可将重要文化遗产中那些具有很高价值且无与伦比的国民之宝指定为国宝。

【公告、通知及指定证书之交付】

第二十八条　根据前条之规定的指定，文部科学大臣不仅要在官报上公告，还要将指定结果通知国宝或重要文化遗产的所有人。

2. 根据前条之规定的指定，自上款规定的公告之日起生效；但对国

---

① 本章原为"文化遗产保护委员会"组织法。"文化遗产保护委员会"是在文部省之外设置的专门负责文化遗产保护的国家组织，1968年因行政机构简化与文部省文化局统合为现在的"文化厅"。

宝或重要文化遗产所有人而言，指定自收到上款规定的通知之日起生效。

3. 根据前条之规定的指定，文部科学大臣应当向被指定国宝或重要文化遗产的所有人交付指定证书。

4. 指定证书上所应记载之事项以及其他涉及指定证书的必要之事项，均由文部科学省政令规定之。

5. 根据第三款规定收到国宝指定证书的国宝所有人，必须在收到证书之日起三十日内将被指定为国宝的原重要文化遗产指定证书返还给文部科学大臣。

【撤销】

第二十九条　当国宝或重要文化遗产失去其作为国宝或重要文化遗产的价值或者发生其他特殊事由时，文部科学大臣可以撤销国宝或重要文化遗产之指定。

2. 根据前款规定的指定之撤销，除在《官报》上发布公告外，还需将撤销指定通知国宝或重要文化遗产的所有人。

3. 根据第一款规定的指定之撤销，准用前条第二款之规定。

4. 所有人在收到第二款规定的通知后，必须在三十日内将被撤销的指定证书返还给文部科学大臣。

5. 根据第一款规定撤销的国宝之指定、但未撤销重要文化遗产之指定的，文部科学大臣应当立刻向文化遗产所有人交付重要文化遗产指定之证书。

第二款　管理（第三十条至第三十四条）

【管理方法之指示】

第三十条　在重要文化遗产的管理上，文化厅长官可以指示重要文化遗产所有人实施必要之管理方法。

【所有人的管理义务及管理责任人】

第三十一条　重要文化遗产的所有人必须根据本法、文部科学省政令以及文化厅长官的指示等，对重要文化遗产进行妥善管理。

2. 为妥善管理该重要文化遗产，重要文化遗产所有人认为必要时，可选任第一百九十二条之二第一款所规定的文化遗产保护利用支援团体或其他适当人选、代替自己承担管理重要文化遗产之责任（在本节及第一百八十七条第一款第一项中称为"管理责任人"）。

3. 根据前款规定选任管理责任人后，重要文化遗产所有人与被选任的管理责任人必须在二十日内上报文化厅长官提交连署的文部科学省政令所规定的、记载必要事项的书面文件。解任管理责任人时也同样适用之。

4. 前条及本条第一款之规定，准用于管理责任人。

【所有人或管理责任人之变更】

第三十二条 当重要文化遗产所有人发生变更时，新所有人必须在二十日内向文化厅长官提交文部科学省政令所规定的变更所有人申报表，并添附原所有人的指定证书。

2. 重要文化遗产所有人在变更管理责任人时，必须在二十日内向文化厅长官提交与新管理责任人连署的由文部科学省政令所规定的变更管理责任人申报表。该情况不适用前条第三款之规定。

3. 重要文化遗产的所有人或管理责任人的姓名、名称或住所发生变更时，必须在二十日内向文化厅长官提交文部科学省政令所规定的变更所有人或管理任人的名称或住所申请表。如果姓名、名称或住所的变更涉及重要文化遗产所有人的，变更申请材料中必须添附指定证书。

【管理团体的管理】

第三十二条之二 在难以判明重要文化遗产所有人或者认为所有人、管理责任人对重要文化遗产的管理陷入困难或明显管理不当时，为保存该重要文化遗产，文化厅长官可以指定适当的地方公共团体或其他法人对该重要文化遗产实施必要管理（包括对那些由该重要文化遗产所有人所有或者管理人管理的、为保存该重要文化遗产所必需的设施、设备及其他物品等的管理）。

2. 在实施前款规定的指定时，文化厅长官必须事先征得该重要文化遗产所有人（无法判明所有人的除外）、合法占有人以及被指定管理团体的同意。

3. 根据第一款规定的指定，文化厅长官不仅应在《官报》上公告，还要将指定结果通知该重要文化遗产所有人、占有人以及被指定团体。

4. 根据第一款规定的指定，准用第二十八条第二款。

5. 重要文化遗产的所有人或者占用人，若无正当理由不得拒绝、妨碍或规避接受第一款指定的地方公共团体及其他法人（本节以下及第一百八十七条第一款第一项中称为"管理团体"）对重要文化遗产的管理以及为管理而实施的必要措施。

6. 对于管理团体，准用第三十条及第三十一条第一款之规定。

第三十二条之三 当前条第一款规定的事由已经消灭或又出现其他特殊事由时，文化厅长官可撤销对管理团体的指定。

2. 前款规定的指定撤销，准用前条第三款以及第二十八条第二款之规定。

第三十二条之四 除本法有特别规定外，管理团体实施管理工作所需费用由管理团体承担。

2. 前款之规定并不妨碍管理团体与所有人通过协议的方式约定在所有人受益的范围内由所有人承担部分管理费用。

【灭失、损毁等】

第三十三条 当重要文化遗产全部或一部灭失、损毁、丢失、被盗时，重要文化遗产所有人（包括管理责任人、管理团体等）必须自发现之日起十日内，用文部科学省政令所规定的书面材料上报至文化厅长官。

【所在地之变更】

第三十四条 重要文化遗产的所有人（包括管理责任人、管理团体等）试图变更重要文化遗产所在地时，必须在准备变更之日的前二十日内，准备文部科学省政令所规定的文件材料并添附指定证书上报至文化厅长官；但若文部科学省政令有特别规定无须上报、上报时无须添附指定证书或者可以在变更所在地之后上报的，则不在此限。

第三款　保护（第三十四条之二至第四十七条）

【修缮】

第三十四条之二　重要文化遗产的修缮由所有人实施，但有管理团体的则由该管理团体实施。

【管理团体的修缮】

第三十四条之三　管理团体在修缮重要文化遗产时，必须将修缮日期及修缮方法事先告知重要文化遗产的所有人（除难于判明所有人外）或合法占用人，并听取其意见。

2. 管理团体进行修缮时，准用第三十二条之二第五款、第三十二条之四的规定。

【管理或修缮之补贴】

第三十五条　当重要文化遗产所有人或管理团体无法承担重要文化遗产的巨额管理费、修缮费以及出现其他特殊情况时，政府应当对重要文化遗产所有人或管理团体给予适当的财政补贴以保证其有充足的管理费或修缮费。

2. 在交付前款财政补贴时，文化厅长官可对管理或修缮工作适时地作出必要指示，并可将该指示作为财政补贴之条件。

3. 文化厅长官认为必要时，可以指挥和监督依据第一款之规定获得财政补贴之重要文化遗产的管理或修缮。

【管理的命令或建议】

第三十六条　因不能胜任管理工作或因管理失误可能造成重要文化遗产灭失、损毁或存在失盗之虞的，文化厅长官可以命令或建议该重要文化遗产所有人、管理责任人或管理团体等选任或变更重要文化遗产管理人、改善管理方法、设置必要的防火设施或其他保护性设施。

2. 前款命令或建议中的措施之实施费用，文部科学省可通过政令形式决定由国家承担其全部或一部分。

3. 前款规定的由国家承担的全部或一部分之费用，准用前条第三款之规定。

【修缮的命令或建议】

第三十七条 对于国宝有损毁之迹象，文化厅长官认为有保存之必要时，可命令或建议所有人或管理团体对该国宝进行修缮。

2. 对于除国宝外的重要文化遗产有损毁之迹象，文化厅长官认为有保存之必要时，可建议所有人或管理团体对该重要文化遗产进行修缮。

3. 前二款中的修缮之费用，可由文部科学省以政令形式决定由国家承担全部或一部分。

4. 对于前款所规定的由国家承担的全部或一部分之费用，准用第三十五条第三款之规定。

【由文化厅长官实施的国宝修缮等措施】

第三十八条 有下列情况之一者，文化厅长官可决定亲自对国宝进行修缮，或者采取措施防止国宝灭失、损毁或被盗等。

（一）所有人、管理责任人或管理团体不服从依据前两条之命令的。

（二）当国宝正在损毁或者存在灭失、损毁或被盗之虞，所有人、管理责任人或管理团体被认为拒不采取措施防止国宝灭失、损毁或被盗的。

2. 根据前款之规定，文化厅长官在准备修缮国宝或采取其他保护措施时，必须事先将载有该国宝之名称、修缮或采取保护措施之内容、修缮日期及其他认为必要事项的政令告知国宝所有人、管理责任人或管理团体，并通知该国宝的合法占有人。

第三十九条 实施前条第一款规定的修缮或保护措施时，文化厅长官必须在文化厅职员中任命有能力实施修缮或保护措施者为该国宝之修缮的管理责任人。

2. 根据前款规定所选择的责任人，在修缮国宝或采取其他保护措施时，必须携带身份证明，应国宝相关人员之要求出示其身份证明，并必须尊重相关人员的正当意见。

3. 前条第一款规定的修缮或实施其他保护措施，准用第三十二条之二第五款之规定。

第四十条　第三十八第一款规定的修缮或实施其他保护措施所需费用由国家承担。

2. 根据文部科学省政令之规定，文化厅长官可向国宝所有人（若为管理团体时，则向管理团体）征收部分费用用于承担第三十八条第一款规定的修缮或实施其他保护措施所需之费用；但该费用的征收仅限于该条第一款第二项所规定的国宝所有人、管理责任人、管理团体等对国宝的修缮或实施其他保护措施等负有责任，而且国宝所有人和管理团体有承担该部分费用的能力。

3. 前款规定的费用之征收，准用《行政代执行法》①第五条、第六条之规定。

第四十一条　因第三十八条第一款所规定的国宝修缮或实施其他保护措施给相关人造成损害的，由国家对所产生的损害进行补偿。

2. 前款规定的补偿之额度，由文化厅长官决定之。

3. 不服前款决定的补偿额度的，可通过诉讼方式要求增加补偿，但仅限于自收到前款补偿决定通知之日起六个月内行使。

4. 前款之诉的被告为国家。

【重要文化遗产转让时补助金等的返还】

第四十二条　已接受国家根据第三十五条第一款、第三十六条第二款、第三十七条第三款及第四十条第一款规定的实施修缮或实施防止灭失、损毁及被盗等措施（以下本条中为"修缮等"）交付补助金、保护措施实施费、修缮费的重要文化遗产所有人、继承人、受遗赠人、受赠人（包括再继承的继承人、再遗赠的受遗赠人、再赠与的受赠人。以下本条同，称为"所有人等"），有偿转让重要文化遗产时，可通过文部科学省政令要求所有人等向国家返还国家承担的补助金及修缮费（第四十条第一款规定的相关费用中应扣除该条第二款向所有人征收的部分，以下本条同），但应扣除国家在实施修缮等措施之后所有人等自己又进行修缮而支出之费用（以下本条中称为"返还金"）。

2. 前款中的"补助金及修缮费"，是指该维修补助金及修缮费的总金额除以文化厅长官决定实施修缮等后该文化遗产的耐用年数、再乘以耐用

---

① 1948年（昭和23年）法律第43号。

年数减去自实施修缮等后至转让时的所剩年数（不足一年的舍去）的金额。

3. 在利用"补助金及修缮费"实施修缮等行为后，因非所有人等之责任造成重要文化遗产之价值明显降低或所有人等将重要文化遗产让渡给国家的，文化厅长官可决定免除所有人等应返还的全部或部分返还金。

4. 未在文化厅长官指定的期限内返还上述金额的，可按国税滞纳标准征收滞纳金。征收滞纳金的先取特权顺位为先国税、后地税。

5. 当返还金交纳人为继承人、受遗赠人或受赠人时，其返还金的金额总数应扣除下列第一项所规定的继承税额或赠与税额与第二项所规定金额之差、除以第三项所规定的年限、再乘以第四项所规定之年限。

（一）取得该重要文化遗产时已缴纳或应缴纳的继承税额或赠与税额。

（二）当前项税额之课税基础的课税价格中包括该重要文化遗产继承、赠与行为发生前、已获得第一款之国家补助金的应扣除该补助金之后的、该重要文化遗产全部或部分所应缴纳的继承税税额或赠与税税额。

（三）第二款所规定的由文化厅长官确定的该重要文化遗产全部或部分的耐用年限中减去修缮等后至继承、赠与时的年限后所获年数（不足一年的舍去）。

（四）第二款所规定的有关该重要文化遗产全部或部分之剩余耐用年数。

6. 前款第二项中所列举的第一款中的修缮费、补助金等，准用本条第二款之规定，此时该款中的"转让时"替换为"继承、遗赠或赠与时"。

7. 在计算第一款规定的返还金缴纳人因转让该重要文化遗产之所得税时，针对依据《所得税法》① 第三十三条第一款规定的转让所得金额之计算，依据第一款规定的返还金作为该条第三款规定的资产转让所需之费用。

【现状变更等的限制】

第四十三条　变更重要文化遗产现状或实施某种对该重要文化遗产的

---

① 1985 年（昭和 40 年）法律第 33 号。

保存环境有影响之行为的，必须事先取得文化厅长官的许可；但变更现状是重要文化遗产的维持措施、避免自然灾害给其造成破坏而采取的应急之措施且对保存环境的影响轻微的，则不在此限。

2. 前款但书中的"维持措施"之范围，由文部科学省政令规定之。

3. 文化厅长官在下达第一款之许可时，可对该款所规定的现状变更及对保存环境有影响之行为作出必要指示，并以此作为许可的条件。

4. 若接受第一款许可的被许可人不服从前款规定的必要指示，文化厅长官可以命令停止变更现状以及停止实施对保存环境有影响的行为，或者撤销该许可。

5. 因未能获得第一款规定之许可或者因被要求服从第三款所规定的许可条件而遭受一般性损失的，由国家给予补偿。

6. 前款中的国家补偿，准用本法第四十一条第二款至第四款之规定。

【修缮之申请】

第四十三条之二　当重要文化遗产需要修缮时，其所有人或管理团体必须在预定修缮开工日之前三十日向文化厅长官提出修缮申请，但前条第一款所规定必须获得许可并由文部科学省政令规定的，则不在此限。

2. 对于前款修缮申请，文化厅长官认为必要时，可就重要文化遗产之修缮提出技术性指导或建议。

【出境禁止】

第四十四条　禁止重要文化遗产出境；但因国际文化交流或其他事由等获得文化厅长官特别许可的，则不在此限。

【环境保护】

第四十五条　就重要文化遗产的保护问题，文化厅长官认为必要时，可以命令在一定地域内限制或禁止某种行为，或者命令建设必要的保护设施。

2. 因前款之命令而使相关人受到财产损失的，由国家对所产生的一般性损失给予补偿。

3. 前款的损失补偿，准用本法第四十一条第二款至第四款之规定。

【向国家出让之申请】

第四十六条 有偿转让重要文化遗产时，出让人必须事先将受让人、预定价格（若预定价格为金钱以外的其他物品的，则按时价标准确定金额，以下同）及其他文部科学省政令所规定的事项，以书面形式首先向文化厅长官提出对国家出让之申请。

2. 在前款规定的书面申请中，可记载希望让渡给对方的理由。

3. 文化厅长官认为前款书面申请中的让渡给对方之理由充分时，应在收到该申请后三十日内通知出让人国家不予购买的决定。

4. 在出让人提出第一款让与国家之申请三十日内，若文化厅长官就该重要文化遗产由国家购买之决定通知出让人的，则视为国家以相当于申请书所载之价格购买该重要文化遗产之买卖合同成立。

5. 在前款所规定的期限（该期限的截止日期为文化厅长官作出不购买决定的通知之日）内，第一款中的出让人不得转让该重要文化遗产。

【管理团体购买的财政补贴】

第四十六条之二 为保护重要文化遗产、特别是作为重要文化遗产管理团体的地方公共团体或其他法人有必要购买其所管理的重要文化遗产（仅限于建筑物、土地附着物以及与之被指定为重要文化遗产的土地）时，国家认为必要可以对其购买所需经费给予适当补贴。

2. 前款国家补贴，准用本法第三十五条第二款、第三款及第四十二条之规定。

【管理、修缮的委托或技术指导】

第四十七条 在文化厅长官规定的条件下，重要文化遗产所有人（若为管理团体的则为该管理团体）可向文化厅长官提出重要文化遗产的管理（除管理团体外）或修缮之委托。

2. 文化厅长官认为有必要时，可以在明示一定条件的情况下，向重要文化遗产所有人建议其（若为管理团体的则为该团体）向文化厅长官提出该重要文化遗产的委托管理（除管理团体外）或委托修缮。

3. 前两款规定的文化厅长官接受的委托管理或委托修缮，准用本法第三十九条第一款、第二款之规定。

4. 重要文化遗产所有人、管理责任人及管理团体可根据文部科学省政令之规定，请求文化厅长官对重要文化遗产的管理、修缮等进行技术性指导。

第四款 公开展示（第四十七条之二至第五十三条）

【公开展示】

第四十七条之二 重要文化遗产的公开展示由所有人实施；但若为管理团体的则由管理团体实施。

2. 前款之规定并不妨碍重要文化遗产所有人及管理团体之外的其他人依据本法之规定对该重要文化遗产进行公开展示。

3. 管理团体在公开展示其管理的重要文化遗产时，可对参观者收取一定费用。

【由文化厅长官实施的公开展示】

第四十八条 文化厅长官可以建议所有人（若为管理团体的则为该团体）提供其重要文化遗产，由文化厅长官主持在国立博物馆（独立行政法人国立文化遗产机构设立的博物馆，本条以下同）或其他机构内，实施为期一年以内的公开展示。

2. 文化厅长官可以命令由国家承担全部或部分费用，或接受补助金进行管理、修缮的重要文化遗产之所有人，提供其重要文化遗产，由文化厅长官主持在国立博物馆或其他机构内实施为期一年以内的公开展示。

3. 文化厅长官认为必要时，可以决定延长前款规定的一年以内公开展示期，但连续不得超过五年。

4. 在作出第二款之命令、前款的公开展示期间更新之决定后，重要文化遗产所有人（若为管理团体的则为该团体）必须提供该项重要文化遗产以便公开展示。

5. 在前四款规定的情形之外，文化厅长官认为重要文化遗产所有人（若为管理团体的则为该团体）申请希望在国立博物馆或其他机构、由文化厅长官主持实施重要文化遗产公开展示的理由合理时，可允许其公开展示。

第四十九条 文化厅长官根据前条之规定公开展示重要文化遗产时，除本法第一百八十五条规定的情形外，必须任命文化厅的工作人员承担公开展示该重要文化遗产期间的管理之责任。

第五十条 根据第四十八条规定的公开展示所需费用由国家承担，其费用标准由文部科学省以政令形式规定之。

2. 政府根据文部科学省政令规定的费用标准，向根据第四十八条之规定出展重要文化遗产的所有人或管理团体支付相关出展费。

【所有人等的公开展示】

第五十一条 文化厅长官可以建议重要文化遗产所有人或管理团体实施为期三个月以内的重要文化遗产之公开展示。

2. 文化厅长官可以命令由国家承担全部或部分费用，或接受补助金进行重要文化遗产管理、修缮的重要文化遗产之所有人实施为期三个月以内的公开展示。

3. 前款公开展示，准用第四十八条第四款之规定。

4. 文化厅长官可以对重要文化遗产所有人或管理团体根据前三款之规定公开展示以及与公开展示相关的管理事宜等给予必要指示。

5. 重要文化遗产所有人或管理责任人不服从前款之指示的，文化厅长官可以命令停止或中止该公开展示。

6. 根据文部科学省政令的相关规定，本条第二款及第三款的公开展示所需费用的全部或一部分可由国家承担。

7. 除前款规定的情形外，根据文部科学省的政令之规定，重要文化遗产所有人或管理团体公开展示其所有或管理的重要文化遗产所需费用的全部或一部分也可由国家承担。

第五十一条之二 除前条规定的公开展示外，为便于重要文化遗产向公众公开展示而根据第三十四条之规定提出变更重要文化遗产所在地之申请的，可准用前条第四款、第五款之规定。

【损失的补偿】

第五十二条 对于因第四十八条、第五十一条第一款、第二款以及第三款规定的出展、公开展示等引起的重要文化遗产灭失、损毁的，国家应对该重要文化遗产所有人的合理损失给予补偿；但如果是因重要文化遗产所有人、管理责任人或管理团体的原因引起的，则不在此限。

2. 前款所规定的情形，准用本法第四十一条第二款至第四款之规定。

【所有人等以外的其他人之公开展示】

第五十三条 重要文化遗产所有人、管理团体等以外的其他人在其主办的展览会或其他展览中公开展示重要文化遗产时，必须获得文化厅长官的许可；但如果文化厅长官以外的其他国家机关、地方公共团体等在已经获得文化厅长官承认的博物馆或其他机构（以下称为"承认的公开展示之机构"）主办的展览上进行公开展示的，则不在此限。

2. 在前款但书中，公开展示的主办人（除文化厅长官外）应在公开展示结束之日的次日起二十日内，填写文部科学省政令所规定的书面材料，向文化厅长官作出汇报。

3. 文化厅长官在进行第一款规定之许可时，作为许可条件，可对该重要文化遗产公开展示或与之有关的管理工作给予必要指示。

4. 获得第一款许可而不服从前款之指示的，文化厅长官可以命令停止公开展示或撤销许可。

第五款　重要文化遗产保护利用计划（第五十三条之二至第五十三条之八）

【重要文化遗产保护利用计划的认定】

第五十三条之二 重要文化遗产的所有者（若为管理团体则为该管理团体）可根据文部科学省政令之规定，制订重要文化遗产保护利用计划（以下称为"重要文化遗产保护利用计划"），并向文化厅长官申请予以认定。

2. 前款重要文化遗产保护利用计划应记载以下事项：

（一）该项重要文化遗产的名称、所在地；

（二）为保护和利用该项重要文化遗产而实施的具体措施之内容；

（三）计划实施周期；

（四）文部科学省政令规定的其他事项。

3. 前款第二项中的具体措施内容，应记载以下事项：

（一）对该重要文化遗产的现状变更或保存产生影响的相关行为事项；

（二）对该重要文化遗产的维修事项；

（三）以公开该重要文化遗产（除建造物之外。下一款第六项同）为目的的委托管理合同事项。

4. 本条第一款的重要文化遗产保护利用计划的认定之申请，符合以下条件的，文化厅长官可以予以认定。

（一）该重要文化遗产的保护利用计划的实施，有利于该重要文化遗产的保护与利用；

（二）该重要文化遗产的保护利用计划被认为能够得到确实、可行、顺利地实施；

（三）若存在本法第一百八十三条之二第一款规定的文化遗产保护利用大纲或者第一百八十三条之五第一款规定的文化遗产保护利用区域规划，该保护利用计划应符合大纲或规划之要求；

（四）该重要文化遗产保护利用计划中可能影响该重要文化遗产的现状变更或保存的、前款第一项所规定的相关行为之内容，应符合文部科学省政令规定之基准；

（五）该重要文化遗产保护利用计划所列举的、前款第二项所载重要文化遗产维修事项，应符合文部科学省政令所规定之基准；

（六）该重要文化遗产保护利用计划所列举的、以公开重要文化遗产为目的的委托管理合同内容，应当符合文部科学省政令所规定的标准。

5. 文化厅长官作出前款认定后，应立刻将认定结果通知申请人、不得延迟。

【获得认定的重要文化遗产保护利用计划之变更】

第五十三条之三 获得前条第四款认定的重要文化遗产所有者或者管理团体，若要变更（除文部科学省政令规定轻微变更外）其重要文化遗产保护利用计划，必须获得文化厅长官之认定。

2. 前款之认定，准用前条第四款、第五款之规定。

【现状变更等的许可之特例】

第五十三条之四 本法第五十三条之二第三款第一项所规定的、影响该重要文化遗产的现状变更或保存的行为事项，在获得第四款之认定（包含前条第一款的变更之认定。本款以及第一百五十三条第二款第六项同）的情况下，实施影响重要文化遗产的现状变更或保存之行为时，可无视第四十三条第一款必须获得许可之规定、只需在影响重要文化遗产的现状变更或保存之行为终了后，立刻根据文部科学省政令的规定、向文化厅长官书面报告即可。

【维修申报之特例】

第五十三条之五 在实施第五十三条之二第三款第二项所记载的、获得第四款认定的重要文化遗产维修事项时，可无视第四十三条之二第一款必须获得许可之规定，只需在该维修行为终了后，立刻根据文部科学省政令之规定、向文化厅长官书面报告即可。

【被认定的重要文化遗产保护利用计划之实施状况的报告】

第五十三条之六 文化厅长官可以要求获得本法第五十三条之二第四款认定的重要文化遗产的所有者或管理团体，报告其已获认定的重要文化遗产保护利用计划（如有变更则为变更后的计划。在下一条以及第五十三条之八中称为"认定的重要文化遗产保护利用计划"）的实施情况。

【认定的撤销】

第五十三条之七 文化厅长官认为被认定的重要文化遗产保护利用计划不再符合第五十三条之二第四款所规定的各项条件时，可以撤销该认定。

2. 文化厅长官根据前款之规定撤销认定的，应立刻将认定撤销之决定通知被认定人，不得延迟。

【对所有者等的指导或建议】

第五十三条之八 根据重要文化遗产所有者或者管理团体之请求，都、道、府、县以及市（含特别行政区，以下同）、町、村教育委员会

[根据《地方教育行政组织法》① 第二十三条第一款的条例之规定，负责管理和执行文化遗产保护事务的地方公共团体（以下称为"特定地方公共团体"）及其负责人。除本法第一百四十三条第三款、第一百八十三条之八第四款、第一百九十条第一款以及第一百九十一条第一款外，以下同] 可以就重要文化遗产保护利用计划的制订、所制订的保护利用计划能够得到确实、顺利实施等，提供必要的指导和建议。

2. 根据重要文化遗产所有者或管理团体之请求，文化厅长官必须努力就重要文化遗产保护利用计划的指定、所认定的重要文化遗产保护利用计划能够得到确实、顺利实施等，提供必要的指导和建议。

第六款 调查（第五十四条至第五十五条）

【为保护而实施的调查】

第五十四条 文化厅长官认为必要时，可要求重要文化遗产所有人、管理责任人或管理团体报告重要文化遗产的现状、管理、修缮及保存环境等。

第五十五条 发生下列情形之一的，根据前条之报告无法确定重要文化遗产现状也无其他方法进行确认时，文化厅长官可以指派调查人员进入重要文化遗产所在地对该重要文化遗产的现状、管理、修缮及保存环境等进行实地调查。

（一）已申请改变重要文化遗产之现状或实施了影响重要文化遗产保存环境之行为的；

（二）重要文化遗产正在被损毁或其现状、所在场所等已发生变更的；

（三）重要文化遗产存在灭失、损毁以及被盗之虞的；

（四）因特别事由有必要对国宝或重要文化遗产的价值重新鉴定的。

2. 根据前款之规定，调查人员在进行实地调查时，应携带其身份证明，向相关人员出示，并当充分尊重相关人员的正当意见。

---

① 1956年（昭和31年）法律第162号。

3. 对于因第一款之调查所造成的正常损失，由国家给予适当补偿。

4. 前款之补偿，准用本法第四十一条第二款至第四款之规定。

第七款　其他事项（第五十六条）

【所有人等变更后权利义务的继承】

第五十六条　重要文化遗产所有人变更后，文化厅长官依据本法所作出的命令、建议、指示及其他处分等方式赋予原所有人在该重要文化遗产上的所有权利与义务由新所有人继承。

2. 原所有人移交重要文化遗产给新所有人时，必须同时移交该重要文化遗产的指定证书。

3. 针对管理团体的指定或指定解除等准用第一款之规定，但当管理团体被指定时，属于原所有人的权利义务则不在此限。

第二节　登录有形文化遗产（第五十七条至第六十九条）

【有形文化遗产的登录】

第五十七条　鉴于重要文化遗产以外的其他有形文化遗产（除本法第一百八十二条第二款规定的由地方公共团体指定的有形文化遗产外）的文化价值以及对其保护和利用之必要等，文部科学大臣可将其登录在"文化遗产名录"上。

2. 文部科学大臣在实施前款之登录时，应事先听取相关地方公共团体的意见，但当该登录的有形文化遗产为第一百八十三条之五第一款规定或《地域文化观光推进法》①第十六条第一款规定之提案登录之有形文化遗产的，则不在此限。

3. "文化遗产名录"的应登载事项由文部科学省政令规定之。

---

① 2020年（令和2年）法律第18号。

【公告、通知以及登录证的交付】

第五十八条 在进行前条第一款之登录后,应迅速在《官报》上公告并就所登录的有形文化遗产(以下称为"登录有形文化遗产")之结果通知该有形文化遗产所有人。

2. 前条第一款所规定之登录自前款《官报》公告之日起生效,但对该登录有形文化遗产所有人而言则自其收到前款通知之日起生效。

3. 进行前条第一款登录时,文部科学大臣应向该有形文化遗产所有人交付登录证书。

4. 登录证书上所记载内容以及其他与登录证书相关事项等,由文部科学省政令规定之。

【有形文化遗产的登录注销】

第五十九条 根据本法第二十七条第一款之规定,当登录的有形文化遗产被文部科学大臣指定为重要有形文化遗产时,原有形文化遗产之登录应予注销。

2. 根据本法第一百八十二条第二款之规定,当登录的有形文化遗产被地方公共团体指定时,文部科学大臣则应注销该登录;但当文部科学大臣认为有必要对登录的有形文化遗产采取保护和利用措施且所有人同意的,则可以不予注销。

3. 当有形文化遗产所采取的措施之必要性丧失或者发生其他特殊事由时,文部科学大臣可以注销该登录。

4. 根据前三款之规定注销登录的,应迅速在《官报》上公告并将注销登录之结果通知该登录有形文化遗产所有人。

5. 根据第一款至第三款的登录注销准用前条第二款之规定。

6. 登录有形文化遗产的所有人在收到第四款之通知后,必须三十日内将登录证书上交文部科学大臣。

【登录有形文化遗产的管理】

第六十条 登录有形文化遗产所有人必须根据本法以及基于本法的文部科学省政令管理登录有形文化遗产。

2. 为适当管理登录有形文化遗产,登录有形文化遗产的所有人可以选择本法第一百九十二条之二第一款规定的文化遗产保护利用支援团体或者其他适当管理团体（本节中称为"管理责任人"）代自己管理登录有形文化遗产、承担管理责任。

3. 当登录有形文化遗产所有人无法判明或者所有人、管理责任人的管理陷入困境或管理明显不当时，为保护和利用该登录有形文化遗产，登录有形文化遗产所在地地方公共团体提出申请的，文化厅长官可以在征求相关地方公共团体的意见之基础上，指定适当的地方公共团体或其他法人实施必要管理（包括由登录有形文化遗产所有人所有或管理的、为保护和利用该登录有形文化遗产的必要设施、设备以及其他物件等。本节以下称为"管理团体"）。

4. 对登录有形文化遗产的管理，准用本法第三十一条第三款、第三十二条、第三十二条之二第二款至第五款、第三十二条之三、第三十二条之四的规定。

5. 有关登录有形文化遗产的管理责任人以及管理团体，准用第一款之规定。

【登录有形文化遗产的灭失、损毁等】

第六十一条　登录有形文化遗产全部或部分灭失、损毁或丢失以及被盗的，所有人（若是管理责任人或管理团体的则为该管理责任人或管理团体）应当根据文部科学省政令之规定，自知道上述事实发生的次日起，十日内向文化厅长官书面报告。

【登录有形文化遗产所在地之变更】

第六十二条　登录有形文化遗产所有人（若为管理责任人或管理团体的则为该管理责任人或管理团体）若要变更登录有形文化遗产所在地，应当在决定变更之日前二十日内，依据文部科学省政令之规定、添附登录证书向文化厅长官提交书面报告。若文部科学省政令有特别规定无须报告、添附登录证书或者可以在变更所在地之后报告的，则不在此限。

【登录有形文化遗产的修缮】

第六十三条　登录有形文化遗产之修缮由所有人实施，但若为管理团体的则由该团体实施。

2. 管理团体对登录有形文化遗产的修缮，准用本法第三十二条之二第五款、第三十二条之四以及第三十四条之三第一款之规定。

【登录有形文化遗产的现状变更之申请】

第六十四条　试图改变登录有形文化遗产现状者，必须根据文部科学省政令之规定在改变现状之日前三十日内，向文化厅长官提出申报；但若改变现状仅是为实施修缮、防止灾害等的必要应急措施或者为实施依据其他政令的改变现状之命令而采取措施的，则不在此限。

2. 前款但书中的"修缮"措施范围，由文部科学省政令规定之。

3. 为保护登录有形文化遗产，文化厅长官认为有必要时，可对第一款所规定的、登录有形文化遗产的现状之变更予以指导、提出意见或给予建议。

【登录有形文化遗产的出境之申请】

第六十五条　根据文部科学省政令之规定，试图将登录有形文化遗产运出境外者，必须在运出境外之日起、提前三十日向文化厅长官提出出境申请。

2. 文化厅长官如果认为必要，为保护登录有形文化遗产可对前款登录有形文化遗产之出境予以指导、提出意见或给予建议。

【登录有形文化遗产的管理或修缮的技术性指导】

第六十六条　根据文部科学省政令之规定，登录有形文化遗产的所有人、管理责任人或管理团体可以请求文化厅长官就登录有形文化遗产的管理或修缮给予技术性指导。

【登录有形文化遗产的公开展示】

第六十七条　登录有形文化遗产的公开展示由所有人实施；但若为管理团体的则由管理团体实施。

2. 前款之规定并不妨碍登录有形文化遗产所有人、管理团体之外的其他人在取得所有人（若为管理团体的则为该管理团体）同意的情况下，公开展示该登录有形文化遗产。

3. 管理团体公开展示其管理的登录有形文化遗产，准用本法第四十七条之二第三款之规定。

4. 为合理利用登录有形文化遗产，文化厅长官认为有必要可对所有人或者管理团体进行登录有形文化遗产的公开展示以及与公开展示相关的管理等，予以必要指导或提供建议。

【登录有形文化遗产保护利用计划的认定】

第六十七条之二　登录文化遗产的所有者（如为管理团体则为该管理团体）可根据文部科学省政令之规定，制订登录有形文化遗产保护利用计划（以下称为"登录有形文化遗产保护利用计划"），并申请文化厅长官予以认定。

2. 登录有形文化遗产保护利用计划应记载以下事项：

（一）该登录有形文化遗产的名称、所在地；

（二）为保护和利用该登录有形文化遗产而实施的具体措施之内容；

（三）计划的实施周期；

（四）文部科学省政令规定的其他事项。

3. 前款第二项中的具体措施之内容，应该记载以下事项：

（一）登录有形文化遗产的现状变更事项；

（二）在世界文化范围内具有历史、艺术以及学术价值的登录有形文化遗产（除建造物之外。下一款第五项同）的公开展出委托合同所载事项；

（三）以公开该登录有形文化遗产（除建造物之外。下一款第六项同）为目的的委托保管合同事项。

4. 符合以下条件的第一款登录有形文化遗产保护利用计划之认定申请，文化厅长官应予以认定。

（一）登录有形文化遗产保护利用计划的实施，有利于该登录有形文化遗产的保护与利用；

（二）登录有形文化遗产保护利用计划的实施被认为可以顺利且能够得到确实实施的；

（三）若存在第一百八十三条之二第一款规定的文化遗产保护利用大纲或者第一百八十三条之五第一款规定的文化遗产保护利用区域规划时，该保护利用计划应符合大纲或规划之要求。

（四）登录有形文化遗产保护利用计划中列举的前款第一项所载的变

更现状之事项,应当适合登录有形文化遗产的现状变更,并符合文部科学省政令所规定之标准;

(五)登录有形文化遗产保护利用计划中列举的前款第二项所载的委托保管合同之事项,其内容应能够保障登录有形文化遗产之公开展示,并符合文部科学省政令所规定之标准。

5. 文化厅长官作出前款认定后,应立刻将认定结果通知申请人,不得延迟。

【被认定的登录有形文化遗产保护利用计划之变更】

第六十七条之三 获得前条第四款认定的登录有形文化遗产之所有者或管理团体,若要变更已获认定的登录有形文化遗产保护利用计划(以下称为"登录文化遗产保护利用计划"),必须获得文化厅长官的认定。

2. 前款之认定准用前条第四款、第五款之规定。

【现状变更的报告之特例】

第六十七条之四 本法第六十七条之二第三款第一项所记载的登录有形文化遗产保护利用计划,在获得同条第四款之认定(包含前条第一款的变更之认定。本节以及本法第一百五十三条第二款第七项中,相同)的情况下,实施被认定的影响登录有形文化遗产现状变更或保存之行为时,可忽略依据本法第六十四条第一款规定的必须提交报告之规定,只需在登录有形文化遗产的现状变更结束后,根据文部科学省政令之规定、立刻向文化厅长官报告即可。

【被认定的登录有形文化遗产保护利用计划之实施状况的报告】

第六十七条之五 文化厅长官可要求获得本法第六十七条之二第四款认定的登录有形文化遗产的所有者或管理团体,报告其已获认定的登录有形文化遗产保护利用计划(如有变更则为变更后的计划。在下一条第一款以及第六十七条之七中称为"被认定的登录有形文化遗产保护利用计划")的实施情况。

【认定的撤销】

第六十七条之六 文化厅长官认为被认定的登录有形文化遗产保护利

用计划不再符合本法第六十七条之二第四款规定的各项条件时，可撤销该认定。

2. 根据前款之规定撤销认定的，文化厅长官应立刻将认定撤销之决定通知被认定人，不得延迟。

【对所有者等的指导或建议】

第六十七条之七　根据登录有形文化遗产所有者或者管理团体之请求，都、道、府、县以及市、町、村教育委员会可就登录有形文化遗产保护利用计划的制订、所认定的保护利用计划能够得到确实、顺利实施等，向登录有形文化遗产所有者或者管理团体提供必要的指导或建议。

2. 根据登录有形文化遗产所有者或管理团体之请求，文化厅长官必须努力就登录有形文化遗产保护利用计划的制订，所认定的登录有形文化遗产保护利用计划能够得到确实、顺利实施等，向登录有形文化遗产所有者或者管理团体提供必要的指导或建议。

【登录有形文化遗产之现状等的报告】

第六十八条　文化厅长官认为必要时，可要求登录有形文化遗产所有人或管理团体报告其所有或管理的登录有形文化遗产的管理或修缮等现状。

【伴随所有人变更的登录证书之移交】

第六十九条　登录有形文化遗产的所有人发生变更后，旧所有人必须在向新所有人移交该登录有形文化遗产的同时移交该登录有形文化遗产的登录证书。

第三节　重要文化遗产及登录有形文化遗产之外的
其他有形文化遗产（第七十条）

第七十条　重要文化遗产及登录有形文化遗产之外的其他有形文化遗产之所有人，可请求文化厅长官在该有形文化遗产的管理或修缮上给予技术性指导。

第四章　无形文化遗产

第一节　重要无形文化遗产

【重要无形文化遗产的指定等】

第七十一条　文部科学大臣可以指定无形文化遗产中的重要者为重要无形文化遗产。

2. 根据前款规定，文部科学大臣指定重要无形文化遗产时，必须同时认定该重要无形文化遗产的保持者或保持团体（若由无形文化遗产保持者构成之团体的则为其代表者，以下同）。

3. 依据第一款之指定及前款之认定，应在《官报》上公告并通知被认定的重要无形文化遗产的保持者或保持团体（若为保持团体的则为其代表者）。

4. 根据第一款之规定，文部科学大臣在指定了重要无形文化遗产后，若认为某人或某团体仍可作为根据第二款之认定的重要无形文化遗产的保持者或保持团体的，可视为追加认定其为保持者或保持团体。

【重要无形文化遗产之指定等的撤销】

第七十二条　当重要无形文化遗产丧失其作为重要无形文化遗产之价值或存在其他特别事由时，文部科学大臣可以撤销该重要无形文化遗产之指定。

2. 文部科学大臣认为保持者因身心障碍不再适合作为保持者、保持团体因成员变动而不宜再作为适当保持团体或存在其他特别事由时，可以撤销对保持者或保持团体之认定。

3. 第一款规定的指定撤销或第二款规定的认定撤销，应在《官报》上公告，并应将撤销结果通知该重要无形文化遗产的保持者或保持团体的代表者。

4. 保持者死亡或保持团体解散（包括不复存在的情形，本条以下同）的，视为保持者或保持团体的认定被撤销；所有保持者死亡或所有保持团体解散的，则视为该重要无形文化遗产的指定被撤销。对于上述撤销，文部科学大臣应在《官报》上公告之。

【保持者姓名等的变更】

第七十三条 保持者的姓名、住所发生变更或者死亡，或者发生文部科学省政令规定事由的，保持者或其继承人应当依据文部科学省政令所规定的书面格式，在该事由发生之日起二十日内向文化厅长官提交书面报告。保持团体的名称、所在地或其代表者发生变更，或其构成人员发生变动，或者团体解散等，保持团体代表者（保持团体解散时，则为其代表者）也应按前述规定上报。

【重要无形文化遗产的保存】

第七十四条 文化厅长官认为重要无形文化遗产有保存之必要时，可亲自记录该重要无形文化遗产、培育或采取其他适当保护措施；国家对重要无形文化遗产保持者、保持团体或地方公共团体以及其他与该重要无形文化遗产保存有关的单位和适当个人（以下称为"保持者等"）实施保存措施时所需费用给予部分财政补贴。

2. 前款财政补贴之交付，准用本法第三十五条第二款、第三款之规定。

【重要无形文化遗产的公开展示】

第七十五条 文化厅长官可建议重要无形文化遗产保持者或保持团体公开展示其重要无形文化遗产，也可建议重要无形文化遗产记录的所有人公开其记录。

2. 重要无形文化遗产保持者或保持团体公开展示其重要无形文化遗产时，可准用本法第五十一条第七款之规定。

3. 重要无形文化遗产记录的所有人公开其记录的，国家对其公开记录所需经费给予部分财政补贴。

【重要无形文化遗产保存的意见和建议】

第七十六条 文化厅长官可就重要无形文化遗产之保存，向重要无形文化遗产保持者等给予必要意见与建议。

【重要无形文化遗产保护利用计划的认定】

第七十六条之二　重要无形文化遗产的保持者可根据文部科学省政令之规定，制订重要无形文化遗产保护利用计划（本节以及第一百五十三条第二款第八项以下称为"重要文化遗产保护利用计划"），并申请文化厅长官予以认定。

2. 前款重要无形文化遗产保护利用计划应记载以下事项：
（一）该重要无形文化遗产的名称、保持者或保持团体；
（二）为保护和利用该重要无形文化遗产而实施的具体措施之内容；
（三）计划的实施周期；
（四）文部科学省政令规定的其他事项。

3. 根据第一款之规定的重要无形文化遗产保护利用计划的认定之申请，符合以下条件的，文化厅长官应予以认定。
（一）重要无形文化遗产保护利用计划的实施，有利于该重要无形文化遗产的保护与利用；
（二）该重要无形文化遗产保护利用计划被认为能够得以确实、顺利地实施；
（三）若存在第一百八十三条之二第一款规定的文化遗产保护利用大纲或者第一百八十三条之五第一款规定的文化遗产保护利用区域规划时，该保护利用计划应符合大纲或规划之要求。

4. 文化厅长官作出前款之认定后，应立刻将认定结果通知申请人、不得延迟。

【被认定的重要无形文化遗产保护利用计划之变更】

第七十六条之三　获得前条第三款认定的重要无形文化遗产保持者，若要变更（除文部科学省政令规定轻微变更外）重要无形文化遗产保护利用计划，必须获得文化厅长官的认定。

2. 前款之认定，准用前条第三款、第四款之规定。

【被认定的重要无形文化遗产保护利用计划的实施状况之报告】

第七十六条之四　文化厅长官可要求获得本法第七十六条之二第三款

之认定的重要无形文化遗产保持者，报告其已获认定（包括前条第一款变更之认定。在下一条以及第一百五十三条第二款第八项中，相同）的重要无形文化遗产保护利用计划（如有变更的则为变更后的计划。在下一条以及第七十六条之六中称为"被认定的重要无形文化遗产保护利用计划"）的实施情况。

【认定的撤销】

第七十六条之五　文化厅长官认为被认定的重要无形文化遗产保护利用计划不再符合本法第七十六条之二第三款所规定的各项条件时，可以撤销该认定。

2. 根据前款之规定的撤销之认定，文化厅长官应立刻将认定撤销之决定通知被认定人，不得延迟。

【对保持者等的指导或建议】

第七十六条之六　根据重要无形文化遗产保持者等的请求，都、道、府、县以及市、町、村教育委员会可就其重要无形文化遗产保护利用计划的制定、所认定的保护利用计划能够得到确实、顺利实施等，提供必要的指导和建议。

2. 根据重要文无形化遗产保持者的请求，文化厅长官必须努力就重要无形文化遗产保护利用计划的制订、所认定的保护利用计划能够得到确实、顺利实施等，提供必要的指导和建议。

第二节　登录无形文化遗产

【无形文化遗产之登录】

第七十六条之七　重要无形文化遗产以外的其他无形文化遗产（除本法第一百八十二条第二款规定的由地方公共团体指定的无形文化遗产外），有文化价值以及对其保护和利用之必要的，文部科学大臣可将其登录在"文化遗产名录"上。

2. 根据前款之登录，准用第五十七条第二款、第三款之规定。

3. 文部科学大臣根据第一款之规定登录无形文化遗产时，必须就所登录之无形文化遗产认定保持者或保持团体。

4. 根据前款之规定，进行登录和认定后，应迅速在《官报》上公告并就无形文化遗产登录一事，通知该无形文化遗产的保持者或保持团体（团体代表）。

5. 文部科学大臣根据第一款规定进行登录后，当认为所登录之无形文化遗产（以下称为"登录无形文化遗产"）的保持者或保持团体符合第三款认定之条件时，可追加认定。

【登录无形文化遗产的登录之注销】

第七十六条之八　当文部科学大臣根据第七十一条第一款之规定指定登录无形文化遗产为重要无形文化遗产时，可注销其登录。

2. 根据第一百八十二条第二款规定，当登录无形文化遗产由地方公共团体指定时，文部科学大臣应注销其登录，但为保护和利用该登录无形文化遗产而采取必要措施且保持者或保持团体同意的，文部科学大臣可以不予注销。

3. 文部科学大臣认为前款保护、利用登录无形文化遗产所采取的措施之必要性丧失或发生其他特殊事由时，文部科学大臣可注销其登录。

4. 当保持者因身心障碍不再适合成为保持者、保持团体因成员变动不再适合成为保持团体或出现其他特别事由时，文部科学大臣可解除保持者或保持团体之认定。

5. 根据第一款至第三款之规定的登录注销以及根据前款的认定解除，应迅速在《官报》上公告并将登录注销、认定解除之结果通知该登录无形文化遗产持有人或持有团体。

6. 保持者死亡或保持团体解散（含消灭。以下本款及次条同）后，保持者之认定或保持团体之认定应解除；当所有保持者死亡或所有保持团体解散的，该登录无形文化遗产之登录应被注销。对此结果，文部科学大臣必须在《官报》上公告之。

【保持者的变更等】

第七十六条之九　当保持者的姓名或住址变更、保持者死亡或发生文部科学省政令规定的其他事由时，保持者或其继承人必须在（知道保持者死亡之日起）二十个工作日内，向文化厅长官书面报告。当保持团体的名称、事务所所在地、团体代表人等发生变更，团体成员变动或者保持团体解散的，团体代表人（保持团体解散的，该团体代表人）必须在二十个工作日内，向文化厅长官书面报告。

【登录无形文化遗产的保护】

第七十六条之十　文化厅长官认为有必要保护登录无形文化遗产时，可采取必要措施亲自记录登录文化遗产、培育传承人或采取其他必要保存措施。国家认为可以就保持者、保持团体以及其他被认为采取了适当措施者（以下简称"保持者等"），应向其提供必要的经费补贴。

2. 根据前款之规定，交付辅助金时，应准用本法第三十五条第二款、第三款之规定。

【登录无形文化遗产的公开】

第七十六条之十一　对于登录无形文化遗产保持者或保持团体公开登录无形文化遗产、登录无形文化遗产的记录之所有人公开其记录，文化厅长官可予以必要指导或建议。

2. 登录无形文化遗产保持者或保持团体公开时，准用本法第五十一条第七款之规定。登录无形文化遗产的记录之所有人公开其记录时，准用本法第七十五条第三款之规定。

【对登录无形文化遗产保存之指导和建议】

第七十六条之十二　为保护登录无形文化遗产，文化厅长官可向登录无形文化遗产保持者等提供指导和建议。

【登录无形文化遗产保护利用计划的认定】

第七十六条之十三　根据文部科学省政令之规定，登录无形文化遗产的保持者等可制订登录无形文化遗产保护利用计划（在本节及第一百五十三条第二款第九项中称为"登录无形文化遗产保护利用计划"），并申请文化厅长官予以认定。

2. 登录无形文化遗产保护利用计划应记载以下事项：

（一）该登录无形文化遗产的名称、保持者或保持团体；

（二）为保护和利用该登录无形文化遗产而实施的具体措施之内容；

（三）保护利用计划的实施周期；

（四）文部科学省政令规定的其他事项。

3. 文化厅长官对符合以下条件的第一款之认定申请，可予以认定。

（一）登录无形文化遗产保护利用计划的实施有利于该登录无形文化遗产的保护与利用；

（二）登录无形文化遗产保护利用计划被认为可以顺利且能够得到确实实施；

（三）保护利用计划符合第一百八十三条之二第一款规定的文化遗产保护利用大纲或第一百八十三条之五第一款规定的文化遗产保护利用区域规划之要求的；

4. 文化厅长官作出前款之认定后，应立刻将认定结果通知申请人，不得延迟。

【被认定之登录无形文化遗产保护利用计划的变更】

第七十六条之十四　获得前条第三款认定的登录无形文化遗产之保持者，若要变更已获认定的登录无形文化遗产保护利用计划（除文部科学省政令规定的轻微变更情形之外），必须获得文化厅长官的认定。

2. 前款之认定准用前条第三款、第四款之规定。

【被认定之保护利用计划的实施报告】

第七十六条之十五　文化厅长官可要求获得本法第七十六条之十三第三款之认定的登录无形文化遗产的保持者等，报告其获得认定（包括前款第一款变更之认定。在下一条和第一百五十三条第二款第九项中同）保护利用计划（若计划有变更则为变更后的计划。在下一条第一款以及第七十六条之十七中称为"被认定的登录无形文化遗产保护利用计划"）的实施情况。

【认定的撤销】

第七十六条之十六　文化厅长官认为被认定的登录无形文化遗产保护利用计划不再符合本法第七十六条之十三第三款规定的各项条件时，可撤销该认定。

2. 文化厅长官根据前款之规定撤销认定后应立刻将认定撤销之决定通知被认定人,不得延迟。

【对保持者等的指导或建议】

第七十六条之十六　根据登录无形文化遗产保持者等之请求,都、道、府、县以及市、町、村教育委员会可就登录无形文化遗产保护利用计划的制订、所认定的保护利用计划能够得到确实、顺利实施等,向其提供必要的指导或建议。

2. 根据登录无形文化遗产保持者等之请求,文化厅长官必须努力就登录无形文化遗产保护利用计划的制订、所认定的登录无形文化遗产保护利用计划能够得到确实、顺利实施等,向其提供必要的指导或建议。

第三节　重要、登录无形文化遗产以外的无形文化遗产

第七十七条　文化厅长官可选择重要和登录无形文化遗产以外的无形文化遗产中特别有必要的,亲自对其进行记录、保存或者公开展示;国家对适合保存的保存者记录、保存及公开展示无形文化遗产的,给予部分财政补贴。

2. 前款规定的部分经费之财政补助,准用本法第三十五条第二款、第三款之规定。

第五章　民俗文化遗产(第七十八条至第九十一条)

【重要有形民俗文化遗产及重要无形民俗文化遗产的指定】

第七十八条　文部科学大臣可以指定有形民俗文化遗产中特别重要者为重要有形民俗文化遗产;可以指定无形民俗文化遗产中特别重要者为重要无形民俗文化遗产。

2. 前款重要有形民俗文化遗产的指定，准用本法第二十八条第一款至第四款之规定。

3. 根据第一款规定的重要无形民俗文化遗产之指定，应在《官报》上公告之。

【重要有形民俗文化遗产及重要无形民俗文化遗产的指定之撤销】

第七十九条 重要有形民俗文化遗产或重要无形民俗文化遗产在失去其作为重要有形民俗文化遗产或重要无形民俗文化遗产之价值或者存在其他特别事由时，文部科学大臣可以撤销对该重要有形民俗文化遗产或重要无形民俗文化遗产的指定。

2. 前款规定的重要有形民俗文化遗产的指定之撤销，准用本法第二十九条第二款至第四款之规定。

3. 根据第一款规定的重要无形民俗文化遗产的指定之撤销，应在《官报》上公告之。

【重要有形民俗文化遗产的管理】

第八十条 重要有形民俗文化遗产的管理，准用本法第三十条至第三十四条之规定。

【重要有形民俗文化遗产的保护】

第八十一条 试图变更重要有形民俗文化遗产现状、实施对其保存环境造成影响之行为的，必须在上述行为实施之日的前二十日以内，根据文部科学省政令所规定的格式要求、向文化厅长官提出书面申请。但文部科学省政令另有规定的除外。

2. 文化厅长官认为必要时，可对前款中的重要有形民俗文化遗产现状之改变、实施对重要有形民俗文化遗产保存环境造成影响的行为之申请，给予必要指示。

第八十二条 试图将重要有形民俗文化遗产运出国境的，必须获得文化厅长官的许可。

第八十三条 有关重要有形民俗文化遗产的保护，准用本法第三十四条之二至第三十六条、第三十七条第二款至第四款、第四十二条、第四十六条以及第四十七条之规定。

【重要有形民俗文化遗产的公开展示】

第八十四条　重要有形民俗文化遗产的所有人或管理团体［本法第八十条中准用第三十二条之二条第一款接受指定的地方公共团体及其他法人，本章（除第九十条之二第一款外）以下及第一百八十七条第一款第二项］以外的其他人在其主办的展览会或以其他方式向公众公开展示该重要有形民俗文化遗产时，必须在其公开展示之日前三十日内，根据文部科学省政令所规定的格式向文化厅长官提出书面申请。但文化厅长官之外的其他国家机关或地方公共团体以及事先取得文化厅长官许可无须事前申请的博物馆及其他机构（以下称为"事先免除公开展示申请的机构"）主办展览会或以其他方式公开展示的，在其公开展示结束前二十日内向文化厅长官报告即可。

2. 前款主文中的申请，准用本法第五十一条第四款以及第五款之规定。

第八十五条　重要有形民俗文化遗产的公开展示，准用本法第四十七条之二至第五十二条之规定。

【重要有形民俗文化遗产保护利用计划的认定】

第八十五条之二　重要有形民俗文化遗产的所有者（若为管理团体的则为管理团体）可根据文部科学省政令之规定，制订重要有形民俗文化遗产的保护利用计划（以下称为"重要有形民俗文化遗产保护利用计划"），并申请文化厅长官予以认定。

2. 前款重要有形民俗文化遗产保护利用计划应记载以下事项：

（一）该项重要有形民俗文化遗产的名称及其所在场所；

（二）为保护和利用该项重要有形民俗文化遗产而实施的具体措施之内容；

（三）计划的实施周期；

（四）文部科学省政令规定的其他事项。

3. 前款第二项中的具体措施之内容，可记载影响该重要有形民俗文化遗产现状的变更或保存的相关行为事项。

4. 根据本条第一款规定的重要有形民俗文化遗产保护利用计划的认定之申请，符合以下条件的，文化厅长官应当予以认定。

（一）该重要有形民俗文化遗产保护利用计划的实施，有利于该重要有形民俗文化遗产的保护与利用；

（二）该重要有形民俗文化遗产保护利用计划被认为能够得以确实、顺利实施；

（三）若存在第一百八十三条之二第一款规定的文化遗产保护利用大纲或者第一百八十三条之五第一款规定的文化遗产保护利用区域规划时，该保护利用计划应符合该大纲或规划之要求。

（四）当该重要有形民俗文化遗产保护利用计划中列举前款所载事项时，其行为内容应适当并符合文部科学省政令所规定之标准。

5. 文化厅长官作出前款之认定后，必须立刻将认定结果通知申请人、不得延迟。

【现状变更等的报告之特例】

第八十五条之三 前条第三款所规定的、记载影响该重要有形民俗文化遗产现状的变更或保存的行为，在获得前条第四款认定（包括下一条中准用本法第五十三条之三的变更认定。在本法第一百五十三条第二款第十三项中相同）的情况下，根据认定实施影响重要有形民俗文化遗产的现状变更或保存之行为必须获得本法第八十一条第一款之报告时，可忽略本款之规定，只需在影响重要有形民俗文化遗产的现状变更或保存之行为结束后，立刻根据文部科学省政令之规定向文化厅长官书面报告即可。

【准用】

第八十五条之四 重要有形民俗文化遗产保护利用计划，准用本法第五十三条之三以及第五十三条之六至第五十三条之八之规定。准用时，第五十三条之三第一款中的"前条第四款"应替换为"第八十五条之二第四款"、同条第二款中的"前条第四款、第五款"应替换为"第八十五条之二第四款、第五款"、第五十三条之六中的"第五十三条之二第四款"应替换为"第八十五条之二第四款"、第五十三条之七中的"第五十三条之二第四款"替换为"第八十五条之二第四款"。

【重要有形民俗文化遗产调查、所有人变更后的权利义务继承】

第八十六条 为保存重要有形民俗文化遗产而实施的调查，准用本法第五十四条之规定；重要有形民俗文化遗产的所有人变更、管理团体的指定以及指定撤销，准用本法第五十六条之规定。

【重要无形民俗文化遗产的保存】

第八十七条　文化厅长官认为重要无形民俗文化遗产有保存之必要的，可亲自记录该重要无形民俗文化遗产或实施其他适当的保存之措施，国家对地方公共团体或其他被认为适当的保存者（第八十九条以及第八十九条之二第一款中称为"保存地方公共团体等"）保存重要无形民俗文化遗产所需费用给予部分财政补贴。

2. 前款财政补贴的交付，准用本法第三十五条第二款以及第三款之规定。

【重要无形民俗文化遗产之记录的公开】

第八十八条　文化厅长官可劝告重要无形民俗文化遗产记录的所有人公开其记录。

2. 重要无形民俗文化遗产记录的所有人公开其记录的，准用本法第七十五条第三款之规定。

【有关重要无形民俗文化遗产保存的意见、建议】

第八十九条　为保存重要无形民俗文化遗产，文化厅长官可对保存地方公共团体等提供必要意见或建议。

【重要无形民俗文化遗产保护利用计划之认定】

第八十九条之二　根据文部科学省政令之规定，保存地方公共团体等可制订重要无形民俗文化遗产的保护利用计划（在本章以及第一百五十三条第二款第十四项中称为"重要无形民俗文化遗产保护利用计划"），并申请文化厅长官予以认定。

2. 前款重要无形民俗文化遗产保护利用计划应记载以下事项：

（一）该项重要无形民俗文化遗产的名称；

（二）为保护和利用该项重要无形民俗文化遗产而实施的具体措施的内容；

（三）计划的实施周期；

（四）文部科学省政令规定的其他事项。

3. 符合以下条件的重要无形民俗文化遗产保护利用计划的认定之申请，文化厅长官应予以认定。

（一）该重要无形民俗文化遗产保护利用计划的实施，有利于该重要无形民俗文化遗产的保护与利用；

（二）该重要无形民俗文化遗产保护利用计划被认为能够得以确实、顺利实施；

（三）若存在第一百八十三条之二第一款规定的文化遗产保护利用大纲或者第一百八十三条之五第一款规定的文化遗产保护利用区域规划时，该保护利用计划应符合大纲或规划之要求。

4. 文化厅长官作出前款之认定后，应立刻将认定结果通知申请人、不得延迟。

【准用】

第八十九条之三　重要无形民俗文化遗产保护利用计划，准用本法第七十六条之三至第七十六条之六的规定。准用时，第七十六条之三第一款中的"前条第三款"应替换为"第八十六条之二第三款"，同条第二款中的"前条第三款、第四款"应替换为"第八十九条之二第三款、第四款"，第七十六条之四款中的"第七十六条之二第三款"应替换为"第八十九条之二第三款""下一条以及第一百五十三条第二款第八项"应替换为"下一条"，第七十六条之五第一款中的"第七十六条之二第三款各项"应替换为"第八十九条之二第三款各项"。

【登录有形民俗文化遗产】

第九十条　文部科学大臣对重要有形民俗文化遗产以外的有形民俗文化遗产（本法第一百八十二规定由地方公共团体指定的除外）中、具有文化价值并有保存与利用之必要的，可以在文化遗产名录上予以登录。

2. 前款之登录，准用本法第五十七条第二款、第三款之规定。

3. 根据前两款规定的登录有形民俗文化遗产（以下称为"登录有形民俗文化遗产"），准用本法第三章第二节（除第五十七条以及第六十七条之二至第六十七条之七外）之规定。在准用中，第六十四条第一款与第六十五条第一款中的"三十日内"应替换为"二十日内"；第六十四条第一款但书中的"实施修缮措施、非常灾害的必要应急措施或者为实施依据其他政令的现状改变之命令而采取措施的"应替换为"文部科学省政令所规定的情况"。

【登录有形民俗文化遗产保护利用计划的认定】

第九十条之二 根据文部科学省政令之规定,登录有形民俗文化遗产的所有者(或管理团体)可制订登录有形民俗文化遗产的保护利用计划(以下称为"登录有形民俗文化遗产保护利用计划"),并申请文化厅长官予以认定。

2. 前款登录有形民俗文化遗产保护利用计划应记载以下事项:

(一)该项登录有形民俗文化遗产的名称及其所在场所;

(二)为保护和利用该项登录有形民俗文化遗产而实施的具体措施之内容;

(三)计划的实施周期;

(四)文部科学省政令规定的其他事项。

3. 前款第二项中的具体措施之内容,可记载影响该登录有形民俗文化遗产的现状变更的相关事项。

4. 登录有形民俗文化遗产保护利用计划的认定之申请,符合以下条件的,文化厅长官应当予以认定。

(一)该登录有形民俗文化遗产保护利用计划的实施,有利于该登录有形民俗文化遗产的保护与利用;

(二)该登录有形民俗文化遗产保护利用计划被认为能够得以确实、顺利实施;

(三)若存在第一百八十三条之二第一款规定的文化遗产保护利用大纲或者第一百八十三条之五第一款规定的文化遗产保护利用区域规划时,该保护利用计划应符合大纲或规划之要求;

(四)当该登录有形民俗文化遗产保护利用计划中列举有前款所载事项时,其行为内容应适当并符合文部科学省政令所规定的标准。

5. 文化厅长官作出前款之认定后,应立刻将认定结果通知申请人、不得延迟。

【现状变更的报告之特例】

第九十条之三 前条第三款所规定的、记载影响该登录有形民俗文化遗产现状的变更或保存的行为,在获得前条第四款认定(包含下一条中准用本法第六十七条之三第一款的变更认定。在本法第一百五十三条第二款第十五项中相同）的情况下，根据认定实施影响登录有形民俗文化遗产的现状变更或保存之行为必须获得本法第九十条第三款中准用第六十四条第一款规定之报告时，可忽略本款之规定，只需在影响登录有形民俗文化遗产的现状变更或保存之行为结束后，立刻根据文部科学省政令之规定向文化厅长官书面报告即可。

【准用】

第九十条之四 登录有形民俗文化遗产保护利用计划，准用本法第六十七条之三、第六十七条之五至第六十七条之七的规定。准用时，第六十七条之三第一款中的"前条第四款"应替换为"第九十条之二第四款"、同条第二款中的"前条第四款、第五款"应替换为"第九十条之二第四款、第五款"、第六十七条之五中的"第六十七条之二第四款"应替换为"第九十条之二第四款"、第六十七条之六第一款中的"第六十七条之二第四款各项"应替换为"第九十条之二第四款各项"。

【无形民俗文化遗产之登录】

第九十条之五 重要无形民俗文化遗产以外的其他无形民俗文化遗产（除本法第一百八十二条第二款规定的由地方公共团体指定的无形民俗文化遗产外），有文化遗产价值以及对其保护和利用之必要的，文部科学大臣可将其登录在"文化遗产名录"上。

2. 根据前款之登录，准用第五十七条第二款、第三款以及第七十八条第三款之规定。

【登录无形民俗文化遗产的登录之注销】

第九十条之六 当文部科学大臣根据前条第一款之规定指定登录无形民俗文化遗产（以下成为"登录无形民俗文化遗产"）为重要无形民俗文化遗产时，可注销其登录无形民俗文化遗产之登录。

2. 根据第一百八十二条第二款规定，当登录无形民俗文化遗产由地方公共团体指定时，文部科学大臣应注销其登录，但为保护和利用该登录无形民俗文化遗产而采取必要措施的，则不在此限。

3. 文部科学大臣认为前款保护、利用登录无形民俗文化遗产所采取的措施之必要性丧失或发生其他特殊事由时，可注销其登录。

4. 前三款之登录注销应在《官报》上公告之。

【登录无形民俗文化遗产的保护】

第九十条之七 文化厅长官认为有必要保护登录民俗无形文化遗产时，可采取必要措施亲自记录登录民俗无形文化遗产或采取其他必要保存措施。当认为地方公共团体或者其他组织（在第九十条之九以及第九十条之十第一款中称为"地方保护公共团体等"）更适合采取必要保护措施的，国家应向其保存提供必要经费补贴。

2. 根据前款之规定，对于经费补贴之交付准用本法第三十五条第二款、第三款之规定。

【登录无形民俗文化遗产之记录的公开】

第九十条之八 对于登录无形民俗文化遗产之记录的公开，文化厅长官应向登录无形民俗文化遗产之记录的所有者给予必要的指导或建议。

2. 登录无形民俗文化遗产之记录的所有人公开其记录，准用本法第七十五条第三款之规定。

【对登录无形民俗文化遗产保存之指导和建议】

第九十条之九 为保护登录无形民俗文化遗产，文化厅长官可向地方保护公共团体等提供必要指导和建议。

【登录无形民俗文化遗产保护利用计划的认定】

第九十条之十 根据文部科学省政令之规定，登录无形民俗文化遗产的地方保护公共团体等可制订登录无形民俗文化遗产保护利用计划（在本章及第一百五十三条第二款第十六项中称为"登录无形民俗文化遗产保护利用计划"），并申请文化厅长官予以认定。

2. 登录无形民俗文化遗产保护利用计划应记载以下事项：

（一）该登录无形民俗文化遗产的名称；

（二）为保护和利用该登录无形民俗文化遗产而实施的具体措施之内容；

（三）保护利用计划的实施周期；

（四）文部科学省政令规定的其他事项。

3. 文化厅长官对符合以下条件的本条第一款之认定申请，可予以认定。

（一）登录无形民俗文化遗产保护利用计划的实施有利于该登录无形民俗文化遗产的保护与利用；

（二）登录无形民俗文化遗产保护利用计划被认为可以顺利且能够得到确实实施的；

（三）保护利用计划符合第一百八十三条之二第一款规定的文化遗产保护利用大纲或第一百八十三条之五第一款规定的文化遗产保护利用区域规划之要求的；

4. 文化厅长官作出前款之认定后，应立刻将认定结果通知申请人，不得延迟。

【准用】

第九十条之十一　登录无形民俗文化遗产保护利用计划，准用本法第七十六条之十四至第七十六条之十七之规定。准用时，第七十六条之十四第一款中的"前条第三款"替换为"第九十条之十第三款"、同条第二款中的"前条第三款、第四款"替换为"第九十条之十第三款、第四款"、第七十六条之十五中的"第七十六条之十三第三款"替换为"第九十条之十第三款""次条及第一百五十三条第二款第九项"替换为"次条"、第七十六条之十六第一款中的"第七十六条之十三第三款各项"替换为"第九十条之十第三款各项"。

【重要、登录无形民俗文化遗产之外的无形民俗文化遗产之记录的制作】

第九十一条　重要无形民俗文化遗产以及登录无形民俗文化遗产以外的无形民俗文化遗产等，准用本法第七十七条之规定。

第六章　埋藏文化遗产（第九十二条至第一百〇八条）

【为调查的发掘申请、指示及命令】

第九十二条　调查或发掘埋藏地下的文化遗产（以下称为"埋藏文

化遗产")的调查者或发掘者，必须根据文部科学省政令之规定，在决定发掘之日的前三十日内向文化厅长官提出书面申请；但文部科学省政令另有规定的，则不在此限。

2. 文化厅长官认为在埋藏文化遗产的保护上有特别必要时，可就与前款申请相关的必要发掘事项及申请报告等作出指示，或者命令禁止、停止或中止发掘。

【因土木工程等埋藏文化遗产的发掘之申请及指示】

第九十三条　因土木工程以及其他调查埋藏文化遗产以外目的、要发掘贝塚、古墓等周知的文化遗产埋藏地（以下称为"周知的文化遗产埋藏地"）的，准用前条第一款之规定；准用时，该款中的"三十日内"应替换为"六十日内"。

2. 文化厅长官认为对埋藏文化遗产有特别保护之必要时，可就前款的准用前条第一款的相关发掘之申请、在该发掘实施前为记录埋藏文化遗产而进行的发掘之调查以及其他相关事项等，给予必要指示。

【国家机关等发掘之特例】

第九十四条　国家机关、地方公共团体或者国家或地方公共团体根据政令规定设立的法人等（本条以下及第九十七条中称为"国家机关等"），根据前条第一款之规定，在周知的文化遗产埋藏地发掘埋藏文化遗产时，不适用该条之规定；国家机关等决定前述发掘时，必须事先向文化厅长官报告其发掘实施计划。

2. 文化厅长官在收到前款报告后，如果认为有特别保护之必要，可通知国家机关等就其制订发掘实施计划等进行磋商。

3. 国家机关等在接到前款磋商之要求后，必须就其发掘实施计划等与文化厅长官进行磋商。

4. 除第二款规定的情形外，文化厅长官在收到第一款报告后，可对其发掘实施计划中的埋藏文化遗产之保护，给予必要建议。

5. 当前各款中的国家机关等为各省、厅长官（《国有财产法》[①] 第四条第二款规定的各省、厅长官，以下同）时，各款中的报告、磋商或建议

[①] 1948 年（昭和 23 年）法律第 73 号。

等应通过文部科学大臣实施。

【文化遗产埋藏地的周知】

第九十五条 为了全社会能够了解文化遗产埋藏地,国家及地方公共团体必须努力收集整理相关资料并采取必要宣传措施。

2. 地方公共团体实施前款各项措施,国家可给予指导、建议及其他必要援助。

【有关遗址发现的报告、停止命令等】

第九十六条 除本法第九十二条第一款调查中发现的情形之外,土地所有人或占用人因遗物出土等发现贝塚、古墓、旧居或其他遗址时,不改变遗址现状、不得延迟,必须根据文部科学省政令所规定的格式书面向文化厅长官报告。但如果是为防止灾害发生而采取应急措施的,可以在一定限度内对遗址现状进行必要变更。

2. 文化厅长官接到前款报告后,如认为所报告的遗址重要、为保护有实施调查之必要的,可禁止该土地的所有人或占用人在一定期限内在划定的区域内,实施任何改变现状之行为,但所限定的期限不得超过三个月。

3. 文化厅长官在作出前款禁止命令前,必须事先听取相关地方公共团体的意见。

4. 第二款之禁止命令必须在第一款的报告之日起一个月内作出。

5. 若第二款中的调查未能在规定期限内完成且有继续调查之必要的,文化厅长官可命令延长调查期限,但只能延长一次且整个调查期限累计不得超过六个月。

6. 第二款及前款的期间计算,包含从第一款报告之日起到第二款命令发布之日的期间。

7. 文化厅长官未收到第一款之报告的,也可采取第二款及第五款所规定的措施。

8. 除第二款措施外,文化厅长官收到第一款报告时,可就遗址之保护作出必要指示。除前款规定的采取第二款措施外,即便是未收到第一款规定之报告,文化厅长官也可就遗址之保护作出必要指示。

9. 对于因第二款之命令所遭受的一般性损失,国家应该给予补偿。

10. 前款之国家补偿，准用本法第四十一条第二款至第四款之规定。

【国家机关等发现遗址的特别规定】

第九十七条 国家机关等发现前条第一款之遗址的，可不适用该条之规定；除第九十二条第一款或第九十九第一款规定的因调查发现的遗址外，不得改变其现状，并立刻报告文化厅长官，不得迟延。但为防止灾害发生而采取应急措施的，则可以在一定限度内对遗址现状进行必要变更。

2. 文化厅长官在收到前款之报告后，认为所发现的遗址特别重要且为保护有调查之必要的，可要求国家机关等就该遗址的调查、保存等事项与文化厅进行磋商。

3. 收到前款磋商要求的国家机关等必须与文化厅长官进行磋商。

4. 文化厅长官在接到第一款之报告后，除前两款规定的情形外，可就该遗址之保护提供必要建议。

5. 前各款规定的情形，准用本法第九十四条第五款之规定。

【文化厅长官实施的发掘】

第九十八条 文化厅长官认为埋藏文化遗产具有特别高的历史和学术价值、对其调查在技术上存在难度且有必要由国家实施调查的，可对其实施土地发掘调查。

2. 实施前款土地发掘时，文化厅长官必须事先就实施发掘之目的、发掘方法以及发掘开始日期等书面通知文化遗产埋藏地的所有人或者合法占有人。

3. 第一款调查之实施，准用第三十九条（包括该条第三款中准用第三十二条之二第五款规定）及第四十一条之规定。

【由地方公共团体实施的发掘】

第九十九条 除文化厅长官根据前条第一款规定实施的发掘外，地方公共团体认为有调查埋藏文化遗产之必要的，可对可能埋藏文化遗产的土地进行发掘调查。

2. 地方公共团体可以要求相关单位或机构就本条第一款之发掘等，提供协助。

3. 由地方公共团体实施之发掘，文化厅长官可提供必要的指导与建议。

4. 由地方公共团体实施之发掘，国家可以给予部分财政补贴。

【返还或通知等】

第一百条 对于根据第九十八条第一款规定发掘的埋藏文化遗产，在判明所有人时，文化厅长官应将其返还给该所有人；在无法判明所有人的情况下，可不受《遗失物法》[①] 第四条第一款之规定的约束，直接通知警察署长即可。

2. 如果根据前条第一款之规定，都、道、府、县或《地方自治法》[②] 第二百五十二条之十九第一款的指定都市（以下称为"指定都市"）或第二百五十二条之二十二第一款所规定的中心城市（以下称为"指定城市等"）的教育委员会通过发掘发现埋藏文化遗产时，准用前款之规定。

3. 警察署长在收到第一款（包括前款准用）通知时，必须根据《遗失物法》第七条第一款之规定，立刻公告之。

【提交】

第一百〇一条 根据《遗失物法》第四条第一款之规定，如果所提交的埋藏物属于文化遗产，警察署长必须立刻将埋藏物提交给被发现所在地都、道、府、县的教育委员会（若为指定都市等则是该指定都市等的教育委员会，以下同），但若能判明所有人的，则不受此限。

【鉴定】

第一百〇二条 都、道、府、县教育委员会必须对前条中所提交的埋藏物是否属于文化遗产进行鉴定。

2. 经过鉴定，都、道、府、县教育委员会认为该埋藏物为文化遗产的，必须将这一结果通知警察署长。如果都、道、府、县教育委员会认为该埋藏物不属于文化遗产，则必须将其返还给警察署长。

[①] 2006年（平成18年）法律第73号。

[②] 1947年（昭和22年）法律第67号。

【移交】

第一百〇三条 当第一百条第一款、第二款以及前条第二款所规定的文化遗产所有人请求警察署长返还其文化遗产时，文化厅长官、都、道、府、县教育委员会或指定都市教育委员会等必须将该文化遗产移交给警察署长。

【国家归属与褒赏金】

第一百〇四条 在无法判明第一百条第一款、第一百〇二条第二款所规定的文化遗产（仅限于国家机关或独立行政法人国立文化遗产机构因调查而发现的埋藏文化遗产）所有人的情况下，其所有权归国家所有；但文化厅长官应将埋藏文化遗产的发现情况通告土地所有人，并向其支付埋藏文化遗产价格二分之一的金钱作为褒赏金。

2. 前款褒赏金的金额确定及其支付等，准用本法第四十一条第二款至第四款之规定。

【所有权的都、道、府、县归属与褒赏金】

第一百〇五条 在无法判明第一百条第二款、第一百〇二条第二款规定的文化遗产（除前条第一款规定的文化遗产外）所有人的情况下，其所有权归发现地都、道、府、县所有；但都、道、府、县教育委员会应将该文化遗产的发现通告发现人或发现地的土地所有人，并向其支付与其价格相当的金钱作为褒赏金。

2. 前款规定的发现人与土地所有人不是同一人时，所支付的褒赏金一人一半。

3. 第一款中的褒赏金金额，由都、道、府、县教育委员会决定之。

4. 关于前款褒赏金的金额，准用第四十一条第三款之规定。

5. 因准用第四十一条第三款之规定而提起的诉讼，都、道、府、县为被告。

【让与等】

第一百〇六条 除有必要由国家有效保护的、第一百〇四条第一款所规定的、归属于国家所有的文化遗产外，政府可以在相当于发现该文化遗产所支付褒赏金的价格范围内,将该文化遗产让与文化遗产发现地的土地所有人。

2. 前款中的让与价格为扣除第一百〇四条规定的褒赏金金额后的余额。

3. 除有必要由国家有效保护的、第一百〇四条第一款所规定的、归属于国家所有的文化遗产外,独立行政法人国立文化遗产机构或发现地的地方公共团体,可以通过申请以低于市场价格获得该文化遗产的政府让与。

第一百〇七条 除有必要由都、道、府、县有效保护的,第一百〇五条第一款所规定的、归属于都、道、府、县所有的文化遗产外,都、道、府、县教育委员会可以在相当于发现该文化遗产所支付褒赏金的价格内,将该文化遗产让与文化遗产发现地的土地所有人。

2. 前款中的让与价格为扣除第一百〇五条规定的褒赏金金额后的余额。

【遗失物法的适用】

第一百〇八条 除本法有特别规定外,埋藏文化遗产适用《遗失物法》之规定。

第七章 史迹名胜天然纪念物(第一百〇九条至第一百三十三条)

【指定】

第一百〇九条 文部科学大臣可以指定纪念物中的重要者为史迹、名胜地及天然纪念物(以下称为"史迹名胜天然纪念物")。

2. 文部科学大臣可以在被指定的史迹名胜天然纪念物中指定特别重要者为特别史迹、特别名胜及特别天然纪念物(以下称为"特别史迹名胜天然纪念物")。

3. 前两款之指定应在《官报》上公告之,并将指定之结果通知史迹名胜天然纪念物和特别史迹名胜天然纪念物的所有人或合法占有人。

4. 因前款通知人数众多而不宜个别通知的，文部科学大臣可将该通知内容在该特别史迹名胜天然纪念物或史迹名胜天然纪念物所在地的市、町、村办公场所的公告栏中公告，公告两周后则视为通知送达。

5. 第一款、第二款之指定自第三款所规定的公告之日起生效。但对该特别史迹名胜天然纪念物及史迹名胜天然纪念物所有人或合法占有人，则自第三款所规定的通知送达之日起生效。

6. 在名胜或天然纪念物指定前，如果所指定的名胜或天然纪念物具有很高环境保护价值的，文部科学大臣必须与环境大臣进行磋商。

【临时指定】

第一百一十条　在前条第一款的指定之前，都、道、府、县教育委员会（如果所指定的纪念物在指定都市区域内的，则为该指定都市教育委员会。除第一百三十三条外，以下本章同）认为存在紧急事由的，可以对史迹名胜天然纪念物进行临时指定。

2. 都、道、府、县教育委员会在进行前款临时指定后，必须直接向文部科学大臣报告。

3. 根据第一款的临时指定，准用前条第三款至第五款之规定。

【所有权等的尊重与其他公共利益的协调】

第一百一十一条　文部科学大臣或都、道、府、县教育委员会在根据第一百〇九条第一款、第二款或前条第一款的规定进行指定或临时指定时，不仅要特别注意尊重关系人的所有权、矿业权及其他财产权，同时也必须特别注意其与国土开发及其他公共事业相关部门之间关系的协调。

2. 当文部科学大臣或文化厅长官认为有必要保护和整备与名胜或天然纪念物相关的自然之环境的，可以向环境大臣陈述自己的意见。文化厅长官在陈述上述意见时，应通过文部科学大臣为之。

3. 从自然环境保护出发，对有较高价值的名胜或天然纪念物，环境大臣认为有保护和利用之必要时，可向文部科学大臣或通过文部科学大臣向文化厅长官陈述意见。

【指定或临时指定的撤销】

第一百一十二条　当特别史迹名胜天然纪念物或史迹名胜天然纪念物

失去其价值或出现其他特别事由时，文部科学大臣或都、道、府、县教育委员会可以撤销其指定或临时指定。

2. 当第一百一十条第一款规定的临时指定被第一百○九条第一款规定的指定取代或者临时指定自被指定后两年内未被正式指定的，该临时指定的效力丧失。

3. 当文部科学大臣认为第一百一十条第一款的临时指定不当时，可以撤销该临时指定。

4. 第一款或前款的指定及临时指定之撤销，准用第一百○九条第三款至第五款之规定。

【由管理团体实施的管理或修复】

第一百一十三条 在史迹名胜天然纪念物的所有人或根据第一百一十九条第二款规定选任的管理人之管理陷入困难或者管理明显不当甚至无法判明所有人等情况下，为保存该史迹名胜天然纪念物，文化厅长官可以指定适当的地方公共团体或其他法人对其进行必要的管理或修复（包括为保存该史迹名胜天然纪念物的必要设施、设备以及其他物件中属于该史迹名胜天然纪念物所有人所有或管理的设施、设备以及其他物件的管理与修复）。

2. 对于前款中的指定，文化厅长官必须事先征得被指定地方公共团体或其他法人的同意。

3. 第一款之指定，除应在《官报》上公告外，还应通知该史迹名胜天然纪念物所有人、合法占有人以及被指定的地方公共团体或其他法人。

4. 第一款之指定，准用第一百○九条第四款、第五款之规定。

第一百一十四条 当前条第一款规定的事由已经消灭或出现其他新事由时，文化厅长官可以撤销对管理团体的指定。

2. 前款规定的指定撤销，准用前条第三款、第一百○九条第四款、第五款之规定。

第一百一十五条 根据第一百一十三条第一款规定，接受管理团体指定的地方公共团体或其他法人（除第一百三十三条之二第一款外，本章以及第一百八十七条第一款第三项中称为"管理团体"）必须依据文部科学省政令所规定的标准，设置管理所需的必要标识、说明板、界标、围栏以及其他设施。

2. 被指定为史迹名胜天然纪念物的地域内土地所在、地名及面积等发生变化时，管理团体必须根据文部科学省政令之规定，向文化厅长官报告。

3. 管理团体在修复史迹名胜天然纪念物时，必须事前就修复方法、修复日期等事项听取该史迹名胜天然纪念物所有人（除所有人不明外）或合法占有人的意见。

4. 史迹名胜天然纪念物的所有人或占有人无正当理由，不得拒绝、妨碍或回避管理团体实施的管理或修复以及与之相关的其他必要之措施。

第一百一十六条　除本法有特别规定外，管理团体实施管理或修复所需费用由管理团体承担。

2. 前款之规定并不妨碍所有人与管理团体通过协商，由所有人在管理团体实施管理或修复措施而受益的范围内承担部分管理或修复之费用。

3. 管理团体可以对参观其所管理的史迹名胜天然纪念物之民众，征收参观费。

第一百一十七条　对于因管理团体实施管理或修复措施而遭受经济损失的关系人，管理团体必须给予适当补偿。

2. 前款的补偿之额度由管理团体（管理团体为地方公共团体时则为该地方公共团体的教育委员会）决定之。

3. 根据前款之规定的补偿额度，准用第四十一条第三款之规定。

4. 因前款准用第四十一条第三款之规定而提起的诉讼，管理团体为被告。

第一百一十八条　管理团体实施的管理，准用第三十条、第三十一条第一款及第三十三条之规定；管理团体实施的管理与修复，准用第三十五条、第四十七条之规定；管理团体的指定或者指定的撤销，准用第五十六条第三款之规定。

【由所有人实施的管理或修复】

第一百一十九条　除管理团体外，史迹名胜天然纪念物的所有人也可以对史迹名胜天然纪念物进行管理或修复。

2. 为了该史迹名胜天然纪念物的必要且适当之管理，前款规定的管理史迹名胜天然纪念物的所有人可以选任本法第一百九十二条第一款规定的文化遗产保护支援团体以及其他合适人选代替自己承担对该史迹名胜天然纪念物的管理责任（在本章及第一百八十七条第一款第三项中称为"管理责任人"）。管理责任人的选任，准用第三十一条第三款之规定。

第一百二十条 所有人实施的管理，准用第三十条、第三十一条第一款、第三十二条、第三十三条、第一百一十五条第一款及第二款（除该条第二款有管理责任人外）之规定；所有人实施的管理与修复，准用第三十五条及第四十七条之规定；伴随所有人变更而产生的权利义务之继承，准用第五十六条第一款之规定；由所有人选任的管理责任人实施的管理，准用第三十条、第三十一条第一款、第三十二条第三款、第三十三条、第四十七条第四款及第一百一十五条第二款之规定。

【有关管理的命令或建议】

第一百二十一条 因管理不当使史迹名胜天然纪念物有灭失、损毁、消亡或被盗之虞的，文化厅长官可命令或建议管理团体、所有人或管理责任人改善其管理方法、设置保护设施或采取其他适当管理之措施等。

2. 前款命令或建议，准用第三十六条第二款及第三款之规定。

【有关修复的命令或建议】

第一百二十二条 当特别史迹名胜天然纪念物存在损毁或消亡之现象时，文化厅长官认为有保护必要的，可命令或建议该特别史迹名胜天然纪念物的管理团体或所有人对其进行修复。

2. 当特别史迹名胜天然纪念物以外的史迹名胜天然纪念物存在损毁或消亡现象时，文化厅长官认为有保护之必要的，可建议该管理团体或所有人实施必要修复措施。

3. 前两款的管理或修复，准用第三十七条第三款及第四款之规定。

【由文化厅长官实施的修复等】

第一百二十三条 发生下列情形之一的，文化厅长官可亲自对特别史迹名胜天然纪念物进行修复，实施防止其灭失、损毁、消亡及被盗之措施。

（一）管理团体、所有人或管理责任者不服从前两条之命令的。

（二）特别史迹名胜天然纪念物正在发生损毁、消亡或者有灭失、损毁、消亡或被盗之虞，管理团体、所有人或管理责任人采取的修复或防止灭失、损毁、消亡及被盗等措施不当的。

2. 前款中的相关措施，准用第三十八条第二款、第三十九条至第四十一条之规定。

【史迹名胜天然纪念物让渡时补助金的返还】

第一百二十四条　根据第一百一十八条及第一百二十条中准用第三十五条第一款之规定，国家对采取修复或防止史迹名胜天然纪念物灭失、损毁、消亡或失盗之措施的管理团体给予资金补助；根据第一百二十一条第二款中准用第三十六条第二款、根据第一百二十二条第三款中准用第三十七条第三款或根据前条第二款中准用第四十条第一款之规定，国家承担了与史迹名胜天然纪念物相关费用的，准用第四十二条之规定。

【限制改变现状以及恢复原状等命令】

第一百二十五条　改变史迹名胜天然纪念物的现状或为保护史迹名胜天然纪念物实施对其有影响之行为时，必须获得文化厅长官的许可。但若现状的改变是为维护史迹名胜天然纪念物或为预防非常灾害而实施的对其保存影响轻微之措施的，则不在此限。

2. 前款但书中的维护措施之范围，由文部科学省政令规定之。

3. 第一款中的许可，准用第四十三条第三款之规定；接受第一款之许可者，准用第四十三条第四款之规定。

4. 根据第一款规定，在处理相关利益关系时，准用第一百一十一条第一款之规定。

5. 对于未获第一款之许可或因第三款中准用第四十三条第三款规定实施许可之条件而遭受经济损失的，国家应予适当经济补偿。

6. 有关前款的经济补偿，准用第四十一条第二款至第四款之规定。

7. 对于未获第一款之许可或者不服从第三款中准用第四十三条第三款所规定的许可之条件的，文化厅长官可命令其恢复原状，并可就该恢复给予必要指示。

【相关行政机构的通知】

第一百二十六条　根据前条第一款规定，对于实施必须获得许可之行为，在其他政令所规定的许可或必须接受其他政令之处分的情况下，拥有相关职权的行政机关或其受托人,应该依据政令之规定,将其相关之决定通告文化厅长官(由第一百八十四条第一款规定,当前条第一款中的许可由都、道、府、县教育委员会或市教育委员会做出时,则为该都、道、府、县教育委员会或市教育委员会)。

【修复之申请等】

第一百二十七条　根据文部科学省政令之规定,管理团体或所有人修复史迹名胜天然纪念物时,必须在修复开始前三十日向文化厅长官提出修复申请。但根据第一百二十五条第一款规定必须获得许可或文部科学省政令规定的其他情形的,则不在此限。

2. 文化厅长官认为史迹名胜天然纪念物有保护之必要时,可以对前款申请的史迹名胜天然纪念物之修复,给予技术性指导或修复意见。

【环境保全】

第一百二十八条　为保护史迹名胜天然纪念物,文化厅长官可以命令划定一定范围,并在该范围内限制或禁止一定行为,或者设置其他必要保护性设施。

2. 因前款行政命令遭受经济损失的,国家给予适当经济补偿。

3. 违反第一款限制或禁止之规定的,准用第一百二十五条第七款之规定;前款经济补偿,准用第四十一条第二款至第四款之规定。

【由管理团体收购的财政补贴】

第一百二十九条　作为管理团体的地方公共团体或其他法人认为为保护所管理的史迹名胜天然纪念物而有必要收购与该史迹名胜天然纪念物相关的土地、建造物或其他地上定着物的,国家可以对其收购所需费用给予部分财政补贴。

2. 关于前款财政补贴,准用第三十五条第二款、第三款以及第四十二条之规定。

【史迹名胜天然纪念物保护利用计划的认定】

第一百二十九条之二　史迹名胜天然纪念物的管理团体或所有者,可以根据文部科学省政令之规定,制订史迹名胜天然纪念物保护利用计划

(以下称为"史迹名胜天然纪念物保护利用计划"),并申请文化厅长官予以认定。

2. 史迹名胜天然纪念物保护利用计划应记载以下事项:

(一)该史迹名胜天然纪念物的名称以及所在地;

(二)为保护和利用该史迹名胜天然纪念物而实施的具体措施之内容;

(三)计划的实施周期;

(四)文部科学省政令规定的其他事项。

3. 前款第二项中的具体措施之内容,可记载影响该史迹名胜天然纪念物现状的变更或保存的相关行为事项;

4. 根据本条第一款规定的史迹名胜天然纪念物保护利用计划的认定之申请,符合以下条件的,文化厅长官应予认定。

(一)史迹名胜天然纪念物保护利用计划的实施,有利于该史迹名胜天然纪念物的保护与利用;

(二)史迹名胜天然纪念物保护利用计划被认为是能够得到确实、顺利实施的;

(三)若存在第一百八十三条之二第一款规定的文化遗产保护利用大纲或者第一百八十三条之五第一款规定的文化遗产保护利用区域规划时,该保护利用计划符合大纲或规划之要求;

(四)史迹名胜天然纪念物保护利用计划中列举的前款所载的现状变更之事项,应当适合史迹名胜天然纪念物的现状变更,并符合文部科学省政令所规定之标准;

5. 文化厅长官作出前款之认定后,应立刻将认定结果通知申请人,不得延迟。

【被认定的史迹名胜天然纪念物保护利用计划之变更】

第一百二十九条之三 获得前条第四款之认定的史迹名胜天然纪念物的管理团体或所有者,若要变更已获认定的史迹名胜天然纪念物保护利用计划(除文部省政令规定的轻微变更外),必须获得文化厅长官的认定。

2. 前款之认定,准用前条第四款、第五款之规定。

【现状变更报告之特例】

第一百二十九条之四 本法第一百二十九条之二第三款所载事项,在获得该条第四款之认定（含前条第一款的变更之认定。本章以及本法第一百五十三条第二款第二十五项中相同）的情况下，实施所许可的影响史迹名胜天然纪念物现状变更或保存之行为时，可忽略依据本法第一百二十五条第一款所规定的必须提交报告之规定，只需在史迹名胜天然纪念物的现状变更结束后，根据文部科学省政令之规定立刻向文化厅长官书面报告即可。

【被认定的史迹名胜天然纪念物保护利用计划之实施状况的报告】

第一百二十九条之五　文化厅长官可以要求获得本法第一百二十九条之二第四款认定的史迹名胜天然纪念物的管理团体或所有者，报告其已获认定的史迹名胜天然纪念物保护利用计划（如有变更则为变更后的计划。在下一条第一款以及第一百二十九条之七中称为"被认定的史迹名胜天然纪念物保护利用计划"）的实施情况。

【认定的撤销】

第一百二十九条之六　文化厅长官认为被认定的史迹名胜天然纪念物保护利用计划不再符合本法第一百二十九条之二第四款所规定的各项条件时，可以撤销该认定。

2. 根据前款之规定撤销认定的，文化厅长官应立刻将认定撤销之决定通知被认定人，不得延迟。

【对管理团体等的指导或建议】

第一百二十九条之七　根据史迹名胜天然纪念物的管理团体或所有人的请求，都、道、府、县以及市、町、村教育委员会可以就史迹名胜天然纪念物保护利用计划的制订、所认定的保护利用计划能够得到确实、顺利实施等，提供必要的指导与建议。

2. 根据史迹名胜天然纪念物管理团体或所有者的请求，文化厅长官必须努力就史迹名胜天然纪念物保护利用计划的制订，所认定的史迹名胜天然纪念物保护利用计划能够得到确实、顺利实施等，提供必要的指导和建议。

【为保护而实施的调查】

第一百三十条　文化厅长官认为必要时，可以要求管理团体、所有人或管理责任人，报告史迹名胜天然纪念物的现状史迹名胜天然纪念物的管理、修复或者环境保全的状况等。

第一百三十一条 存在下列情形之一，且文化厅长官根据前条报告不能确认史迹名胜天然纪念物的现状也无其他确认方法的，可指派调查员进入该史迹名胜天然纪念物所在地或其邻接地，对其现状、管理、修复或者环境保全等进行实地调查，并可以就相关土地的开发、障碍物的清除或为实现调查而采取必要之措施，但所采取的措施不得明显危害相关土地所有人、占有人及其他关系人的利益。

（一）申请改变史迹名胜天然纪念物之现状或实施影响其保护环境之行为的；

（二）史迹名胜天然纪念物有损毁或消亡迹象的；

（三）史迹名胜天然纪念物有灭失、损毁、消亡或被盗之虞的；

（四）因特别事由，有必要重新调查特别史迹名胜天然纪念物或史迹名胜天然纪念物之价值的。

2. 因前款调查或实施的措施遭受经济损失的，国家给予适当经济补偿。

3. 第一款之调查，准用第五十五条第二款之规定；前款之补偿，准用第四十一条第二款至第四款之规定。

【登录纪念物】

第一百三十二条 文部科学大臣对史迹名胜天然纪念物（包含都、道、府、县教育委员会根据第一百一十条之规定临时指定的）以外的纪念物（除地方公共团体根据第一百八十二条第二款规定指定的纪念物外）中具有文化遗产价值并有必要加以保存与利用的，可以登录在文化遗产名录上。

2. 前款登录，准用第五十七条第二款及第三款、第一百〇九条第三款至第五款、第一百一十一条第一款之规定。

第一百三十三条 根据前条规定登录的纪念物（以下称为"登录纪念物"），准用第五十九条第一款至第五款、第六十四条、第六十八条、第一百一十一条第二款和第三款以及第一百一十三条至第一百二十条之规定。准用时，第五十九条第一款中的"根据第二十七条第一款被指定为重要文化遗产"应替换为"根据第一百〇九条第一款指定的史迹名胜天然纪念物（包括根据第一百一十条第一款规定由都、道、府、县教育委员会临时指定的史迹名胜天然纪念物）"、该条第四款中的"通知所有人"应替换为"通知所有人及合法占有人，但若被通知方人数明显过多不宜逐一通知的，文部科学大臣可以在该登录纪念物所在地的市、町、村办公地公告栏公告，公告两周后视为通知送达"；该条第五款中的"关于撤销，准用前条第二款之规定"应替换为"根据前款之规定，撤销自在《官报》上公告之日起生效。但根据前款之规定，自通知送达或视为送达该登录纪念物所有人或合法占有人起生效"；第一百一十三条第一款中的"被认为明显不当时"应替换为"因明显不当相关地方团体提出申请时，应该听取相关地方公共团体的意见"；第一百一十八条及第一百二十条中的"第三十条、第三十一条第一款"应替换为"第三十一条第一款""准用"应替换为"准用，在这种情况下，第三十一条第一款中'服从文部科学省政令及文化厅长官指示'应替换为'服从文部科学省政令'"；第一百一十八条中的"准用第三十五条、第四十七条之规定；关于管理团体的指定或者指定的撤销，准用第五十六条第三款之规定"应替换为"第四十七条第四款"；第一百二十条中的"准用第三十五条、第四十七条之规定；所有人变更后权利义务继承，准用第五十六条第一款之规定"应替换为"第四十七条第四款"。

【登录纪念物保护利用计划的认定】

第一百三十三条之二　登录纪念物的管理团体（前条准用第一百一十三条第一款的被指定的地方公共团体以及其他法人）或所有人可根据文部科学省政令之规定，制订登录纪念物的保护利用计划（以下称为"登录纪念物保护利用计划"），并申请文化厅长官予以认定。

2. 前款登录纪念物保护利用计划应记载以下事项：

（一）该登录纪念物的名称及其所在场所；

（二）为保护和利用该登录纪念物而实施的具体措施之内容；

（三）计划的实施周期；

（四）文部科学省政令规定的其他事项。

3. 前款第二项中的具体措施之内容，可记载影响该登录纪念物的现状变更的相关事项；

4. 根据前款规定的登录纪念物保护利用计划的认定之申请，符合以下条件的，文化厅长官应当予以认定。

（一）该登录纪念物保护利用计划的实施，有利于该登录纪念物的保护与利用；

（二）该登录纪念物保护利用计划被认为能够得以确实、顺利实施；

（三）若存在第一百八十三条之二第一款规定的文化遗产保护利用大纲或者第一百八十三条之五第一款规定的文化遗产保护利用区域规划时，该保护利用计划应符合大纲或规划之要求。

（四）当该登录纪念物保护利用计划中列举有前款所载事项时，其内容应适当并符合文部科学省政令所规定的标准。

5. 文化厅长官作出前款之认定后，必须立刻将认定结果通知申请人、不得延迟。

【现状变更之报告的特例】

第一百三十三条之三　前条第三款所规定的、记载影响该登录纪念物现状的变更或保存的行为，在获得前条第四款认定（包含下一条中准用本法第六十七条之三第一款的变更认定。在本法第一百五十三条第二款第二十六项中相同）的情况下，根据认定实施影响登录纪念物的现状变更或保存之行为必须获得本法第一百三十三条中准用第六十四条第一款规定之报告时，可忽略本款之规定，只需在影响登录纪念物的现状变更或保存之行为结束后，立刻根据文部科学省政令之规定向文化厅长官书面报告即可。

【准用】

第一百三十三条之四　登录纪念物保护利用计划，准用本法第六十七条之三、第六十七条之五至第六十七条之七的规定。准用时，第六十七条之三第一款中的"前条第四款"应替换为"第一百三十三条之二第四款"、同条第二款中的"前条第四款、第五款"应替换为"第一百三十三条之二第四款、第五款"、第六十七条之五中的"第六十七条之二第四款"应替换为"第一百三十三条之二第四款"、第六十七条之六第一款中的"第六十七条之二第四款各项"应替换为"第一百三十三条之二第四款各项"。

第八章　重要文化景观（第一百三十四条至第一百四十一条）

【重要文化景观的选定】

第一百三十四条　根据都、道、府、县或市、町、村的申请，文部科学大臣在参照文部科学省政令规定的标准之基础上，可以选定都、道、府、县或市、町、村根据《景观法》① 第八条第一款第一项、第六十一条第一款规定的景观规划区或景观区中，那些采取必要保护措施且特别重要的文化景观为重要文化景观。

2. 前款之选定，准用第一百〇九条第三款至第五款之规定。在准用时，第三款中的"合法占有人"替换为"合法占有人及根据第一百三十四条第一款之规定提出申请的都、道、府、县及市、町、村"。

【重要文化景观选定的撤销】

第一百三十五条　当重要文化景观失去其价值或出现其他特殊事由时，文部科学大臣可以撤销其选定。

2. 前款撤销，准用前条第二款之规定。

【灭失或损毁】

第一百三十六条　重要文化景观全部或部分灭失或损毁的，所有人或合法占有人（以下称为"所有人等"）必须在知道上述事实之日起十日内，按照文部科学省政令所规定的记载事项，书面向文化厅长官报告。但文部科学省政令规定的、明显不会对重要文化景观保存产生重大影响的，则不在此限。

【有关管理之建议或命令】

第一百三十七条　因管理不当，文化厅长官认为重要文化景观有灭

---

① 2004年（平成16年）法律第100号。

失、损毁之虞的，可以对该重要文化景观所有人等，就管理方法的改善或采取其他管理措施等提出建议。

2. 收到前款建议的所有人等，无正当理由不实施相关建议或与建议相关的、被认为必要之措施的，文化厅长官可以命令其实施之。

3. 文化厅长官在做出第一款建议或第二款命令时，必须事前听取根据第一百三十四条第一款规定提出重要文化景观选定之申请的都、道、府、县或市、町、村的意见。

4. 第一款建议及第二款命令的相关费用之承担，准用第三十六条第二款、第三款之规定。

【让渡重要文化景观时补助金的退还】

第一百三十八条 根据前条第四款中准用第三十六条第二款之规定，国家承担了为防止重要文化景观灭失、损毁而实施必要措施所需之费用，准用第四十二条之规定。

【现状变更之申请】

第一百三十九条 试图改变重要文化景观现状或实施影响重要文化景观保存之行为的行为人，根据文部科学省政令之规定，必须在实施前述行为的前三十日向文化厅长官申请。但如果重要文化景观的现状改变、维持措施等是为防止自然灾害发生而采取的必要应急措施，或是根据政令被命令变更且对重要文化景观的保存影响轻微的，则不在此限。

2. 前款但书所规定的维持措施的范围，由文部科学省政令规定之。

3. 在重要文化景观的保护上，文化厅长官认为必要时可以就与第一款之申请相关的现状改变或影响其保存之行为，给予指导、建议或意见。

【现状之报告等】

第一百四十条 文化厅长官认为必要时，可以要求重要文化景观所有人等，报告其重要文化景观的现状、管理或修复等状况。

【与其他公益的协调】

第一百四十一条 文部科学大臣根据第一百三十四条第一款之规定，选定重要文化景观时，必须尊重相关主体的所有权、采矿权以及其他财产权，还应注意与国土开发及其他公益间的关系协调，以及与农林水产业及其他领域产业间的利益关系协调。

2. 有鉴于重要文化景观的特性，文化厅长官在根据第一百三十七条第一款、第二款以及第一百三十九条第三款之规定提出建议或发布命令时，必须考虑与国土开发及其他公益间的协调，同时也必须从协调农林水产业及其他领域产业的协调发展出发，根据相关政令之规定，事先与各相关省厅长官进行协商。

3. 都、道、府、县或市、町、村为保存重要文化景观特别是那些为保存重要文化景观所必需之物件的管理、维修，景观的维护与修复等所需经费，国家应给予部分财政补贴。

第九章 传统建造物群保存地区（第一百四十二条至第一百四十六条）

【传统建造物群保存地区】

第一百四十二条 本章"传统建造物群保存地区"是指，市、町、村根据第一百四十三条规定，决定有保存必要的传统建造物群以及与之形成一体的、具有保存价值的区域。

【传统建造物群保存地区的决定及其保护】

第一百四十三条 根据《城市规划法》① 第五条或第五条之二的规定，市、町、村可以在被指定的城市规划区域或准城市规划区域内，确定传统建造物群保存地区。在这种情况下，为保存该区域，市、町、村根据政令所规定的标准，可以通过制定条例规制变更地区现状的行为或实施其他必要保存之措施。

2. 市、町、村可根据自己制定的条例，在前款规定的城市规划区域及准城市规划区域外，确定传统建造物群保存地区。该确定，准用前款后段之规定。

---

① 1968 年（昭和 43 年）法律第 100 号。

3. 都、道、府、县知事根据《城市规划法》第十九条第三款之规定，在同意第一款的传统建造物群保存地区之规划的，必须事先听取都、道、府、县教育委员会的意见，但该都、道、府、县为特定地方公共团体时则不在此限。

4. 市、町、村在确定或撤销传统建造物群保存地区、制定或废除与传统建造物群保存地区之条例时，必须向文化厅长官报告。

5. 文化厅长官及都、道、府、县教育委员会可以对市、町、村保存传统建造物群保存地区等，给予必要指导或建议。

【重要传统建造物群保存地区的选定】

第一百四十四条　根据市、町、村的申请，文部科学大臣可以在传统建造物保存地区的区域内，选定具有特别价值的为"重要传统建造物群保存地区"。

2. 前款的选定结果，要在《官报》公告并通知提出申请的市、町、村。

【选定的撤销】

第一百四十五条　在重要传统建造物群保存地区失去其特别价值或存在其他特别事由时，文部科学大臣可撤销该选定。

2. 前款选定的撤销，准用前条第二款之规定。

【有关管理等的财政补助】

第一百四十六条　为保护重要传统建造物群保存地区，国家对于都、道、府、县或市、町、村管理、维护、修复该地区内的建造物以及与传统建造物群等形成一体环境的其他必要之物件等所需经费，可以给予部分财政补贴。

第十章　文化遗产的保存技术之保护（第一百四十七条至第一百五十二条）

【保存技术的选定等】

第一百四十七条　文部科学大臣可以选定保存文化遗产所不可或缺且

有必要采取保护措施的传统保存技术或技能为"选定保存技术"。

2. 根据前款之规定，文部科学大臣在选定所要保护的文化遗产保存技术的同时，必须认定选定保存技术的保持者或保存团体（包括以保存选定保护技术为目的的组织、含财团的代表者或管理人所确定的主体，以下同）。

3. 第一款选定保存技术的前款之认定，可以并列认定保持者与保存团体。

4. 根据第一款的选定以及根据第二款的认定，准用第七十一条第三款及第四款之规定。

【选定等的撤销】

第一百四十八条 当文部科学大臣认为所选定的保存技术没有必要再予以保存或存在其他特别事由时，可撤销该选定。

2. 当选定的保存技术的保持者因身心障碍不再适合作为保持者或保持团体不再适合作为保持团体以及存在其他特别事由时，文部科学大臣可以撤销保持者或保持团体的认定。

3. 前两款之撤销，准用第七十二条第三款之规定。

4. 根据前条第二款之规定，只认定了保持者而所认定的保持者全部死亡、只认定了保持团体而所认定的保持团体解散（包括终止、以下同），或者既认定了保持者又认定了保持团体但所有被认定的保持者死亡且保持团体也解散的，文部科学大臣可以撤销对该选定保存技术的选定。对于该选定的撤销，文部科学大臣必须在《官报》上公告之。

【保持者姓名的变更等】

第一百四十九条 当保持者的姓名、保持团体的名称等发生变更的，准用第七十三条之规定。准用时，该条后段中的"代表人"应替换为"代表人或管理人"。

【选定保存技术的保存】

第一百五十条 文化厅长官认为选定保存技术有保存之必要时，可以亲自记录选定的保存技术、培育传承人或采取适当的被认为必要的其他保护措施。

【选定保存技术之记录的公开】

第一百五十一条　选定保存技术之记录的所有人公开其记录的，准用第八十八条之规定。

【选定保存技术之保存的援助】

第一百五十二条　对于选定保存技术的保持者、保持团体、地方公共团体或其他被认为适当的保存者，国家可以给予必要指导、意见或其他被认为必要的援助。

第十一章　向文化审议会咨询（第一百五十三条）

第一百五十三条　文部科学大臣必须事先就下列事项咨询文化审议会。

（一）国宝或重要文化遗产的指定以及指定撤销；

（二）登录有形文化遗产的登录及登录注销（除第五十九条第一款、第二款所规定的登录之注销外）；

（三）重要无形文化遗产的指定及指定撤销；

（四）重要无形文化遗产保持者及保持团体的认定及认定撤销；

（五）登录无形文化遗产的登录及登录注销（除第七十六条之八第一款或第二款所规定的登录注销外）；

（六）登录无形文化遗产的保持者或保持团体的认定及认定撤销；

（七）重要有形民俗文化遗产或重要无形民俗文化遗产的指定及其指定撤销；

（八）登录有形民俗文化遗产的登录及登录注销（除第九十条第三款准用第五十九条第一款、第二款所规定的登录注销外）；

（九）登录无形民俗文化遗产的登录及登录注销（除根据第九十条之六第一款、第二款规定的登录注销外）；

（十）特别史迹名胜天然纪念物、史迹名胜天然纪念物的指定及指定的解除；

（十一）史迹名胜天然纪念物之暂时指定的解除；

（十二）登录纪念物的登录及登录的注销（除第一百三十三条准用第五十九条第一款、第二款所规定的登录注销外）；

（十三）重要文化景观的选定及选定撤销；

（十四）重要传统建造物群保存地区的选定以选定撤销；

（十五）选定保存技术的选定及选定撤销；

（十六）选定保存技术的保持者或保持团体的认定及认定撤销。

2. 文化厅长官必须事先就以下所列事项咨询文化审议会。

（一）重要文化遗产的管理或国宝修缮之命令；

（二）文化厅长官实施的国宝修缮或为防止国宝灭失、损毁或被盗而实施的相关措施；

（三）重要文化遗产的现状改变之许可或实施影响重要文化遗产保存之行为的许可；

（四）为保全重要文化遗产之环境，而限制、禁止或建设必要设施之命令；

（五）国家收购重要文化遗产；

（六）重要文化遗产保护利用计划的第五十三条之二第四款之认定；

（七）登录有形文化遗产保护利用计划的第六十七条之二第四款之认定；

（八）重要无形文化遗产保护利用计划的第七十六条之二第三款之认定；

（九）登录无形文化遗产保护利用计划的第七十六条之十三第三款之认定；

（十）在重要无形文化遗产以及登录无形文化遗产之外的无形文化遗产中，由文化厅长官选择记录或给予记录财政补助的；

（十一）重要有形民俗文化遗产的管理之命令；

（十二）收购重要有形民俗文化遗产；

（十三）重要有形民俗文化遗产保护利用计划的第八十五条之二第四款之认定；

（十四）重要无形民俗文化遗产保护利用计划的第八十九条之二第三款之认定（含第八十九条之三中准用第七十六条之三第一款的变更之认定）；

（十五）登录有形民俗文化遗产保护利用计划的第九十条之二第四款之认定；

（十六）登录无形民俗文化遗产保护利用计划的第九十条之十第三款之认定（包括第九十条之十一中准用第七十六条之十四第一款的变更之认定）；

（十七）在重要无形民俗文化遗产以及登录无形民俗文化遗产之外的无形民俗文化遗产中，由文化厅记录或给予记录财政补助的；

（十八）命令停止改变史迹现状之行为或延长禁止命令期间的；

（十九）为调查埋藏文化遗产，由文化厅长官施行发掘的；

（二十）有关史迹名胜天然纪念物的管理或特别史迹名胜天然纪念物的修复之命令；

（二十一）由文化厅长官修复特别史迹名胜天然纪念物或实施为防止其灭失、损毁、消亡及被盗之措施的；

（二十二）许可改变史迹名胜天然纪念物之现状或实施影响其保存之行为的；

（二十三）为保全史迹名胜天然纪念物之环境，限制、禁止或建设必要设施之命令；

（二十四）未获得改变史迹名胜天然纪念物的现状或实施影响其保存环境的行为之许可，或者因不符上述许可之条件或为保存史迹名胜天然纪念物的环境，违反限制或禁止性规定时恢复现状之命令；

（二十五）史迹名胜天然纪念物保护利用计划的第一百二十九条之二第四款之认定；

（二十六）登录纪念物保护利用计划的第一百三十三条之二第四款之认定；

（二十七）有关重要文化景观管理之命令；

（二十八）第一百八十三条之三第一款规定的文化遗产保护利用地域计划的该条第五款之认定（包含第一百八十三条之四第一款的变更之认定）。

（二十九）第一百八十四条第一款之政令（仅限于该款第二号、第一百八十四条第一款第二项所列举的与事务相关的事项）的制定、修改与废止的草案。

第十二章 补则（第一百五十四条至第一百九十二条）

第一节 听证、意见听取及异议申请（第一百五十四条至第一百六十一条）

【听证之特例】

第一百五十四条 文化厅长官（根据第一百八十四条第一款之规定，当都、道、府、县或市教育委员会行使属于文化厅长官之权限时则为该都、道、府、县或市教育委员会）在实施以下各项行政行为时，无论是否适用《行政手续法》① 第十三条第一款所规定的意见听取程序，都必须举行听证。

（一）根据第四十五条第一款或第一百二十八条第一款之规定的，针对特定对象的限制、禁止或命令；

（二）根据第五十一条第五款（包括第五十一条之二、第八十四条第二款以及第八十五条中的准用）之规定的公开展出中止之命令；

（三）根据第九十二条第二款之规定的禁止或中止发掘之命令；

（四）根据第九十六条第二款之规定的停止或禁止调查之命令，或者根据该条第五款的延长期间之命令；

（五）根据第一百二十五条第七款（包括第一百二十八第三款中的准用）之规定的恢复原状之命令。

2. 文化厅长官（根据第一百八十四条第一款、第一百八十四条之二第一款规定、文化厅长官的权限由都、道、府、县或市、町、村教育委员会行使时，则为该都、道、府、县或市、町、村教育委员会。下一条同）在举行前款之听证以及第四十三条第四款（包括第一百二十五第三

---

① 1993年（平成5年）法律第88号。

款中的准用）或第五十三条第四款规定许可撤销之听证时，必须提前十日根据《行政手续法》第十五条第一款之规定通知听证参与人，并公告听证内容、听证日期以及听证地点。

3. 前款听证的审理，必须公开进行。

【意见听取】

第一百五十五条 文化厅长官在采取以下措施时，必须公开听取相关关系人及其代理人的意见。

（一）根据第三十八条第一款或第一百二十三条第一款之规定，采取修缮或修复措施时；

（二）根据第五十五条第一款或第一百三十一条第一款之规定，进行实地调查或为实地调查实施其他必要之措施时；

（三）根据第九十八条第一款之规定，进行发掘时；

2. 文化厅长官在听取前款意见时，必须提前十日就实施各项措施的理由、所采取措施的内容以及听取意见的日期以及场所等，通知各相关关系人，且公告所实施措施之内容以及听取意见的日期及场所。

3. 在听取相关关系人及其代理人的第一款之意见时，相关关系人及其代理人可以陈述并说明自己的意见，而且也可以提供相关证据材料。

4. 相关关系人及其代理人无正当理由，不回应第一款所规定的意见之听取的，文化厅长官可以在未听取相关各方意见的情况下，实施第一款所规定的各项措施。

【异议审查申请中的意见听取】

第一百五十六条 根据《行政不服审查法》[①] 第二十四条规定，第一款中的处分或者不作为、第二款中的处分异议审查请求等的裁决等（除裁决或决定驳回审查请求外），审查员（该法第十一条规定的审查员）或审查厅（该法第九条第一款规定的都、道、府、县或市、町、村教育委员会的则为审查厅）必须在受理审查请求或异议申请之日（根据该法第二十三条规定，若有被要求补充材料的则为补充材料补充之日）起三十日以内，公开听取审查请求人以及参加人（根据该法第十三条第四款规定的参

---

① 2014年（平成26年）法律第68号。

加人，以下同）、异议申请人以及代理人的意见后才能作出裁决或决定。

（一）根据第四十三条第一款或第一百二十五条第一款规定的现状改变或实施影响保存环境之行为的许可或不许可；

（二）根据第一百一十三条第一款（包括第三十三条中的准用）规定的管理团体之指定。

2. 前款意见听取的实施者，必须提前十日，就该意见听取的日期以及听取场所，通知审查请求人、参加人、异议申请人以及相关参与人，和公告被审查或异议的事项内容以及听取意见的日期及场所等。

3. 第一款中的审查请求，不适用《行政不服审查法》第三十一条之规定；该款中的意见听取，准用《行政不服审查法》第三十一条第二款至第五款（包含根据《行政不服审查法》第九条第三款规定的替换适用的情况）之规定。

【参加】

第一百五十七条　除审查请求人、异议申请人、参加人及代理人外的其他利害关系人，要在前条第一款的意见听取中陈述自己意见者，必须按照文部科学省政令所规定的格式，向文化厅长官提出书面申请并获得许可后方可参加。

【证据的提示等】

第一百五十八条　在第一百五十六条第一款规定的听取意见的过程中，文化厅长官必须向审查请求人、异议申请人、参加人、前条的意见听取的参加人以及各自的代理人提示相关证据，并给予其充分陈述意见的机会。

【裁决或决定前的协商等】

第一百五十九条　在协调与矿业及采石业者之间关系的审查请求、异议申请的裁决或决定（除裁决或决定驳回外），必须在事先与公害等调整委员会磋商后才能做出。

2. 相关行政机关长官可以对相关审查请求或异议申请的事项，陈述自己的意见。

【程序】

第一百六十条 除第一百五十六条至前条以及《行政不服审查法》的规定外，有关审查请求以及异议申请之程序，由文部科学省政令规定之。

第一百六十一条 删除

第二节 有关国家的特例（第一百六十二条至第一百八十一条）

【有关国家的特例】

第一百六十二条 对国家或国家机关适用本法时，若本节有特别规定的则依该规定。

【有关重要文化遗产的国家之特例】

第一百六十三条 当重要文化遗产、重要有形民俗文化遗产、史迹名胜天然纪念物或重要文化景观等为《国有财产法》所规定的国有财产时，由文部科学大臣管理之。但根据《国有财产法》第三条第二款之规定，以上物件为文部科学大臣之外的其他人管理的行政财产，也有特别必要应由文部科学大臣之外的其他人管理时，文部科学大臣、相关省厅长官及财务大臣应该通过协商决定这些物件由相关省厅长官管理还是由文部科学大臣管理。

第一百六十四条 根据前条规定，由于重要文化遗产、重要有形民俗文化、史迹名胜天然纪念物以及重要文化景观由文部科学大臣管理，其所属或所管发生变动时，会计上的变更可以无偿进行，不受《国有财产法》第十五条的规定影响。

第一百六十五条 当指定国家所有的有形文化遗产、有形民俗文化遗产为国宝或为重要文化遗产或重要有形民俗文化时，根据第二十八条第一款、第三款（包括第七十八条第二款中的准用）之规定，所应该通知及交付指定证书的对象为管理该有形文化遗产、有形民俗文化遗产的各省各厅之长官。其中收到国宝指定证书的各省各厅之长官，必须立刻将被指定为国宝的重要文化遗产的指定证书上交文部科学大臣。

2. 在国家所有的国宝、重要文化遗产或重要有形民俗文化遗产之指定被撤销后，根据第二十九条第二款（包括第七十九条第二款中的准用）、第五款之规定，所应该通知及交付指定证书的对象为管理该国宝、重要文化遗产或重要有形民俗文化遗产的各省各厅之长官。此时各省各厅之长官必须立刻将指定证书上交文部科学大臣。

3. 根据第一百〇九条第三款（包括第一百一十第三款、第一百一十二条第四款中的准用）之规定，将国家所有或占有的指定、临时指定为特别史迹名胜天然纪念物或史迹名胜天然纪念物时，应以所有人或占有人为通知对象；当撤销制定或临时指定时，则以管理该特别史迹名胜天然纪念物或史迹名胜天然纪念物的各省各厅长官为通知对象。

4. 在国家所有或占有的重要文化景观被选定或选定被撤销后，根据第一百三十四条第二款（包括第一百三十五条第二款中的准用）中准用第一百〇九条第三款之规定，对其所有人或占有人的通知之对象为管理该重要文化景观的各省各厅之长官。

第一百六十六条　管理重要文化遗产、重要有形民俗文化、史迹名胜天然纪念物以及重要文化景观的各省各厅之长官，必须根据本法以及根据本法制定的文部科学省政令以及文化厅长官的建议，对重要文化遗产、重要有形民俗文化、史迹名胜天然纪念物以及重要文化景观进行管理。

第一百六十七条　下列各项通知，相关各省各厅之长官必须通过文部科学大臣通知文化厅长官。

（一）取得重要文化遗产、重要有形民俗文化遗产或史迹名胜天然纪念物时；

（二）接受重要文化遗产、重要有形民俗文化遗产或史迹名胜天然纪念物的管理或转移所属时；

（三）所管理的重要文化遗产、重要有形民俗文化遗产、史迹名胜天然纪念物以及重要文化景观全部或部分灭失、损毁或者消亡、遗失及被盗时；

（四）变更所管理的重要文化遗产或重要有形民俗文化遗产的管理场所时；

（五）修缮或修复所管理的重要文化遗产、史迹名胜天然纪念物时（除根据下一条第一款第一项之规定，必须获得文化厅长官同意或者文部科学省政令规定的其他情形外）；

（六）变更所管理的重要有形民俗文化遗产、重要文化景观之现状或者实施对其保存有影响之行为时；

（七）所管理的史迹名胜天然纪念物的指定地域土地之登记（所在地、登记号码、土地用途以及土地面积）发生变更时。

2. 前款第一项、第二项中的通知，准用第三十二条第一款（包括第八十条以及第一百二十条中的准用）之规定；前款第三项中的通知，准用第三十三条（包括第八十条以及第一百二十条中的准用）以及第一百三十六条之规定；前款第四项中的通知，准用第三十四条（包括第八十条中的准用）之规定；前款第五项中的通知，准用第四十三条之二第一款、第一百二十七条第一款之规定；前款第六项中的通知，准用第八十一条第一款、第一百三十九条第一款之规定；前款第七项中的通知，准用第一百一十五条第二款之规定。

3. 有关第一款第五项、第六项的通知相关的事项，文化厅长官可以给予必要之建议。

第一百六十八条 相关各省各厅之长官必须事前就以下事项，通过文部科学大臣获得文化厅长官之同意。

（一）变更重要文化遗产、史迹名胜天然纪念物之现状或者实施对其保存有影响之行为时；

（二）出口所管理的重要文化遗产、重要有形民俗文化遗产时；

（三）出租、交换、出售、让与或以其他方式处分所管理的重要文化遗产、重要有形民俗文化遗产、史迹名胜天然纪念物时；

2. 各省各厅长官之外的国家机关变更重要文化遗产、史迹名胜天然纪念物之现状或实施对其有影响之行为时，必须事先征得文化厅长官之同意。

3. 第一款第一项以及前款之同意，准用第四十三条第一款但书以及第二款、第一百二十五条第一款但书以及第二款之规定。

4. 文化厅长官在同意第一款第一项、第二项所规定的相关措施，作为同意实施相关措施之条件可以给予必要之建议。

5. 相关各省各厅之长官以及其他国家机关，必须充分尊重前款文化厅长官的建议。

第一百六十九条 文化厅长官认为必要时，可以就以下所列事项通过文部科学大臣对各省各厅之长官给予必要建议。

（一）所管理的重要文化遗产、重要有形民俗文化遗产、史迹名胜天然纪念物的管理方法；

（二）所管理的重要文化遗产、重要有形民俗文化遗产、史迹名胜天然纪念物以及重要文化景观的修缮、修复或者采取防止其灭失、损毁、消亡以及被盗之措施；

（三）重要文化遗产以及史迹名胜天然纪念物的环境必要保全之设施；

（四）展出或公开所管理的重要文化遗产、重要有形民俗文化遗产。

2. 前款之建议，准用前条第五款之规定。

3. 根据第一款之规定，基于文化厅长官之建议而实施的第二项、第三项之行为所需费用的承担，由文部科学大臣与各省各厅之长官协商。

第一百七十条 有下列情形之一的，文化厅长官可以亲自修缮或修复国宝、特别史迹名胜天然纪念物，或者采取防止其灭失、损毁、消亡以及被盗之措施。当该文化遗产由文部科学大臣以外的其他各省各厅之长官管理时，文化厅长官必须事先就修缮、修复的内容、时间以及其他必要之事项等，通过文部科学大臣与管理该文化遗产的相关各省各厅长官协商；当该文化遗产由文部科学大臣管理时，除文部科学大臣规定的情形外，必须获得文化厅长官的承认。

（一）相关各省各厅之长官不听从文化厅长官根据前条第一款第二项之规定的修缮、修复之建议的；

（二）对于国宝、特别史迹名胜天然纪念物的损毁、消亡或者存在灭失、损毁、消亡或被盗之虞，而相关各省各厅之长官实施的修缮、修复等措施被认为不当的。

第一百七十条之二 根据文部科学省政令之规定，管理国家所有的重要文化遗产、重要有形民俗文化遗产以及史迹名胜天然纪念物的各省各厅长官可制订重要文化遗产保护利用计划、重要有形民俗文化遗产保护利用计划以及史迹名胜天然纪念物保护利用计划，并通过文部科学大臣、请求文化厅长官同意。

2. 对于根据前款规定的同意之请求，当重要文化遗产保护利用计划、重要有形民俗文化遗产保护利用计划以及史迹名胜天然纪念物保护利用计划，分别符合第五十三条之二第四款各项、第八十五条之二第四款各项或

第一百二十九条之二第四款各项之规定的，文化厅长官应当同意其计划。

第一百七十条之三 获得前条第二款同意的各省各厅长官，若要变更其获得同意的重要文化遗产保护利用计划、重要有形民俗文化遗产保护利用计划以及史迹名胜天然纪念物保护利用计划（除文部科学省政令规定轻微变更外）时，必须通过文部科学大臣获得文化厅长官的同意。

2. 前款之同意，准用前条第二款之规定。

第一百七十条之四 本法第五十三条之二第三款第一项规定的影响重要文化遗产保护利用计划、第八十五条之二第三款规定的影响重要有形民俗文化遗产保护利用计划以及第一百二十九条之二第三款规定的影响史迹名胜天然纪念物保护利用计划的行为，在获得第一百七十条之二第二款同意（包含前条第一款的同意变更。在下一条以及第一百七十条之六中相同）的情况下，实施影响重要文化遗产、重要有形民俗文化遗产以及史迹名胜天然纪念物等现状之行为时，可忽略第一百六十七条第一款（仅限于第六项相关部分）所要求的必须通知以及第一百六十八条第一款（仅限于第一项相关部分）所要求的必须同意之规定，只需在影响其现状变更或保存之行为结束后，根据文部科学省政令之规定，通过文部科学大臣向文化厅长官书面通告即可。

第一百七十条之五 第五十三条之二第三款第二项所记载的重要文化遗产保护利用计划在获得第一百七十条之二第二款同意的情况下，实施该重要文化遗产的维修以及所记载事项之行为的，可忽略本法第一百六十七条第一款（仅限于第五项相关部分）必须通知之规定，只需在该影响重要文化遗产的现状变更或保存之行为结束后，根据文部科学省政令之规定，通过文部科学大臣向文化厅长官书面通告即可。

第一百七十条之六 文化厅长官可以要求获得本法第一百七十条之二第二款同意的各省各厅长官报告其已获同意的重要文化遗产保护利用计划、重要有形民俗文化遗产保护利用计划以及史迹名胜天然纪念物保护利用计划（如有变更则为变更后的计划）的实施情况。

第一百七十一条 在指定或选定国家所有的文化遗产为国宝、重要文化遗产、重要有形民俗文化遗产、特别史迹名胜天然纪念物、史迹名胜天然物或重要文化景观时，文部科学大臣认为有必要确认前述文化遗产之现状的，可以要求相关各省各厅之长官报告相关情况；除重要有形民俗文化遗产及重要文化景观外，文部科学大臣可以指派调查人员进行实地调查。

第一百七十二条 文化厅长官认为国家所有的重要文化遗产、重要有形民俗文化遗产有保存之必要时，可以指定适当的地方公共团体或其他法人对该文化遗产的保存进行必要管理（包括属于国家所有或管理的保存文化遗产的必要设施、设备及其他物件）。

2. 根据前款之指定，文化厅长官必须事先通过文部科学大臣征得管理该文化遗产的各省各厅之长官的同意，同时也必须征得被指定地方公共团体或其他法人的同意。

3. 第一款之指定，准用第三十二条之二第三款、第四款之规定。

4. 因第一款之管理而产生的收益，归该地方公共团体或其他法人所有。

5. 地方公共团体或其他法人根据第一款之规定，管理重要文化遗产或重要有形民俗文化遗产时，准用第三十条、第三十一条第一款、第三十二条之四第一款、第三十三条、第三十四条、第三十五条、第三十六条、第四十七条之二第三款、第五十四条之规定；管理史迹名胜天然纪念物时，准用第三十条、第三十一条第一款、第三十三条、第三十五条、第一百一十五条第一款及第二款、第一百一十六条第一款及第三款、第一百二十一条、第一百三十条之规定。

第一百七十三条 前条第一款所规定的指定撤销，准用第三十二条之三的规定。

第一百七十四条 当文化厅长官认为重要文化遗产、重要有形民俗文化遗产或史迹名胜天然纪念物有特别必要之保护时，可以促使接受第一百七十二条第一款规定之指定的地方公共团体或其他法人修缮或修复该文化遗产。

2. 根据前款规定实施的修缮或修复，准用第一百七十二条第二款之规定。

3. 地方公共团体或其他法人根据第一项规定进行修缮或修复时，若为重要文化遗产或重要有形民俗文化遗产，准用第三十二条之四第一项及三十五条之规定；若为史迹名胜天然纪念物，则准用第三十五条、第一百一十六条第一款以及第一百一十七条之规定。

第一百七十四条之二 获得第一百七十二条第一款指定的地方公共团体或者其他法人制订的重要文化遗产保护利用计划、重要有形民俗文化遗产保护利用计划以及史迹名胜天然纪念物保护利用计划，分别准用第五十三条之二至第五十三条之八、第八十五条之二至第八十五条之四以及第一百九十二条之二至第一百九十二条之七。

2. 在根据前款准用第五十三条之二第四款、第八十五条之二第四款以及第一百九十二条之二第四款规定，进行认定（包含前款准用第五十三条之三第一款①以及第一百九十二条之三第一款的变更认定）时，应该事先通过文部科学大臣与管理重要文化遗产、重要有形民俗文化遗产以及史迹名胜天然纪念物的各省各厅长官进行协商。当该各省各厅长官为文部科学大臣时，即获得其承认。

第一百七十五条 根据第一百七十二条第一款之规定接受指定的地方公共团体可以在管理的必要限度内，可以无偿地使用其所管理的、属国家所有的重要文化遗产、重要有形民俗文化遗产、史迹名胜天然纪念物以及与之相关的土地及建造物。

2. 前款中的土地及建造物之使用，准用《国有财产法》第二十二条第二款、第三款之规定。

第一百七十六条 根据第九十八条第一款之规定进行发掘时，如果所发掘区域的土地属国家所有或由国家机关占有，文化厅长官必须事先将发掘的目的、方法、发掘时间及其他事项，通过文部科学大臣与相关各省各厅之长官进行协调。但当该各省各厅的长官为文部科学大臣时，应视为接受其承认。

第一百七十七条 根据第一百〇四条第一款之规定，归属于国家的文化遗产由文化厅长管理之。但是如果为了其保存或有效地利用，有必要由其他国家机关进行管理时，则必须将该文化遗产移交给该机关管理。

【有关登录有形文化遗产等的国家之特例】

第一百七十八条 根据第五十七条第一款、第九十一条第一款之规定，登录国家所有的有形文化遗产、有形民俗文化遗产后，第五十八条第一款、第三款（包括第九十条第三款中的准用）所规定的登录证书或通知的交付对象为管理该登录有形文化遗产、有形民俗文化遗产的相关各省各厅之长官。

2. 根据第五十九条第一款至第三款（包括第九十条第三款中的准

---

① 包含前款中准用第五十八条之四中的准用。

用）之规定，撤销属国家所有的登录有形文化遗产、有形民俗文化遗产之登录后，应该将第五十九条第四款（包括第九十条第三款中的准用）所规定的撤销决定之通知对象为管理该登录有形文化遗产、登录有形民俗文化遗产的相关各省各厅之长官。在这种情况下，相关各省各厅之长官必须立刻将登录证书上交给文部科学大臣。

3. 根据第一百三十二条第一款、第一百三十三条第一款，或者第一百三十三条中准用第五十九条第一款至第三款之规定，由国家所有或占有的纪念物登录之撤销，根据第一百三十二条第二款中准用第一百〇九条第三款或者第一百三十三条中准用第五十九条第四款的规定向所有人或占有人通知的，应为管理该登录纪念物的相关各省各厅之长官。

第一百七十九条 相关各省各厅之长官必须就以下各项事项通过文部科学大臣通知文化厅长官。

（一）有形文化遗产、有形民俗文化遗产及纪念物取得登录时；

（二）登录有形文化遗产、登录有形民俗文化遗产及登录纪念物的所管或所属发生变更时；

（三）属自己所管理的登录有形文化遗产、登录有形民俗文化遗产及登录纪念物等全部或部分灭失、损毁或者消亡、遗失、被盗时；

（四）属自己所管理的登录有形文化遗产、登录有形民俗文化遗产的所在地发生变更时；

（五）登录有形文化遗产、登录有形民俗文化遗产及登录纪念物的现状变更时；

（六）属自己所管理的登录有形文化遗产、登录有形民俗文化遗产出境时；

（七）所管理的登录纪念物的所在土地之登记（所在地、登记号码、土地用途以及土地面积）变更时。

2. 各省各厅之长官以外的国家机关试图变更登录有形文化遗产、登录有形民俗文化遗产及登录纪念物之现状时，必须通知文化厅长官。

3. 第一款第一项、第二项之通知，准用本法三十二条第一款之规定；第一款第三项之通知，准用本法三十三条、第六十一条（包括第九十条第三款中的准用）之规定；第一款第四项之通知，准用六十二条（包括第九十条第三款中的准用）之规定；第一款第五项及前款之通知，准用六十四条第一款（包括第九十条第三款及第一百三十三条中的准用）之规定；

第一款第六项之通知，准用六十五条第一款（包括第九十条第三款中的准用）之规定；第一款第七项之通知，准用一百一十五条第二款之规定。

4. 第一款第五项及第二款的现状变更，准用六十四条第一款但书及第二款之规定；

5. 文化厅长官认为登录有形文化遗产、登录有形民俗文化遗产及登录纪念物有保护之必要的，可以就第一款第五项、第二款所规定的现状变更，通过文部科学大臣向相关各省各厅之长官以及各省各厅之长官以外的其他国家机关陈述意见。

第一百七十九条之二 根据文部科学省政令之规定，管理国家所有的登录有形文化遗产、登录有形民俗文化遗产以及登录纪念物的各省各厅长官，可以制订登录有形文化遗产保护利用计划、登录有形民俗文化遗产保护利用计划以及登录纪念物保护利用计划，并通过文部科学大臣请求文化厅长官同意该计划。

2. 对于根据前款规定的同意之请求，当登录有形文化遗产保护利用计划、登录有形民俗文化遗产保护利用计划以及登录纪念物保护利用计划分别符合本法第六十七条之二第四款各项、第九十条之二第四款各项以及第一百三十三条之二第四款各项之规定的，文化厅长官应当同意其计划。

第一百七十九条之三 获得前条第二款同意的各省各厅长官，若要变更其获得同意的登录有形文化遗产保护利用计划、登录有形民俗文化遗产保护利用计划以及登录纪念物保护利用计划（除文部科学省政令规定轻微变更外）时，必须通过文部科学大臣、获得文化厅长官的同意。

2. 前款之同意，准用前条第二款之规定。

第一百七十九条之四 本法第六十七条之二第三款第一项、第九十条之二第三款以及第一百三十三条之二第三款规定的影响登录有形文化遗产保护利用计划、登录有形民俗文化遗产保护利用计划以及登录纪念物保护利用计划、在获得第一百七十条之二第二款之同意（包含前条第一款的变更之同意。在下一条相同）的情况下，实施的变更登录有形文化遗产、登录有形民俗文化遗产以及登录纪念物的行为应所同意的事项，可忽略第一百七十九条第一款（仅限于第五项相关部分）所要求的必须通知之规定，只需在现状变更行为结束后，根据文部科学省政令之规定，通过文部科学大臣书面通告文化厅长官即可。

第一百七十九条之五 文化厅长官可以要求获得本法第一百七十九条

之二第二款同意的各省各厅长官报告其已获同意的登录有形文化遗产保护利用计划、登录有形民俗文化遗产保护利用计划以及登录纪念物保护利用计划（如有变更则为变更后的计划）的实施情况。

第一百八十条 文部科学大臣认为必要时，可以要求各省各厅之长官报告其管理的、属国家所有的登录有形文化遗产、登录有形民俗文化遗产及登录纪念物的基本现状。

第一百八十一条 有关国家所属的登录有形文化遗产、登录有形民俗文化遗产及登录纪念物，不适用第六十条第三款至第五款、第六十三条第二款及第六十七条第三款（包括第九十条第三款中的准用）之规定。

2. 有关国家所有的登录纪念物，不适用第一百三十三条中准用第一百一十三条至第一百一十八条之规定。

第三节 地方公共团体及教育委员会（第一百八十二条至第一百九十二条）

【地方公共团体的事务】

第一百八十二条 地方公共团体可以对文化遗产的管理、修缮、修复、公开及其他保存和利用所需经费给予补贴。

2. 地方公共团体可以通过制定地方条例，指定所辖地区重要文化遗产、重要无形文化遗产、重要有形民俗文化遗产、重要无形民俗文化遗产及史迹名胜天然纪念物之外的重要的文化遗产，并采取必要的保存与利用之措施。

3. 地方公共团体可以通过制定地方条例，将辖区内重要文化遗产、登录文化遗产、重要无形文化遗产、登录无形文化遗产、重要有形民俗文化遗产、重要无形民俗文化遗产、登录有形民俗文化遗产、登录无形民俗文化遗产、史迹名胜天然纪念物以及登录纪念物之外的文化遗产（除前款规定已指定的文化遗产外）中具有价值并有保护和利用之必要的，可将其登录在地方公共团体的"文化遗产名录"中，并采取必要保护利用措施。

4. 在制定、改废第二款之条例，指定或撤销前款文化遗产之指定时，教育委员会必须根据文部科学省政令之规定，向文化厅长官报告。

【地方公共团体的事务】

第一百八十二条之二　根据文部科学省政令之规定，都、道、府、县或市、町、村（仅限设置地方文化遗产审议会的）教育委员会认为前条第三款规定的已登录文化遗产或者根据第五十七条第一款、第七十六条之七条第一款、第九十条第一款、第九十条之五条第一款以及第一百三十二条第一款规定，适合登录于文化遗产名录的，可建议文部科学大臣予以登录。

2. 都、道、府、县或市、町、村教育委员会提出前款之建议时，必须事前听取地方文化遗产审议会的意见。

3. 针对第一款之建议，文部科学大臣决定不予登录的，应立刻通知都、道、府、县或市、町、村教育委员会并告知理由，不得延迟。

【地方债的发行】

第一百八十三条　为保证区域文化遗产的保存与利用事业有充足资金，在法令规定的范围内，结合保存和利用文化遗产的资金情况以及地方财政状况等，地方公共团体可适当发行地方债券。

【文化遗产保护利用大纲】

第一百八十三条之二　都、道、府、县教育委员会可以制定本辖区文化遗产保护利用的综合性施政大纲（在下一款及下一条中称为"文化遗产保护利用大纲"）。

2. 都、道、府、县教育委员会制定或变更文化遗产保护利用大纲后，必须及时公布并送达文化厅长官以及相关市、町、村。

【文化遗产保护利用区域规划之认定】

第一百八十三条之三　根据文部科学省政令之规定，市、町、村教育委员会（仅限于设有地方文化遗产保护审议会）在考量所制定的文化遗产保护利用大纲的基础上，单独或共同制定市、町、村文化遗产保护利用区域性规划（本节以及第一百九十二条之六第一款中称为"文化遗产保护利用区域规划"），并可申请文化厅长官予以认定。

2. 文化遗产保护利用区域规划应该包含以下各项内容：

（一）有关市、町、村文化遗产区域性保护利用的基本方针；

（二）为实现市、町、村文化遗产区域性保护利用而采取的具体措施；

（三）为掌握市、町、村现状而实施的文化遗产调查；

（四）规划的实施周期；

（五）文部科学省政令规定的其他事项。

3. 市、町、村教育委员会在制定文化遗产保护利用区域规划时，必须举行听证或采取其他措施以保障听取住民意见，而且还必须听取地方文化遗产保护审议会（若组建本法第一百八十三条之九第一款规定的协议会的，则为该地方文化遗产保护审议会以及协议会。第一百八十三条之五第二款中相同）的意见。

4. 如果存在《保持改善地域历史风貌法》①第五条第一款规定的地域历史风貌保持改善计划，文化遗产保护利用区域规划必须与其保持协调关系。

5. 根据第一款规定的文化遗产保护利用区域规划的认定之申请，符合以下条件的，文化厅长官应当予以认定。

（一）该文化遗产保护利用区域规划的实施，有利于市、町、村区域文化遗产的保护与利用；

（二）该文化遗产保护利用区域规划被认为能够得以确实、顺利实施；

（三）若有文化遗产保护利用大纲，文化遗产保护利用区域规划必须与其相符且内容适当。

6. 文化厅长官作出前款认定时，必须事先通过文部科学大臣与相关行政机关负责人进行协商。

7. 文化厅长官作出第五款之认定后，必须立刻将认定结果通知提出申请的市、町、村教育委员会，不得延迟。

8. 市、町、村教育委员会在收到前款认定通知后，必须向住民公告被认定的文化遗产保护利用区域规划。

---

① 2008年（平成20年）法律第40号。

【获认定的文化遗产保护利用区域规划的变更】

第一百八十三条之四 获前条第五款认定的市、町、村（在本节以及第一百九十二条之六第二款中称为"获认定市、町、村"）教育委员会，若要变更（除文部科学省政令规定轻微变更外）其文化遗产保护利用区域规划，必须获得文化厅长官的认定。

2. 前款之认定，准用前条第三款至第八款之规定。

【认定市、町、村之教育委员会的文化遗产登录之建议】

第一百八十三条之五 获认定的市、町、村教育委员会在第一百八十三条之三第五款认定（包含前条第一款的变更之认定。第一百八十三条之七第一款、第二款中相同）的文化遗产保护利用区域规划（若有变更则为变更后的计划。在本节以及第一百九十二条之六中称为"认定的文化遗产保护利用区域规划"）实施期间，如果认为其辖区内有文化遗产符合本法第五十七条第一款、第七十六条之七条第一款、第九十条第一款、第九十条之五条第一款以及第一百三十二条第一款之规定、适合登录的，可根据文部科学省政令之规定，向文部科学大臣建议将其登录在文化遗产登录簿上。

2. 获认定的市、町、村教育委员会根据前款之规定，提起登录之建议时，必须事前听取地方文化遗产保护审议会的意见。

3. 针对第一款之建议，如果文部科学大臣认为不符合第五十七条第一款、第七十六条之七条第一款、第九十条第一款、第九十条之五条第一款以及第一百三十二条第一款规定登录条件、决定不予登录的，必须立刻将不予登录之决定以及理由，告知提起建议的市、町、村教育委员会，不得延迟。

【被认定文化遗产保护利用区域规划实施状况之报告】

第一百八十三条之六 文化厅长官可要求获认定的市、町、村教育委员会，报告其已获认定的文化遗产保护利用区域规划的实施情况。

【认定的撤销】

第一百八十三条之七 文化厅长官认为被认定的文化遗产保护利用区

域规划不再符合本法第一百八十三条之三第五款所规定的各项条件时,可以撤销该认定。

2. 根据前款规定的认定之撤销,文化厅长官应立刻将认定撤销之决定通知市、町、村教育委员会,不得延迟。

3. 市、町、村教育委员会在收到前款认定撤销之决定后必须向住民公告,不得延迟。

【对市、町、村的建议】

第一百八十三条之八 都、道、府、县教育委员会可对市、町、村制定文化遗产保护利用区域规划,确实、顺利实施被认定的文化遗产保护利用区域规划等,提供必要建议。

2. 国家必须努力对市、町、村制定文化遗产保护利用区域规划,确实、顺利实施被认定的文化遗产保护利用区域规划等,提供必要信息以及适当建议。

3. 除前两款规定外,国家,都、道、府、县以及市、町、村必须就促进文化遗产保护利用区域规划得到确实、顺利实施而相互协作。

4. 市、町、村责任人以及教育委员会,必须就促进文化遗产保护利用区域规划得到确实、顺利实施而紧密协作。

【协议会】

第一百八十三条之九 市、町、村的教育委员会可单独或共同组建有关文化遗产保护利用区域规划的制定、变更以及被认定的文化遗产保护利用区域规划的实施等进行协商的协议会(本条中称为"协议会")。

2. 协议会由以下机构组成:

(一)该市、町、村;

(二)包含该市、町、村的都、道、府、县;

(三)第一百九十二条之二第一款规定的市、町、村教育委员会指定的文化遗产保护利用支援团体;

(四)文化遗产的所有人、学者、工商业者、旅游业者以及市、町、村教育委员会认为的其他关系者。

3. 协议会认为必要时可要求相关行政机关提供资料、表明意见、说明情况以及其他必要之协助等。

4. 协议会的成员必须尊重协议会的协议结果。

5. 除上述各款规定外，有关协议会运营的其他必要事项由协议会决定之。

【都、道、府、县或市的教育委员会处理的事务】

第一百八十四条 文化厅长官以下各项权限的全部或一部，可通过政令之规定，由都、道、府、县或市教育委员会行使。

（一）根据第三十五条第三款（包括第三十六条第三款以及第八十三条、第一百二十一条第二款、第一百七十二条第五款中的准用，第三十七条第四款以及第一百二十二条第三种的准用，第四十六条之二第二款、第七十四条第二款、第七十六条之十第二款、第七十七条第二款以及第九十一条中的准用，第八十三条、第八十七条第二款、第九十条之七第二款、第一百一十八条、第一百二十条、第一百二十九条第二款、第一百七十二条第二款、第一百七十四条第三款中的准用）的指挥与监督；

（二）根据第四十三条或第一百二十五条规定的文化遗产现状变更或者实施影响其保存之行为的许可、撤销许可以及命令停止相关（除现状重大变更、实施重大影响之行为的许可、撤销许可外）权限；

（三）根据第五十一条第五款（包括第八十五条中准用第五十一条之二、第八十四条第二款、第八十五条中的准用）规定的公开停止之命令；

（四）根据第五十三条第一款、第三款、第四款规定的公开展示许可、许可撤销、停止公开之命令；

（五）根据第五十四条（包括第八十六条、第一百七十二条第五款中的准用）、第五十五条、第一百三十条（包括第一百七十二条第五款中的准用）、第一百三十一条规定的调查或为调查的必要措施之实施；

（六）根据第九十二条第一款（包括第九十三条第一款中的准用）规定的申请受理，第九十二条第二款规定的指示或命令，第九十三条第二款规定的指示，第九十四条第一款规定的通知受理、第二款规定的通知、第三款规定的协议、第四款规定的建议，第九十六条第一款规定的申请受理、第二款或第七款规定的命令、第三款规定的意见听取、第五款或第七款规定的期限延长、第八款规定的指示，第九十七条第一款规定的通知受理、第二款规定的通知、第三款规定的协议以及第四款规定的建议。

2. 对于都、道、府、县或市的教育委员会根据前款规定实施前款第五项所列举的第五十五条、第一百三十一条所规定的实地调查或为调查而采取的必要措施等,不得根据《行政不服审查法》提起不服申请。

3. 都、道、府、县或市的教育委员会根据第一款之规定,处理该款第六项所列举的第九十四条第一款至第四款、第九十七条第一款至第四款所规定的事务时,不适用第九十四条第五款、第九十七条第五款规定。

4. 都、道、府、县或市的教育委员会根据第一款规定,处理以下各项事务(仅限于《地方自治法》第二条第八款规定的自治性事务)给他人造成经济损失的,由都、道、府、县或市给予适当补偿,不受下列各项括号内所列条款规定之限制。

(一)第一款第二项列举的第四十三条、第一百二十五条规定的现状变更或实施影响其保存之行为的许可(第四十三条第五款及第一百二十五条第五款);

(二)根据第一款第五项所列举的第五十五条、第一百三十一条之规定的调查或为调查而采取的必要之措施(第五十五条第三款及第一百三十一条第二款);

(三)根据第一款第六项所列举的第九十六条第二款之规定的命令(该条第九款)。

5. 前款的补偿额度,由该都、道、府、县或市的教育委员会决定之。

6. 根据前款规定的补偿额度,准用第四十一条第三款之规定。

7. 在依据前款准用第四十一条第三款规定而提起的行政诉讼中,都、道、府、县或市为被告。

8. 都、道、府、县或市的教育委员会根据第一款规定实施的,与《地方自治法》第二条第九款第一项的法定受托事务相关的处分及行使其他公权力之行为的审查之请求,以文化厅长官为对象。

第一百八十四条之二 前条第二款第二项、第四项以及第五项中所列举的,与被认定市、町、村辖区相关的属于文化厅长官各项权限的全部或者一部,在被认定文化遗产保护利用区域规划的实施期间内,根据政令之规定,可由该市、町、村教育委员会行使。

2. 根据前款规定,市、町、村教育委员会行使相关权限时,准用前条第二款、第四款(除第三项相关部分)以及第五款至第八款之规定。

3. 根据第一款规定,被认定的市、町、村教育委员会开始实施该款确定的相关事项前完成的许可等行政处分行为(本条以下称为"处分行为")或者许可申请等行为（本条以下称为"申请等行为"），视为被认定的市、町、村教育委员会行使的处分行为或对被认定的市、町、村教育委员会的申请行为。

4. 在被认定的文化遗产保护利用区域规划实施期间终了后，因其他原因被认定的市、町、村教育委员会根据第一款规定的事务终了日之前的处分行为或申请行为，视为终了后的处分行为或申请行为。

【出展的重要文化遗产等的管理】

第一百八十五条 根据政令规定，文化厅长官可以将第四十八条（包括第八十五条中的准用）所规定的全部或部分出展的重要文化遗产或重要有形民俗文化遗产的管理事务，交由都、道、府、县或指定市等的教育委员会行使。

2. 根据前款之规定，都、道、府、县或指定市等的教育委员会在实施前款管理事务时，都、道、府、县或指定市等的教育委员会必须在其职员中确定管理该重要文化遗产或重要有形民俗文化遗产的责任人。

【修缮等的委托实施】

第一百八十六条 文化厅长官认为必要时，可以将第三十八条第一款、第一百七十条的国宝修缮或者实施防止国宝灭失、损毁、被盗等措施，第九十八条第一款的实施发掘、第一百二十三条第一款或第一百七十条的特别史迹名胜天然纪念物的修复或者实施防止其灭失、损毁、消亡、被盗等措施的全部或一部分委托都、道、府、县教育委员会实施。

2. 基于前款规定的委托，都、道、府、县教育委员会在实施第三十八条第一款所规定的修缮的全部或一部分、第九十八条第一款所规定的发掘的全部或一部分以及第一百二十三条第一款所规定的修复的全部或一部分，准用第三十九条之规定。

【重要文化遗产等管理的委托或技术性指导】

第一百八十七条 都、道、府、县或指定市的教育委员会可接受以下所列人员的请求，就其相应的文化遗产之委托管理、维修等给予技术性指导。

（一）重要文化遗产的所有人（若为管理团体的则为该管理团体）或

者管理责任人；

（二）重要有形民俗文化遗产的所有人（若为管理团体的则为该管理团体）或者管理责任人（承担本法第八十条中准用第三十一条第二款所选任的承担管理责任的人员）；

（三）史迹名胜天然纪念物的所有人（若为管理团体的则为该管理团体）或者管理责任人。

2. 根据前款之规定，都、道、府、县或指定市的教育委员会接受管理、修缮、修复之委托的，准用第三十九条第一款、第二款之规定。

【文书等的递交】

第一百八十八条　根据本法之规定，所有向文部科学大臣或文化厅长官提交的与文化遗产相关的书面申请以及其他书面文件及物件等，必须经由都、道、府、县教育委员会（当该文化遗产在指定都市的则为该指定都市教育委员会，以下同）递交。

2. 都、道、府、县教育委员会收到前款规定的文书及物件后，必须附上自己的意见，一并送交文部科学大臣或文化厅长官。

3. 根据本法之规定，文部科学大臣或文化厅长官发出的所有与文化遗产相关的命令、建议、指示及其他通知等，必须经由都、道、府、县教育委员会下达。但情况特别紧急的，则不受此限。

【向文部科学大臣或文化厅长官呈报意见】

第一百八十九条　都、道、府、县及市、町、村的教育委员会，可以向文部科学大臣或文化厅长官呈报有关其辖区内文化遗产的保存和利用等意见。

【地方文化遗产保护审议会】

第一百九十条　都、道、府、县及市、町、村的教育委员会（除特定地方公共团体外）可通过制定相关条例，设置由文化遗产保护杰出人士构成的地方文化遗产保护审议会。

2. 特定地方公共团体可根据条例之规定设置地方文化遗产保护审议会。

3. 地方文化遗产保护审议会向都、道、府、县及市、町、村的教育委员会提供咨询、调查并审议与文化遗产保存和利用相关的重要事项，并就相关事项向都、道、府、县及市、町、村的教育委员会提供相关建议。

4. 有关地方文化遗产保护审议会的组织机构以及运用等必要事项，由条例规定之。

【文化遗产保护指导委员】

第一百九十一条　都、道、府、县及市、町、村的教育委员会（当该都、道、府、县及市、町、村为特定地方公共团体时则为该特定地方公共团体）可设置文化遗产保护指导委员。

2. 文化遗产保护指导委员可随时巡视文化遗产，并对文化遗产所有人以及其他关系人就文化遗产之保护给予指导并提供意见。同时，也可普及和提高地域住民对文化遗产的保护意识。

3. 文化遗产保护指导委员为聘任制。

【事务的区分】

第一百九十二条　根据第一百一十条第一款第二款、第一百一十二条第一款以及第一百一十条第三款、第一百一十二条第四款中准用第一百〇九条第三款、第四款之规定，都、道、府、县实施的临时指定、临时指定的撤销以及相关通知等事务为《地方自治法》第二条第九款第一项所规定的法定受托事务。

第四节　文化遗产保护利用支援团体

【文化遗产保护利用支援团体的指定】

第一百九十二条之二　由文部科学省政令规定的法人团体或其他相当于法人之组织，若有能力确实、顺利地实施下一条规定的各项事务，可向市、町、村教育委员会申请，指定其为文化遗产保护利用支援团体（本节称为"支援团体"）。

2. 市、町、村教育委员会指定了前款支援团体后，必须公示被指定支援团体的名称、住所以及主要事务所所在地等。

3. 支援团体变更其名称、住所以及主要事务所所在地时，必须事前向市、町、村教育委员会报告。

4. 市、町、村教育委员会收到前款报告后，必须公示该变更事项。

【支援团体的事务】

第一百九十二条之三　支援团体主要从事以下各项事务。

（一）在该市、町、村辖区内保护利用该市、町、村的文化遗产；

（二）向以保护利用该市、町、村文化遗产为目的组织个人提供资料情报、咨询等支援活动；

（三）根据文化遗产所有人之请求，接受委托从事管理、维护、修复以及其他为保护该文化遗产的必要措施；

（四）有关保护利用文化遗产的相关调查；

（五）除以上各项事务外，保护利用该市、町、村文化遗产的其他必要事务。

【监督等】

第一百九十二条之四　为确保前条各项事务能够得到适当、确实实施，市、町、村教育委员会认为必要，可要求支援团体报告其业务实施情况。

2. 市、町、村教育委员会认为支援团体未适当、确实实施前条各项业务时，可命令其采取必要措施改善业务实施情况。

3. 支援团体违反前款命令，市、町、村教育委员会可撤销根据第一百九十二条之二第一款规定的支援团体之认定。

4. 市、町、村教育委员会根据前款规定取消支援团体认定的，必须将取消认定之决定公告之。

【资讯的提供等】

第一百九十二条之五　国家及地方公共团体应向支援团体就其各项业务的实施等进行指导、提供资讯以及必要建议。

【文化遗产保护利用区域规划的议案】

第一百九十二条之六　支援团体可就文化遗产保护利用区域规划的制

定、被认定文化遗产保护利用区域规划的变更等，向市、町、村教育委员提出议案。

2. 在被认定文化遗产保护利用区域规划的实施期间内，支援团体根据文部科学省政令之规定，就市、町、村辖区内的文化遗产符合第五十七条第一款、第七十六条之七第一款、第九十条第一款、第九十条之五第一款以及第一百三十二条第一款规定而登录的，可建议市、町、村教育委员会提起第一百八十三条之五第一款规定的登录之建议。

第十三章 罚则（第一百九十三条至第二百〇三条）

第一百九十三条 违反第四十四条之规定，未经文化厅长官许可将重要文化遗产运出境外的，处五年以下有期徒刑或监禁或处一百万日元以下罚金。

第一百九十四条 违反第八十二条之规定，未经文化厅长官许可将重要有形民俗文化遗产运出境外的，处三年以下有期徒刑或监禁或处五十万日元以下罚金。

第一百九十五条 损坏、毁弃或藏匿重要文化遗产的，处以五年以下有期徒刑或监禁或处一百万日元以下罚金，或者二者并罚。

2. 前款损坏、毁弃或藏匿人为该重要文化遗产所有人的，处两年以下有期徒刑或监禁或处五十万日元以下罚金。

第一百九十六条 变更史迹名胜天然纪念物现状或实施的行为影响其保存环境，造成该史迹名胜天然纪念物灭失、损毁或消亡的，处五年以下有期徒刑或监禁或处一百万日元以下罚金。

2. 造成前款史迹名胜天然纪念物灭失、损毁或消亡的为该史迹名胜天然纪念物所有人的，处两年以下有期徒刑或监禁或处五十万日元以下罚金。

第一百九十七条 有下列行为之一的，处五十万日元以下罚金。

（一）违反第四十三条或第一百二十五条之规定，未经许可或未满足许可之条件改变重要文化遗产、史迹名胜天然纪念物之现状，或者实施影响其保存之行为，或者不服从停止改变其现状或停止实施影响保存行为之命令的；

（二）违反第九十六条第二项之规定，不服从停止或禁止改变文化遗产现状之命令的。

第一百九十八条 有下列行为之一的，处三十万日元以下罚金。

（一）违反第三十九条第三款（包括第一百八十六条第二款）中准用第三十二条之二第五款之规定，拒绝或者妨碍国宝修缮、拒绝或者妨碍实施防止其灭失、损毁及被盗之措施的。

（二）违反第九十八条第三款（包括第一百八十六条第二款）中准用第三十九条第三款中准用第三十二条之二第五款之规定，拒绝或妨碍实施发掘的。

（三）违反第一百二十三条第二款（包括第一百八十六条第二款）中准用第三十九条第三款中准用第三十二条之二第五款之规定，拒绝或妨碍修复特别史迹天然纪念物、拒绝或妨碍实施防止其灭失、损毁、消亡及被盗之措施的。

第一百九十九条 法人代表人、法人或法人代表人的代理人、使用人（职员）以及其他从业人员，就其相关业务或财产的管理，实施了违反第一百九十三条至前条所规定之行为的，除处罚相关行为人外，对法人或法人代表人处以各条规定的相应罚金。

第二百条 负有第三十九条第一款（包括第四十七条第三款、第八十六条、第一百二十三条第二款、第一百八十六条第二款、第一百八十七条第二款中的准用）、第四十九条（包括第八十五条中的准用）、第一百八十五条第二款所规定的管理、修缮或修复重要文化遗产、重要有形民俗文化遗产及史迹名胜天然纪念物之责任的，如果因怠慢或重大过失造成所管理、修缮、修复的重要文化遗产、重要有形民俗文化遗产及史迹名胜天然纪念物灭失、损毁、消亡或被盗的，处三十万日元以下罚款。

第二百〇一条 有下列行为之一的，处三十万日元以下罚款。

（一）无正当理由不服从文化厅长官根据第三十六条第一款（包括第八十三条、第一百七十二条第五款中的准用）或第三十七条第一款之规定发布的重要文化遗产、重要有形民俗文化遗产的管理或者国宝的修缮等命令的。

（二）无正当理由不服从文化厅长官根据第一百二十一条第一款（包括第一百七十二条第五款中的准用）、第一百二十二条第一款之规定发布的史迹名胜天然纪念物的管理或特别史迹名胜天然纪念物的修复之命令的。

（三）无正当理由不服从文化厅长官根据第一百三十七条第二款之规定发布的重要文化景观的管理或实施相关措施的建议之命令的。

第二百〇二条 有下列行为之一的，处十万日元以下罚款。

（一）无正当理由违反第四十五条第一款规定的限制、禁止或者建设必要设施之命令的。

（二）违反第四十六条（包括第八十三条中的准用）之规定，未向文化厅长官提出其出让给国家之申请；或者虽提出了申请但在该条第五款（包括第八十三条中的准用）所规定的期限内，又将该重要文化遗产转让给国家以外其他人，或者提起前述出让给国家之申请但有虚假之内容的。

（三）违反第四十八条第四款（包括第五十一条第三款以及第八十五条中的准用）之规定拒不出展或公开展示，或者违反第五十条第五款（包括第五十一条之二、第八十四条第二款、第八十五条中的准用）之规定，不服从停止或中止公开展示之命令的。

（四）违反第五十三条第一款、第三款以及第四款之规定，未获得许可或者未满足获得许可之条件公开展示重要文化遗产，或者不服从停止公开展示之命令的。

（五）违反第五十三条之六（包括第八十五条之四以及第一百七十四条之二第一款中的准用）、第一百七十四条之二第一款中的准用以及第五十四条（包括第八十六条以及第一百七十二条第五款中的准用）、第五十五条、第六十七条之五（包含第九十条之四以及第一百三十三条之四中的准用）、第六十八条（包括第九十条第三款以及第一百三十三条中的准用）、第七十六条之四（包含第八十九条之三中的准用）、第七十六条之十五（包含第九十条之十一中的准用）、第一百二十九条之五（包含第一百七十四条之二第一款中的准用）、第一百三十条（包括第一百七十二条第五款中的准用）、第一百三十一条或第一百四十条之规定，不报告或虚假报告，或者拒绝、妨碍、回避公务员进行实地调查或为调查实施必要之措施的。

（六）违反第九十二条第二款之规定，不服从禁止、停止或中止发掘之命令的。

（七）无正当理由违反第一百二十八条第一款所规定的限制或禁止，或者建设相关设施之命令的。

第二百〇三条 有下列行为之一的，处五万日元以下罚款。

（一）违反第二十八条第五款、第二十九条第四款（包括第七十九条第二款中的准用）、第五十六条第二款（包括第八十六条中的准用）、第五十九条第六款以及第六十九条（包括第九十条第三款中的准用）之规定，未向文部科学大臣或新所有人上交或移交重要文化遗产、重要有形民俗文化遗产指定证书或者登录有形文化遗产、登录有形民俗文化遗产之登录证书的。

（二）违反第三十一条第三款（包括第六十四条第四款、第九十条第三款、第八十条、第一百一十九条第二款、第一百三十三条中的准用）、第三十二条（包括第六十条第四款、第九十条第三款、第八十条以及第一百二十条、第一百三十三条中的准用）、第三十三条（包括第八十条、第一百一十八条以及第一百二十条、第一百三十三条和第一百七十二条第五款中的准用）、第三十四条（第八十条以及第一百七十二条第五款中的准用）、第四十三条之二第一款、第五十三条之四或第五十三条之五（包含该规定在第一百七十四条之二第一款中的准用）、第六十一条或第六十二条（包括第九十条第三款中的准用）、第六十四条第一款（包括第九十条第三款及第一百三十三条中的准用）、第六十五条（包括第九十条第三款中的准用）、第六十七条之四、第七十三条、第七十六条之九、第八十一条第一款、第八十四条第一款主文、第八十五条之三（包含第一百七十四条之二第一款中的准用）、第九十条之三、第九十二条第一款、第九十六条第一款、第一百一十五条第二款（包括第一百二十条、第一百三十三条、第一百七十二条第五款中的准用）、第一百二十七条第一项、第一百二十九条之四（包含第一百七十四条之二第一款中的准用）、第一百三十三条之三、第一百三十六条、第一百三十九条第一款之规定，未申请或提出虚假申请的。

（三）违反第三十二条之二第五款（包括第三十四条之三第二款、第八十三条、第六十条第四款、第六十三条第二款、第九十条第三款、第八十条、第一百一十五条第四款、第一百三十三条中的准用）之规定，拒绝、妨碍或回避管理、修缮、修复以及拒绝、妨碍或回避为管理、修缮、复原而采取必要措施的。

附则 抄

【施行日期】

第一条 本法施行日期自公布之日起三个月之内由政令决定之。

【相关法律的废止】

第二条 废止以下法律、敕令及政令。
《国宝保存法》[1929年（昭和4年）法律第17号]；
《重要美术品保存法》[1933年（昭和8年）法律第43号]；
《史迹名胜天然纪念物保存法》[1919年（大正8年）法律第44号]；
《国宝保存法施行令》[1929年（昭和4年）敕令第210号]；
《史迹名胜天然纪念物保存法施行令》[1919年（大正8年）敕令第499号]；
《国宝保存会官制》[1929年（昭和4年）敕令第211号]；
《重要美术品等调查审议会令》[1949年（昭和24年）政令第251号]；
《史迹名胜天然纪念物调查会令》[1949年（昭和24年）政令第252号]。

【伴随法令废止的其他规定】

第三条 根据本法施行前的《国宝保存法》第一条之规定的"国宝之指定"（除根据同法第十一条第一款之规定指定撤销外）视为根据本法第二十七条第一款之规定的"重要文化遗产之指定"；根据《国宝保存法》第三条、第四条之"许可"视为根据本法第四十三条、第四十四条之规定的"许可"。

2. 关于本法施行前的国宝之灭失、损毁以及根据《国宝保存法》第七条第一款的命令、第十五条前段的补助金交付等，同法第七条至第十条、第十五条后段之规定的效力依然有效。这种情况下，第九条第二款中的"主管大臣"替换为"文化遗产保护委员会"。

3. 除《国宝保存法》第六条、第二十三条外，有关本法施行前的违法行为的处罚依然有效。

4. 在本法施行时，根据《国宝保存法》第一条所规定的国宝之所有人，必须根据委员会规则所规定的记载事项，在本法施行后三个月内书面向委员会报告。

5. 根据前款之规定提交报告的，根据本法第二十八条之规定，委员会必须向该所有人交付重要文化遗产指定证书。

6. 违反第四款规定，未报告或虚假报告的，处五千日元以下罚款。

7. 本法施行时，管理《国宝保存法》第一条所规定的国家国宝的各省各厅之长官，必须根据委员会规则所规定的记载事项，在本法施行后三个月内书面通知委员会，但委员会规则另有规定的，则不在此限。

8. 根据前款之规定通知后，委员会必须根据第二十条之规定向各省各厅之长官交付重要文化遗产指定证书。

第四条 本法施行时，之前根据《重要美术品保存法》第二条第一款被认定的物件，其效力在一定期间内依然存在。此间有关《重要美术品保存法》适用的相关事务由文化厅长官负责，该法中的"国宝"替换为"根据《文化遗产保护法》所规定的重要文化遗产""主务大臣"替换为"文化厅长官""根据《国宝保存法》第一条之规定指定的国宝及前条"替换为"前条"。

2. 在一定期间内，根据《重要美术品保存法》第二条第一款所规定的与认定撤销相关之事项，由文化遗产审议会调查审议，并就相关必要事项向文化厅长官提供咨询意见和建议。

3. 有关《重要美术品保存法》的施行，在一定期间内，准用本法第一百八十八条之规定。

第五条 本法施行前《史迹名胜天然纪念物保存法》第一条第一款之指定（除指定撤销外）可视为本法第一百〇九条第一款之指定、第一条第二款之临时指定（除临时指定撤销外）为本法第一百一十条第一款之临时指定、第三条之许可为本法第一百二十五条第一款之许可。

2. 对于本法施行前根据《史迹名胜天然纪念物保存法》第四条第一款之规定发出的命令及处分，同法第四条及《史迹名胜天然纪念物保存法施行令》第四条之规定继续有效。此时，该施行令第四条中的"文部大臣"替换为"文化遗产保护委员会"。

3. 有关本法施行前的相关行为之处罚，《史迹名胜天然纪念物保存法》中的相关规定依然有效。

【从前的国立博物馆】

第六条　除法律（包括基于法律的命令）有特别规定外，从前的国立博物馆及其职员（除美术研究所及所属职员外）视为基于本法的国立博物馆及其职员；从前国立博物馆下设的美术研究所及所属职员则成为基于本法的研究所及其职员，其前后存在持续同一性。

2. 基于本法成立的东京国立文化遗产研究所承担从前国立博物馆下设的美术研究所所主持的调查研究工作，其在名称上可以使用"美术研究所"。

【国家的无息借贷等】

第七条　本法第三十五条第一款所规定的给予经费补助的重要文化遗产，属于《利用NTT之股份的销售收入促进社会资本之整顿的特别措施法》（昭和62年法律第86号）第二条第一款第二项所规定的补助之对象的，国家在预算的范围内，对其所需的部分经费给予一定期间的无息借贷。

2. 前款无息借贷款的偿还期间在五年（包括两年以内的存放期间）以内由政令决定之。

3. 除前款由政令决定的事项外，第一款中的无息借贷款的偿还方法、提前偿还以及其他与还款相关之必要事项等由政令规定之。

4. 根据第一款之规定，国家就重要文化遗产之管理借贷款给重要文化遗产所有人或管理团体时，其补助金额相当于该借贷款之金额；该补助金交付时间为该借贷款偿还时、所交付补偿金之金额为该借贷款的偿还之金额。

5. 根据第一款之规定获得无息借贷款后，重要文化遗产所有人或管理团体在根据第二款、第三款所确定的偿还期间内，提前偿还上述借贷款（除政令另有规定外）涉及前款之适用时，该提前偿还视为该借贷款偿还。

6. 根据第一款之规定，国家实施无息借贷行为时，本法第三十五条第二款中的"交付"改为"借贷""补助的"改为"借贷的""管理或维修"改为"管理"；第三十五条第3款中的"交付"改为"借贷""管理或维修"改为"管理",并适用这些规定。

附则　1951年（昭和26年）12月24日法律第318号　抄

1. 本法自公布之日起施行。但第二十条、第二十三条、第二十三条及第一百二十四条第二款的改正规定以及附则第三款之规定，自1952年（昭和27年）4月1日起施行。

2. 对本法施行前行为的罚则之适用，修改前的《文化遗产保护法》第三十四条之规定仍然有效。

附则　1952年（昭和27年）7月31日法律第272号　抄

【施行日期】

1. 本法自1953年（昭和28年）8月1日起施行。但附则第三款之规定，自公布之日施行。

【有关东京国立博物馆分馆职员的规定】

2. 本法施行时，除另有委任外，原东京国立博物馆分馆的职员，按同一工作之条件成为奈良国立博物馆的职员。

附则　1953年（昭和28年）8月10日法律第194号　抄

1. 本法自公布之日起施行。

附则　1953年（昭和28年）8月15日法律第213号　抄

1. 本法自1953年（昭和28年）9月1日起施行。

2. 本法施行前根据从前之法令所作出的许可、认可以及其他行政处置、申请、报告及其手续等，可视为根据改正后相应之规定所作出的行政行为或手续。

附则　1954年（昭和29年）5月29日法律第131号　抄

1. 本法自1954年（昭和29年）7月1日起施行。

2. 对于本法施行前临时指定的史迹名胜天然纪念物，除根据改正后的《文化遗产保护法》（以下称为"新法"）第六十九条第一款之规定进行指定外，自本法施行之日起三年之内未根据该条该款之规定进行指定的，其效力自动失效。该规定不受"新法"第七十一条第二款之规定的限制。

3. 对于在本法施行前六个月内、根据改正前的《文化遗产保护法》第四十三条第一款或第八十条第一款、第四十五条第一款或第八十一条第一款之规定的现状变更之许可或不许可、限制或禁止及命令等处分不服的，可以在本法施行之日起三十日内向委员会提出异议申请。此时可以准用第八十五条之二第二款、第三款及第八十五条之三至第八十五条之九的规定。

4. 对在本法施行前行为的罚则之适用，根据从前之规定。

5. 废止1983年（昭和28年）政令第289号《有关史迹名胜天然纪念物的管理团体之指定等政令》。

6. 根据旧《有关史迹名胜天然纪念物的管理团体之指定等政令》第一条第一款之规定，接受指定的地方公共团体、其他团体以及根据该法令附则第二款之规定接受指定的地方公共团体及其他团体，则被视为根据新法第七十一条之二第一款、第九十五条第一款之规定接受指定的地方公共团体及其他法人。

7. 前款所指定的团体为非法人的，在本法施行后一年内，可根据新法第七十一条之二第一款、第九十五条第一款及第九十五条之三第一款之规定进行管理或修缮。该非法人可准用新法第七十一条之二第一款、第九十五条第一款及第九十五条之三第一款中有关接受指定的法人之规定。

附则　1956年（昭和31年）6月12日法律第148号　抄

1. 本法自《〈地方自治法〉部分改正之法律》[1956年（昭和31年）法律第147号] 施行之日起施行。

附则　1956年（昭和31年）6月30日法律第163号　抄

【施行日期】

1. 本法自1956年（昭和31年）10月1日起施行。

附则　1958年（昭和33年）4月25日法律第86号　抄

1. 本法自公布之日起施行，除《有关特别职位职员的工资之法律》

第四条、第九条及第十四条第一款的修改之规定,《文化遗产保护法》第十三条之后增加的修改之规定,《自治厅设置法》第十六条之后增加的修改之规定以及附则第二款规定外,自 1958 年（昭和 33 年）4 月 1 日起适用。

附则　1959 年（昭和 34 年）4 月 20 日法律第 148 号　抄

【施行日期】

1. 本法自《国税征收法》[1959 年（昭和 34 年）法律第 147 号] 施行之日起施行。

【公共课税的先取特权之顺位的修改】

7. 根据第二章规定的改正后各法令（仅限与征收金的先取特权之顺位相关部分）之规定,在本法施行后,适用于《国税征收法》第二条第（十二）项所规定的通过强制换价手续开始的分配手续,本法施行前已开始的该分配手续,在征收金的先取特权之顺位上依照旧法之规定。

附则　1961 年（昭和 36 年）6 月 2 日法律第 111 号　抄

【施行日期】

1. 本法自公布之日起施行,自 1961 年（昭和 36 年）4 月 1 日起适用。

【《行政机关职员定编法》废止】

2. 《行政机关职员定编法》[1949 年（昭和 24 年）法律第 126 号] 废止。

【对全职职员的暂定措施】

3. 1961 年（昭和 36 年）4 月 1 日现在,两个月内所雇用的全职职员,可以在一定期间内将其置于《国家行政组织法》第十九条第一款、第二款以及第二十一条第二款所确定人员编制之外。

附则 1962年（昭和37年）5月16日法律第140号 抄

1. 本法自1962年（昭和37年）10月1日起施行。

2. 除本法附则中有特别规定外，本法改正后的规定适用于本法施行前所发生的事项，但并不影响改正前已实施行为的法律效力。

3. 本法实施时仍在进行的诉讼，不受改正后新法不得提起诉讼之规定的限制，仍以旧法之规定。

4. 本法实施时正在进行的管辖权之诉，不受改正后新法的专属管辖规定的限制，仍以旧法之规定。

5. 本法施行时有关根据旧法之规定所作出的、有关起诉期间的决定或裁决，以旧法之规定，但此规定仅限于新法所规定的起诉期间比旧法短的情形。

6. 本法施行前与当事人诉讼相关的决定或裁决，新法有规定起诉期间的，其起诉期间从新法施行之日起计算。

7. 本法施行前提起、正在进行的撤销决定或裁决之诉，依照旧法之规定进行，不受新法所确定的该法律关系当事人一方为被告的限制。但如果原告申请，允许法院可以作出变更该诉讼的诉讼当事人之决定。

8. 前款之但书，准用《行政诉讼法》第十八条后段以及第二十一条第二款至第五款之规定。

附则 1962年（昭和37年）9月15日法律第161号 抄

1. 本法自1962年（昭和37年）10月1日起施行。

2. 除本法附则有特别规定外，改正后的新法之规定也适用于本法施行前的行政行为，与申请相关的行政机关的不作为以及本法施行前发生的其他事项等。但根据本法改正前规定已经发生效力的则不受影响。

3. 本法施行前提出的诉讼、审查请求、异议申请及其他不服申请（以下称为"诉愿等"），在本法施行后仍按旧法之规定处理。对于本法施行前提起的诉愿等的裁决、决定以及其他处分（以下称为"裁决等"）或者本法施行前提起的诉愿等本法施行后作出的裁决等不服的诉愿等，也按旧法规定处理之。

4. 本法施行后，有关前项诉愿等可根据《行政不服审查法》提起的不服之申请，在适用《行政不服审查法》以外之法律的，则视为根据

《行政不服审查法》提起的不服申请。

5. 根据附则第三款之规定，针对本法施行后提出的审查申请、异议申请及其他不服之申请的裁决等，不可作为根据《行政不服审查法》之规定的不服申请来对待。

6. 根据本法之规定，对于本法施行前的行政行为可依据改正前的规定提出诉愿且未确定起诉期间的，其可依据《行政不服审查法》提起不服申请的期间从本法施行之日起计算。

8. 对于本法施行前实施的处罚，适用旧法之规定。

9. 除前八款规定的事项外，有关本法施行的必要经过措置由政令规定之。

10. 若某一法律上的相关规定因本法及《有关〈行政诉讼法〉施行与相关法律的协调之法律》（昭和37年法律第140号）的施行需要改正时，首先根据本法之规定进行改正，其次根据《有关〈行政诉讼法〉施行与相关法律的协调之法律》的规定进行改正。

附则　1965年（昭和40年）3月31日法律第36号　抄

【施行日期】

第一条　本法自1965年（昭和40年）4月1日起施行。

【伴随其他法令部分改正的原则】

第五条　除另有规定处，根据第二章之规定，改正后的法令规定适用于1965年（昭和40年）以后的所得税及法人税；1964年（昭和39年）以前的所得税及法人税仍按以前之规定处理。

附则　1968年（昭和43年）6月15日法律第99号　抄

【施行日期】

1. 本法自公布之日起施行。

【过渡性规定】

2. 本法施行后，如果没有其他委任状，那么原文部省文化局、文化遗产保护委员会事务局、文部省附属机关（仅限于相当本法所规定的附属于文化厅的机关）及文化遗产保护委员会的附属机关（除文化遗产审议会外）的职员在同一工作条件下成为文化厅职员。

3. 在本法施行后，文化遗产保护委员会、文部大臣根据改正前的《文化遗产保护法》《著作权法》《有关著作权居间业务之法律》《有关加入〈世界版权公约〉的著作权法的特例之法律》《枪炮刀剑等持有取缔法》及《国立剧场法》的规定作出的许可、认可、指定、通知及其他行政行为，视为文部大臣、文化厅长官根据修改后的法律之规定所作出的许可、认可、指定、通知及其他行政行为。

4. 在本法施行后，根据改正前的《文化遗产保护法》《著作权法》《有关著作权居间业务之法律》《有关加入〈世界版权公约〉的著作权法的特例之法律》《枪炮刀剑等持有取缔法》及《国立剧场法》的规定，向文化遗产保护委员会、文部大臣提出的申请、报告及其他请求，视为根据修改后的法律之规定向文部大臣、文化厅长官提出的申请、报告及其他请求。

5. 本法施行后，原有《文化遗产保护委员会规则》作为文部省的政令，依然有效。

附则　1971年（昭和46年）5月31日法律第88号　抄

【施行日期】

第一条　本法自1971年（昭和46年）7月1日起施行。

附则　1971年（昭和46年）6月1日法律第96号　抄

【施行日期】

1. 本法自公布之日起施行。

附则　1971年（昭和47年）6月3日法律第52号　抄

【施行日期】

第一条　在本法公布之日起三十日的范围内，由政令决定施行日期。

【有关土地调整委员会以及中央公害审查委员会的行政行为的对应措施】

第十六条 本法施行前,土地调整委员会或中央公害审查委员会根据改正前的法律规定实施的相关行政行为,除政令另有规定外,视为公害等调整委员会根据改正后的相关法律实施的行政行为。

附则 1975年(昭和50年)7月1日法律第49号 抄

【施行日期】

1. 本法自公布之日起三个月之后施行。

【发现遗迹时的停止命令等特例】

2. 自本法施行之日起五年内,改正后的《文化遗产保护法》(以下称为"新法")第五十七条之五第二款但书中的"三个月"改为"六个月"、第五款但书中的"六个月"改为"九个月"。在该情况下,有关自本法施行之日起五年内实施了该条第二款所规定之措施的,即便是五年后,也依然以五年前的规定来处理。

【过渡性措施】

3. 本法施行后,在根据改正前的《文化遗产保护法》(以下称为"旧法")第五十六条之三第一款之规定所指定的重要无形文化遗产中,文部大臣认为有必要将根据旧法第五十六条之三第二款认定的"保持者"改换为根据新法第五十六条之三第二款认定的"保持团体"的,其必须在本法施行后一年内,根据旧法第五十六条之三第二款之规定撤销保持者认定的同时,根据新法第五十六条之三第二项之规定认定为保持团体。对于这种情况,准用新法第五十六条之三第三款及第五十六条之四第三款之规定。

4. 本法施行后,根据旧法第五十六条之十第一款之规定指定的"重要民俗资料"视为根据新法第五十六条之十第一款规定指定的"重要有形民俗文化遗产";同时根据旧法第五十六条之十第二款中准用旧法第二十八条第三款规定所交付的"重要民俗资料指定证书"视为根据新法第五十六条之十第二款中准用新法第二十八条第三款规定所交付的"重要有形民俗文化遗产指定证书"。

5. 在本法施行前，与旧法第五十七条之二第一款规定的发掘相关之申请，根据旧法第五十七条之二的规定来处理，不受新法第五十七条之二、第五十七条之三规定的限制。

6. 在本法施行前，有关对制定了新法第五十七条之三第一款所规定事业计划的国家机关等（除就该事业计划之实施根据旧法第五十七条之二第一款之规定已经提出申请外）适用新法第五十七条之三的规定，该条第一款中的"在制定该发掘计划时，事先……"改为"本法施行后不得延迟"。

7. 对于本法施行前，根据旧法第八十四条第一款规定已报告的遗迹，旧法第八十四条之规定依然有效，并不受新法第五十七条之五（与旧法第八十七条所规定的各省各厅之长官不对应的新法第五十七条之三第一款规定的国家机关等，新法第五十七条之六）规定的影响。

8. 有关本法施行前旧法第八十七条所规定的各省各厅之长官根据旧法第九十条第一款第八项之规定所认可的，与已通知相关之遗迹，旧法第九十条第一款第八项通知相关的旧法第九十条第三款之规定依然有效，不受新法第五十七条之六规定的影响。

9. 有关本法施行前行为的罚则之适用，依据旧法之规定。

10. 除前七款中的规定外，与本法施行相关的必要措施，由政令规定之。

附则　1983年（昭和58年）12月2日法律第78号　抄

1. 本法（除第一条外）自1983年（昭和59年）7月1日起施行。

2. 在本法施行前，根据法律之规定所设置的机关与本法施行后《国家行政组织法》以及基于本法改正后相关法律所规定的政令（以下称为"相关政令"）设置的机关之间，可通过政令规范必要过渡性措施以及伴随其他法律的施行，制定、修改或废止相关政令。

附则　1993年（平成5年）11月12日法律第89号　抄

【施行日期】

1. 本法自《行政手续法》[1993年（平成5年）法律第88号] 施行

之日起施行。

【有关咨询等不利处分的对应措施】

2. 根据《行政手续法》第十三条之规定，对于向依据本法施行前之法令而设立的审议会及其他合议制机关等提起听证、申辩及其他说明程序等而受到不利益之处分的，依照从前的规定处理，不受本法改正后的相关法律规定的影响。

【有关罚则的对应措施】

第十三条 有关本法施行前行为的罚则，依照从前之规定。

【有关协调听证之规定的过渡性措施】

第十四条 本法施行前，根据法律规定实施的听证、意见听取、听证会（除与不利处罚相关行为外）以及与之相关的程序等，视为根据改正后相关对应法律之规定实施的行为。

第十五条 除附则第二条至前条规定的事项外，有关本法施行的其他必要措施由政令规定之。

附则 1994年（平成6年）6月29日法律第49号 抄

【施行日期】

1. 本法第一章及次款之规定，自《地方自治法部分改正之法律》[1994年（平成6年）法律第48号] 中《地方自治法》第二编第十二章的改正规定施行之日起施行；本法第二章之规定自《地方自治法部分改正之法律》中《地方自治法》第三编第三章的改正规定施行之日起施行。

附则 1994年（平成6年）11月11日法律第97号 抄

【施行日期】

第一条 本法自公布之日起施行。

【伴随《文化遗产保护法》部分改正的对应措施】

第四条 有关第四条规定施行前，根据改正前《文化遗产保护法》

第四十六条第一款（包括第五十六条之十四中的准用）之规定的"出让申请"以及改正前该条第一款但书（包括第五十六条之十四中的准用）之规定的"承认申请"等，依照从前的规定处理，不受根据第四条之规定改正后《文化遗产保护法》之规定的影响。

【有关罚则的对应措施】

第二十条 对于本法（附则第一条各项所列举之规定）施行前完成的行为以及依据附则第二条、第四条、第七条第二款、第八条、第十一条、第十二条第二款、第十三条及第十五条第四款规定遵照从前第一条、第四条、第八条、第九条、第十三条、第二十七条、第二十八条及第三十条之规定施行之后的行为之处罚，仍然遵照从前之规定。

【委任立法】

第二十一条 除附则第二条至前条所规定的内容外，有关本法施行所应该采取的其他必要对应措施（包括罚则的过渡措施），由政令规定之。

附则 1996年（平成8年）6月12日法律第66号 抄

【施行日期】

1. 在本法公布后九个月内，由政令决定开始施行日。

【有关重要文化遗产公开展出申请的过渡性规定】

2. 本法施行时，改正前的《文化遗产保护法》（以下称为"旧法"）第五十三条第一款所规定的获得许可，或提出申请后，改正后的《文化遗产保护法》（以下称为"新法"）第五十三条第一款但书所规定的、由公开承认设施的设置者在其公开设施所举办的展览会上的公开，视为根据该条第二款之规定的许可或公开。

3. 在本法实施之前，根据旧法第五十三条第一款但书之规定提出了公开申请的，文化厅长官以外的国家机关或地方公共团体，在主办新法第五十三条第一款但书所规定的公开承认设施举办展览会或其他展览等，视为根据该条第二款之规定的公开展出之申请。

4. 文化厅长官以外的国家机关或地方公共团体实施新法第五十六条

之十五第一款但书规定、在免除事先公开申请的设施主办展览会或其他展览，或者免除事先公开申请的设施设置者在其免除事先公开申请的设施上实施公开的，根据本法施行前旧法第五十六条之十五第一款之规定提出的公开之申请，视为根据新法第五十六条之十五第一款但书之规定提出的公开之申请。

【有关罚则的过渡性规定】

5. 对于本法施行前行为的处罚，适用旧法之规定。

【研究】

6. 在本法施行十年后，政府必须总结本法的适用状况、应保护的文化遗产之保护状况，研究有形文化遗产登录的相关制度等，并在此基础上制定适合发展的所需措施。

附则　1999年（平成11年）7月16日法律第87号　抄

【施行日期】

第一条　本法自2000年（平成12年）4月1日起施行。但以下各项之规定由该各项规定的日期开始施行。

（一）第一条中有关《地方自治法》第二百五十条以下五条、节名以及两款及款名的改正之规定（仅限于与该法第二百五十条之九第一款相关、即获得参众两院同意的部分）、第四十条中《自然公园法》附则第九条、第十条的改正之规定（仅限与附则第十条相关部分）、第二百四十四条之规定（除《农业改良促进法》第十四条之三的改正规定相关部分外）、第四百二十七条之规定（除与《市、町、村合并特例法》第六条、第八条以及第十七条的改正规定相关部分外）以及附则第七条、第十条、第十二条、第五十九条但书、第六十条第四款及第五款、第七十三条、第七十七条、第一百五十七条第四款至第六款、第一百六十条、第一百六十三条、第一百六十四条以及第二百〇二条之规定的公布日。

【《文化遗产保护法》部分改正的对应措施】

第五十八条　施行日之前发现的文化遗产、在本法施行时未判明所有人的，其所有权的归属以及相关褒赏金等，根据第一百三十五条规定，改正前的《文化遗产保护法》（以下称为"旧《文化遗产保护法》"）第五十九条第一款所规定的文化遗产以及根据旧《文化遗产保护法》第六十一条第二款所规定的文化遗产中，属国家机关在调查埋藏文化遗产发掘时发现的文化遗产的，根据第一百三十五条之规定，适用改正后的《文化遗产保护法》（以下称为"新《文化遗产保护法》"）第六十三条之规定，对于其他文化遗产则适用新《文化遗产保护法》第六十三条之二之规定。

第五十九条　在由旧《文化遗产保护法》第六十三条第一款规定的、归属国家的文化遗产中，在本法施行时由地方公共团体保管（除与《物品管理法》第八条第三款或第六条所规定的物品管理官管理相关外）的文化遗产之所有权，自本法施行之日起归属于保管该文化遗产的地方公共团体所有。但截至本法施行日，文部省政令规定该地方公共团体已经另行提出申请的，则不受此限。

【国家等的事务】

第一百五十九条　除本法改正前各项法律所规定的事项外，地方公共团体机关根据法律或法令，管理或实施国家、其他地方公共团体之事务（附则第一百六十一条中称为"国家等的事务"），视为本法施行后，地方公共团体根据法律或法令，作为该地方公共团体之事务来处理。

【有关处分、申请的过渡性措施】

第一百六十条　本法（附则第一条各项所列举的规定。在本条以及附则第一百六十三条中相同）施行前，根据改正前各项法律之规定的许可等具体行政行为（以下称为"具体的行政行为"）或者根据改正前的各项法律规定的许可申请等行为（以下称为"申请等行为"），在本法施行之日，与该行为相关的行政事务处理者不同的，除附则第二条至前条之规定或改正后的相关法律（包括根据该法律的相关行政命令）所规定对应措施外，就本法施行后各项法律的适用问题，视为根据改正后各项法律规定所作出的具体行政行为或申请等。

2. 本法施行前，根据改正前的各相关法律规定，必须向国家机关或地方公共团体机关报告、申请或提出等其他手续之事项，在本法实施日之前未提出的，除本法及政令有特别规定外，视为根据改正后的相关法律规定的必须向国家机关或地方公共团体机关的报告、申请或提出等其他手续，适用本法改正后的相关法律规定。

【有关不服申请的过渡性措施】

第一百六十一条　针对本法施行前的相关行政机关（以下本条称为"行政厅"）之具体行政行为的不服申请，上级行政机关（以下称为"上级行政厅"）在本法施行后尚未作出复议裁决的，则视该具体行政行为为上级行政厅机关的行政行为、本法施行前的上级行政厅为行政厅，适用《行政不服审查法》之规定。

2. 当前款被视为行政厅的上级行政厅为地方公共团体之机关时，该机关根据《行政不服审查法》处理的行政事务则为新《地方自治法》第二条第九款第一项规定的第一项法定受托事务。

【有关手续费的过渡性措施】

第一百六十二条　在施行前，根据改正前的各项法律（包含政令）应缴纳的手续费，除本法以及基于本法的政令另有规定外，仍然依据从前之规定。

【有关罚则的过渡性性规定】

第一百六十三条　对本法施行前行为的处罚，适用施行前之法律。

【其他政令委托的过渡性措施】

第一百六十四条　除附则的规定外，伴随本法施行的其他必要的过渡性措施（包括罚则的过渡性措施），由政令规定之。

2. 有关适用附则第十八条、第五十一条以及第一百八十四条之规定的必要事项，由政令规定之。

【研究】

第二百五十条　有关新《地方自治法》第二条第九款第一项所规定的"第一项法定受托事务"，在尽可能不设定新事务的同时，从推动地方分权的观点出发，适当、确实地从新思考新《地方自治法》附表（一）中所列举的事务以及基于新《地方自治法》之政令所表明的事务。

第二百五十一条　为促进地方公共团体自主、自立执行地方行政事务，政府应该根据国家与地方公共团体间公共事务的分担情况，充分考虑并研究经济情势的变化、采取相应的必要措施，以确保地方拥有充足财源。

附则　1999年（平成11年）7月16日法律第102号　抄

【施行日期】

第一条　本法自《内阁法部分修改之法律》（平成11年法律第88号）施行之日起施行。但以下各项之规定，自各项所定之日起施行。

（二）附则第十条第一款及第五款、第十四条第三款、第二十三条、第二十八条以及第三十条，自公布之日起施行。

【其他过渡性措施】

第三十条　除第二条至前条的规定外，伴随本法施行的必要过渡性措施，由其他法律规定之。

附则　1999年（平成11年）12月22日法律第160号　抄

【施行日期】

第一条　本法（除第二条、第三条外）自2001年（平成13年）1月6日起施行。

附则　1999年（平成11年）12月22日法律第178号　抄

【施行日期】

第一条　本法自2001年（平成13年）1月6日起施行，但附则第九条，由政令在本法施行之日起不超过六个月的范围内决定施行日。

附则　1999年（平成11年）12月22日法律第179号　抄

【施行日期】

第一条　本法自2001年（平成13年）1月6日起施行，但附则第八条之规定，由政令在本法施行之日起不超过六个月的范围内决定施行日。

附则 2000年（平成12年）5月19日法律第73号 抄

【施行日期】

第一条 本法在其公布之日起不超过一年的范围内由政令决定施行日。

附则 2002年（平成14年）2月8日法律第1号 抄

【施行日期】

第一条 本法自公布之日起施行。

附则 2002年（平成14年）7月3日法律第82号 抄

本法自日本加入的《禁止、防止文化遗产非法进出口及所有权转移国家公约》生效之日起施行。

附则 2004年（平成16年）5月28日法律第61号 抄

【施行日期】

第一条 本法自2005年（平成17年）4月1日起施行。

附则 2004年（平成16年）6月9日法律第84号 抄

【施行日期】

第一条 本法在其公布之日起不超过一年的范围内，由政令决定施行日。

附则 2006年（平成18年）5月31日法律第46号 抄

【施行日期】

第一条 本法在其公布之日起不超过一年六个月的范围内由政令决定

施行日，但以下各项之规定自该项所规定之日起施行。

（三）第一条中的《都市规划法》第五条之二第一款及第二款、第六条、第八条第二款及第三款、第十三条第三款、第十五条第一款、第十九条第三款及第五款的修改，该条第六款的删除规定以及该法第二十一条、第二十二条第一款、第八十七条之二的改正之规定，第二条中的《建筑基准法》第六条第一款的改正规定、第三条、第六条、第七条中《都市再生特别措置法》第五十一条第四款的改正规定以及附则第三条、第四条第一款、第五条、第八条及第十三条之规定等，自其公布之日起六个月内由政令规定施行日。

附则 2006年（平成18年）6月15日法律第73号 抄

【施行日期】

第一条 本法在其公布之日起一年六个月内，由政令决定施行日。

附则 2007年（平成19年）3月30日法律第7号 抄

【施行日期】

第一条 本法自2007年（平成19年）4月1日起施行。

【文化遗产保护法部分改正的过渡性措施】

第十一条 根据前条之规定，有关改正后《文化遗产保护法》第一百〇四条第一款之规定的适用，施行日之前研究所实施发掘埋藏文化遗产（该法第九十二条第一款规定的埋藏文化遗产）调查发现的，该法第一百〇二条第二款所规定的文化遗产，视为机构发现的文化遗产。

附则 2011年（平成23年）5月2日法律第37号 抄

【施行日期】

第一条 本法自公布之日起施行。

【有关罚则的过渡性措施】

第二十三条 对于本法(附则第一条所列各项规定,在该规定)施行前行为的罚则,适用从前之法律。

【法令委任】

第二十四条 除附则第二条至前条以及附则第三十六条中规定的过渡性措施外,有关本法实施的过渡性措施,由政令规定之。

附则 2014 年(平成 26 年)6 月 4 日法律第 51 号 抄

【施行日期】

第一条 本法自 2015 年(平成 27 年)4 月 1 日起施行。

【有关罚则的过渡性措施】

第八条 对于本法施行前实施行为的罚则,适用从前之法律。

【法令委任】

第九条 除附则第二条至前条规定的过渡性措施外,有关本法施行的过渡性措施(包括罚则的过渡性措施),由政令规定之。

附则 2014 年(平成 26 年)6 月 13 日法律第 69 号 抄

【施行日期】

第一条 本法自《行政不服审查法》[2014 年(平成 26 年)法律第 68 号]的施行日起施行。

附则 2018 年(平成 30 年)6 月 8 日号外法律第 42 号 抄

【施行日期】

第一条 本法自 2019 年(平成 31 年)4 月 1 日起施行。

【有关罚则的过渡性措施】

第二条 对于本法施行前实施行为的罚则,适用从前之法律。

【法令委任】

第三条 除前条规定外,有关本法施行的必要过渡性措施,由政令规定之。

附则 2020 年（令和 2 年）4 月 17 日法律第 18 号 抄

【施行日期】

1. 本法在其公布之日起一个月内,由政令决定施行日。

附则 2020 年（令和 2 年）6 月 10 日法律第 41 号 抄

【施行日期】

第一条 本法在其公布之日起三个月后施行,但以下各项则由其各自规定之日起施行。

（一）第三条、第七条、第十条以及附则第四条、第六条、第八条、第十一条、第十三条、第十五条以及第十六条之规定自公布之日起施行。

附则 2021 年（令和 3 年）4 月 23 日法律第 22 号 抄

【施行日期】

1. 本法在其公布之日起三个月内、由政令决定施行日,但第五十七条第二款的但书修改规定、第一百八十二条的修改以及增加规定,自 2022 年（令和 4 年）4 月 1 日起施行。

3. 传统工艺品产业振兴法*

1974年（昭和49年）5月25日法律第57号［制定］
1983年（昭和58年）12月2日号外法律第78号
［根据国家行政组织法之修改法的相关法律整备法第127条之修改］
1992年（平成4年）5月6日号外法律第41号［第一次修改］
1994年（平成6年）6月29日号外法律第49号
［根据地方自治法之修改法的相关法律整备法第30条之修改］
1995年（平成7年）11月1日号外法律第128号
［根据促进新商业活动的相关法律整备法附则第9条之修改］
1996年（平成8年）5月24日号外法律第49号
［根据产业转换临时措施法之废止法附则第9条的修改］
1999年（平成11年）7月16日号外法律第87号
［根据推进地方分权的相关法律整备法第337条之修改］
1999年（平成11年）7月16日号外法律第102号
［根据中央省厅改革的相关法律整备法第140条之修改］
1999年（平成11年）12月22日号外法律第160号
［根据中央省厅改革关系法施行法第952条之修改］
1999年（平成11年）12月22日号外法律第222号
［根据促进中小企业商业活动的中小企业关系法之修改法附则第19条的修改］
1999年（平成11年）12月22日号外法律第223号
［根据创新商业促进法的修改法附则第8条之修改］
2001年（平成13年）4月18日号外法律第33号［第二次修改］
2006年（平成18年）6月2日法律第50号

---

* 根据掌握资料，该法目前汉译文本有两个，一个是王秀明译本（载《〈文化艺术振兴基本法〉等的翻译报告》，对外经济贸易大学，2015年，第12—21页），另一个则为傅颖的译本［载中共中央宣传部政策法规研究室编《外国文化法律汇编》（第一卷），学习出版社2015年版，第407—414页］，二者均为2013年法律的译本。

［根据实施公益法人、社团法人认定法的相关法律整备法第 383 条之修改］

2011 年（平成 23 年）6 月 24 日号外法律第 74 号

［根据信息处理高度化的法刑修正法附则第 35 条之修改］

2013 年（平成 25 年）6 月 14 日号外法律第 44 号

［根据提高地域自主性改革的相关法律整备法第 49 条之修改］

【立法目的】

第一条　有鉴于一定地域内的民众利用传统技术或技法所制造的传统工艺品在民众生活中孕育、传承至今甚至是未来的基础，为实现传统工艺品产业之振兴、丰富国民生活、促进区域经济繁荣，谋求国民经济的健全发展，特制定本法。

【传统工艺品的指定等】

第二条　在听取产业构造审议会意见的基础上，经济产业大臣可指定符合以下各项要件的工艺品为传统工艺品。

（一）主要被用于日常生活的工艺品；

（二）其制造过程的主要部分由手工完成；

（三）利用传统技术或技法制造的工艺品；

（四）主要使用传统的原材料所制作的工艺品；

（五）在一定的地域内，有一定人数的从业人员从事该艺术品的制造。

2. 前款所规定的传统工艺品之指定，应明确与该传统工艺品制造相关的传统技术或技法、传统原材料以及该传统工艺品的制造地域。

3. 作为行业协会、商业联合会、商会或其他组织（以下简称"行业协会等"，仅限于依据政令规定、有协会章程的行业协会等）成员、直接或间接参与工艺品制造的企业或手工业者（以下简称"制造业者等"）在一定地域内，符合政令规定之要件、能够代表该地域工艺品制造业的制造业者等，若希望其制造的工艺品被指定为传统工艺品，可通过所在地域辖区都、道、府、县知事（若该地域在一个市、町、村的，则为该市、町、村负责人。包含特别区，以下同）向经济产业大臣提出指定之申请。

4. 经济产业大臣必须在指定传统工艺品后进行公告。

5. 如果根据第一款及第二款之规定指定的传统工艺品，存在情势变更或其他特别事由（除下一款规定的情形外）的情况下，经济产业大臣可在听取产业构造审议会意见的基础上，变更第二款所规定的指定之内容。

6. 当被指定的传统工艺品不再符合第一款所规定之要件时，经济产业大臣可在听取产业构造审议会意见的基础上，撤销该款之指定。

7. 根据第五款之规定的传统工艺品的指定内容之变更，准用第三款及第四款之规定；根据前款之规定的传统工艺品的指定之撤销，准用第四款之规定。

【基本方针】

第三条 经济产业大臣必须制定国家振兴传统工艺品产业的基本方针（以下称为"基本方针"）。

2. 基本方针应包括以下各项内容。

（一）振兴传统工艺品产业的基本方向；

（二）从业者以及后继者的确保与培育事项；

（三）传统技术或技法的传承与改善事项；

（四）传统工艺品市场的开拓事项；

（五）传统工艺品以及利用传统技术或技法的新商品研发与制造事项；

（六）振兴传统工艺品产业的其他事项。

3. 经济产业大臣在制定、变更基本方针时，必须听取产业构造审议会的意见。

4. 经济产业大臣在制定或变更基本方针后，必须立刻公布、不得延迟。

【振兴计划】

第四条 符合政令规定之要件、能够代表地域传统工艺品制造业的行业协会等，可制订该地域传统工艺品产业振兴计划（以下称为"振兴计划"），并经辖区都、道、府、县知事（当该地域在一个市、町、村辖区内的则为该市、町、村的长官。除第十三条第一款、第十四条第二款、第二十二条第三款及第二十七条外，以下称为"都、道、府、县知事"）向经济产业大臣提出振兴计划的内容适当认定之申请。

2. 都、道、府、县知事在受理前款振兴计划后,可附上自己的意见、并将其提交给经济产业大臣。

【振兴计划的变更等】

第五条 获得前条第一款之认定的特订制造业行业协会等,试图变更其被认定的振兴计划的,必须获得经济产业大臣的认定。

2. 前款规定的认定之申请必须经由都、道、府、县知事进行。

3. 经济产业大臣认为获得前条第一款之认定的特定制造业协会等或其具体成员未实施获认定的振兴计划(根据第一款规定的变更之认定的为变更后的振兴计划,以下称为"被认定的振兴计划")的,可撤销其认定。

4. 振兴计划之变更,准用前条第二款之规定。

【振兴计划的内容】

第六条 振兴计划应包括以下各项内容。

(一)从业者之后继者的确保和培育以及从业者的培训事项;

(二)传统技术或技法的传承与改善以及其他维持和改善品质的相关事项;

(三)原材料的确保以及原材料的研究等事项;

(四)传统工艺品需求市场的开拓事项;

(五)作业场所以及其他作业环境条件的改善事项;

(六)原材料的共同买入、制品的共同销售以及其他共同实施的事项;

(七)品质的标识以及其他向消费者提供准确信息之事项;

(八)老年从业者、熟练掌握技术的从业者以及其他从业者的社会福利等事项;

(九)为振兴传统工艺品产业的其他必要事项。

【共同振兴计划】

第七条 特定传统工艺品制造业的行业协会与销售业者以及销售业协会、联合会或工商业协会(以下称为"销售业行业协会等")等,可就前条第(四)项、第(六)项或第(七)项所列事项(仅限于该条第

（六）项所列举的共同销售事项、第（七）项所列举的向消费者提供准确信息事项），制订共同的传统工艺品振兴计划（以下称为"共同振兴计划"），并经由都、道、府、县知事向经济产业大臣提出共同振兴计划的内容适当认定之申请。

2. 共同振兴计划，准用第四条第二款之规定。

【共同振兴计划的变更等】

第八条 获得前条第一款之认定的特定制造业行业协会、销售业者以及销售业行业协会等，变更其被认定的共同振兴计划的，必须获得经济产业大臣的认定。

2. 前款规定的认定之申请必须经由都、道、府、县知事进行。

3. 经济产业大臣认为获得前条第一款之认定的特定制造业协会、销售业者、销售业行业协会以及其具体成员未实施获认定的共同振兴计划（根据第一款规定的变更之认定为变更后的共同振兴计划，以下称为"被认定的共同振兴计划"）的，可撤销其认定。

4. 共同振兴计划之变更，准用第四条第二款之规定。

【利用计划】

第九条 传统工艺品的制造业者或制造业协会等（除特定制造业协会外。本款及下一条同）可单独或共同制订有关传统工艺品等利用事业（即有益于传统工艺品产业发展的、以下所列各项事业中的一项或两项以上事业，以下同）的相关计划（以下称为"利用计划"），并经由都、道、府、县知事向经济产业大臣提出传统工艺品利用计划的内容适当认定之申请。根据经济产业省政令之规定，制造业者或制造业协会等在制订了共同活用计划后，必须确定传统工艺品等利用事业的代表人，并经由都、道、府、县知事向经济产业大臣提出备案。

（一）从事者的培训事项；

（二）技术或技法的改善以及其他品质改善事业；

（三）原材料的研究事业；

（四）需求市场的开拓事业；

（五）原材料的共同采购、制品的共同销售及其他共同化事业；

（六）向消费者提供准确消费信息的事业；

（七）新商品的开发与制造事业。

2. 利用计划，准用第四条第二款之规定。

【利用计划的变更等】

第十条 获得前条第一款之认定的制造业者或制造业行业协会等变更其被认定的利用计划的，必须获得经济产业大臣的认定。

2. 根据前款规定的认定之申请必须经由都、道、府、县知事进行。

3. 经济产业大臣认为获得前条第一款之认定的利用计划（根据第一款规定的变更之认定为变更后的利用计划，以下称为"被认定的利用计划"）的相关事业实施者（包括制造业行业协会的成员）未实施该计划的，可撤销该认定。

4. 利用计划之变更，准用第四条第二款之规定。

【合作的利用计划】

第十一条 制造业者或制造业行业协会等，可单独或共同与其他合作的制造业者（即其他传统工艺品的制造业者。以下同）或其他合作的制造业行业协会（即由其他合作的制造业者构成的合作的制造业行业协会等。以下同）进行传统工艺品的合作利用事业（以下称为"合作利用事业"）、制定传统工艺品的合作利用计划（以下称为"合作的利用计划"），根据经济产业省政令之规定确定负责人，并经由都、道、府、县知事向经济产业大臣提出传统工艺品的合作利用计划的内容适当认定之申请。

2. 合作的利用计划，准用第四条第二款之规定。

【合作利用计划之变更等】

第十二条 获得前条第一款之认定的制造业者或制造业行业协会以及合作的制造业者或其他合作的制造业行业协会等变更其被认定的合作利用计划的，必须获得经济产业大臣的认定。

2. 根据前款规定的认定之申请必须经由都、道、府、县知事进行。

3. 经济产业大臣认为获得前条第一款之认定的合作利用计划（根据第一款规定的变更之认定为变更后的合作利用计划，以下称为"被认定的合作利用计划"）的相关事业实施者（包括制造业行业协会的成员）未实施该计划的，可撤销其认定。

4. 合作利用计划之变更，准用第四条第二款之规定。

【援助计划】

第十三条　从事传统工艺品产业的援助事业（即传统工艺品产业从业者及后备力量的确保与培育、推进与消费者之间的交流以及其他援助传统工艺品产业振兴的事业，以下称为"援助事业"）的援助者，可制订相关援助计划（以下称为"援助计划"），并经由所在管辖区都、道、府、县知事向经济产业大臣提出援助计划的内容适当认定之申请。

2. 援助计划，准用第四条第二款之规定。

【援助计划的变更等】

第十四条　获得前条第一款之认定的援助者变更其被认定的援助计划的，必须获得经济产业大臣的认定。

2. 根据前款规定的认定之申请必须经由都、道、府、县知事进行。

3. 经济产业大臣认为获得前条第一款之认定的援助计划（根据第一款规定的变更之认定，为变更后的援助计划，以下称为"被认定的援助计划"）的实施者未实施该援助计划的，可撤销其认定。

3. 援助计划的变更，准用第四条第二款之规定。

【授权立法】

第十五条　除第四条至前条所规定的内容外，有关振兴计划、共同振兴计划、利用计划、合作利用计划、支援计划的认定或变更认定等相关必要事项，由经济产业省以政令规定之。

【经费的补助】

第十六条　对于依据被认定的振兴计划或共同振兴计划开展各项事业的特定制造业行业协会、销售者或销售业行业协会以及被认定的利用计划或合作利用计划的实施者等，国家及地方公共团体可给予其部分必要的经费补助。

【资金的确保等】

第十七条　国家及地方公共团体必须努力确保基于被认的振兴计划、

共同振兴计划、利用计划、合作利用计划以及援助计划的相关事业有必要的资金和良好的融资环境。

【中小企业信用保险法之特例】

第十八条 获得第十三条第一款之认定的一般社团法人或一般财团法人①应视为《中小企业信用保险法》② 第二条第一款所规定的中小企业，其基于被认定的援助计划的相关资金的《中小企业信用保险法》第三条第一款或第三条之二第一款所规定的债务担保，准用该法第三条、第三条之二和第四条至第八条之规定。在此情况下，《中小企业信用保险法》第三条第一款、第三条之二第一款中的"借款"应替换为"基于《传统工艺品产业振兴法》第十四条第三款所认定的援助计划而实施援助事业的必要借款资金"。

【税制措施】

第十九条 为了顺利推进基于被认定的振兴计划、实施统工艺品产业振兴事业，国家及地方公共团体应当在税收制度上采取必要的优惠措施。

【标识】

第二十条 特定制造业行业协会等可制作特定标识，在其成员的制造业者所制造的、被指定的传统工艺品上使用。

【指导与建议】

第二十一条 经济产业大臣可就传统工艺品产业之振兴，向传统工艺品的制造业者或销售业者、传统工艺品的利用事业或合作利用事业的实施者以及援助事业的实施者，提供必要的指导与建议。

【报告的征收】

第二十二条 经济产业大臣或都、道、府、县知事可要求特定制造业

---

① "一般社团法人"是指在社员总会中拥有二分之一以上表决权、《中小企业信用保险法》第二条第一款所规定的中小企业；"一般财团法人"则仅限于设立时承担出资财产价格二分之一以上的中小企业。

② 1950 年（昭和 25 年）法律第 264 号。

行业协会、销售业者或销售业行业协会等，报告其基于被认定的振兴计划、共同振兴计划的传统工艺品产业振兴事业或基于被认定的利用计划、合作利用计划的传统工艺品的利用事业等的实施情况。

2. 经济产业大臣或都、道、府、县知事认为特别必要时，可要求基于被认定的振兴计划的、构成特定制造业行业协会等的制造业者报告其传统工艺品产业振兴的事业实施情况。

3. 经济产业大臣或都、道、府、县知事，可要求基于被认定的援助计划的实施者报告其传统工艺品产业的援助事业实施情况。

【传统工艺品产业振兴协会的设立】

第二十三条　可在其名称中使用"传统工艺品产业振兴协会"的一般社团法人或一般财团法人，仅限于以振兴传统工艺产品产业为目的的传统工艺产品制造业行业协会等的成员或设立者。

2. 除前款一般社团法人或一般财团法人（以下称为"协会"）的设立登记申请书外，申请人还必须添附其作为传统工艺产品制造业行业协会等成员或设立者的经济大臣之证明书。

【成立的备案申请】

第二十三条之二　协会成立后，必须在两周内向经济产业大臣提出备案申请。备案申请材料中必须添附协会登记事项明书复印件和协会章程复印件。

【协会的各项业务】

第二十四条　为实现第二十三条第一款所规定的立法之目的，协会必须开展以下各项业务。

（一）对传统工艺品制造业的经营之改善、合理化以及其他稳健经营之方法等，进行调查、研究与指导；

（二）举办各种传统工艺品展览会，开拓消费、需求市场；

（三）向协会会员提供传统工艺品的市场需求、制造的技术或技法、原材料等信息；

（四）对振兴计划或共同振兴计划的制订、实施等给予指导或建议等；

（五）对传统工艺品的原材料、制造过程、品质等的改善等进行研究；

（六）对传统工艺品的品质标识的使用等进行指导或给予建议；

（七）收集并整理与传统工艺品相关的资料；

（八）对熟练掌握传统技术或技法的从事者予以认定；

（九）对传统工艺品的利用、合作利用以及援助等业务之实施等给予必要的信息；

（十）实现协会成立之目的的其他必要业务等。

【协会业务之监督】

第二十四条之二　协会所实施的各项业务由经济产业大臣监督之。

2. 在为确保协会的各项业务得到确实、适当地实施，经济产业大臣认为必要时，可随时对协会的业务实施以及财产状况进行检查，或下达必要的监督之命令。

【名称的使用之限制】

第二十五条　非协会者不得在其名称中使用"传统工艺品振兴协会"之文字。

【对协会的补助】

第二十六条　协会在实施第二十四条所规定的各项业务时，国家以及地方公共团体可以对其给予必要经费的部分补助。

【都、道、府、县或市、町、村的事务处理】

第二十七条　通过政令方式可将本法所规定的、属于经济产业大臣的部分权限由都、道、府、县知事或市、町、村负责人行使。

【权限的委任】

第二十八条　通过政令方式可委任经济产业局长行使本法所规定的、属于经济产业大臣的部分权限。

【事务的区分】

第二十九条　根据第二条第三款（包括该条第七款中的准用）、第四条

第一款、第五条第二款、第七条第一款、第八条第二款、第九条第一款、第十条第二款、第十一条第一款、第十二条第二款、第十三条第一款以及第十四条第二款之规定，由都、道、府、县或市、町、村所处理的各项事务视为根据《地方自治法》① 第二条第九款第一项规定的第一号法定受托事务。

【罚则】

第三十条　违反第二十二条之规定未进行报告或伪造报告者，处以三十万日元以下的罚金。

2. 法人（包含非法人社团或财团但有代表人或管理人的"无人格之社团等"，以下称为"无人格之社团等"）的代表人、法人或自然人的代理人、使用人以及其他从业者，违反实施前款禁止之行为者，除应处罚行为人外，还应对法人或自然人科以前款相同之刑。

3. 对无人格之社团等适用前款之规定时，其代表人或管理人除代表无人格之社团等进行诉讼行为外，也作为代表法人的刑事被告人或嫌疑人准用刑事诉讼的相关规定。

第三十一条　协会的理事、监事或清算人违反以下各项中任何一项者，科以五十万日元以下罚金。

（一）违反第二十三条之二的规定，成立协会却未申报或虚假申报的；

（二）拒绝、妨碍或逃避第二十四条之二第二款规定之检查或违法该项规定的监督之命令的；

第三十二条　违反第二十五条规定的，科以十万日元以下罚金。

附则　抄

【施行日期】

1. 本法自公布之日起实施。

附则　1983年（昭和58年）12月2日法律第78号

1. 本法（除第一条外）自1983年（昭和58年）7月1日起施行。

---

① 1947年（昭和22年）法律第76号。

2. 在本法施行后，本法施行前根据法律设置的机构，基于《国家行政组织法》或因本法修改的相关法律的实施政令（以下称为"相关政令"）所规定的过渡性措施，可通过政令规定确定其存废。

附则　1992 年（平成 4 年）5 月 6 日法律第 41 号　抄

【施行日期】

第一条　本法自公布之日起施行。

【罚则的过渡性措施】

第二条　有关本法施行前的违法行为之罚则的适用，参照以往案例。

附则　1994 年（平成 6 年）6 月 29 日法律第 49 号　抄

【施行日期】

1. 本法第一章以及下一款之规定，自《地方自治法部分修改法》[①] 第二编第十二章修改规定施行日开始施行；第二章之规定，自第三编第三章修改规定施行日开始施行。

附则　1995 年（平成 7 年）11 月 1 日法律第 128 号　抄

【施行日期】

第一条　本法自公布之日起一个月之内，由政令施行日期。

附则　1996 年（平成 8 年）5 月 24 日法律第 49 号　抄

【施行日期】

第一条　本法自 1996 年（平成 8 年）5 月 29 日起施行。

---

① 1994 年（平成 6 年）法律第 49 号。

附则 1999年（平成11年）7月16日法律第87号 抄

【施行日期】

第一条 本法自2000年（平成12年）4月1日起施行，但以下各项则自其各自规定的日期其施行。

（一）第一条中的《地方自治法》第二百五十条以下五条、节名以及第二项和款名修改规定（仅限本法第二百五十条之九第一款规定的获得参众两院同意部分），第四十条中的《自然公园法》附则第九项、第十项修改规定（仅限于本法附则第十款相关部分），第二百四十四条之规定（除《农业改良促进法》第十四条之三的修改部分外）以及第四百七十二条之规定（除《市、町、村合并特例法》第六条、第八条及第十七条的规定修改部分外）以及附则第七条、第十条、第十二条、第五十九条但书、第六十条第四款和第五款、第七十三条、第七十七条、第一百五十七条第四款至第六款、第一百六十条、第一百六十三条、第一百六十四条及第二百○二条的规定，自公布之日起施行。

【国家的事务】

第一百五十九条 除根据本法修改前的各项法律之规定外，本法施行前地方公共团体根据法律或政令管理的国家或其他地方公共团体管理之事务（附则第一六百十一条中称为"国家等事务"），在本法施行后，视为地方公共团体根据法律或政令之规定处理的地方公共团体之事务。

【与处分、申请等相关的过渡性措施】

第一百六十条 在本法（附则第一条各项之规定根据其规定。在本条及附则第一百六十三条中相同）施行前，根据修改前各自法律规定的许可以及其他行为（以下本条中称"处分等行为"）或本法施行时根据修改前各自法律之规定的申请许可以及其他行为（以下本条中称"申请等行为"），在本法施行后实施的与该行为相关的行政事务不一致时，除附则第二条至前条规定或修改后各自法律（包括相关命令）的过渡性措施外，应视为根据修改后本法的处分行为或申请行为。

2. 在本法施行前，针对根据各自修改前的法律必须向国家或地方公共团体提交报告、提出申请以及其他手续等事项未完成的，除本法以及其他法令有特别规定外，视为依据修改后的法律行为，适用修改后的各自之法律。

【不服申诉的过渡性措施】

第一百六十一条　本法施行前，根据《行政不服审查法》之规定，针对与国家事务相关之处分的不服申诉，视为实施之后的不服之申诉，直接适用《行政不服审查法》的规定。在该情况中，视处分厅的上级行政复议机关为施行后该处分厅的上级行政机关。

2. 当前款被视为上级行政机关的为地方公共团体时，其根据《行政不服审查法》之规定所处理的事务，应为新《地方自治法》第二条第九款第一项所规定的法定受托事务。

【手续费的过渡性措施】

第一百六十二条　在本法施行前，该根据修改前各项法律（包括基于法律的命令）所规定应纳手续费，除另有规定外，根据旧法规定缴纳之。

【罚则的过渡性措施】

第一百六十三条　针对本法施行前行为的罚则适用，根据旧法规定处理之。

【其他过渡性措施的立法授权】

第一百六十四条　除附则规定的事项外，伴随本法施行的必要过渡性措施（包括罚则的过渡性措施）由政令规定之。

2. 适用附则第十八条、第五十一条及第一百八十四条之规定的必要事项由政令规定之。

【研究探讨】

第二百五十条　对于新《地方自治法》第二条第九款第一项规定的法定受托事务，应尽量在不创建新事务同时，从推进地方分权的观点研究、完善新《地方自治法》附表（一）所列事项以及基于新《地方自治法》政令所示事项的适当性。

第二百五十一条　为了地方公共团体可以自主、自立地执行其业务或事业，政府应在持续考察国家经济形势走势的基础上采取必要措施，确保地方税财源充分。

第二百五十二条　伴随医疗保险制度、年金制度的改革，政府应从保障被保险者的便利性、事务处理的效率化的角度出发，采取必要措施以确保社会保险事业以及相关职员的配置等处在理想状态。

附则　1999年（平成11年）7月16日法律第102号　抄

【施行日期】

第一条　本法自《内阁法修改法》① 施行之日起施行，但以下各项则自其各自确定的日期起施行。

（一）略

（二）附则第十条第一款及第五款、第十四条第三款、第二十三条、第二十八条以及第三十条之规定自公布之日其施行。

【委员等任期的过渡性措施】

第二十八条　以下所列审议会、其他机构的会长、委员以及其他职员（除无任期者外）之任期，自本法施行之日届满、不再参照决定其各自任期的相关之法律的规定。

（一）至（四十五）省略

（四十六）传统工艺品产业审议会。

【其他过渡性措施】

第三十条　除第二条至前条规定的内容外，伴随本法施行的其他过渡性措施，由其他法律规定之。

附则　1999年（平成11年）12月22日法律第160号　抄

【施行日期】

第一条　本法（除第二条、第三条外）自2001年（平成13年）1月

---

① 1999年（平成11年）法律第88号。

6日起施行，但以下各项之规定自其各自规定之日起施行。

（一）第九百九十五条（仅限于《核原料、燃料以及核反应堆规制法修改法》附则相关部分）、第一千三百〇五条、第一千三百〇六条、第一千三百二十四条第二款、第一千三百二十六条第二款及第一千三百四十四条自公布之日起施行。

附则　1999年（平成11年）12月22日法律第222号　抄

【施行日期】

第一条　本法自公布之日起两个月内，由政令规定施行日期。

附则　1999年（平成11年）12月22日法律第223号　抄

【施行日期】

第一条　本法自公布之日起三个月内，由政令规定施行日期。

附则　2001年（平成13年）4月18日法律第33号　抄

【施行日期】

第一条　本法自公布之日起施行。

【利用计划认定的过渡性措施】

第二条　根据修改前的《传统工艺品产业振兴法》第七条第一款之规定，获得认定的利用计划之变更认定或认定撤销、传统工艺品的关联保证的报告征收等，适用旧法。

【罚则的过渡性措施】

第三条　对本法施行前的行为以及前条规定的与报告征收相关行为之罚则，适用旧法。

【授权立法】

第四条　除前两条规定外，与本法施行相关的必要过渡性措施由政令规定之。

附则　2006 年（平成 18 年）6 月 2 日法律第 50 号　抄

本法自《一般社团·财团法人法》施行之日起实施。

附则　2011 年（平成 23 年）6 月 24 日法律第 74 号　抄

【施行日期】

第一条　本法自公布之日起，二十日后施行。

附则　2013 年（平成 25 年）6 月 14 日法律第 44 号　抄

【施行日期】

第一条　本法自公布之日起施行。

【罚则的过渡性措施】

第十条　对于本法（若为附则第一条各项规定的，则为该规定）施行前的行为之处罚，适用旧法。

【授权立法】

第十一条　除附则规定的内容外，与本法施行相关的必要过渡性措施（包括罚则的过渡性措施）由政令规定之。

4. 国民祝日法

1948年（昭和23年）7月20日法律第178号［制定］
1966年（昭和41年）6月25日号外法律第86号［第一次修改］
1973年（昭和48年）4月12日法律第10号［第二次修改］
1985年（昭和60年）12月27日法律第103号［第三次修改］
1989年（平成1年）2月17日法律第5号［第四次修改］
1995年（平成7年）3月8日号外法律第22号［第五次修改］
1998年（平成10年）10月21日号外法律第141号［第六次修改］
2001年（平成13年）6月22日号外法律第59号
［根据国民祝日法及老人福利法之修改法第1条之修改］
2005年（平成17年）5月20日号外法律第43号［第七次修改］
2014年（平成26年）5月30日号外法律第43号［第八次修改］
2017年（平成29年）6月16日号外法律第63号
［根据天皇退位等皇室典范特例法附则第10条之修改］
2018年（平成30年）6月20日号外法律第57号［第九次修改］

第一条 为培育善良的风习、建设更美好的社会和更富足的生活，本法确定追求自由与和平的全体日本国庆祝、感恩或纪念日的节假日，名曰"国民祝日"。

第二条 日本的国民祝日如下：

元旦：1月1日，庆祝新一年的开始。

成人日：1月的第二个星期一，庆祝已成年并能独立生存。

建国纪念日：政令确定的日子，庆祝建国、培养爱国心。

天皇生日：2月23日，庆祝天皇诞生。

春分日：立春，歌颂自然，热爱自然。

昭和日：4月29日，回顾经历动荡、复兴的昭和时代，思考国家未来。

宪法纪念日：5月3日，纪念日本国宪法的实施，期待国家繁荣昌盛。

绿日：5月4日，亲近自然、感谢自然的恩泽，丰富精神世界。

儿童节：5月5日，感谢母亲，重视儿童人格培养、珍惜儿童幸福。

海洋日：7月的第三个星期一，感谢海洋的恩泽，祝愿海洋国家日本的繁荣。

山岳日；8月11日，感谢大山的恩泽，获取走近大山的机会。

敬老日；9月的第三个星期一，祝贺长寿，尊敬爱护老人。

立秋日；立秋，尊敬先祖、缅怀故人。

体育日：10月的第二个星期一，亲近运动，锻炼健康的身心。

文化日：11月3日，热爱自由、和平，促进文化繁荣。

感谢劳动日：11月23日，尊重劳动、庆祝生产、国民相互感谢。

第三条 国民祝日为休息日。

2. 国民祝日的当天适逢星期日的，该日之后最近的非国民祝日为休息日。

3. 当前一日和次日为国民祝日的（仅限非国民祝日），该日为休息日。

附　　则

1. 本法自公布之日起施行。

2. 废除1913年（昭和2年）敕令第25号。

附则　1966年（昭和41年）6月25日法律第86号　抄

【施行日期】

1. 本法自公布之日起施行。

【确定建国纪念日的政令之制定】

2. 修改后第二条规定的确定建国纪念日的政令，应在自本法公布之日起六个月内制定。

3. 内阁总理大臣在拟制定前款政令草案时，必须咨询建国纪念日审议会并尊重其意见。

附则 1973年（昭和48年）4月12日法律第10号 抄

【施行日期】

1. 本法自公布之日起施行。

附则 1985年（昭和60年）12月27日法律第103号 抄

本法自公布之日起施行。

附则 1989年（平成1年）2月17日法律第5号 抄

本法自公布之日起施行。

附则 1995年（平成7年）3月8日法律第22号 抄

本法自1996年（平成8年）1月1日公布之日起施行。

附则 1998年（平成10年）10月21日法律第141号 抄

本法自2000年（平成12年）1月1日起施行。

附则 2001年（平成13年）6月22日法律第59号 抄

本法自2003年（平成15年）1月1日起施行。

附则 2005年（平成17年）5月20日法律第43号 抄

本法自2007年（平成19年）1月1日起施行。

附则 2014年（平成26年）5月30日法律第43号 抄

本法自2016年（平成28年）1月1日起施行。

附则 2017年（平成29年）6月16日法律第63号 抄

【施行日期】

第一条 本法自公布之日起，在三年内由政令规定施行日期。但第一条及次款、次条、附则第八条、第九条规定自公布之日起施行，附则第十一条规定自本法施行的次日起施行。

2. 在制定前款政令时，内阁总理大臣必须事先听取皇室会议的意见。

【本法的失效】

第二条　在本法施行前根据《皇室典范》第四条规定出现天皇继承时，本法失去其效力。

附则　2018 年（平成 30 年）6 月 20 日法律第 57 号　抄

1. 本法自 2020 年（平成 32 年）1 月 1 日起施行。

5. 阿伊努民族支援法[*]

2019年（平成31年）4月26日法律第16号［制定］
2019年（平成31年）12月14日号外法律第95号
［根据渔业法等的修改法附则第80条之修改］
2021年（令和3年）5月19日号外法律第36号
［根据数字厅设置法附则第25条之修改］

目 录

第一章　总则（第一条至第六条）
第二章　基本方针（第七条、第八条）
第三章　民族共生的象征性空间之设施的管理措施（第九条）
第四章　阿伊努措施地域推进计划之认定等（第十条至第十四条）
第五章　被认定地域推进计划之事业的特别措施（第十五条至第十九条）
第六章　指定法人（第二十条至第三十一条）
第七章　阿伊努政策推进本部（第三十二条至第四十一条）
第八章　杂则（第四十二条至第四十五条）
附则

第一章　总则

【立法目的】

第一条　鉴于日本列岛、特别是聚居北海道的原住民——阿伊努人

---

[*] 该法的日文名称为『アイヌの人々の誇りが尊重される社会を実現するための施策の推進に関する法律』，在日本简称为『アイヌ施策推進法』或『アイヌ民族支援法』，为日本关于阿伊努民族政策的最新立法。

民族自豪感之源泉的阿伊努传统与文化（以下简称"阿伊努传统文化"）的现状以及近来的原住民的国际情势，为实现阿伊努人能以其原住民身份自豪地生活、其自豪感被尊重，构建国民相互尊重、民族共生的社会，明确（阿伊努措施的）基本原则、国家的责任义务、中央政府制定的基本方针、构成民族共生的象征性空间的相关设施的管理措施，市、町、村制订的阿伊努措施地域计划以及内阁总理大臣之认定、基于地域计划的相关行业之特别措施以及设置阿伊努政策推进本部等，特制定本法。

【定义】

第二条　本法中的"阿伊努文化"是指：阿伊努人的语言以及在阿伊努人继承下来的生活方式、音乐、舞蹈、手工艺、其他文化成果以及发展而来的文化成果。

2. 本法中的"阿伊努措施"是指：阿伊努文化振兴、阿伊努传统知识的普及和启蒙（以下简称"阿伊努文化振兴措施"）以及为构建一个阿伊努人拥有民族自豪感之社会的文化环境的完善措施。

3. 本法中的"民族共生象征性空间之设施"是指：构成民族共生象征性空间的、由国土交通省和文部科学省政令规定的、作为阿伊努文化振兴基地的《国有财产法》①第三条第二款规定的行政财产（包括建筑物的地基）。

【基本理念】

第三条　为了阿伊努人的民族自豪感能够得到尊重、加强国民对阿伊努民族自豪感之源泉的阿伊努传统以及国际社会多民族共生、多元文化发展的理解，必须推行阿伊努政策。

2. 为了阿伊努人作为一个民族能够生活在其民族自豪感中，国家在推动阿伊努措施实施时，必须尊重阿伊努人的自主意志。

3. 在推进、实施阿伊努措施时，国家、地方公共团体以及其他相关主体必须密切协作，并以生活在全国范围内的阿伊努人为对象，而不仅限于生活在北海道的阿伊努人。

---

① 1948年（昭和23年）法律第73号。

第四条 任何人不得歧视阿伊努人或侵犯阿伊努人的其他权利和利益。

【国家及地方公共团体的责任义务】

第五条 根据前两条规定的基本原则，国家及地方政府负有制定、实施阿伊努措施之责任。

2. 国家及地方公共团体必须努力采取适当措施，培育阿伊努文化继承人。

3. 国家和地方公共团体通过教育活动、宣传活动以及其他活动，努力加深公众对阿伊努人的理解和认识。

4. 国家应努力资助阿伊努文化振兴的相关研究，并就其阿伊努措施的推进、实施努力向地方公共团体提供必要建议或采取其他措施。

【国民的努力】

第六条 国民应努力参与构建一个尊重阿伊努人民族自豪感、让阿伊努民族能够拥有民族自豪感地生活之社会。

第二章 基本方针等

【国家基本方针】

第七条 为全面、有效地实施阿伊努措施，政府必须制定基本方针（以下简称"基本方针"）。

2. 基本方针应包括以下事项：

（一）阿伊努措施的意义及目标；

（二）政府实施的阿伊努措施的基本方向；

（三）民族共生的象征性空间及设施的基本管理事项；

（四）第十条第一款规定的阿伊努措施地域推进计划以及第十条第九款规定的地域推进计划之内阁总理大臣认定等事项；

（五）除以上各项之外的其他必要事项。

3. 由阿伊努政策推进本部制定的阿伊努措施基本方针（草案），必须经由首相提请、内阁会议决议通过。

4. 根据前款规定，内阁决议通过后，内阁总理大臣必须公开基本方针，不得延迟。

5. 因请示变迁，政府认为有必要时，可以变更基本方法。

6. 基本方针之变更，准用第三款、第四款之规定。

【都、道、府、县方针】

第八条 都、道、府、县应根据基本方针努力制定其各自辖区内的阿伊努措施的施行方针（以下简称"都、道、府、县方针"）。

2. 都、道、府、县方针应大致包括以下各项内容。

（一）阿伊努措施的目标事项；

（二）辖区内应实施阿伊努措施的方针；

（三）除前两项之外，为实施阿伊努措施的其他必要事项。

3. 当都、道、府、县方针中的相关事项涉及其他公共团体时，都、道、府、县知事必须事前听取该公共团体长官的意见。

4. 都、道、府、县知事在制定都、道、府、县方针后，必须公开，并通知相关市、町、村长，不得延迟。

5. 都、道、府、县方针之变更，准用前两款之规定。

第三章 民族共生之象征性空间及其相关设施的管理措施

第九条 根据本法第二十条第一款规定，获得国土交通大臣、文部科学大臣指定的指定法人（以下各款为"指定法人"）为民族共生象征空间及其相关设施的委托管理人。

2. 为民族共生之象征性空间及其相关设施的管理拥有充足的资金，根据前款规定，接受委托管理的指定法人可收取入场费或其他费用（在第二十二条第二款中称为"入场费等"）。

3. 除前款规定事项外，本条第一款规定的其他必要委托事项，由政令规定之。

第四章　阿伊努措施地域推进计划等

【阿伊努措施地域推进计划的认定】

第十条　市、町、村可根据基本方针（若有都、道、府、县方针的，参考该方针）、内阁府命令，单独或共同制订辖区内的阿伊努措施地域推进计划（以下简称"阿伊努措施地域推进计划"），并向内阁总理大臣申请认定。

2. 阿伊努措施地域推进计划应当记载以下事项：

（一）阿伊努措施地域推进计划的目标。

（二）所推进的阿伊努措施中应包括以下必要事业：

　　（甲）有益于阿伊努文化的保存和继承的事业；

　　（乙）有益于理解阿伊努传统的事业；

　　（丙）有益于观光以及其他产业振兴的事业；

　　（丁）有益于地域内、地域间或者国际交流的事业；

　　（戊）内阁府令规定的其他事项。

（三）计划实施期间。

（四）内阁府命令确定的其他事项。

3. 市、町、村在制订阿伊努措施地域推进计划时，必须事先就地域推进计划所载事项听取前款第二项所规定的事业实施者的意见。

4. 在第二款第二项（除丁目外）所规定的事业中，地域推进计划可以记载为举行阿伊努传统仪式以及其他振兴阿伊努文化在国有森林（《国有森林管理经营法》① 第二条第一款规定的国有森林。在第十六条第一款中同）进行采伐作业。

5. 除前款规定事项外，可在第二款第二项（除丁目外）所规定的事业事项中，记载为利用阿伊努所传承、保存的各种仪式、渔法（以下简称"仪式等"）以及与之相关传统知识的普及和启蒙等，在内水水域②捕捞鲑鱼、鳟鱼等事项（以下本条及第简称"内水水域鲑鱼捕捞事项"）。此时，

---

① 1951 年（昭和 26 年）法律第 246 号。

② 1949 年（昭和 24 年）《渔业法》（法律第 267 号）第八条第三款规定的"内水水域"。

应记载每次内水水域鲑鱼捕捞事项的实施水域。

6. 除前两款规定事项外，可在第二款第二项（仅限与丁目相关部分）所规定的事项中，记载使用包含市、町、村辖区内的地名、简称之商标，或者准备使用此类商标开发商品或用于服务的，应按照不同类型分别记载并明确各项商标的目标以及商标的使用期间。

7. 要实施第二款丁、戊规定之事项者，可根据基本方针向市、町、村建议制订阿伊努措施地域推进计划，并提交与建议相关的阿伊努地域推进措施（草案）。

8. 收到前款之建议的市、町、村，在决定是否依据该建议制订阿伊努措施地域推进计划后，立刻通知建议者、不得延迟。对于不制定的必须明确告知建议者理由。

9. 对阿伊努措施地域推进计划的认定申请，内阁总理大臣认为计划内容符合以下标准的则应予以认定：

（一）地域推进计划符合基本方针；

（二）地域推进计划的实施被认为对当地阿伊努措施的推进具有相当的促进作用；

（三）预计地域推进计划能够得到顺利实施。

10. 内阁总理大臣在作出前款认定之决定时，可征求阿伊努政策推进本部的意见。

11. 内阁总理大臣在作出前款认定决定前，必须将要认定之决定通知制定地域推进计划的市、町、村所在都、道、府、县知事；如果都、道、府、县制定有阿伊努措施实施方针的，都、道、府、县知事可就相关事项向内阁总理大臣陈述意见。

12. 若被认定的地域推进计划涉及其他特别行政领域的，内阁总理大臣还必须征得该领域国家行政长官的同意。

13. 当地域推进计划中明确记载需要在内水捕获鲑鱼的，在认定地域推进计划时，内阁总理大臣必须听取市、町、村（地域推进计划为市、町、村共同制订的，则仅限捕获鲑鱼的内水水域所在市、町、村）申请者所在都、道、府、县知事的意见。

14. 内阁总理大臣在作出认定后，必须立刻公布，不得延迟。

【已获认定的阿伊努措施地域推进计划之变更】

第十一条 市、町、村要变更前条第九款已获认定的阿伊努措施地域推进计划（除内阁府政令规定的轻微变更外）的，必须获得内阁总理大臣的认定。

2. 已获前条第九款之认定的阿伊努措施地域推进计划的变更之认定，准用前条第三款至第十四款之规定。

【书面报告】

第十二条　为确保被认定的地域推进计划得以实施，内阁总理大臣可以要求获本法第十条第九款之认定的市、町、村书面报告其地域推进计划（若存在前条第一款本更之认定的，则为变更后的地域推进计划。以下称为"获认定的阿伊努措施地域推进计划"）的实施情况。

2. 当获认定的阿伊努措施地域推进计划中记载有特定行政领域相关事务的，该领域国家行政长官可要求获认定市、町、村书面报告相关特定领域的实施情况。

【措施要求】

第十三条　为确保阿伊努措施地域推进计划能够正确地得到实施，内阁总理大臣认为必要时，可要求获认定的市、町、村采取措施实施地域推进计划。

2. 当获认定的地域推进计划记载有特定领域事业的，与该领域相关的国家行政长官可要求获认定的市、町、村在该特定领域采取必要措施。

【认定的撤销】

第十四条　总理大臣认为被认定的阿伊努措施地域推进计划不再符合法律规定之条件时，可以撤销其认定。当被撤销的地域推进计划中记载特定行政领域的，总理大臣必须事前告知该领域的行政长官。

2. 该领域的行政长官对于前款认定撤销可向总理大臣陈述意见。

3. 除前款外，当阿伊努措施地域推进计划中记载特定行政领域事业的，该行政领域的国家行政机关首长，可就第一款之认定撤销向总理大臣陈述意见。

4. 根据第一款之规定的认定撤销，准用第十条第十四款之规定。

第五章　基于阿伊努措施地域推进计划的相关事业特别措施

【交付金的交付等】

第十五条　对被认定的市、町、村而言，阿伊努措施地域推进计划中有益于阿伊努文化保存与继承事业、有益于理解阿伊努传统的事业、有益于观光以及其他产业振兴的事业以及地域内、地域间或者国际交流的事业的相关经费，在内阁府的政府预算的范围内、以支付金的方式支付。

2. 但如果根据其他法令，该事业经费已由国家开支、获得财政补贴或交付金的，则不得适用该规定。

3. 除前两款规定外，与第一款交付金相关的必要事项由内阁府政令规定之。

【国有森林中共用林地的设定】

第十六条　为协调国有森林的经营与被认定市、町、村（仅限于制定了记载了第十条第四款规定事项的被认定阿伊努措施地域推进计划的市、町、村，以下本项同）的住民利用之间关系、提高土地利用程度，农林水产大臣认为必要时，可通过契约方式允许被认定市、町、村之住民或者该市、町、村一定区域内的住民共同采集、共同使用林产品之权利。

2. 视前款契约为《国有森林经营管理法》第十八条第三款规定的共有林地契约，准用该法第五章（除第十八条第一款、第二款外）之规定。此时，该条第三款中的"第一款"替换为"《阿伊努民族支援法》①第十六条第一款""市、町、村"替换为"被认定市、町、村（本法第十二条第一款规定的被认定市、町、村，以下同）"；同款但书以及该法第十九条第五款、第二十二条第一款以及第二十四条中的"市、町、村"替换为"被认定市、町、村"、本法第十八条第四款中"第一款"以及该法第二十一条之二中的"第十八条"替换为"《阿伊努民族支援法》第十六条

---

① 2019年（平成31年）法律第16号。

第一款"。

【关于《渔业法》《水产资源保护法》上的许可之特别考量】

第十七条 当被认定的地域推进计划中载有在内水水域实施捕捞作业、需根据《渔业法》① 第一百一十九条第一款、第二款或《水产资源保护法》② 第四条第一款、第二款规定取得捕捞许可时，农林水产大臣或都、道、府、县知事应就该申请适当调整捕捞的许可制度，以确保地域推进计划的实施。

【《商标法》上的例外】

第十八条 当地域推进计划中涉及阿伊努民族商品开发的，在该民族商品开发事业实施期间（下一款以及第四款中称为"实施期间"）内，适用下一款至第六款之规定。

2. 当《商标法》第四十条第一款、第二款或者第四十一条之二第一款、第七款规定的注册费缴纳主体为该民族商品、服务的开发事业的实施主体时，通过政令，特许厅长官可减轻、免除被认定阿伊努措施地域推进计划中所记载的、需要开拓的商品或服务的地域性集体商标之商标注册（《商标法》③ 第七条之二第一款规定的地域集体商标的注册，本条以下同）的注册费（仅限于实施期间内取得地域集体商标的注册或者实施期间内地域集体商标的续展注册）。在此情形下，《商标法》第十八条第二款以及第二十三条第二款中的"缴纳时"替换为"缴纳或免除缴纳时"。

3. 对于被认定阿伊努措施地域推进计划中所记载的、需要开拓的商品或服务的地域性集体商标之商标注册，当获得该地域集体商标的主体为该民族商品、服务的开发事业的实施主体时，通过政令，特许厅长官可减轻或免除《商标法》第六十七条第二款规定的地商标注册申请费（仅限

---

① 1949 年（昭和 24 年）《渔业法》（法律第 267 号）第六十五条第一款规定：为提高渔业生产能力，农林水产大臣认为必要时，可对都、道、府、县水域渔业区域的划定提供建议。

② 1946 年（昭和 21 年）《水产资源保护法》（法律第 313 号）第四条第一款、第二款规定：为保护、培养国家水产资源，农林水产大臣或都、道、府、县知事在认为必要时，可以禁止商业性捕捞和经营特定种类的水产动植物；经营渔业者须获得农林水产大臣或都、道、府、县知事的许可。

③ 1959 年（昭和 34 年）法律第 127 号。

于实施期间内提出商标注册申请)。

4. 当(该地域集体商标的)商标权为本条第二款之主体与其他主体共有时,《商标法》第四十条第一款、第二款或者第四十一条之二第一款、第七款规定的注册费,在除去减免部分外,必须依照占比缴纳。

5. 当通过商标注册申请而产生之权利为本条第三款之权利主体与其他主体共有时,《商标法》第六十七条第二款规定的注册申请费,在除去减免部分外,必须依照占比缴纳。

6. 根据前两款之规定,在计算注册费或注册申请费时,尾数未满十日元则舍去。

【地方债的发行】

第十九条 为筹集实施地域推进计划所需资金,国家应特别考虑允许市、町、村在财政状况允许的范围内发行地方债,并在资金情况允许范围内能够利用财政融资资金给予兑现保证。

第六章 指定法人

【指定】

第二十条 国土交通大臣和文部科学大臣可以根据申请,对于符合本条规定之条件的、以振兴阿伊努文化为宗旨的一般社团法人或一般财团法人,指定为象征空间相关设施的全国唯一管理人。

2. 前款申请者符合以下条件的,国土交通大臣和文部科学大臣不得根据该款之规定指定之。

(一) 根据本法规定被处以罚金、已执行完毕或者执行终结后未满两年的。

(二) 根据本法第三十条第一款规定被撤销指定且被撤销指定未满两年的。

(三) 一般社团法人或一般财团法人的董事出现以下情形的:

(甲) 被处以有期徒刑或者根据本法被处以罚金、已执行完毕或执行终结后未满两年的;

（乙）根据本法第二十七条第二款之命令被解聘，且被解聘未满两年的。

3. 根据第一款规定，国土交通大臣和文部科学大臣指定了指定法人后，必须公示被指定的指定法人（以下简称"指定法人"）的名称、住所以及主要事务所所在地。

4. 指定法人变更其名称、住所以及主要事务所所在地时，必须事先向国土交通大臣和文部科学大臣提起申告。

5. 国土交通大臣和文部科学大臣收到前款申告后，必须就申告事项公示之。

【主要事务】

第二十一条 指定法人承担以下各项工作事务

（一）根据第九条第一款规定，接受委托、管理象征性空间的相关设施；

（二）培育阿伊努文化传承人以及其他与阿伊努文化振兴的相关工作；

（三）阿伊努传统等的推广活动以及普及与启蒙阿伊努传统知识等；

（四）支持和帮助与阿伊努文化振兴等相关的调查调查研究；

（五）针对阿伊努文化振兴、阿伊努传统知识的普及与启蒙以及阿伊努文化振兴等的调查研究者，提供建议、给予帮助等；

（六）除以上各项外的为振兴阿伊努文化的必要事务等。

【民族共生象征空间相关设施的管理规程】

第二十二条 指定法人必须就前条第一项所列事务（以下简称"民族共生象征空间相关设施管理事务"）制定相关规程，并得到国土交通大臣和文部科学大臣的认可。指定法人变更相关规程的，也必须获得国土交通大臣和文部科学大臣的认可。

2. 在民族共生象征空间相关设施的管理规程中，必须规定民族共生象征空间相关设施的管理事务的实施方法、民族共生象征空间相关设施的门票以及其他国土交通省、文部科学省政令规定的事项。

3. 当国土交通大臣和文部科学大臣认为被认可的民族共生象征空间相关设施的管理规程实施不当时，可命令指定法人变更民族共生象征空间相关设施的管理规程。

【计划等】

第二十三条　指定法人每一会计年度必须制定年度工作计划书和收支预算书，并在工作年度开始前（根据第二十条第一款规定的指定之日所属年度则为获指定后不得延迟）获得国土交通大臣和文部科学大臣的认可。指定法人变更的，也必须获得认可。

2. 指定法人每一会计年度必须制定年度工作报告以及收支决算书，并在会计年度终结后三个月内提交给国土交通大臣和文部科学大臣。

【财务区别】

第二十四条　根据国土交通省、文部科学省政令之规定，指定法人必须分别处理民族共生象征空间相关设施管理事务与民族共生象征空间相关设施管理事务以外的其他事务的财务、不得混同。

【国家派遣职员的特别规定】

第二十五条　《国家公务员法》[①] 第一百〇六条之二第三款规定的退休补贴通算法人应包括指定法人。

2. 在适用《国家公务员退休补助法》[②] 第七条之二、第二十条第三款规定时，应视国家派遣职员（属于《国家公务员法》第二条规定的一般职位公务员，但应任命权人或接受委托者的要求，作为指定法人的职员[③]而退休、又被返聘为指定法人的职员。下一项同）为该法第七条之二第一款规定的"公库等职员"。

3. 针对指定法人或国家派遣职员适用《国家公务员共济组合法》第一百二十四条之二规定时，分别视为该条第一款规定的"公库等"或"公库等职员"。

【职员派遣的特别考量】

第二十六条　除前条规定外，为指定法人能够确实有效地实施本法第

[①]　1947年（昭和22年）法律120号。
[②]　1953年（昭和28年）法律第182号。
[③]　除不要求全日工作外，仅限从事第二十一条规定的工作，以下本款同。

二十一条规定的各项业务，必要时国家应采取措施向指定法人派遣职员或给予其他适当的人力帮助。

【董事的选任与解任】

第二十七条　从事本法第二十一条规定之事务的指定法人之董事的选任与解任，未经国土交通大臣和文部科学大臣认可不得生效。

2. 从事本法第二十一条规定之事务的指定法人之董事违反本法、基于本法之命令或者民族共生象征空间相关设施之管理规程，或其行为明显不符合本条规定之业务时；或者因其在任造成指定法人出现本法第二十条第二款第三项规定情形的，国土交通大臣和文部科学大臣可命令指定法人解任该董事。

【报告征收与现场检查】

第二十八条　根据本法的实施情况，国土交通大臣和文部科学大臣可在必要的限度内命令指定法人书面报告其业务情况或者派遣职员进入指定法人的办公场所检查其业务、账簿、文件以及其他物件或质问关系人等。

2. 根据前款规定现场检查的职员必须携带身份证明，在关系人要求时必须出示之。

3. 不得将第一款规定的现场之检查理解为犯罪搜查。

【监督命令】

第二十九条　为了本法的实施，国土交通大臣和文部科学大臣认为必要时，可对指定法人第二十一条规定的各项业务发出监督命令。

【指定的撤销等】

第三十条　当指定法人出现以下情形之一的，国土交通大臣及文化科学大臣可撤销指定法人之指定。

（一）指定法人违反本法或根据本法之命令的；

（二）指定法人存在不能履行第二十一条法定管理事务之虞的；

（三）未根据被认可的民族共生象征性空间相关设施管理规程管理民族共生象征性空间相关设施的；

（四）违反第二十二条第三款、第二十七条第二款或前条之命令的；

（五）不当履行民族共生的象征空间相关设施管理工作的。

2. 国土交通大臣及文化科学大臣根据前款之规定撤销根据第二十条第一款之指定的，必须公示之。

【撤销指定后的过渡性措施】

第三十一条　根据前条第一款规定，撤销根据第二十条第一款之指定法人之指定，国土交通大臣及文化科学大臣指定新的指定法人后，涉及民族共生象征性空间相关设施之财产，归属新的指定法人。

2. 除前款规定外，根据前条第一款规定撤销第二十条第一款之指定后有关民族共生象征性空间相关设施之财产管理的其他过渡性措施（包括罚则的过渡性措施），在合理、必要的范围内，由政令规定之。

第七章　阿伊努政策推进本部

【设置】

第三十二条　为综合有效地推进阿伊努措施，在政府内阁中设置"阿伊努政策推进本部"。

【主管事务】

第三十三条　阿伊努政策推进本部承担以下责任：
（一）制定基本方针；
（二）推动基本方针的实施；
（三）除前两项外，其他阿伊努措施规划、立法草案的起草的综合协调等。

【组织机构】

第三十四条　阿伊努政策推进本部由本部长、副本部长以及本部组员组成。

【阿伊努政策推进本部长】

第三十五条　阿伊努政策推进本部的本部长由内阁官房长官担任。

2. 本部长总领本部事务，指挥、监督、管理本部职员。

【阿伊努政策推进副本部长】

第三十六条　阿伊努政策推进本部的副本部长由国务大臣担任。

2. 副本部长协助本部长工作。

【阿伊努政策推进本部委员】

第三十七条　本部设置阿伊努政策推进本部委员若干名。

2. 本部委员由以下（第一项至第八项所列人员，除副本部长外）人员构成。

　　（一）法务大臣；

　　（二）外务大臣；

　　（三）文部科学大臣；

　　（四）厚生劳动大臣；

　　（五）农林水产大臣；

　　（六）经济产业大臣；

　　（七）国土交通大臣；

　　（八）环境大臣；

　　（九）除以上各项所列人员外，内阁总理大臣认为必要时指定的除本部长、副本部长以外的其他官员。

【资料提出及其他协助】

第三十八条　阿伊努政策推进本部可要求相关国家行政机关、地方公共团体、国家（《独立行政法人通则法》[①] 第二条第一款）与地方（《地方独立行政法人法》[②] 第二条第一款）独立行政法人负责人以及特殊法人（根据法律直接设立的法人或者根据特别法特别设立的、受《总务省设置法》[③] 第四条第一款第九项规定的法人）负责人，提供相关资料、发表意见、予以说明以及其他必要协助。

---

① 1999年（平成11年）法律第103号。
② 2003年（平成15年）法律第118号。
③ 1999年（平成11年）法律第91号。

2. 必要时，阿伊努政策推进本部也可要求除前款以外的任何机关提供资料、发表意见、予以说明和其他协助。

【事务】

第三十九条　本部的具体事务由内阁官房处理，官房副长官接受命令可辅助掌管本部工作。

【主任大臣】

第四十条　与本部相关事项，《内阁法》①上的主任大臣为内阁总理大臣。

【委托立法】

第四十一条　除本法规定事项外，有关本部的其他必要事项，通过政令规定之。

第八章　杂则

【权限委托】

第四十二条　本法规定的国土交通大臣之权限，可通过国土交通省政令之规定委托北海道开发局局长行使。

2. 本法第十六条规定的农林水产大臣之权限，可通过农林水产省政令之规定委托森林管理局长行使部分。

3. 根据前款规定，接受委托的森林管理局长之权限，可通过农林水产省政令之规定委托森林管理署长行使。

【命令委托】

第四十三条　除本法有规定外，为本法实施的其他必要事项，由政令规定之。

---

①　1947年（昭和22年）法律第5号。

【罚则】

第四十四条 违反本法第二十八条第一款之规定，未履行报告义务或虚假报告；或拒绝、阻碍或回避检查；或不陈述和虚假陈述的，处三十万日元以下罚金。

2. 当法人的法定代表人或者法人、自然人的代理人，雇员以及其他从业者等，实施违反前款规定之行为的，除对行为人处罚外，对其法人或自然人处理同款之处罚。

第四十五条 指定法人违反国土交通大臣、文部科学大臣有关指定法人履行相关工作之命令的，处以五十万日元以下罚款。

附则 抄

【施行日期】

第一条 由政令在本法自公布之日起一个月内确定施行日期。但附则第四条、第八条规定自公布之日起施行。

【《阿伊努文化振兴法》的废止】

第二条 《阿伊努文化振兴法》[①] 废止。

【《阿伊努文化振兴法》废止的过渡性措施】

第三条 对本条规定施行前的违法行为之处罚，适用旧法。

【准备行为】

第四条 根据本法第二十条第一款规定，想要获得指定的法人，可在本法施行前提起指定申请。

【政令授权】

第八条 除附则第三条第四条规定外，有关本法施行的其他必要过渡性措施，由政令规定之。

---

① 1997年（平成9年）法律第52号。

【检验】

第九条 在本法施行五年后,政府应对本法实施效果进行检验,必要时可在检验结果的基础上采取适当措施予以改进。

附则 2019年(平成31年)12月14日法律第95号 抄

【施行日期】

第一条 由政令在本法公布之日起二年内确定施行日期。

附则 2021年(令和3年)5月19日法律第36号 抄

【施行日期】

第一条 本法自2021年(令和3年)9月1日起施行。

【罚则的过渡性措施】

第五十九条 对本法施行前的违法行为之处罚,适用旧法。

参考文献

一　中文文献

（一）著作

崔世广：《21世纪初期的日本文化战略》，中国社会科学出版社2020年版。

［日］大须贺名：《生存权论》，林浩译，法律出版社2001年版。

［澳］戴维·索罗斯比：《文化政策经济学》，易昕译，东北财经大学出版社2013年版。

郭玉军：《艺术法》（上），武汉大学出版社2019年版。

黄晓林：《日本宗教法人法》，北京大学出版社2019年版。

［奥］汉斯·凯尔森：《法与国家的一般理论》，沈宗灵译，中国大百科全书出版社1996年版。

［美］亨德里克·威廉·房龙：《人类的艺术》，衣成信译，河北教育出版社2005年版。

姜明安：《行政法》，北京大学出版社2017年版。

康保成：《中日韩非物质文化遗产比较研究》，中山大学出版社2013年版。

李国新：《日本图书馆法律体系研究》，北京图书馆出版社2000年版。

李扬：《日本著作权法》，知识产权出版社2011年版。

联合国教科文组织、世界文化与发展委员会：《文化多样性与人类全面发展——世界文化与发展委员会报告》，张玉国译，广东人民出版社2006年版。

柳斌杰：《〈中华人民共和国公共文化服务保障法〉解读》，中国法制出版社2017年版。

［日］松田武：《战后美国在日本的软实力：半永久性依存的起源》，金琮轩译，商务印书社2014年版。

宋振春：《日本文化遗产旅游发展的制度因素分析》，经济管理出版社2009年版。

［澳］塔尼亚·芙恩：《文化产品与世界贸易组织》，裘安曼译，商务印书馆2010年版。

涂予尹：《论多元文化主义下的种族优惠性差别待遇的法正当性基础——以台湾原住民学生高等教育升学优待措施为中心》，元照出版公司2015年版。

魏晓阳：《日本文化法治》，社会科学文献出版社2016年版。

王军：《日本的文化财保护》，文物出版社1997年版。

［英］C. W. 沃特森：《多元文化主义》，叶兴艺译，吉林人民出版社2005年版。

［美］约瑟夫·奈：《美国注定领导世界？美国权力性质的变迁》，刘华译，中国人民大学出版社2012年版。

许育典：《宗教自由与宗教法》，元照出版公司2013年版。

许育典：《文化宪法与文化国》，元照出版公司2006年版。

朱兵：《文化立法研究》，中国政法大学出版社2019年版。

周超：《日本文化遗产保护法律制度及中日比较研究》，中国社会科学出版社2017年版。

中国民俗学会、北京民俗博物馆：《节日文化论文集》，学苑出版社2006年版。

（二）论文

安来顺：《中日韩博物馆政策环境与博物馆发展的初步检视》，《东南文化》2013年第6期。

［日］枝川圭介：《阿伊努人的历史、文化特征》，《世界民族》1996年第3期。

［日］北构太郎：《阿伊奴固有法与日本法政策》，载汤浅道男等编著

《法人类学基础》，徐晓光等译，华夏文化艺术出版社 2001 年版。

包乌力吉仓：《论日本阿伊努原住民的文化权》，《内蒙古民族大学学报》（社会科学版）2018 年第 5 期。

［日］半田昌之：《日本博物馆的形状与课题》，邵晨卉译，《东南文化》2017 年第 3 期。

才让旺秀：《文化大发展需要制定文化基本法》，《党政研究》2012 年第 4 期。

陈娟、盛小平：《日本〈图书馆法〉的演变与启示》，《图书情报工作》2014 年第 10 期。

陈日红：《近代以来日本传统工艺发展策略探析》，《设计艺术研究》2018 年第 1 期。

陈淑芳：《文化宪法》，载苏永钦主编《部门宪法》，元照出版公司 2006 年版。

陈娅：《当代日本美术馆学艺员制度研究》，《中国美术馆》2016 年第 2 期。

陈雅婧：《从"文化行政管理"到"文化资本运营"：关于日本国立博物馆法人化改革的探究》，《博物馆研究》2019 年第 2 期。

陈奕：《日本图书馆法的发展现状及其启示》，《图书馆建设》2004 年第 4 期。

陈永亮：《法理权利抑或行政施惠：基于日本阿伊努政策的反思》，《世界民族》2017 年第 4 期。

陈志勤：《传统文化资源利用中的政府策略和民俗传承——以绍兴地区对信仰祭祀民俗的利用为事例》，载周星主编《国家与民俗》，中国社会科学出版社 2011 年版。

崔世广：《21 世纪初期日本的文化战略探析》，《日本文论》2019 年第 1 辑。

邓超：《日本文化财保护制度的历史审视》，硕士学位论文，华中师范大学，2011 年。

董丹：《日本文化财保存技术和它们的传承者培养》，《中国文化遗产》2014 年第 1 期。

方衍：《东北亚民族研究中的几个问题》，《中国边疆史地研究》1994 年第 2 期。

傅朗云：《关于东北亚及其土著民族研究》，《黑龙江民族丛刊》1990年第4期。

傅朗云：《东北亚土著民族源流考》，《外国问题研究》1990年第1期。

［日］鬼头明成：《东北亚的动向与阿伊努文化的形成》，孟宪仁等译，《辽宁教育学院学报》1994年第1期。

高丙中：《民族国家的时间管理：中国节假日制度的问题及其解决之道》，《开放时代》2005年第1期。

［日］高桑守史：《人口过疏与民俗变异》，刘文译，载王汝澜编译《域外民俗学鉴要》，宁夏人民出版社2005年版。

高小岩、祁进玉：《原住民意识唤醒，单一民族假设与政策框架重构："虾夷"阿伊努的前世今生》，《青海民族大学学报》（社会科学版）2020年第2期。

华热·多杰：《日本国关于宗教组织民事法律地位的立法》，《青海社会科学》2007年第2期。

胡亮：《日本非物质文化遗产概念述评》，《自然与文化遗产研究》2020年第7期。

胡秀梅：《日本〈文化财保护法〉与我国相关法律法规比较研究》，硕士学位论文，浙江大学，2005年。

何静：《日本图书馆法发展概况研究》，《图书情报工作》2006年第11期。

黄晓林：《日本宗教团体财产法律制度考察与启发》，《日本研究》2018年第2期。

黄晓林：《日本近现代宗教团体立法沿革及理念的变迁》，《日本问题研究》2017年第1期。

黄晓星：《日本文化旅游机制创新的经验与启示》，《社会科学家》2019年第8期。

黄英兰：《阿伊努民族文化保护与传承研究》，博士学位论文，中央民族大学，2013年。

黄志景：《日本图书馆法律体系发展研究及对中国图书馆立法科学发展的借鉴作用》，载《福建省图书馆学会年会论文集》，福州，2009年。

康保成：《日本的文化遗产保护体制、保护意识及文化遗产学学科化问题》,《文化遗产》2011 年第 2 期。

李宝珍:《兰学在日本的传播与影响》,《日本学刊》1991 年第 2 期。

李玲:《日本阿伊努民族文化保护研究》,载张庆善主编《中国少数民族艺术遗产保护及当代艺术发展国际学术研讨会论文集》,文化艺术出版社 2004 年版。

林楠:《日本"节日法"支持传统节日和娱乐活动》,《农业世界》1994 年第 10 期。

林圣爱:《日本阿伊努民族政策的嬗变:从"他者化"走向"多元化"》,《云南民族大学学报》(哲学社会科学版) 2021 年第 6 期。

廖明君、周星:《非物质文化遗产保护的日本经验》,《民族艺术》2007 年第 1 期。

刘凯:《论制定经济基本法的路径选择》,《法学杂志》2021 年第 8 期。

刘忱:《战后日本文化政策及成果:以文化振兴与普及为中心》,硕士学位论文,西北大学,2016 年。

刘绍栋、黄欣:《日本"五节句"之文化起源——中国文化之日本变异考》,《语文学刊》(外语教育与教学) 2012 年第 10 期。

路方芳、齐一聪:《基于日本文化财登录制度对中国文化遗产保护制度的思考》,《现代农业科技》2011 年第 30 期。

罗敏:《日本宗教法人制度与民法渊源》,《世界宗教文化》2021 年第 1 期;

罗敏:《日本〈宗教法人法〉公告制度的设立及其意义》,《世界宗教研究》2021 年第 1 期。

欧阳安:《日本文化政策解读》,《上海文化》2013 年第 6 期。

沈丽云:《日本图书馆法的修订及其启示》,《图书馆杂志》2010 年第 4 期。

沈思涵:《文旅融合视域下日本文化遗产的保护与传承》,《歌海》2020 年第 1 期。

陶信平:《日本历史文化遗产法律保护对我国的借鉴》,《西北农林科技大学学报》(社会科学版) 2009 年第 4 期。

齐崇文:《依法管理文化需尽快制定文化基本法》,《中国行政管理》2015 年第 2 期。

饶世权:《日本文化产业的立法模式及其对我国的启示》,《新闻界》2016年第11期。

饶世权:《日本文化产业法律制度及其启示》,《出版科学》2016年第2期;

沈寿文:《关于中国"文化宪法"的思考》,《法学》2013年第11期。

宋慧献、周艳敏:《论文化法的基本原则》,《北方法学》2015年第6期。

孙洁:《日本文化遗产体系》(上、下),《西北民族研究》2013年第2期、第4期。

王良鹏、周振杰:《日本二十世纪初的治安立法与治安体制研究》,《刑法论丛》2014年第2期。

王隆文:《〈文化艺术基本法〉的考察及其对中国的启示》,《日本问题研究》2013年第4期。

王秀才:《中国文化宪法的基本理论构成与实践指向——以现行宪法相关文化条款为分析对象》,《聊城大学学报》(社会科学版)2017年第4期。

汪民、金曼:《日本"文化的景观"发展及其启示》,《中国园林》2013年第11期。

悟灯:《近现代日本佛教的变革与现代化转型》,《法音》2019年第3期。

吴汉东:《试论"民法典时代"的中国知识产权基本法》,《知识产权》2021年第4期。

冼君宜、盛小平:《日本图书馆法律制度体系及其作用分析》,《图书情报工作》2014年第10期。

肖金明:《文化法的定位、原则与体系》,《法学论坛》2012年第1期。

萧放、董德英:《中国近十年岁时节日研究综述》,《民俗研究》2014年第2期。

阎钢:《日本基督教概述及其状况分析》,《西南民族大学学报》(哲学社会科学版)2001年第1期。

叶宇婷:《专家谈撤销假日办:"十一"黄金周迟早要取消》,

http://news.youth.cn/gn/201409/t20140917_5749222_1.htm，2016 年 1 月 12 日访问。

于小川：《从法令规制的角度看日本文化遗产的保护及利用：二战前日本文化财保护制度的成立》，《北京理工大学学报》（社会科学版）2005年第3期。

袁璟：《日本文化政策确立过程中的民间力量》，《公共艺术》2018 年第 6 期。

徐艺乙：《日本的传统工艺保护策略》，《南京艺术学院学报：美术与设计》2008 年第 1 期。

徐艺乙：《日本的传统工艺保护策略》，载文化部、江苏省政府《第二届中国非物质文化遗产保护·苏州论坛》，2007 年。

徐玉成：《日本〈宗教法人法〉管窥》（上）（下），《法音》2001 年第 10 期、第 12 期。

苑利：《日本文化遗产保护运动的历史与今天》，《西北民族研究》2004 年第 2 期。

［日］细谷昂：《战后日本农业和农业政策的发展过程及现实问题》，《河北学刊》2006 年第 1 期。

张文良：《关于日本当代政教关系的若干思考》，《中央社会主义学院学报》2018 年第 6 期。

张文良：《日本的宗教法与宗教管理》，杭州师范大学法治中国化研究中心官方网站，http://fzzgh.hznu.edu.cn/c/2012-06-03/266319.shtml，2021 年 9 月 30 日访问。

张昱：《日本学艺员制度及其对中国建立博物馆职业资格认证制度的启示》，《博物馆研究》2014 年第 4 期。

赵菲、刘晓巍：《日本阿伊努人教育政策的历史变迁》，《教育与教学研究》2021 年第 1 期。

赵建中：《浅析日本文化政策——从政府主管到地域自治》，《上海艺术评论》2017 年第 2 期。

赵敬：《21 世纪初日本文化政策的重点及启示》，《日语学习与研究》2013 年第 2 期。

赵姗姗：《文化遗产的法律保护：中日比较与本土选择》，《外国社会科学》2018 年第 6 期。

赵云川：《传统工艺品产业"活态"发展的重要基石：谈日本"传产法"和"传产协会"的功能及意义》，《中国美术》2016年第2期。

仲崇玉：《日本的宗教法人认证制度》，《华东政法大学学报》2017年第2期。

周超：《日本〈传统工艺品产业振兴法〉研究》，《西北民族研究》2021年第4期。

周超：《文化艺术领域的"部门宪法"：日本〈文化艺术基本法〉研究》，《南京艺术学院学报》（美术与设计）2021年第2期。

周超：《在文化遗产的"保护"与"利用"之间——关于日本〈文化遗产保护法〉2018年修订的评析》，《文化遗产》2020年第1期。

周超：《节日、纪念日与法律：日本节假日法规对中国的启示》，《云南师范大学学报》（哲学社会科学版）2017年第4期。

周超：《日本"文化景观"法律保护制度研究》，《广西民族大学学报》（哲学社会科学版）2016年第1期。

周超：《日本的"庙会法"及其相关问题》，《民俗研究》2012年第4期。

周超：《中日非物质文化遗产保护法比较研究》，《思想战线》2012年第6期；

周超：《社区参与：非物质文化遗产国际法保护的基本理念》，《河南社会科学》2011年第2期。

周超：《部法律与阿伊努人的命运——从〈北海道旧土人保护法〉到〈阿伊努文化振兴法〉》，《世界民族》2010年第6期。

周超：《中日非物质文化遗产传承人认定制度比较研究》，《民族艺术》2009年第2期。

周超：《日本法律对"文化遗产"的定义、分类与分级》，《宁夏社会科学》2009年第1期。

周超：《日本的文化遗产指定、认定、选定与登录制度》，《学海》2008年第6期。

周超：《日本对非物质文化遗产的法律保护》，《广西民族大学学报》（哲学社会科学版）2008年第4期。

周超：《日本法律对"民俗文化遗产"的保护》，《民俗研究》2008年第2期。

周刚志、李琴英：《论"文化法"：契机、体系与基本原则》，《江苏行政学院学报》2018年第6期。

周刚志：《论中国文化法律体系之基本构成》，《浙江社会科学》2015年第2期。

周绮乾：《近代初期日本对北海道的殖民开发》，《日本学刊》2002年第3期。

周宪：《艺术的自主性：一个审美的现代性问题》，《中国美学》2016年第1辑。

周星：《从"传统工艺品"到"日本遗产"——名古屋的"有松·鸣海扎染"》，《民艺》2020年第2期。

周星、周超：《日本文化遗产保护的举国体制》，《文化遗产》2008年第1期。

周星、周超：《日本文化遗产的分类体系及其保护制度》，《文化遗产》2007年第1期。

周星：《中国：时间观念与时间制度多样化的国度》，载中国民俗学会、北京民俗博物馆编《节日文化论文集》，学苑出版社2006年版。

周艳敏、宋慧献：《论文化法的调整对象》，《新闻与法治》2015年第7期。

朱琴、吴又进、邹天骄：《日本传统工艺的保护与振兴策略研究》，《自然辩证法研究》2019年第5期。

卓民：《他山之石——日本的文化财保护制度》，《美术观察》2018年第10期。

张福昌：《日本传统工艺产业及其振兴政策研究》（一）、（二）、（三），《美与时代》2011年第5期、第6期、第7期。

张福昌：《日本传统工艺品产业保护和振兴政策》，《南京艺术学院学报：美术与设计》1999年第2期。

张松：《日本历史环境保护的理论与实践》，《清华大学学报》（自然科学版）2000年第1期。

张松：《非物质文化遗产的保护机制初探——基于中日比较视角的考察》，《同济大学学报》（社会科学版）2010年第3期。

左学德：《从阿伊努人的宗教看其与东北亚诸民族之间的关系》，《黑龙江民族丛刊》1992年第4期。

左学德:《阿伊努人、大和民族、东北亚诸民族》,《黑龙江民族丛刊》1991 年第 3 期。

朱磊:《日本文化名城保护——从"官督民办"到"官民协作"》,《城市观察》2011 年第 3 期。

二 日文文献

(一) 著作

有倉遼吉『教育と法律(増訂版)』新評論(1994)。

上田伝明『アイヌ民族を考える』法律文化社(2007)。

遠藤博也『計畫行政法』學陽書房(1976)。

枝川明敬『文化芸術への支援の論理と実際』東京藝術大学出版会(2015)。

大木裕子『文化政策とアートマネジメント』九州大学出版会(2008)。

大石真『憲法講義 I 』有斐閣(2005)。

椎名仙卓・青柳邦忠『博物館学年表』雄山閣(2014)。

河村建夫、伊藤信太郎『文化芸術基本法の成立と文化政策:真の文化芸術立国に向けて』水曜社(2018)。

海保嶺夫『日本北方史の論理』雄山閣(1974)。

小田切秀雄『現代文学史』集英社(1983)。

来生新『産業経済法』ぎょうせい(1996)。

小川正人、山田伸一『アイヌ民族 近代の記録』草風館(1998)。

小林真理『文化権の確立に向けて:文化振興法の国際比較と日本の現実』勁草書房(2004)。

小林直樹『新版憲法講義(上)』東京大学出版会(1961)。

検閲制度改正期生同盟編『吾々如何なる検閲制度の下に晒されてゐるか?』検閲制度改正期生同盟(1928)。

佐藤一子『文化協同の時代——文化的享受の復権』青山書店(1999)。

篠原義雄『宗教法人法の解説』中央法規(1951)。

ジョセフ・ナイ.Jr『不滅の大国アメリカ』(久保伸太郎訳)読売新聞社(1990)。

鈴木正行『皇室制度：明治から戦後まで』岩波書店（1993）。
東京音楽学校『東京音楽学校創立五十年記念』東京音楽学校（1929）。
德富猪一郎『近世日本国民史：德川幕府（上）鎖国編』民友社（1924）。
中村賢二郎『わかりやすい文化財保護制度の解説』ぎょうせい（2007）。
根本昭『我が国の文化政策の構造』長岡技術科学大学（1999）。
内藤正中『過疎問題と地方自治体』多賀出版（1991）。
日鉄ヒューマンデベロプメント『日本——その姿と心——』学生社（1992）。
日本教育音楽協会編『本邦音楽教育史』音楽教育書出版協会（1938）。
日本芸能実演家団体協議会『芸術文化にかかわる法制——芸術文化基本法の制定に向けてい』（1984）。
日蘭協会編輯『日本と和蘭』日蘭協会（1914）。
西村真次『日本文化史概論』東京堂（1930）。
堀内光一『アイヌモシリ奪回 検証・アイヌ共同財産裁判』社会評論社（2004）。
能田忠亮『暦』至文堂（1957）。
村上重良『天皇の祭祀』岩波書店（1977）。
水谷長志『図書館文化史』勉誠出版（2003）。
八束清貫『祭日祝日謹話』内外書籍（1933）。
山川力『いま、「アイヌ新法」を考える』未来社（1995）。
山川力『政治とアイヌ』未来社（1989）。
渡辺修二郎『内政外教衝突史』民友社（1896）。
渡部蓊『最新逐条解説宗教法人法』ぎょうせい（2001）。

(二) 论文

アイヌ政策のあり方に関する有識者懇談会『報告書』（2009）。
麻生将「近代日本におけるキリスト教と国家神道」高橋学教授退職記念論集『立命館文学』（2020）第666号。
浅野聡「日本及び台湾における歴史的環境保全制度の変遷に関する

比較研究——文化財保護関連法を中心にして」『日本建築学会計画系論文集』（1994）第 462 号。

あきみず「GHQ の刀剣接収騒動とは？赤羽刀の顛末と日本美術刀剣保存協会設立の経緯を徹底解説」https：//intojapanwaraku.com/craft/73146/（2021 年 10 月 1 日访问）。

飯野賢一「宗教法人法改正とその後の法状況」『愛知学院大学宗教法制研究所紀要』（2012）第 52 号。

石渡裕子『「障害者による文化芸術活動」の推進』『レファレンス』（2018）第 68 巻 12 号。

石川涼子「芸術文化政策をめぐる政府の中立性の考察」『立命館言語文化研究』（2015）第 26 巻 3 号。

伊藤肇『歴史まちづくり法を活用したまちづくりの取組みによる成果と課題について』https：//www.hrr.mlit.go.jp/library/happyoukai/h26/f/08.pdf（2019 年 12 月 3 日）。

伊藤裕夫「文化芸術基本法：その政策的背景を読む」『文化経済学』（2019）第 16 巻第 1 号。

今井直子『「文化芸術基本法」と文化行政のあり方をめぐって』『議会と自治体』（2018）第 243 号。

植村八潮「出版振興政策と著作権法改正論議にみる出版社の役割」『出版研究』（2008）第 39 号。

上原有紀子「芸術文化活動への財政支援のあり方」『調査と情報』（2009）第 628 号。

上原義子「伝統的工芸品の現状とマーケティング課題について：伝統的陶磁器の流通問題と付加価値の視点から」『嘉悦大学研究論集』（2015）第 58 巻第 1 号。

枝川明敬「我が国に置ける文化財保護の史的展開——特に、戦前における考察」『文化情報学』（2002）第 9 巻第 1 号。

大島知子「国指定文化財庭園に関する基礎資料および統計」『ランドスケープ研究』（2001）第 64 巻第 5 号。

緒方富雄「二百年前蘭学誕生：解体約図のこと」『日本歯科医史学会会誌』1973 年第 1 巻第 1 号。

河村潤子『文化と社会：文化芸術基本法改正、「新・文化庁」、そ

して日本博』『人間会議』（2019）第 40 号。

川崎政司「基本法再考（四）：基本法の意義・機能・問題性」『自治研究』（2006）第 82 巻第 5 号。

川崎政司「基本法再考（一）――基本法の意義・機能・問題性」『自治研究』（2005）第 81 巻第 8 号。

金寶賢「百済仏教の始原と展開：漢城・熊津期仏教の再検」『鷹陵史学』（2015）第 41 号。

菊井康郎「基本法の法制上の位置づけ」『法律時報』（1973）第 45 巻第 7 号。

倉田保雄「ソフト・パワーの活用とその課題：理論、我が国の源泉の状況を踏まえて」『立法と調査』（2011）第 320 号。

公益財団法人東京都人権啓発センター「アイヌがアイヌとして生きていける社会へ」『TOKYO 人権』（2014）第 63 号。

公益財団法人東京都人権啓発センター『アイヌ新法成立、日本の「消えゆく民族」とは』https：//www.cnn.co.jp/world/35138465.html.（2020 年 11 月 25 日访问）。

小島和夫「宗教法人法の一部改正法をめぐる論議」『中央学院大学法学論叢』（1996）第 9 巻第 2 号。

小林真理「オーストリア文化振興法の構造と特徴」『文化経済学』（2001）第 2 巻第 4 号。

古木杜恵『京都大学が盗掘した琉球人骨を返さぬワケ：政府や旧帝大関係者も絶対認めない』、https：//president.jp/articles/-/28508.（2020 年 11 月 25 日访问）。

酒井麻千子「19 世紀後半における写真保護法規の検討：日本及びドイツにおける写真と著作権との関係を中心に」『マス・コミュニケーション研究』（2013）第 83 号

櫻井圀郎「宗教法人法の構造とその問題点」『キリストと正解』（1997 年）第 7 号。

沢田むつ代「正倉院所在の法隆寺献納宝物染織品：錦と綾を中心に」 http：//shosoin.kunaicho.go.jp/ja-JP/Bulletin/Pdf？bno＝0363039095（2016 年 3 月 22 日访问）。

塩野宏「基本法について」『日本学士院紀要』（2008）第 63 巻第

1号。

志賀野桂一「文化政策論概説：文化芸術基本法改正を受けて我が国の文化政策の変遷を辿りながら，今後の文化政策を論ずる」『東北文化学園大学総合政策学部紀要』（2018）第17巻第1号。

志田陽子『「文化芸術基本法」を活用して「表現の自由」の危機に抗おう』『週刊金曜日』（2020）第28巻第20号。

清水重敦「運営事態から見た古社寺保存金制度の特質：古社寺保存金制度の研究その1」『日本建築学会計画系論文集』（2012）第681号。

周超：『中国の「無形文化遺産法」』『中国21』2014年第39号。

周超：「日中無形文化財保護法の比較研究」『文明21』2012年第29巻。

ジョン・ブリーン「明治初年の神仏判然令と近代神道の創出」『明治聖徳記念学会紀要』（2006）第43号。

洗建「宗教法人法の沿革」『宗教法』（1997）第16号。

曹婷「日本の歴史的環境保全に関する研究——古都京都を事例として」『或問 WAKUMON』（2020）第105巻第37号。

太下義之『「文化芸術振興基本法」と日本の文化政策』『地方行政』（2002）第9460号。

谷和明「文化芸術振興基本法と現代日本の文化政策」『留学生日本語教育センター論集』（2003）第29巻。

高柳信一「生活権思想の展開」『講座・現代都市政策V』岩波書店（1973）。

玉井綾「太平洋戦争時前後の文化財保護対策~京都府下の文化財疎開と戦後対策~」http：//kirara. cyber. kyoto-art. ac. jp/digital_kirara/graduation_works/detail. php？act=dtl&year=2009&cid=552&ctl_id=68&cate_id=3（2016年4月1日访问）。

筒井正夫「近代日本の精神に学ぶ」『彦根論叢』（2013）第396巻。

手塚和男「祝日考」『三重大学教育学部研究紀要（人文社会科学）』（1995）第46巻。

中村尚弘『「アイヌ政策のあり方に関する有識者懇談会」報告書に関する論考の比較検討』『北海道民族学』（2014）第10号。

成田頼明「基本法の第1条を読む（10・完）」『書斎の窓』

（2000）第492号。

　　中島三千男『「大日本帝国憲法」第28条「信仰自由」規定の成立過程』『奈良大学紀要』（1977）第6号。

　　ニッセイ基礎研究所『文化産業の経済規模及び経済波及効果に関する調査研究事業報告書』（2016）。

　　日本学術会議地域研究委員会人類学分科会『アイヌ政策のあり方と国民的理解』2011年9月15日。

　　日本共産党『アイヌ新法求める――「共生」へ議連が決議』、https：//www.jcp.or.jp/akahata/aik09/2009-07-16/2009071614_01_1.html.（2020年12月1日访问）。

　　西川杏太郎「福沢諭吉と文化財保護」『慶応義塾大学学術リポジトリ』（2009）第17巻。

　　根本昭「自然的名勝及び天然記念物の『文化財』としての適否に関する考察」『長岡技術科学大学研究報告』（1995）第17号。

　　秦明夫「我が国における文化財保護行政の成立」『埼玉工業大学人間社会学部紀要』（2006）4号。

　　方献洲「日本における仏教文化の展開と受容について」『天理大学学報』（2004）第55巻第2号。

　　藤野一夫「日本の芸術文化政策と法整備の課題：文化権の生成をめぐる日独比較をふまえて」『国際文化学研究』（2002）第18号。

　　未来工学研究所「伝統工芸用具・原材料に関する調査事業」『委託業務報告書』公益法人未来工学研究所（2018）。

　　門川大作「文化首都・京都の文化財を火災から守る～文化財関係者、市民、行政一体の取り組み～」『市政』（2016）第65号。

　　前川洋平・宮林茂幸・関岡東生「『伝統的工芸品産業の振興に関する法律』の効果と課題」『東京農大農学集報』（2013）58巻第2号。

　　丸山博「先住民族の自決権と平取ダム計画」貝澤耕一編『アイヌ民族の復権：先住民族と築く新たな社会』法律文化社（2012）。

　　宮田繁幸「文化財保護制度の変遷と民俗芸能」東京文化財研究所無形文化遺産部第27回夏期学術講座『文化財としての民俗芸能』（2002）。

　　山崎幹泰「古社寺保存金制度の成立と終焉：古社寺保存金制度の研

究その2」『日本建築学会計画系論文集』(2013) 第687号。

山本信男「明治初年の出版法規について：日本著作権法のあけぼの」『早稲田大学図書館紀要』(1966) 第7号。

呂茜『日本と中国における歴史的環境保全政策に関する比較研究』関西学院大学（2017）。

（三）　法律・国会记录・政府文件資料等

アイヌ総合政策推進会議『「民族共生象徴空間」基本構想（改定版）』2016年7月22日。

大阪文化団体連合会『大阪府文化芸術年鑑』(1995)。

経済産業省製造産業局伝統的工芸品産業室『伝統的工芸品産業への支援』経済産業省（2020）。

経済産業省製造産業局『伝統的工芸品産業の自立化に向けたガイドブック（第2版）』経済産業省（2018）。

国会衆議院『第203回国会衆議院文部科学委員会議録（第2号）』（令和2年11月13日）。

国会衆議院『第198回国会衆議院文部科学委員会議録（第16号）』（令和元年5月22日）。

国会参議院『第198回国会参議院国道交通委員会会議録（第8号）』（平成31年4月18日）。

国会衆議院『第198回国会衆議院国土交通委員会議録（第5号）』（平成31年4月10日）。

国会参議院『第196回国会参議院文教科学委員会会議録（第13号）』（平成30年5月31日）。

国会衆議院『第196回国会衆議院文部科学委員会議録（第15号）』（平成30年5月30日）。

国会衆議院『第196回国会衆議院文部科学委員会議録（第11号）』（平成30年5月16日）。

国会衆議院『第196回国会衆議院文部科学委員会議録（第10号）』（平成30年5月11日）。

国会衆議院『第193回衆議院文部科学委員会議録（第15号）』（平成29年5月26日）。

国会衆議院『第180回国会衆議院文教科学委員会議録（第7号）』

（平成 24 年 6 月 20 日）。

　　国会参議院『第 180 回国会参議院会議録（第 16 号）』（平成 24 年 6 月 15 日）。

　　国会参議院『第 180 回国会参議院文教科学委員会会議録（第 5 号）』（平成 24 年 6 月 14 日）。

　　国会衆議院『第 162 回国会衆議院文部科学委員会議録（第 14 号）』（平成 17 年 7 月 15 日）。

　　国会衆議院『第 71 回国会参議院商工委員会会議録（第 27 号）』（昭和 49 年 4 月 26 日）。

　　国会参議院『第 63 回国会参議院文教委員会会議録（第 3 号）』（昭和 45 年 3 月 5 日）。

　　国会参議院『文部委員会会議録（第 9 号）』（昭和 25 年 3 月 7 日）。

　　国会衆議院図書館運営委員会『第 5 回国会衆議院図書館運営委員会議録（第 4 号）』（昭和 24 年 5 月 12 日）。

　　国会衆議院図書館運営委員会「国立国会図書館法案起草に関する件」『図書館運営委員会議録（第 2 号）』（昭和 23 年 2 月 2 日）。

　　国土交通省観光庁『「第 4 回休暇改革国民会議」参考資料』国土交通省観光庁（2010）。

　　総務庁行政監察局『文化行政の現状と課題──21 世紀に向けた芸術文化の振興と文化財の保護』大蔵省印刷局（1996）。

　　帝国議会貴族院『第 74 回帝国議会貴族院宗教団体法案特別委員会議事速記録（第 1 号）』（昭和 14 年 1 月 25 日）。

　　帝国議会貴族院『貴族院議事速記録（第 13 号)』(明治 32 年 1 月 19 日）。

　　明法寮編『憲法類編（国法部第二巻・官制）』村上勘兵衛出版（1873）。

　　東京府学務課編『学令全書』十一堂（1887）。

　　内国勧業博覧会事務局『明治十年内国勧業博覧会審査評語（1）(2)』内国勧業博覧会（1877）。

　　文化庁『宗教年鑑・令和 3 年版』文化庁（2021）。

　　文化庁『新・文化庁ことはじめ：文化庁創立 50 周年記念式典資料集』文化庁（2018）。

　　文化庁『文化芸術資源を活用した経済活性化（文化 GDP 拡大）』文化庁（2016）。

文化庁「文教施策の進展——平成9年度の展望（文化）」『文部時報』（1997）1445号。

文化庁『我が国の文化と文化行政』ぎょうせい（1988）。

文化庁参事官（文化観光担当）『日本遺産』文化庁（2020）。

文化庁長官官房政策課『新・文化庁ことはじめ——文化庁創立50周年記念式典資料集』文化庁（2018）。

文化政策推進会議『文化振興マスタープラン——文化立国に向けての緊急提言』1997年7月30日。

后　记

本书系2018年度国家社会科学基金艺术学一般项目"日本文化艺术振兴基本法研究"（批准号：18BH154）的结题成果之一。在完成课题研究的过程中，我收集了近五十部日本文化艺术领域的法律，其中大部分虽已完成翻译，但若要逐一进行研究，仅靠一己之力很难短期内完成。本书目前主要收录了我自2010年以来有关日本《文化艺术基本法》《文化遗产保护法》《传统工艺品产业法》《国民祝日法》《阿伊努文化振兴法》的五篇已发表论文以及一篇有关《阿伊努民族支援法》的未发表论文，在此基础上增加了日本近代以来的文化艺术立法实践和日本文化艺术行政机构——文化厅的机构改革等内容，其中对日本文化艺术法制史的梳理，可基本呈现日本现行文化艺术法律制度体系的全貌。我由衷希望本书出版能为国家文化艺术领域的立法提供一些参考，并在文化艺术法的学术研究中起到抛砖引玉的作用。

无论是从时间跨度还是所涉及的学科领域，本书的写作已超出个人的学术能力，许多研究仅停留在法律文本本身，一些观点尚不成熟，也可能存在不妥之处，希望学界的各位前辈以及广大读者能给予批评指正。

在2017年、2018年两次课题申报过程中，重庆大学法学院组织了院内专家对申报材料进行评审并提出修改意见，此次学院还决定全额资助本书出版，对此深表感谢。对于湖南师范大学周刚志教授对课题申报资料所给予的中肯意见表示感谢。在课题申报与完成过程中给予帮助的陕西省历史博物馆副馆长庞雅妮研究员，西北大学外语学院徐璐副教授，重庆大学法学院陈伯礼教授、王本存教授表示感谢。另外，还需要特别感谢日本神奈川大学国际日本学部周星教授在学术研究方面所给予的指导、鼓励和帮助。最后，非常感谢中国社会科学出版社梁剑琴编辑为本书出版所付出的辛苦劳动。

周　超

2022 年 5 月 29 日于重庆沙坪坝